U0839614

大明帝国抗日史

柯胜雨◎著

辽宁教育出版社

图书在版编目（CIP）数据

大明帝国抗日史 / 柯胜雨著. --沈阳 ：辽宁教育出版社，2011.8

ISBN 978-7-5382-9382-1

Ⅰ. ①大… Ⅱ. ①柯… Ⅲ. ①抗倭援朝战争—史料—中国—明代 Ⅳ. ①K248.205

中国版本图书馆CIP数据核字（2011）第171260号

辽宁教育出版社出版、发行

（沈阳市和平区十一纬路25号　邮政编码110003）

北京嘉业印刷厂印刷

开本：710毫米×1000毫米 1/16　字数：380千字　印张：20

2011年9月第1版　2011年9月第1次印刷

责任编辑：王　俊　责任校对：刘　璟

封面设计：小徐书装　版式设计：小徐书装

ISBN 978-7-5382-9382-1

定价：32.00元

序

——不能忘却的正义之战

■毛佩琦

历史上发生的事，常常因为现实的关注带上了特别的色彩。历史上的事，也常常因为不被关注，而被遗忘了。人们总说，要恢复历史的本来面貌，但在“为现实服务”的功利心之下，却一再对历史事实或者夸大，或者淡化，或者曲解。这样的历史讲述，没有真实可言。

真正的学术研究是没有功利心的。没有功利心才有可能接近真理。而把握了真理才能切实地为现实服务。以史为鉴不是影射比附，而是揭示历史的真相，理清其来龙去脉，论证其因果流变，给人以启示教训。

在中国古代历史中，没有比明史受到的割裂曲解更甚的了。明人对本朝之国史避讳曲笔自不待言。官史不能直言真相，私史不敢直言真相，野史无力直言真相。明朝灭亡后，遗民们追究明亡的责任，东林党人及其后裔掌控了言论主流，对明史作了极具党派色彩的记述。清人修明史，又按照自己的需要作了一番取舍和塑造。国民革命，曾经一度借明朝史事，表达政治理念。到了新中国，不论是宣讲阶级斗争理论还是批判专制主义思想，乃至于呼吁改革开放，明史都被派上了用场。普通读者所接触到的明史，有多少是

真实的呢？

近年来，民间对于历史的“正说”呼声甚高，人们渴望了解历史真相。一些通俗史学的写手，纷纷投入“正说”历史的行列。他们大力介绍学术界的研究成果，也不乏自己动手搜索证据，考订事实，打入史学堂奥。于是乎，有了一个小小的明史热。明史之所以热，可能因了某学者的引发，而其根本原因，则在于它回应了百姓的吁求。

明朝是一个怎样的朝代？二百七十七年漫长的历史，享誉世界的物质的、非物质的文化遗产，就足以否定历来对它一片漆黑的论定。每个朝代都有其兴起、发展、鼎盛、衰落的过程，都不是凝固不变的，单一色彩的。一叶障目的观察，刻舟求剑的考索，都不能得到历史真相。观察历史需要多维视角，需要动态跟踪，需要小心考订，需要精心拼接历史碎片。而深刻地理解历史，还需要古今贯通的眼光和广阔宏大的视野。

在众多的明史读物中，不少作者把目光投射到万历朝。而号称怠政的明神宗直接指挥的一场战争在人们眼前渐渐清晰起来。这是一场改变日本历史走向，决定世界格局的战争。其影响至今仍在。但长期以来，它被人们淡忘了。也许，并不是有意淡忘，而一个经过塑造的“反面”皇帝的浓重阴影，使这一重大历史事件，无论如何也突显不出来。就是有人提到它，也更多的是从指挥失误，耗费银两，久战不决等处着墨。至于改变日本历史走向，决定东亚政治版图等，都视而不见了。倒是直接受益者的朝鲜半岛（不分南北）曾经长期记得它。明朝对于朝鲜有救国之恩。受恩思报，明朝灭亡后，朝鲜朝野就呼吁建立祭祀仪礼，祭祀明朝皇帝，以表达感恩之情。他们高呼此“非但一国之大义，乃天下之大义；非但天下之大义，乃万世之大义也”。几经争论，终于在朝鲜肃宗三十年（清康熙十三年，1674）在王宫内建立了“大报坛”，为祭祀之所。祭祀对象曾经考虑明太祖、神宗和思宗三位，而最后确定只设“大明神宗皇帝位”。

中国明朝为什么要出兵帮助朝鲜驱除日本侵略者？是什么样的理念在支持着它的行动？明朝的抗倭援朝，源于中国自古以来一贯的天下观，也源于继承此天下观的明朝祖训。明太祖朱元璋曾多次说：“自古为天下主者，视天地所覆载，日月所照临，若远若近生人之类，莫不欲其安土而乐生……朕仿前代帝王治理天下，惟欲中外人民各安其所。”[1]中国认为它有责任维护天下秩序，以使“中外人民各安其所”。然而，明朝并不贪图得到回报，朝鲜对明朝的所谓“朝贡”，也仅在于表达诚意而已。明朝限定其“三年一朝，贡马五十匹”，不按时贡或所贡超额，均予退回。[2]

然而，万历朝的援朝抗倭，明朝却倾尽了举国之力。日本侵略者被赶回了老巢，明朝也元气大伤。史称“明朝不亡于崇祯，而亡于万历”，因而对神宗朝政批评尤厉。朝鲜君臣或许同样认为，“明朝不亡于崇祯，而亡于万历”，但他们深知，那是因为明朝在数年之久的抗倭援朝中消耗了国力。以神宗之主设于“大报坛”，数百年祭祀不绝，足见此事之刻骨铭心。

明朝不惜以亡国为代价，维护天下正义，从而维护了和平也制约了日本历史的走向。然而其后的历史却一再重复。侵略者可能不会接受教训，但是渴望和平的人民却必须接受教训。对于侵略者的野心和蠢动要时刻警惕。但正义的伸张，和平的维护，是要以实力为后盾的。本书作者花大力气，拨开尘埃迷雾，展现了明朝抗倭援朝的这段历史。让我们永远记住这段历史，记住历史的教训，为了正义与和平！

是为序。

2011-8-1 于北京昌平北七家村

①《明史》卷三二四，爪哇传。北京，中华书局，1974 年 4 月第 1 版。第二十六册，第 8402 页。

②《明太祖实录》卷一百七十，洪武十八年正月戊寅。

序言：中国改变日本史

纵观日本两千年的发展历史，可以说是与中国携手并驱的一个漫长过程。从茹毛饮血到衣冠楚楚，中国不能不说是日本大和民族的文明启蒙者。

公元646年，日本孝德天皇在革新派势力的前呼后拥之下登上历史舞台，从政治、经济、文化，甚至饮食、服饰等都以大唐为标准，开始了全盘“唐”化。善于吸收外来先进文明，海纳百川，大和民族基因突变，在一夜之间跨进了封建社会，脱胎换骨，转世重生。

尽管此后的发展道路崎岖不平，统一与分裂、战乱与和平相互交替，但日本总算走上了通往文明的康庄大道。到十六世纪丰臣秀吉重新统一时，日本已经成为亚洲的强国之一。大和民族开始以前所未有的强势姿态出现在世界上，向外扩张，追求民族生存空间等，成为统治者最热切的愿望。日本犹如湍急的河川，昼夜不停地向前奔腾。吞并朝鲜，征服明朝，甚至主宰全亚洲的梦想，让那些热衷战争的日本人仿佛看到无比美妙的幻境。

眼看把朝鲜李氏小朝廷逼得无路可逃，日本人的双足开始准备踏进中国的辽东地区。当时的明神宗审时度势，一旨令下，数万明军雄赳赳、大阔步地开赴朝鲜。如同激情澎湃的交响乐突然降下一个音符戛然而止，局势瞬间逆转，中国再次深度改变日本。

随着明朝的介入，日本随之而来的是一系列大崩盘。朝鲜战事节节败溃，丰臣秀吉在“莫使十万兵士为外土枯骨”的哀鸣声中撒手西归，留下了孤儿寡母以及虎视眈眈的大名们。

明军统帅杨镐曾对丰臣秀吉发出警告：“汝已六十余岁，生命还有几多？子未满十龄，孤弱而不可恃。据闻各地之酋皆窥汝之隙，将出复仇报怨之举。”不幸被杨镐言中，一夜之间，日本又回到了兵荒马乱的时代，波澜再起，烽火连年。

大名们忙于重新瓜分政治版图，抢夺领地和财富。再也没人有心思去惦记“征服朝鲜”这一未竟的大业，取而代之的是对明朝与朝鲜复仇的忧虑与恐惧。

“万历东征”之后，日本最直接的后果就是德川家康趁乱崛起，统领全国，建立了长达两百六十五年的江户幕府。

德川家康急于收拾丰臣秀吉留下的烂摊子。他吸取了征服朝鲜惨败的教训，开始改变对外扩张的策略，积极拓展海外贸易。

对于头号大敌，德川家康企图化干戈为玉帛，通过种种途径试图同明朝恢复国交。但是由于明朝对丰臣秀吉的侵略一直耿耿于怀，而且此时明朝国内也是天下大乱，农民起义此起彼伏，后金势力屡屡扩张，所以尽管德川家康费尽心思，美好愿望终成泡影。

无比失望的德川家康不得不把注意力转移到明朝的另一个属邦——琉球王国，提出“堪合贸易”，企图加强对琉球的控制。在遭到明朝政府的强烈反对之后，德川家康干脆在1609年命令萨摩藩用武力征讨琉球，这也是朝鲜之役后三百年间日本唯一的一次对外用兵。

朝鲜之役惨败于明朝的记忆犹新，日本人长期深刻反省，再也不敢主动挑战业已形成的东亚政治秩序，从而保证了东北亚三百年的和平稳定。

倒是战争的最大受害者朝鲜，不再那么记仇。德川家康急于缓和与这个邻国之间的紧张关系，从1604年春起陆续释放了三千被俘的朝鲜人，其中包括有“日本儒学之父”之称的大学者姜沆。1609年，就在萨摩征琉的同一年，由于对马岛宗氏的外交努力，日本与朝鲜缔结了《己酉条约》，双方外交与贸

易迅速正常化，商船往来的热络让往昔的战火硝烟渐渐消散，而仇恨也慢慢化解。

由于这场战争的失利，日本不但停滞了对外扩张的步伐，而且也关紧了通商贸易的大门，开始走上闭关锁国之路，直到 1853 年的“黑船来航”事件，才将日本引领到近代化之路上来。

在日本古代历史上，还没有一个国家能够像中国这样深刻地改变日本的各种面貌，也罕有一场战争能够像“万历东征”那样如此深远地影响日本的历史进程。

我们不断地反思着历史。历史是客观的，却经常被人以主观去描写。我们时常说历史不是任人打扮的小姑娘，却不断有人有意无意地去装扮她。

但愿热爱和平的人们能够以史为鉴，去正视历史，了解历史，从而珍惜现在，珍爱生命。

【目录】

第一章 祸起关白

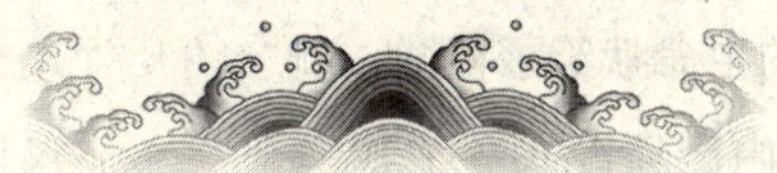

1．引子

公元 1907 年 8 月的一天，大韩帝国首都汉阳（今韩国首尔）。

狭窄、矮陋的街道上到处硝烟弥漫，此起彼伏的枪炮声夹杂着人们的喊叫声，给这座饱经战火洗礼的城市增添了更多的悲伤。残垣断壁之间，不时出没着头缠白布条的士兵，尽管全身上下衣衫褴褛，手里的武器简陋不堪，但眼里仍透出坚毅的光芒。

突然，“轰”的一声，爆炸声淹没了一切，尘土四溅，木屑夹杂着血淋淋的残肢断腿，在空中飞舞。日军炮弹爆炸激起的烟尘遮蔽住了阳光，惨叫声、枪声、爆炸声全都混在一起，千疮百孔的街道乱成一片。

“民族独立万岁！”

数百名朝鲜士兵怒吼着冲出藏身之地，高举着木棍、刀枪，像一群被激怒的狮子般咆哮着，拥向躲在沙包工事后面的日本人。“嗒嗒嗒”的枪声连连响起，朝鲜人踏着同胞的尸体，义无反顾地往前冲。

日军指挥官蓦地站起，大叫：“效忠天皇！为大日本帝国而战！冲啊——”日本人拉上了明晃晃的刺刀。强烈的日光下，刺刀泛起杀人的血光。激烈的碰撞开始了，一个日本人挥舞刺刀刺倒了一个朝鲜人。不料，倒地的朝鲜人突然捡起地上的大刀，猛地砍向日本人的头颅，鲜血顿时喷涌而出。惨烈的肉搏战在街道上随处可见，不屈的朝鲜人正为最后的自由而拼命。

街战一直持续到夕阳西下，随着日军增援部队的不断到来，朝鲜人渐渐不敌。硝烟慢慢散去，枪声也稀疏下来。四处都在冒烟，沙包上堆满战死者的尸体，各种武器散落一地，凌乱不堪。

夜幕降临了，经过一天的激战，一千三百名宁可牺牲、也不愿被解除武装的朝鲜人，大都把自己的生命献给了祖国，剩余的几百人趁着夜色向北方逃去。

此战之后，汉阳城内已经没有一个朝鲜士兵了。汉阳城完全落在日本人手里。各大城门、皇宫、日韩两国的要员住宅，甚至每一个角落，都站满了日本人。

三年后的 8 月 22 日，在日本人的刺刀之下，朝鲜被迫签订《日韩合并条约》。《日韩合并条约》共计八条，其中第一条明确规定："韩国皇帝陛下将韩国一切统治权完全且永久地让与日本国皇帝陛下。"至此，长达五百一十八年的李氏王朝统治落下帷幕，朝鲜正式沦为日本的殖民地，日本也因此打开了侵略亚洲的大门。凶恶的皇军、隆隆的炮车、嘶鸣的战马，不断地蹂躏着东北亚，在侵略史上添写了一页页罪恶。

爱好和平的人们翻开史书，力图寻找这个给亚洲带来无数灾难的岛国的罪恶根源，人们发现，它的历史却是如此不堪回首。

历史的车轮走到中国西汉武帝时期时，日本这个岛国仍然处在未开化的蛮荒时代。

那时的日本仅仅是个地理概念，在遥远的大海以东。社会形态很是原始，还处于母系氏族时代。没有丝麻衣料，人们只得结束树草蔽体，身体裸露的部分涂上红色涂料。尽管是女权时代，但是通常一个男人就有几十个相处十分和谐融洽的妻子。(《三国志·东夷传》) 这是日本绳纹时代。

进入弥生时代，群岛上百国并立，纷争不已。其后大乱，日本历史一片空白，无人知晓发生过什么。当大和国统一日本，再次现世时，那已经是两百年以后的事了。

自然在创造物种时，犹如钻进了一条死胡同，她无法穿过去，可又不愿退回来。由于国土狭长，日本人天生存在危机感。日本国家胚胎一形成，就带上了对外侵略扩张的罪恶基因。传说中带孕出征的神功皇后①，是日本对外殖民侵略的鼻祖。

公元 391 年（东晋孝武帝太元十六年），倭人渡海破百济、新罗，迫使两国人为其臣民。从这一年起，日本开始了长达一千六百多年的对外侵略史。公元 663 年（唐高宗龙朔三年），在白村江口海战中，大唐名将刘仁轨一把火烧掉了五百艘倭船，也烧掉了日本人染指朝鲜半岛的企图。被打趴下了的日本人从此蛰伏了近千年，卧薪尝胆，贪婪地吮吸着中华文明的乳汁。当其自认为羽翼已丰，便不断地向中国发起挑战。

就这样，历史老人迈着蹒跚的步伐，把日本带进了十六世纪。

2. 关白的崛起

那是一个动荡的时代，中央集权无从谈起，至高无上的天皇，成了各地大名争霸的工具。日本国内烽火连年，人民在水深火热之中苦苦挣扎。眼看着日本群岛快要沉沦到太平洋底，这时，尾张国的一位贫寒子弟开始了他传奇的一生，最后成了日本的救世主。他用无与伦比的政治智慧，完成了一个艰难的拼图游戏——统一全国。

他，就是丰臣秀吉。

传说他是太阳神日吉权现之子，由于营养极度缺乏，瘦得尖嘴猴腮。无论是古籍中的记载，还是流传下来的画像，丰臣秀吉给人最深刻的印象简直就是一只猴子。

成年的丰臣秀吉以砍柴为生，后来成了日本大名织田信长的一个养马家奴。因其善于爬树，织田信长赠送给他“猴精”的雅号。

命运之神总是垂青拥有智慧的人。

丰臣秀吉渐渐获得织田信长的赏识。织田信长还把浅野家的养女宁宁许配

①神功皇后：约 170—269，日本第十四代仲哀天皇之妻。《日本书纪》中称其为气长足姬尊，《古事记》中又名息长带姬命。或认为她就是《三国志》里记载的邪马台国女王卑弥呼。实不确切，纯属后人假托。

给他，从此丰臣秀吉踏上青云路。1582 年（明神宗万历十年）的本能寺之变，为丰臣秀吉改写日本历史创造了一个契机。在丰臣秀吉手里，政治版图风云变迁，各地大名先后臣服在他的脚下。

1585 年（万历十三年），丰臣秀吉任关白（相当于中国古代的宰相），开始主宰日本，两年后，又平定了九州。

人们为日本的重新统一而欢呼雀跃，丰臣秀吉的威望也如日中天。可是在 1591 年（万历十九年）十二月，丰臣秀吉却做出了一个令人费解的举措：隐退自称太阁，将关白名位让给养子秀次。

丰臣秀吉有一个梦，一个做了十几年的美梦，那就是要成为中国，甚至是整个亚洲大陆的主宰。

早在 1577 年（万历五年），丰臣秀吉随从织田信长出兵征讨时，他就雄心勃勃地对织田信长说："臣要借你的威武，迅速平定中国[①]和九州地区。不但如此，臣更要亲自率军征服朝鲜半岛，挥师席卷大明王朝，让日本的版图扩展到帕米尔高原、喜马拉雅山。"

以后的岁月中，这个梦就成为丰臣秀吉人生道路的方向标。1587 年（万历十五年），扫平地方割据势力之后，这个美梦仿佛变得触手可及。在五月二十九日给爱妾浅井茶茶的书信中，丰臣秀吉写道："我已经命令对马岛主宗义调，叫他火速派使者去朝鲜，告诉国王，在我余生之年，一定要让大明的四百多个州，永远成为日本的一部分。"

几天之后，九州之役结束，十年前的豪言壮语实现了一半。于是，此时已经升任关白的丰臣秀吉迫不及待地制订出一个称霸亚洲的计划。先吞并朝鲜，再征服中国，把首都迁到北京去。自己就住在宁波，最后挥师直取印度。

而朝鲜，这个历史上与日本有着说不清恩恩怨怨的国家，又将成为丰臣秀吉实现宏图霸业的奠基石。

1587 年（万历十五年）年初，受够了倭患折磨的朝鲜不得不再次面对战争。十八艘日本战船在朝鲜叛徒沙乙背同的指引下，进犯竹岛。不堪一战的朝鲜人闻风而逃，任凭日本人肆意劫掠。鹿岛万户李大源奋起反抗，很快丧命敌手。

---

①中国：古代日本按离京都远近划分为远国、中国、近国。此中国地区大致是日本本州岛西部一带。

探清朝鲜的实力之后，在丰臣秀吉的指示下，九月，对马岛主宗义调派上官平康胜前往朝鲜王京（今韩国首尔）。

丰臣秀吉踌躇满志，他相信遭受痛扁之后的朝鲜人一定会作出正确的抉择。所以，他要平康胜明明白白地告诉朝鲜国王李昖，日本人要从朝鲜的家门口过去，一直打到北京，让明朝的皇帝臣服。

尽管有的朝鲜人一辈子与日本人打交道，但是没有一个人告诉李昖，国书上的“丰臣秀吉”是谁。李昖对此事置之不理。

干等了几个月的丰臣秀吉有点着急，第二年又派心腹柚谷康光到朝鲜去，这次说是要与朝鲜结成儿女亲家，实际上仍然是要借道伐明。

两度接到署名“丰臣秀吉”的国书，而且口气是如此强硬，李昖不再沉默，赶紧派人查实一下，“丰臣秀吉”是何方神圣。当获知他原本只是个樵夫时，李昖失望了。于是，朝鲜人的答复如石沉大海，杳无音信。

这回，丰臣秀吉真的很生气。

纵横日本十余年，扫荡强敌无数。狡诈如德川家康，凶残似明智光秀，还有长宗我部氏、岛津氏等，一个个灰飞烟灭，俯首称臣。难道一个孱弱的朝鲜会成为进军北京的拦路虎吗？

知己知彼，百战不殆。丰臣秀吉连明朝身上有几个汗毛孔都清楚，对明朝与朝鲜之间的宗藩关系更是了如指掌。

明朝与朝鲜可以说是从同一个屋檐下走出来的两个国家。当朱元璋兴师伐元时，朝鲜还笼罩在蒙古人的阴影之下。元朝的统治者设置了征东行省，以高丽的国王为行省丞相，以高丽的官员为主要官员，实行对朝鲜半岛的有效羁縻统治（审慎、松散的控制政策）。随着元朝统治的坍塌，朝鲜也开始了民族独立。

朱元璋对高丽王朝采取了全然有别于元朝的友好政策，他主动遣使访问高丽，祭祀高丽的山川等，使得高丽人对明朝产生好感。

在朱元璋登上皇位的第二十五年，高丽王朝的军官李成桂发动政变，自立为王。为了使其王位的合法性得到明朝的承认，李成桂在即位的半年中接连九次派遣使者前往北京通好，并提出更改国号的问题，以彻底告别臣属蒙古的过去。朱元璋从李成桂送来的两个国名“朝鲜”与“和宁”中，挑出“朝鲜”作为新政权的名号，理由是：“自古以来对东夷的称呼，只有‘朝鲜’最称美雅。”朝鲜人世代铭记朱元璋御赐国名的恩惠，称之为“大造之恩”。建文帝三年（1401[①]），明朝又正式赐封李成桂之子李芳远为朝鲜国王，至此明朝与朝鲜真正确立起宗藩关系。

朝鲜吸收了辉煌的中华文化，两国贸易频繁，政治上都倡导儒家思想治国理念，宗藩关系逐渐走向稳定成熟。在与日本的外交关系上，明、朝两国的步伐保持高度的协调一致。双方紧密配合，共同打击倭寇的骚扰。

对朝鲜甘愿追随明朝，二者如同一体，丰臣秀吉既忌又恨。谈判桌上无法解决的事情，就让刀铳去发言吧。

一时间，剑拔弩张，战争一触即发。

3. 遗恨聚乐城

这时，年轻的对马岛主宗义智出面调停了。老岛主宗义调刚去世不久，新岛主很不愿意闻到战争的火药味。

对马岛像一条纽带，把朝鲜和日本紧密地联结在一起。尽管政治上，对马岛宗氏要服从丰臣秀吉，但在经济上却不得不依赖朝鲜。战火一起，贸易断绝，岛上也将一片萧条。

宗义智说："请关白暂缓出师，我去朝鲜走一趟，一定会叫李昖派人来作个答复的。"

有了宗义智的保证，丰臣秀吉同意了。不战而屈人之兵，善之善者也。叫朝鲜人来，让我当面跟他们详谈吧。

万历十七年（1589）五月，宗义智带上外交僧景辙玄苏[②]、柳川调信，还有一只孔雀、一匹骏马，踏上了朝鲜的融冰之旅。

要不要与日本发展友好关系，派遣通信使去跟丰臣秀吉对话呢？李昖显得很犹豫。于是，李昖召集二品以上的官员，进行商讨。

朝中大臣意见主要有三种：领议政李山海、礼曹判书柳成龙赞同；前参判

① 本书涉及古代史部分的历史纪年，一般用旧纪年，夹注公元纪年。括号内的公元纪年，一般省略"年"字。

②景辙玄苏：日本临济宗僧侣，博多圣福寺住持，时寄寓对马岛。

李山甫反对；户曹判书尹斗寿不置可否，建议向明朝奏明，听取一下宗主国的意见。

这时，大量朝鲜人叛逃日本，时不时勾引倭寇前来骚扰，闹得李昖寝食不安。于是李昖开出了一个和谈的前提条件。他任命吏曹正郎李德馨为宣慰使，告诉宗义智说："要想让朝鲜的通信使踏上日本的国土，日本必须首先把那些叛民送回朝鲜，看看关白的诚意如何？"

宗义智说："这有何难？"马上叫柳川调信回日本。

不出两个月，柳川调信果然送来被掳的朝鲜边民金大玑、孔大元等一百一十六人，又把叛民沙乙背同，倭寇紧时要罗、三甫要罗、望吉时罗等人五花大绑，交到李昖手里。

长期困扰的心腹之患一下子得到一劳永逸的解决，朝鲜人欢欣鼓舞。李昖脸上更是洋溢着无比的喜悦，马上放下冷漠的态度，摆酒设宴热情款待宗义智等人，还回赠一匹御用好马给他。柳成龙趁热打铁，谏议迅速把通信使商定下来，以免节外生枝，惹出事端。

万历十八年（1590）三月初六，朝鲜正使黄允吉、副使金诚一、书状官许筬等人，随同宗义智起程前往日本。四月二十九日，在釜山浦乘船，登上对马岛。

在对马岛住了惬意的一个月，又在海上的大风巨浪中穿行了四十多天，一行人登上壹岐岛，算是到了日本的本土。上岸之后，途经博多州、长门州、名护屋[1]等地。让黄允吉等人备感惊讶的是，尽管日本是一个弹丸之地，但是道路却是出奇地迂回遥远，每到下一个郡县，都要走个把月，甚至几十天。而且令人纳闷的是，每到一处，总得大吃大喝地住上好几天。就这样历经几个月，当朝鲜使者到达京都时，已经是七月二十五日了。

这时，款待他们的是摄津守小西行长，他通知朝鲜人，现在丰臣秀吉正率领十万大军东征北条氏，随后把朝鲜人安顿在水德寺内。

东征北条氏，是丰臣秀吉在日本国内的最后一次军事行动，也是丰臣秀吉远征明朝前的一次大检阅。

正月初八，丰臣秀吉在聚乐城前殿召开东征军事会议，并在会议上郑重宣布："重兵进攻小田原城，四面筑垒团团包围。拿下小田原，我就率军渡海攻

①名护屋：明朝人音译为南戈崖，位于今日本佐贺县，并非爱知县首府名古屋市。

打大明。”

十天之后，琉球国王尚宁派遣僧人桃云前来日本纳贡。

丰臣秀吉赏其黄金数百两，并问道：“我准备进攻明朝，你有何良策？”

桃云回答：“明朝畏惧日本如虎，征服明朝，易如反掌。”

丰臣秀吉大喜，说道：“凭着我过人的才智，亲率大军，兵锋所至，势如破竹，无坚不摧，何城不破，何国不亡？我必定称帝大明国。”

经过长达几个月的艰苦攻战，七月初六，德川家康率军进入小田原城。称霸关东近百年的北条氏，终于灭亡了。九月，东征大军凯旋。

黄允吉等人本以为丰臣秀吉一回来马上就会接见他们，毕竟是千呼万唤才把他们请到日本来的。没想到，丰臣秀吉以修缮聚乐城为由把朝鲜人晾在一边。

又经过难以描述的三四个月的痛苦等待，黄允吉等人忽然接到通知，十一月初七，关白将在聚乐城召见他们。

聚乐城，建造于万历十五年（1587）二月十一日，位于京都的西北部，与皇宫遥遥相对，规模庞大，豪华富丽，围以城壕，宛如宫苑。这里是丰臣秀吉的行政中枢所在地。

在嘹亮军号的指引之下，轿子把黄允吉等人缓缓送进了这座举世闻名的宫邸。第一眼看到丰臣秀吉时，黄允吉还以为他是一个砍柴的樵夫。只见他头戴纱帽，身穿黑袍，向南席地而坐，体形矮陋，面容焦黑，根本没有英雄豪杰的豁达大度。但是正眼对视，两道逼人的寒光闪射过来，黄允吉等人不由得身子往后一缩，再也不敢抬起头来。

入座之后，面前只有一张桌子，摆在桌子上的只有一小碟热饼，喝酒的时候竟然没有酒杯。黄允吉等人不得不端起粗陋的小陶盆勉强啜了几口，更觉得酒水混浊不堪，味道苦涩，根本难以下咽。

如此浊酒，丰臣秀吉也是非常吝惜，他只是冷冷地独自席坐，表情肃穆，不发一语。听不到一个“请”字，仅仅是侍从倒了三四次浊酒。

苦经海上风浪颠簸，干等大半年，身为朝鲜国的尊贵使者，竟然遭到如此冷遇。失落、羞愧、悔恨，一起涌上心头。

黄允吉等人张口欲言，一抬头撞到闪闪的目光，忙又垂下头。

时间在压抑、沉闷之中流逝。

不一会儿，丰臣秀吉转身走入内屋。在座的都只好呆坐，不敢妄动。很快丰臣秀吉又出来了，这时却换穿一身便装，手里还抱着个一两岁的幼儿抚弄，全然无视客人的存在。不久，秀吉又招来几个朝鲜乐工，大奏朝鲜音乐。

片刻，怀中小儿尿湿了丰臣秀吉的衣裳，丰臣秀吉笑着呼叫侍者。一个日本女人应声走出，接过小儿。紧接着丰臣秀吉当着客人的面，若无其事地开始更衣。

黄允吉等人再也无法忍辱下去，只好起身告辞。没想到第一次会见就成了最后一次见面。正当黄允吉心里愤愤难平，痛不欲生时，丰臣秀吉下逐客令，给了副使金诚一四百两银子，打发朝鲜人走路。

无奈之下，黄允吉等人只得收拾行李，准备回国。

金诚一说道："我等奉国王之命，千里迢迢送来国书，却不见日本有什么答复。现在空手而归，怎么向国王交代？还不如死在莽原荒草里算了。"

于是，黄允吉连连派人催促丰臣秀吉给个答书。结果别说文书，连个话儿也没有。朝鲜人绝望了，只好悻悻地赶路。

一行人到了海边，眼看就要登船离岸，这时，丰臣秀吉派人送来了答复信。哪知打开一看，丰臣秀吉的答书犹如晴天响雷，震得黄允吉等人头眼昏花，站立不稳。信中这样写道：

> 日本国关白秀吉，奉书朝鲜国王殿下：雁书薰读，卷叙再三。本国虽有六十六州，比年以来，诸国分离，乱国纲废世礼，而不听朝政。余不堪感激，三四年之间，伐叛臣讨逆徒，及异国远域，悉归掌握……夫人生于世也，虽历长生，古来不满百年，焉能郁郁久居此乎？不屑国家之远山河之隔，一超大明国，易吾朝风俗于四百余年，施帝朝亿万斯年者，在方寸中。贵国先归入朝，依有远虑无近忧者乎。远方小岛在海中者，后进辈者，不可作容许也。余入大明之日，将士卒望军营，则弥可以修邻盟，余愿无他，只愿佳名于三国而已矣。

这封答书并不是丰臣秀吉一时气话或威胁之语，而是他内心深度解剖之后的真实写照。尽管豪情不变，年复一年，但是人生苦短，稍纵即逝。于是，丰臣秀吉发下宏愿，屠下大明江山，在东亚三国历史上流芳万年。这就是丰臣秀吉几十年来的人生追求。丰臣秀吉以一己之力，发出了千百年来挑战东亚政治格局的最强音。

黄允吉连声大呼不好，再三乞求小西行长、宗义智、景辙玄苏等人，在关白面前百般说情，总算换来一份像样的国书。当黄允吉恨恨地踏上渡船时，想到丰臣秀吉那可以杀死人的目光，还有天下唯我独尊的狂傲，不禁为自己祖国的命运感到深深的忧虑。

4. 山雨欲来风满楼

万历十九年（1591）三月，没等船只靠岸釜山港，黄允吉便派人快马加鞭，向国王报告说战争很快就会来临。一时间朝野哗然，人心不安。

回到王京之后，四月二十九日，李昖在仁政殿召见黄允吉等人，细问丰臣秀吉的详情。黄允吉、许筬说："关白目光锐利得可以穿透岩石，必来侵略。"

而金诚一则认为："黄允吉胡言乱语，惑乱人心，断无兵祸。"

当时，朝鲜闹党争闹得正凶。黄允吉是西人党，金诚一是东人党。朝中东人党支柱柳成龙等人支持金诚一的看法，西人党则竭力袒护黄允吉，两派人马吵得面红耳赤，一时热闹非凡，让李昖不知所从。

这时，陪同回来的日本人柳川调信、景辙玄苏还住王京东平馆。于是，李昖让黄允吉、金诚一等去到东平馆，大鱼大肉款待，借机问个究竟。

几杯热酒下肚，景辙玄苏果然和盘托出："中国很早以前就禁止同日本贸易，因而关白怀恨在心，深感耻辱，准备起兵讨伐。如果朝鲜肯为日本奏请明朝皇帝，让通商道路畅通无阻，贵国必然平安无事，六十六州的百姓也免遭战祸荼毒。"

黄允吉骂说，朝鲜与日本一向井水不犯河水，两国贸易热络，怎可以战争相威胁？

景辙玄苏撕下和善的面纱，气势汹汹地驳斥说："难道大人忘记了，是谁把忽必烈的大军引到日本去的？现在，日本要向朝鲜报这个大仇，这是天经地义、理所当然的事。"

两人边喝酒，边争论，最后日本人言行莽横粗鲁，黄允吉就不敢再问下去了。

一晃到了六月，李昖又接到釜山的急报，对马岛主宗义智在釜山城外喊话：

“关白准备渡海进攻大明，请朝鲜速速转告皇帝，尽快与日本重新修好，互派使者，不然战祸一起，国将不国。”

这时的朝鲜党争已到了白热化的程度，每天都有人下狱、砍头、流配，王京城内一片腥风血雨。项上人头朝夕不保，谁还有心思去理会釜山城外那个嘴上没毛的对马岛主。

如此，宗义智自唱自听，折腾了十多天，喊得喉咙冒烟，终于夹着尾巴灰溜溜逃走了。

听了宗义智的报告，丰臣秀吉一脚踏在献上来的朝鲜地图上。那就用刀枪撬开李昖的嘴巴，踩着朝鲜人的尸体去北京城。

当然，面对明朝这个庞然大物，丰臣秀吉不敢掉以轻心。除了借道朝鲜之外，丰臣秀吉还试图联络葡萄牙东印度公司、菲律宾西班牙殖民者，从东南沿海进攻明朝。但是丰臣秀吉奉行驱逐、歧视西方传教士的政策，两年前又发生“圣·菲利浦号事件”和“二十六圣人殉教事件”，让西方殖民者对丰臣秀吉的邀请失去了兴趣。

为此，丰臣秀吉有些迟疑。蛇吞象，弄不好还会被大象踩烂。但是，造化的力量把丰臣秀吉推向了战争的不归路。

八月初五，丰臣秀吉和浅井茶茶的爱子——鹤松，也就是丰臣秀吉的第一个儿子，才三岁，夭亡了。在坚强的一生中，丰臣秀吉从未经历如此崩溃，整天哀愁，茶饭不思。于是，丰臣秀吉慨然地对身边侍从说：“古来汉土之侵我者屡，我大举而征外国，神后以来，寥寥无闻焉。……大丈夫岂郁郁终命于偏土乎？……吾将入明代而为帝矣。去岁达此意朝鲜，然至今不答，不可不罪也。吾思先发师征朝鲜，朝鲜服从，驱为先锋，如不服，荡平其国，而后直入明，岂其难乎？”（日本川口长孺《征韩伟略》）

爱子的失去，终于让心灵无所依栖的丰臣秀吉义无反顾地选择了战争。他马上召集各地大名，商讨侵略朝鲜。

这些大名们热切地渴望得到更多的领地和财富，所以都附和说：“去年刚刚东征北条氏，疲敝不堪，需要休养生息，如今骤然出师外国，势必财力困乏，民不聊生。尽管这样，关白势在必行，我们也没有什么异议。”

看到大名们一致同意，八月二十三日，丰臣秀吉正式宣布：踏平朝鲜，征服大明。

九月，丰臣秀吉又书信一封，胁迫南方的琉球臣服：“致琉球国王尚宁：大日本分崩离析，已经百有余年。赖以上天庇护，关白秀吉一举平定天下，海外各国，无论远近，都来臣服。近来奉天命征讨明国，出师时日逼近，却不见琉球前来进贡。本准备派一小队人马前去问罪，不料原田孙七郎劝阻说：‘我经常来往琉球，让我再走一遭，定会叫琉球速速来贡。’于是我暂缓出兵。明年春天大兵出征明国之日，希望琉球国的贡使能出现在肥前营。如果误了期限，我定会派兵让琉球沉没海底，到时国王就后悔莫及了。”

当时的琉球国跟朝鲜一样，都是诚心向化的大明藩属。国王尚宁（1589—1602在位）接到丰臣秀吉的书信置之不理。丰臣秀吉担心琉球国向明朝泄密，便不允许琉球使者赴往北京，朝贡于明朝。

十二月，丰臣秀吉把关白的位置让给养子丰臣秀次，留守京都。自己退称太阁，从烦琐的国内政务中抽身出来，镇守名护屋，把所有的精力都投入征伐事务中去。

一切战争准备，都在丰臣秀吉的预期中有条不紊地进行着。

日本群岛像一个超级庞大的机器在不停地运转着。大名们按照领地面积的多少，源源不断地将兵员输往名护屋。水师统将大隅守九鬼嘉隆日夜不停地在伊势浦督造数以百计的战船；甲斐守黑田长政手持长鞭，不断地鞭打着那些开凿道路、架设桥梁的民工；而对马岛主宗义智则忙于派遣四十个精通朝鲜语的人，先行潜入朝鲜半岛，搜集各类情报，绘制了详尽的朝鲜地图。

一时间，整个日本国变成一座庞大的兵营，迎风飘扬的战旗到处可见，嘹亮的军号声随时可闻，军器、火药、粮食、草料等在各条运输线上川流不息。

第一次侵朝战争，丰臣秀吉动员的总兵力达七十九万之众，包括作战部队三十万七千九百八十五人，后勤运粮人员四十八万人。规模之大，史无前例。

其中，投入侵略朝鲜的有陆军十五万八千七百人，分为九个军。统率这支大军的是战功赫赫的将领——宇喜多秀家（他也是丰臣秀吉的养子和养女婿）。大军名义上有统帅，实际上各路指挥官各自为战，互不隶属。本来在日本国内，大家都是平起平坐、拥兵一方的大名。

总的来说，这是一支战斗经验丰富，在日本国内战斗力算是数一数二的队伍。包括：

第一军，小西行长率领，一万八千七百人。

第二军，加藤清正率领，二万二千八百人。

第三军，黑田长政率领，一万一千人。

第四军，岛津义弘率领，一万四千人。

第五军，福岛正则率领，二万五千人。

第六军，小早川隆景率领，一万五千七百人。

第七军，毛利辉元率领，三万人。

第八军，宇喜多秀家率领，一万人。

第九军，羽柴秀秋率领，一万一千五百人。

水军，由九鬼嘉隆、藤堂高虎、胁坂安治、加藤嘉明率领，共九千二百人。

为了保证军队纪律，丰臣秀吉还在侵朝大军中安插了三个心腹，称为军奉行：增田长盛、石田三成、大谷吉隆。

留守日本的部队有德川家康、丰臣秀俊、前田利家等人率领的七万三千人，视情况随时增援朝鲜，或者投放到明朝境内作战。

凡事预则立，不预则废。丰臣秀吉考虑得非常周到，万一远征军不幸打了败仗，明朝皇帝像三百年前的忽必烈那样派大军直捣日本，那该怎么办？总不能老是靠神风来抵挡吧。于是丰臣秀吉把一支六万人的总预备队留给自己，在名护屋集结着。

战争中的每一个细节都预演了一遍，丰臣秀吉无疑对自己的规划很满意。如果不出意外，两年后的今天，自己应该已经在北京城中走来走去了。

5．辩诬

毋庸置疑，丰臣秀吉策划侵朝战争的每个步骤都是近乎完美的。这个“想法子让杜鹃叫”的谋略大师，曾经在过去的征战历程中，创造过像“鸟取断粮”“高松水淹”等不少著名战例。这次远征大明，丰臣秀吉首先构想“不战而屈人之兵”，威胁利诱迫使李昖就范，然后用朝鲜人做向导，攻入明朝。但是，假道或向导被李昖严词拒绝之后，丰臣秀吉决定采用奇袭作战的手段，力图在最短的时间内占领朝鲜全境。按照德川家康的说法,就是“陆海并进,以强凌弱,速战速决”。

为此，丰臣秀吉严密封锁消息，想让明朝皇帝翻然醒悟时，日本人就已经兵临北京城下了。

但毕竟纸是包不住火的,一些寓居海外的华人还是洞悉了丰臣秀吉的阴谋。这些华人虽身在异国他乡，心却时刻紧系着祖国。他们千方百计搜集日本的情报，冒着生命危险，送到明朝的各级官员手中。

一位叫陈申暨的福建厦门船商，长期往来于福建与琉球国之间，跟琉球长史郑迥甚熟，当他得知消息后连忙赶回家乡，告知福建巡抚赵参鲁。

江西吉安人许仪后在日本萨摩地区行医，后来成了萨摩大名岛津义久府内的侍医。在一次谈话中，岛津义久无意中泄露了丰臣秀吉的征伐大计。许仪后详细记下丰臣秀吉的计划,让同乡朱均旺[①]不顾生死,终于在万历二十年（1592）二月二十八日渡海回国告知赵参鲁。

随后,赵参鲁将一封署名为“陈情人许仪后、郭国安、报国人朱均旺”的《仪后陈机密事情》，快马加鞭，奏给明神宗：“朝鲜向日本进贡驴子，勾结日本人，用朝鲜人为先锋，侵犯大明。”

八月，琉球国王尚宁冲破丰臣秀吉的封锁，也派遣使者到北京。使者告诉明神宗说：“日本关白丰臣秀吉将自朝鲜入侵大明。”

同时，从辽东传来谣言：“日本关白勾结朝鲜，在他们带路下入侵大明。”北京满城风雨，沸沸扬扬。

这期间，朝廷被立储问题搞得焦头烂额。明神宗与大臣们上演针尖对麦芒大对决，君臣僵持不下。最后，两位内阁大学士首辅申时行、次辅许国被罢免。明神宗也趁此机会大换血，招赵志皋、张位入阁，并让户部尚书石星接替死在任上的兵部尚书王一鹗。

明神宗虽然无法从立储问题的纠缠中脱身,但是他对日本侵略动向的消息，表现出极大的关切，下令东南沿海、山东、天津边镇整饬防守，并责令石星着手调查“朝鲜勾结日本”一事。

朝鲜一时成了众矢之的。大明朝廷上充斥着各种声音，怀疑、指责，甚至

---

①朱均旺：江西临川人，有的日本书籍误作米均旺。

痛骂。

只有刚被罢免的阁老许国为朝鲜辩护："我曾经出使朝鲜，很了解朝鲜人。朝鲜，乃礼仪之邦，断断不会做出大逆不道的事。"

朝鲜国王李昖也及时派出金应南、韩应寅等前往北京，为自己陈情辩诬。十月间，金应南等一进入辽东境内，便如过街老鼠，备受明朝人的非议与白眼。所经一路，人人指点耳语，当他们走到山海关时，关下竟有人破口大骂："你们朝鲜勾结倭寇，现在来这里干什么？"

这个误会可大了，金应南等憋了满肚子的苦水。

朝鲜与中国唇齿相依，虽说是属藩，其实是大明帝国的门户。城门失火，殃及池鱼。一听到朝鲜使者来了，已经几年没上朝的明神宗竟然破格御临皇极殿，嘘寒问暖，让金应南等惊喜万分。

听到金应南所言与琉球使者基本一致，明神宗放下心来。

未雨绸缪，十一月初十，明神宗严令山东登莱等地加强海警。

但是，明神宗对"丰臣秀吉"这四个字的认知程度，也不比李昖深入多少。

当时甚至还盛传，丰臣秀吉只不过是苏浙一带的流寇，后来漂洋过海，跑到日本扯起大旗，占山为王。

明神宗万万想不到，他脚下金碧辉煌的北京城，会成为丰臣秀吉魂牵梦萦的地方。时间一刻一刻过去了，丰臣秀吉也仿佛听得见自己脉搏的跳动声。他又一次豪情壮志地对秀次说："儿子，只要拿下朝鲜，踏进北京，你就是中国的关白！而我，就是亚洲帝国的太阁了！"

第二章　狼奔豕突

1. 暴风雨来临

万历二十年（1592），丰臣秀吉挑起侵朝战争，存心给大明帝国找麻烦。

万历十五年（1587）之后，明神宗经常怠政罢朝事，已经连续四年没有在大年初一接受朝贺了，万历二十年也不例外。对这么一个惰政成性的敌人，丰臣秀吉自然不会放在心上。而他最直接的对手——刚刚跨入不惑之年、昏庸的朝鲜国王李昖，丰臣秀吉更是视若无物。

一个碌碌无为的国王，今天升这个人的官，明天撤那个人的职，围绕在他身边的又是两派整天吵得口沫横飞的大臣。攻打这样的国家，简直如探囊取物。

正月初六，名护屋城交相辉映的楼宇遮掩不住漫天杀气，历经战火洗礼的豺狼之士，从四面八方云集于此。

征服明朝，对丰臣秀吉来说，已是乾坤在握。

二月二十八日，丰臣秀吉带着近卫随从，离发京都，前往名护屋。一路上络绎绵延。狂热的民众夹道迎送，欢呼声雷鸣般地响彻上空。

有位随从问丰臣秀吉："为什么不配备些精通中国话的人跟着一起去？"

丰臣秀吉笑呵呵地说："此番征讨，就要叫他们学讲日本话。哪里用得着这些人？”

到了名护屋，丰臣秀吉立即部署行军序列，西海道九国的兵力为先锋，南海道六国、山阳道八国为后续部队，并下一道严令：

> 父子兄弟，不许一人留家。大军一登上朝鲜海岸，即刻焚舟破釜，有进无退。临阵交锋，不许一人捡取芥子，不许一人畏葸回首。遇到山就爬山，遇到水就涉水，遇到陷阱就冲入陷阱。不许口出怨言、裹足不前。冲锋阵亡的，重赏厚恤子孙；临阵脱逃的，不论王侯将相，斩首示众。（朝鲜申炅用《再造藩邦志》）

令下之后，全军肃然。一双双喷得血红的眼睛，向西北方向眺望着，那里就是他们的目的地。率先开拔，踏上侵朝征途的是摄津守小西行长的第一军。

望着小西行长渐渐离去的背影，一阵兴奋涌上丰臣秀吉心头。北京，那座令人朝思暮想的繁华皇城，很快就会变成第二个名护屋了。

三月二十六日，丰臣秀吉回到京都，自聚乐城昂首阔步，走进皇宫，对后阳成天皇说：“前几天，臣奏请派遣大军征讨大明、朝鲜，一举踏平，并入日本版图。今天，臣当竭尽全力，所以要离开陛下。京师有秀次在这里，法令严密，请陛下不必劳虑。”

后阳成天皇很清楚自己的境遇，所以就微笑着颔首，表示非常赞同和支持太阁的一切工作。丰臣秀吉底气十足，又急急忙忙地离开，赶往名护屋。

在那里，后续部队正整装待发。四月初十，侵朝各将在九鬼嘉隆的军营内召开一次军事会议，会议一致通过了七条约定：

第一条，行军遇到疑难时，当遵循少数服从多数的原则。

第二条，战船遇危时，各部队当发扬友爱互助的精神。

第三条，探听到敌人计划时，情报资源应当共享。

第四条，战功轻重，当如实上报，不当偏颇欺隐。

第五条，不要夺取别人功劳为己功。

第六条，各部都要配属两艘谍船（这一条算什么约定）。

第七条，向名护屋奏事时，应当通过监军转达，禁止私自向太阁打小报告。

三天之后，先锋小西行长袭击釜山，朝鲜壬辰战争开始。

小西行长于三月十二日，渡海抵达对马岛浮浦。对马岛主宗义智是他的女婿，老丈人光临，自然令宗义智备感欢欣。除了周至款待之外，宗义智还聘请了“中国通”——外交僧景辙玄苏，给小西行长做顾问。半个多月之后，小西行长与宗义智在大方浦紧紧拥抱。两人紧密团结，共同度过了征战朝鲜的岁月。

在对马岛休整了一个月，准备在四月十一日起锚渡海。不料老天不作美，海上刮起东北风。宗义智已经解开缆绳，眼看就要起航。但小西行长的部下望着翻腾的巨浪，一丝恐惧袭来，于是拒绝出发。

两人紧急磋商一晚，次日早上风浪稍稍平静下来。八时，海面上旌旗蔽天，炮声震波涛。一万八千七百人分乘七百只战船，从对马岛大浦出发，扑向釜山。

下午五时，停泊在绝影岛外洋。绝影岛，因盛产迅驰绝影的飞马而闻名，位于釜山东南两百米处，是釜山的门户。

第二天，万历二十年四月十三日清晨，釜山城外海面上浓雾弥漫。小西行长的战船，像一只只海龟，缓缓地爬向绝影岛。

小西行长屏住呼吸，心都要跳到嗓子眼了。出其不意，攻其不备，贵在速战速决。小西行长下令:“轻装前进，除兵器外不要带任何东西。快速拿下城池，夺取朝鲜的大米煮饭吃。”于是，日本的船只像离弦的箭直射釜山。

釜山佥使郑拨一大早就在绝影岛上狩猎，正玩得兴致勃勃。突然，一个士兵“倭寇来了”的惊呼打断了郑拨的雅兴。郑拨抬眼望去，雾中钻出几只倭船。

郑拨初不经意，因为釜山是朝日贸易重地，经常有日本商船来往，便骂道:“叫嚷什么，那是朝贡的日本船只。”

又过片刻，外海上日本战船漫天蔽海而来，黑压压一大片压向釜山城。郑拨魂儿都飞了，这才醒悟过来，大叫:“倭寇来犯，快回釜山城。”

郑拨忙不迭地回马奔向城去，第一件事就是把城外的男女老少，都驱赶入城避难。紧接着下令捉拿留在釜山城内馆中的日本人，日本人早已遁走，只拿得四人。最后郑拨毁坏战船、防牌船、中船各一只，沉没在水中，以阻止日本人靠近。

当然，这一切都是徒劳的。

日本人手脚疾快，天刚蒙蒙亮，就从牛岩洞登陆，趁雾围逼釜山城，拉开了朝鲜七年卫国战争的序幕。

这是一场突袭战，对小西行长来说，攻打釜山，已然胜券在握。

早晨六时，铳炮声大作，日本人开始进攻。很快，小西行长的家臣木户作右卫门（又名小西末乡）、竹内吉兵卫，宗义智的家臣福田弥兵卫、难波大助，松浦镇信的家臣西清右卫门、桥口八右卫门等已登上釜山城头。后续进攻部队像杀红了眼的魔鬼随即蜂拥而入。

城内一片惊惧，郑拨下令紧闭城门，拼死抵御。南门城头有一武士身着红青服，弯弓射击，手法甚准，射得敌人一个一个仆地死去。见正面进攻不奏效，日本人绕道后山，居高临下，冷不防从釜山守军的背后杀出，大声喝呼，发铳如雨，无不射中。

朝鲜人顿时纷纷败散。郑拨在西门指挥作战，不幸中丸，以身殉城。郑拨的妻妾听得日军进城，也都自刎而死。

仅仅两个时辰，釜山城宣告失陷。

城陷之后，日本人开始了战争中的第一场屠杀，暴行一直持续到午后。釜山城内尸体狼藉，侥幸存活的都被日军捉拿到船上。据统计，朝鲜军民死伤八千五百余人，被俘二百余人。

拿下釜山，小西行长、宗义智趁机扩大战果，又相继攻陷西平浦、多大浦，多大佥使尹兴信战死。左兵使李珏闻变，自兵营进入东莱城。釜山陷后，东莱府使宋象贤请求一同守卫城池。李珏惊慌失措，假托要在城外驻扎作为掎角，出城后就跑到苏山驿去了。

这时，日本黑田长政、大友义统率第三军，搭乘战船二百余艘到达朝鲜，听到小西行长攻下釜山，拔得头筹，就径直奔向金海府。朝鲜守兵远远望见气势汹汹的黑田军，吓得躲进城去。黑田长政下令割城外麦禾填壕，很快就堆得跟城墙一样高。日本人还没有爬上城头，草溪郡守李惟俭已弃城逃走，金海府使徐礼元步其后尘，金海旋即失守。

釜山攻下后，东莱府就成了小西行长的第二个目标。四月十五日晨六时，日本人从釜山出发，北攻东莱城。

抵至城下，日本人先用稻草扎成人形，头戴青巾，身穿红衣，背插赤旗，带着长剑，绑在长竿上，高举着在城外走来走去。朝鲜守军很快吓破了胆，纷纷奔走号哭，城内一片混乱。

八时，日军趁乱进攻东莱城，这一次比釜山更快，仅一个时辰就占领全城。东莱府使宋象贤登上南门督战，见大势已去，避入屋内，急取朝衣穿在盔甲之外。日本人冲进屋内，一阵急砍之后，宋象贤倒在血泊之中。

东莱之战，朝鲜助防将洪允宽、中卫将梁山、郡守赵英珪、裨将宋凤寿、教授卢盖邦等以下三千人战死，李彦诚以下五百余人被俘。

夜里，日本人在东莱安顿下来。探知朝鲜军主力在忠州，小西行长找来熟悉地形的翻译，询问一下忠州的概况。

翻译回答："忠州实为王京的屏障，米粟积蓄充实。只要忠州不失去，王京就安如泰山。"

小西行长大喜，决定向忠州进军。次日，日军分道进兵，散入蔚山、梁山等地，大肆劫掠。

庆尚道监司金睟从晋州赴援东莱，行至灵山。听到日军已过梁山，金睟改变行军方向，与小西行长展开赛跑比赛，目的地是密阳。金睟才走几步，日本人拍着短脚板扑扑而至，抢先一步，兵临密阳城下。金睟只得退还灵山。

朝鲜密阳府使朴晋自东莱败还，准备在鹊院隘路展开阻击。屁股还没有坐稳，小西行长就从梁山杀到。见到前面有朝鲜守兵，拦住去路，日本人故技重演，绕道山后，从高处蚁附散漫而下，守隘的朝鲜兵留下三百多具尸体后，很快溃散。朴晋驰还密阳，见寡不敌众，遂放火焚烧军械仓库，弃城仓皇遁逃深山。

自东莱失陷之后，周遭各郡县闻风溃逃，无一坚守者。仅用两天时间，小西行长便占领了釜山、东莱、密阳三个战略要地，夺得头功。

日军第二军加藤清正、锅岛直茂部到熊川，见这个天主教徒立了大功，看得眼红，心里一急，干脆取道彦阳直向庆州。防守彦阳的是庆尚道左水使朴泓与右兵使李珏。

岂料李珏爱美人不爱彦阳，径直奔还兵营，抱着爱妾乘夜遁去。部下群龙无首，一哄而散。朴泓孤掌难鸣，只得退守庆州。

2. 李昖的大决战

这几天，国王李昖一直心神不宁，睡不安枕。

自十五岁登基以来，李昖一直过着莺歌燕舞、灯红酒绿的潇洒日子。但是，自从那个叫丰臣秀吉的关白走进他的生活之后，一切都改变了，再也没有过一天快乐日子。虽说与关白从未谋面，但是根据黄允吉等人的描述，李昖不禁十分担心，屁股下面的王位还能坐多久？

四月十四日，釜山前线败报不断，往昔的宁静一去不返。

朴泓送来报告："四月十三日上午，倭寇袭击釜山。臣登高眺望，釜山满城红旗，城池恐怕已经不保了。"随后，金诚一又报告："侵占釜山的倭船不满四百，一船所载，不过数十人，总数不会超过一万。"

丰臣秀吉终于来了！李昖惊得差点儿从王座上跌落下来。大臣们吓得面面相觑，不敢言语。一时间朝野震惊，朝堂上下人心惶惶，惊惧交加。

败讯接连不断。南部的全罗道、庆尚道，已陷没敌手，派大军收复来不及了。日本人很快就会挥师北上，直取王京。当务之急，就是阻止日本人北上。而遏止日本人北犯的重要据点——尚州，理应布下一道防线，重兵把守。

李昖不惜拿国运一赌，在忠州、尚州一带掷下所有筹码，不成功便成仁。

东路左防御使成应一、中路巡边使李镒、西路右防御使赵儆，三路同时南下。助防将刘克良守竹岭、助防将边玑守鸟岭，策应三路的攻防战。

在忠州、尚州防线的背后，就是王京了。如果忠、尚失守，就在王京背城一战。右议政李阳元被任命为守城大将，李戬、边彦琇为京城左右卫将，商山君朴忠侃为京城巡检使，都元帅金命元负责守汉江。

国弱兵穷，这样的防御计划无异于等着挨打。此时，朝鲜一盘散沙，要将无将，要兵无兵。

中路巡边使李镒即将南下，准备从王京挑选三百精兵做随从。打开军队点名簿一看，大半是些"闾阎、市井、白徒、胥吏、儒生"之徒。点兵之时，庭下一片混乱，儒生们头戴冠服，手持纸卷，念念有词；而胥吏们头上戴着平顶巾，讨饶声不绝。李镒受命三天，竟然征不到半个精兵，只得率军官及射手六十余人，以及贴身护卫四十余人，怀着郁闷的心情南行。

李镒至少带兵与女真人交过手，有一点儿战斗经验。可朝鲜自两百年前李成桂光荣革命之后，还未受过大规模战火洗礼，大臣甚至连纸上谈兵的本事也没有。面对来势汹汹的日本人，李昖君臣慌成一团，瞠目结舌，束手无策。

至于朝堂之上，更是笑料百出。

有位大臣认为，日本人善于使用刀枪，而朝鲜败在缺乏坚厚盔甲。所以建议用又长又厚的铁打造盔甲，令兵士穿着，直入战阵，因全身密无缝隙，日军刀枪

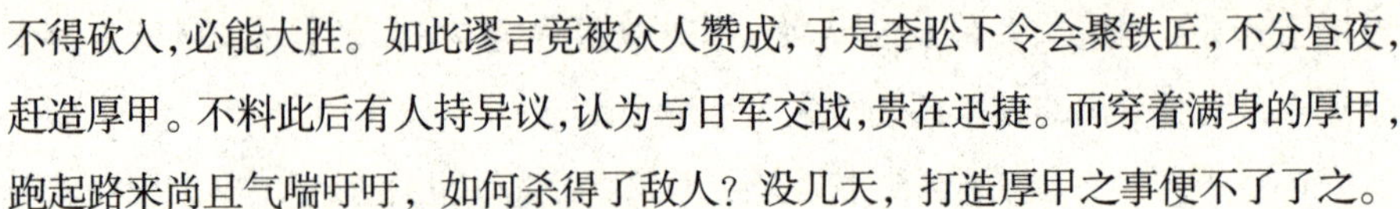

不得砍人，必能大胜。如此谬言竟被众人赞成，于是李昖下令会聚铁匠，不分昼夜，赶造厚甲。不料此后有人持异议，认为与日军交战，贵在迅捷。而穿着满身的厚甲，跑起路来尚且气喘吁吁，如何杀得了敌人？没几天，打造厚甲之事便不了了之。

一老兄厉声怒斥众大臣饭桶不知策谋。

有人问道："你有何良策？"

那人回答："不如在汉江边设立高高的棚架，使得倭寇不得过江。这样士兵就可以在棚架上居高临下射杀倭寇。"

又有人问道："难道倭寇不会往棚架上发铳吗？"

那人哑言无语，默默而退。

大臣们有的低头睡觉，有的袖手冷笑，有的哄然辩论，有的失声哭泣，有的颠倒在地，还有的精神失常，真是无奇不有。

当然，朝鲜也不乏非凡之辈。柳成龙，就是这个时代少见的能人！

柳成龙，字而见，号西厓，庆尚北道安东义城人。二十二岁就考上司马试，二十四岁时又考上别试文科丙科，授任承文院权知副正字，开始从政生涯，直到领议政一职（相当于国务院总理）。壬辰倭乱发生后第四天，又被提携为都体察使总管军。

依靠着生性正直、尽忠守孝的优良品质，柳成龙花了近三十年时间，真正成为人中之龙，算得上对得起自己的名字。

柳成龙四处网罗人才，任用贤能，真正起到中流砥柱的作用。在扎堆的人中"慧眼识珠"，得到良将八十余人，其中就有震烁古今的海战奇才李舜臣。

眼看着日本人长驱直入，北进至密阳、大邱一带，逼近鸟岭。柳成龙再也坐不住了，他问金应南、申砬："现在倭寇深入朝鲜腹地，事态十分紧急，两位有何对策？"

申砬说："体察使（指柳成龙）虽然身兼要职，但是冲锋陷阵，不是所长。李镒孤军南下，后援不继，恐怕凶多吉少。为什么不让一武将率兵紧跟其后，策应李镒？"

说话时，申砬一直盯着柳成龙，眼里充满了无限期待。

柳成龙环顾左右，实在缺乏带兵的能手。九年之前，申砬任稳城府使，曾经在训戎镇（"训戎"两个字起得好）大败过女真人，斩头五十多，也算是朝鲜将领的佼佼者。于是，柳成龙推荐他为三道巡边使，统率各路将领。

国王李昖把最后的希望寄托在申砬身上。申砬要军队，李昖助他一臂之力，把王京城内最勇敢的士兵拨给他，另外还配备了一些全朝鲜箭术最高明的武士；申砬要战马，李昖就下令朝中大臣，每人捐出一批马；申砬要武器，李昖就把军器寺里储存的所有兵器都搬出来，任凭申砬挑选。

就这样，申砬率领着一支朝鲜装备最精良的军队起程南下了。

临行时，李昖问申砬道："倭寇气焰如此嚣张，爱卿能够挡得住吗？"

申砬胸有成竹："倭寇不知用兵之道，孤军深入，哪有不败的道理？"

李昖油然而生钦佩之情："将军们畏倭如虎，说他们最难抵挡，只有爱卿说得这么轻松。"随后，李昖将一把尚方宝剑赏给申砬，并赐给他专断的权力："李镒以下，不用命者，卿皆断之。"

目送着申砬迈着矫健的步伐踏步离去，李昖感叹道："假如朝鲜人个个都像申砬这样，还怕什么倭寇不成？"

对申砬来说，他的肩上担负着国家兴亡的重任，内心激情澎湃，无比自豪。自幼熟读兵法，恨不能报国。日本人违逆天意，荼毒无辜。小西行长犯了兵家大忌，孤军无援，歼此顽敌，不负国王重托，正当此时。

申砬越想越兴奋，以至于在向众人辞行之时，走下台阶，一时激动，头上的乌纱帽竟然掉落地上。人群一片惊呼："不祥之兆啊！"

大军出发那天，王京城内聚满了人群。为了目睹申砬的风采，人们不约而同地围在道路两侧。

英姿勃发的申砬走在队伍前面，后面旌旗飘扬，刀枪林立，一队队英雄男儿昂首挺胸，精神抖擞地从眼前走过，人们的欢呼声响彻上空。所有人都希望申砬能把胜利带回家，朝鲜太需要一场胜利了。当然，在渴望胜利的同时，人们也深深担忧，这是关系到朝鲜生死存亡的一战。如果日本人侥幸获胜了，无数朝鲜人将失去美好家园，陷入颠沛流离。

3．兵败弹琴台

但是，天不佑朝鲜。申砬肩负着国王的重托，意气风发，率领大军向南方重镇忠州浩浩荡荡进发时，李镒却在尚州大败。

李镒于四月十七日赶到尚州。尽管日本人还没有到来，但是沿途所经，各县城的官民闻风而逃，留下了一座座空城。由于缺粮，李镒只得打开闻庆城中的粮仓，充做军饷。

来到尚州，却不见牧使金澥前来迎接，原来金澥早已跟着老百姓逃到深山老林中隐藏起来了。城内除判官权吉坚守岗位之外，空无一人。

李镒无处泄愤，只好拿权吉当出气筒，准备把他处死。权吉苦苦哀求，甘愿去召还逃民，将功赎罪。

在附近村庄搜索了一整夜后，第二天早晨权吉才强拉回来数百名魂不附体的农夫。

看着那些农夫，李镒不禁皱起眉头，这么点兵力还不够塞日本人的牙缝，只好打开粮仓，招引散民。山里的人饿得没法，咕噜咕噜叫的肚子实在抵挡不住白米饭的诱惑，于是陆陆续续出来，李镒又招得数百人。但是这样一支只图填饱肚子的队伍，不过就是一群要饭的，手无缚鸡之力，连一把刀也拿不动。到现在，只好死马权当活马医，能守就守一阵子，顶不住就逃命吧。

日本人却很玩命。按照战前“陆海并进，以强凌弱，速战速决”的指示，兵分三路，像三把无比锋利的斧头，砍得朝鲜人七零八落。

东路，加藤清正的第二军自熊川北上，像一阵旋风。四月二十一日进攻庆州。朝鲜败兵不堪一击，被杀三四千，加藤清正留一部驻守庆州城，主力直向王京，沿途陷永川，郡守金润国遁走。

西路，第三军黑田长政于二十三日，由玄风渡过洛江，把星州烧成一片废墟。星州判官高晛逃走，牧使李德悦仅以身免。仅用两三天时间，日本人就把战火引入江原道、忠清道，逼近京畿道。

中路，小西行长的第一军四月十八日入密阳城，次日又进犯灵山、清道等地，一路烧杀劫掠，赤地数百里。二十二日，陷仁同城。又自仁同渡过洛江，陷善山，直指尚州。

从釜山登陆以来，小西行长从未遭遇过像样的抵抗，一路上，来不及逃跑的朝鲜人都被碾成了粉末。

四月二十四日，小西行长又设下了捕鼠夹，彻底粉碎了李镒的抵抗。

李镒进驻尚州之后，手下的人马没有几个，所以只好拉到尚州以北的北川河去。河边有个高地。李镒就把队伍安扎在高地上，如果战事不利，可以随时逃脱。一千多人依山为阵，在制高点竖起一杆大旗，摆下锣鼓，这就是李镒的指挥部。在李镒的身后，站着从事官弘文校理尹暹、修撰朴篪及尚州判官权吉、沙斤察访金宗武（沙斤地区的调研员）等人。

这天清晨，四周浓雾环绕。突然，从尚州方向传来轰轰的炮声，打破了山谷的宁静。有人报告说，日本人来了。很快，军中一阵骚动，李镒死也不相信日本人会来得这么快，于是就以惑乱军心的罪名将报告者杀死。

过了片刻，蒙蒙胧胧的树林间走出几个人，贼头贼脑。朝鲜人都知道是日本的斥候，但是谁也不敢向李镒报告。

李镒站在高地上，眺望四周，远远看见尚州城中，有几道白色的烟雾腾空而起。这回李镒也心疑了，连忙派一位军官骑马前往侦看，但军官很快就被埋伏在桥下的日本人发铳打死，朝鲜人一阵恐慌。

但是，让这些从未动过刀枪的士兵更恐惧的还在后头。

一队队日本人凶神恶煞般，突然出现在朝鲜人面前，有的手里拿着闪着冷光的利刃，像阴间的索命鬼，一边跳跃，一边尖叫；还有的像一只只小老鼠，在地上爬行向前。

伴随着一阵阵隆隆的炮声，很快，山下的日本人像黑糊糊的蚂蚁，漫山遍野围上来。

铁丸雨点般落下，高地上炸开了锅。嘈杂声、哭喊声，乱成一片。李镒紧急呼叫射箭，但根本就无济于事。由于距离太远，伤不到日本人一根毫毛。

针对高地上孤独无助的朝鲜人，小西行长摆下一个大口袋。松浦镇信的三千人从左路进攻，宗义智的五千人、五岛纯玄的一千七百人从右路进攻，举旗绕道,包抄李镒背后。两队人马铁桶般围拢过来,紧紧地将朝鲜人装进口袋中。

李镒看形势不妙，骑马向北逃命去了。

失去主将的朝鲜人如无头苍蝇，一哄而散。日本人从四面八方冲杀过来，朝鲜人逃窜无路，都被堵在北川一块狭窄之地。

围歼战变成一场大屠杀，日本人纵铁骑践踏，朝鲜人哭爹叫娘，丢盔弃甲，抱头鼠窜，逃无可逃，只能等死！眨眼间尸堆如山，血流成河。

是战，朝鲜从事官朴篪、李庆流、尹暹以及判官权吉等三百人被杀。只有李镒弃马脱衣，披发赤体，捡回一条命。跑到闻庆，李镒赶紧拿来纸笔，写下败状呈报，准备退往鸟岭，又听说申砬在忠州，就逃向忠州。

忠州以南的闻庆鸟岭，海拔一千零一十七米，是朝鲜最高最险峻的山岭，据说连鸟儿也无法飞越过去，故称鸟岭。岭上有李朝太宗大王李芳远所开辟的山路，十分险要。如果能固守鸟岭天险，扼住日本人北上忠州之道，王京便安如泰山。

于是，义州牧使金汝岉对申砬说："倭寇攻势凌厉，难以抵挡。鸟岭堪称天险，如果我军不抢先一步，就会被倭贼占据。不如直出鸟岭，在峡谷中埋下伏兵。倭贼一入山谷，我军居高临下，从两边放箭射杀，可以一举歼敌。再不行，就退防王京。"

但是，自负的申砬显然高估了手下骑兵的战斗力，一心想利用骑兵的机动性，打一场漂漂亮亮的野战。于是，申砬断然否决了金汝岉的主意，反驳说："敌人是步兵，我是骑兵。鸟岭道路险狭，不利于骑兵的展开。应把敌人诱至开阔地段，然后纵铁骑践踏，无往不胜。"

这时，从尚州狼狈逃回的李镒绘声绘色地把日本人描述了一番，加大了申砬展开野战的决心。

四月二十七日，申砬率领着国王李昖的王牌部队，包括宗族百余、宫廷卫士数千、王京卫戍队及武官两千，总数八千人，在忠州城外西北侧的弹琴台下安营扎寨。

弹琴台本名大文山，山下有南汉江和达川合二为一。因为新罗真兴王（534—576 在位）时期乐圣于勒常于此处弹琴，故称"弹琴台"。弹琴台地势平坦，但是左右两侧都是泥泞的稻田，水草杂生，不利于骑兵队形的展开。此处摆阵，无疑犯了兵家大忌：背水一战。

《孙子兵法·行军第九》："欲战者，无附于水而迎客，视生处高，无迎水流，此处水上之军也。"申砬空有杀敌报国之心，却不谙兵法，陷自身于死地。

前一天，小西行长从尚州出发，一路马不停蹄，北进到闻庆县。朝鲜人一闻到日本人的气味，就自行放了一把大火烧了县城。县监申吉元一人骑马躲入深山，被日本人搜出来之后，手脚立即被砍断，成了一个"海豹"人。

闻庆城南两条窄如束丝的草道梁峡谷，中间盘着一条大河。有座古城叫姑母城，占据着左右两峡道的交汇处。地势十分险要，一夫当关，万夫莫开！

天生谨慎的小西行长来到姑母城前，怕朝鲜人在峡谷中暗藏杀机，派斥候进去侦察了大半天。直到确认没有朝鲜的一兵一卒之后，日本人才排着整齐的队伍，大摇大摆，敲锣打鼓，提早欢庆胜利，安然无恙地穿过草道梁峡谷，将鸟岭天险踩在脚下。

过了鸟岭，视野开阔，小西行长照搬尚州的战法，从丹月驿兵分两路，宗义智与松浦镇信分别率领两路日军，一路沿着山向东，一路顺着南汉江而下，钳击朝鲜人。此外，小西行长采纳松浦镇信、有马晴信的“火牛计”，在距离弹琴台十五公里之处埋伏了几十头野牛。

日本人的行动很快被申砬的亲信金孝元、安敏探知，两人慌张报告：“倭贼杀来了。”一时之间，朝鲜军心大乱。申砬怒火中烧，下令将金、安二人拉去斩首。

人头落地，日本人的炮声惊天动地响起来，尘埃漫天飞扬。

这时，黑夜降临，日本人渐渐收拢包围圈，点燃了一把把火炬，照得弹琴台上空亮如白昼。

已成瓮中之鳖的朝鲜人露出惊惧的表情，绝望哆嗦地操起手中的兵器，准备一死了之。

突然，一大群暴怒的疯牛狂奔过来，牛尾捆着一束束燃烧的野草，烟火弥漫。牛群横冲直撞，无数朝鲜人惨遭践踏，血肉模糊。

朝鲜人还没弄清是怎么回事，伴随着喊杀声、锣鼓声，日本人挥舞着大刀，如同恶鬼从地狱中冲杀出来。朝鲜人顿时溃不成军，慌乱中又自相踩踏，死伤无数。

申砬见此情景，意识到该是为国捐躯的时候了。他叫金汝岉拟写草状，准备向李昖告别。金汝岉身穿厚重铠甲，腰间别着弓箭，但却心思静定，下笔如飞，没有写错一个字，人们都为之壮胆叫好。

喊杀声、哀号声、锣鼓声、铳炮声，交织在一起，演奏着壬辰卫国战争中最为悲壮的一曲交响乐。日本人铁丸如雨，刀剑飞舞。可以说，这是一场一边倒的大屠杀。

眼见突围无路，申砬惊慌失措，鞭打着坐骑，朝日本人猛地冲去。金汝岉意欲骑马逃窜，申砬大呼：“金令公想逃吗？”

金汝岉苦笑着回答：“我难道是个惜死之人吗？”于是策马跑回弹琴台下，与申砬并肩作战，毙杀敌人数名。

但是，日本人围得铁桶一般，申砬的战马惊嘶不前，只得转头向达川江逃去。

日本人紧紧咬住不放，申砬跑到达川江滩边，对手下说：“我愧对国家，有何颜面回去见大王？”毅然跳进滚滚江水，挣扎几下，很快沉没下去。

一夜激战，朝鲜人积尸如山，军资器械丧失殆尽。达川江血流成河，浮尸堵塞，江水为之赤红不流。

是战，朝鲜被杀三千余人，申砬、金汝岉、朴安民等溺水身亡，数百人被俘。只有李镒趁隙从东边山谷间溜走，再次脱险。而作为胜利者的一方，日本的代价仅仅是战死五百人。

小西行长另派一部袭击忠州城。趁着守军不备，小西行长暗中在城后放火，城内一片杂乱，忠州很快失陷。

经过尚州北川、忠州弹琴台二役，朝鲜精锐扫荡一空，王京以南成了真空之地。

日军统帅宇喜多秀家看到小西行长孤军深入，恐有不测，叫他停下来，等待各路齐头并进，并准备派人报告丰臣秀吉裁定。

侵朝各将意见不一。立花宗茂认为："将在外，君命有所不受。现在趁着朝鲜毫无戒备，应该速战速决，直取王京。不然，李昖搬来明朝援兵，后果就不堪设想了。"

于是，宇喜多秀家下令各路大军火速前进。忠州战后第二天，四月二十九日，加藤清正、锅岛直茂、黑田长政在忠州郊外与小西行长会师。

一只猴子吃饱了肚子，另一只猴子看见了就妒忌。加藤清正看到小西行长不断建功立业，心里好像有种说不出的滋味，铁青着脸，上下牙咬得咯咯响。

在商讨下一步行动时，对马岛主宗义智展开王京地图，请大家阅览。

看到地图上标注的药尘路地名，加藤清正右手指着，沉沉说道："你取这一路如何？"

小西行长先前是一个药材商贩，听到加藤清正的戏弄，有些恼怒："我能够孤军深入，几经苦战，大获全胜，难道不是靠上帝的庇护吗？"

加藤清正不服，反击说："你之所以能够偷袭得手，全赖宗义智熟悉地理形势。再说太阁已经下令，我们两个隔天轮流当先锋，你怎么违背了太阁的命令？从今以后，先锋要轮流做，比比看谁更厉害！"

小西行长不满："现在都兵临王京了，不如各自分兵，尽快拿下王京。"话没说完，就准备拈阄。

看来加藤清正是故意找碴儿来的，不紧不慢地回了一句："违抗军令，贪图私利，跟小商贩的行为有什么不同？"

语音刚落，小西行长火冒三丈，"咣"的一声，拔出腰间佩刀，要把加藤清正劈成两半。

加藤清正也不是好惹的，像一只饿虎猛扑过去。两个人睁圆血喷喷的眼睛，眼看就要火并，将领们赶紧围过来劝解。

锅岛直茂说："私斗无益，徒被外国耻笑，这是很不忠的表现。"松浦镇信也说："太阁让你二人同为先锋，是他老人家深谋远虑，不是我辈所能测知的。二位也清楚，两虎相搏，必有死伤。损失的只会是自家人，罪行死有余辜！"

于是大家重新围聚，决定分道进取。

小西行长说："从这里到王京有两条路，一条到南大门，路程一百里。虽然近些，但是前面有大江阻塞。另一条到东大门，超过百余里。虽然稍远，但一马平川。要走哪一条，任你选。"

加藤清正说："纵然有千险万难，我也不怕。我就选南大门那条路。"

两路日军风驰电掣，王京岌岌可危，李昖命悬一线。

4. 悲壮的弃守

四月二十九日，申砬死难的噩耗传到王京，李昖流血的伤口再次受到重创。

本来是群情激昂，抱着与国同亡的必死之心。先前李镒败报递至，王京居民已愤激不平，荷担而立。李昖也是整天愁眉苦脸，茫然不知所措。

领议政李山海秘密向李昖献出"去邠之策"[1]，消息传出来，立即引起公愤。弹劾书像雪片般飞来，都说李山海误国误民，不罢了他，众愤难平。更有王室宗亲几十人，聚集在王宫门外，哭哭啼啼，哀求李昖不要弃京而逃。

没想到几天后又传来更坏的消息，申砬溃败战死。王京城内立即炸开了锅，李昖彻底绝望了，如果再不走，恐怕君臣都将成为丰臣秀吉的阶下囚。于是，召集众臣商谈逃亡之策，史称"去邠之议"。

看到一班文武大臣，像弱女子一样哭个不停，李昖不由皱紧眉头。

①去邠之策：指弃城逃亡。语出《史记》："古公亶父为獯鬻戎狄所攻，遂去邠，逾梁山，止于岐下。"

朝堂上，大臣们没有提出一个切实可行的救国方案，却是一阵狂批“去邠”。

领中枢府事金贵荣说：“王室宗庙陵墓都在这里，我们要逃到哪儿？应当固守京城，以待外援。”

右承旨申𥗍说：“如果大王不听小臣的谏言，弃城逃亡，宗庙残毁。那么，臣宁可与家里八十多岁的老母亲，在宗庙大门之外自刎，也不敢跟从大王离开京城。”

修撰朴东贤也说：“大王一出都城，人人自危。就是民夫也会把肩上的担子扔到路边，逃命去了。”说完，又是痛声大哭。

原先打算讨论往哪里跑，现在却胶着要不要跑。君臣相持不下，到最后，申𥗍竟然扬言要把家里的老娘抬出来，一下子让李昖进退维谷。李昖不好发作，但脸色骤然铁青，气冲冲闪入内殿。

李山海在旁一直“噫噫呜呜”抽泣着，看到闹僵了，赶紧替国王解围。他对申𥗍说：“避难去国的先例，古代早就有了。”

话一出口，大臣们群起而攻之，恨不得把他生吞了。

外面大殿喧嚷一片，李昖不得已，又踱出内殿，搬出中国古代的分野、星占：“天上岁星所在之国，攻打的人必然遭殃。今年岁星在燕州，倭贼当不久自灭。”

自古以来，夜观天象以预测军国大事，一直左右着人们的决策。这一招果然好使，大臣们紧闭其口，心里就是有十万个反对，也不敢违逆天意。

李昖明修栈道，暗度陈仓，自然而然就把话题转移到逃亡问题上。李元翼、崔兴元很快就被派到平安、黄海等道，实地考察日后的栖身之所。

左议政柳成龙、都承旨李恒福提议，王室成员化整为零，分头行动。金贵荣与尹卓然为一路，陪护着临海君李珒，逃往咸镜道；另一路韩准护送着顺和君李玒，逃往江原道。

值此倾覆之际，最要紧的是确立后继之君，好让李氏王室的大旗不倒。

十七岁的光海君李珲正值年少力富，于是被立为世子，监理军国大事。如果是太平盛世，一定张罗得轰轰烈烈，颁布文书、印绶，穿戴鲜艳的衣冠，在一阵阵欢乐声中，结束册封仪式。之后还要上报宗主国大明皇帝御批，才能真正成为后继之君。但是在乱世年头，也就不那么讲究了。大臣们道一声庆贺之后，册封仪式就草草完结。

离开故都的决定令人们心碎不已，大臣俞泓哭道：“祖宗社稷在这里，百姓们也在这里。大王要去哪里啊？大王千万别轻率，让人心惊慌啊！”

李昖内心一片苦楚，挽起龙袍，擦了擦满脸的泪水，说道：“哪里是我的去处啊？只是期望大家能够拼死一战，戮力保卫国家。”

对李昖来说，离开王宫的繁华生活，离开李氏王朝列祖列宗的魂舍，无疑是痛苦与愧疚的。

兵曹也竭力作好防御准备，把王京城内的居民都拉出来，结果只有三万余人，而且都是些老弱病残，可以勉强一战的仅七千人。这些人被分配到各个守城岗位，没有一个不怨声载道，都想一走了之。

无奈之下，李昖下令全城戒严，紧闭城门，禁止走漏一人。

可是戒严令并未起什么作用。无论贫富贵贱、男女老少，不分昼夜，纷纷从城头放下绳子，没几天全都溜光了。连维护秩序的士兵也不见踪影。王京一片混乱，无赖之徒趁乱而起，结党入室，美女、财宝掠劫一空。

世道如此，身为国王的李昖真的成了孤家寡人。他彻底绝望了，事已至此，除了逃走别无出路。于是，李昖暗地里叫宫人打扮装束，准备随时出城。

四月二十九日晚上，焦躁不安的李昖令人点燃烛火，连夜召集大臣，紧急商谈逃亡去向。

会议上，大臣们多数建议暂到平壤一避。而李恒福主张避入大明境内，以图日后东山再起。权悏膝行到李昖跟前，请求固守王京。柳成龙挥挥手让他下去：“事态虽然紧急，但也不能这样，暂且退下。”

权悏又连声呼叫：“左议政也这么说，难道真的要抛弃京城吗？”柳成龙狠狠地白了权悏一眼。

经过君臣彻夜商讨，最后作出四个决定：

一、光海君随同李昖。领府事金贵荣、漆溪君尹卓然陪同临海君，逃往咸镜道；长溪君黄廷彧、护军黄赫、同知李塈陪同顺和君，逃往江原道。

二、号令全国，勤王护国。

三、任命李诚中为统御使，率领各道军民坚持抗战。

四、任命柳成龙为留都大将，镇守王京。

但是李恒福觉得有一个不妥之处，就是任命柳成龙为留都大将。谁都清楚王京早晚都是日本人的盘中餐，叫一个只会玩弄纸笔的大臣去揽下守城的活儿，无异于驼背翻跟头——吃力不讨好。所以李恒福建议让柳成龙随驾逃亡，路上或许能出些点子来。李昖一想，这倒也是，还是让李阳元继续担任留都大将。

弃城决议一出，民心、军心立即崩溃。城内局势失控，陷入无政府状态的大混乱之中。

宫中卫士通通不见，一切都陷入了混乱无序。李镒从前线送来一封急报，由于没有烛火，一团漆黑，李昖竟然无法读出。最后找到宣传官厅，才拿到一根火把。

随着一阵急促的马蹄声，李昖的车驾从王宫驶出，身边随从尽皆走散。李昖无比哀痛，哭泣道："两百年的王室，现在却不见一个忠臣义士！"

大雨瓢泼，宫中一片黑暗。王妃朴氏和宫女们摸着墙壁，一步一步往外挪。幸亏李恒福拿着蜡烛进来，这才引领她们走出仁化门。

内三厅禁军在黑暗中乱窜，时而相互碰撞。柳成龙跟随着李昖的车驾慌乱跑出。

车驾经过景福宫前街，黑夜中哭声相闻，异常凄切!

城中暴徒群起，四处纵火，抢掠金帛财富。无数历史文化遗产也在这次浩劫中被付之一炬。修建于洪武二十八年（1395）的景福宫、永乐十六年（1418）的昌庆宫、成化十九年（1483）的昌德宫等顿成废墟。

朝鲜的历代宝玩、文武楼所藏书籍、春秋馆各朝实录，以及其他各库所藏前朝史籍草稿、承政院日记，全部化为灰烬。

第二天清晨，雨势更加猛烈。饥饿、恐惧、疲劳，弥漫在逃亡队伍之中。流亡的人们无不丧魂落魄，在暴雨中互相叫喊，呼天抢地。所幸京畿观察使权征追来护驾，送去雨具、雨衣，李昖这才免遭淋漓之苦。

在那个交通工具异常落后的时代，达官贵人们出行主要靠马匹和轿子。李昖和光海君骑马，王妃坐在屋轿里，淑仪以下的妃嫔也都乘坐轿子。但是雨势凶猛，抬轿人怨声载道，淑仪之下只好改乘马，宫女们哭着步行。随扈的宗亲、文武侍从不到百人。

最糟糕的是食物的缺乏。到达碧蹄馆小憩时，已是中午，大多数人只顾逃命，根本就没吃上一口饭。完全断粮了，除李昖一人勉强果腹，其余人等粒米未进。

兵曹判书金应南，本是统军将领，现在却成了一个四处找寻食物的食品供应员。京畿观察使权征抱住自己的膝盖，干瞪着一双饿得冒绿光的眼睛，望着灰蒙蒙的天空发呆。

就这样，一大群饥饿的人稍作休息之后，又蹒跚起程。傍晚时分，大雨仍不止，到了临津江畔，逃亡的队伍离散大半。登上渡船，李昖想起亡国的悲痛，对着陪臣，俯伏失声大哭良久。

令人窒息的夜幕又降临了，荒山野外没有火把。只有李昖所乘船只点燃了蜡烛，艄公在暗弱的光亮下缓缓摇橹。到了东坡，一上岸，李昖就下令沉船，免得给日本人夺去利用。

深夜时分，兵曹判书金应南率佐郎朴东亮等人守护着李昖，暂且在东坡安顿一宿。突然，侍卫惊扰呼叫，金应南在梦中被吓醒，想要夺门而去。朴东亮死命拉住金应南，方才安定下来。

5. 逃到开城去了

李昖就像一只慌不择路的野兔，惊魂落魄地逃了两天两夜。恐惧、羞愧、失败的苦涩，纠缠着他。

五月初一大清早，李昖被远方的阵阵枪炮声惊醒。放眼汉江以南，狼烟一片，火光冲天，朝鲜大地在日本人的蹂躏下呻吟着。此时的李昖，除了害怕，更多的是孤寂。

李恒福睡眼惺忪之中，就被叫去召唤百官。惨痛的日子让人们备感茫然，君臣相见，相顾无言。

李昖泪洒如雨，手中的马鞭恨恨地往地上叩打，另一只手则抚揉着胸膛，显得无比哀痛。尽管已经脱险，但是路在何方，何去何从？

李昖逐个点着大臣们的名字，李山海、柳成龙、李恒福，但素有“智囊”雅称的尹斗寿竟然不在。李恒福又急急忙忙出去找来了尹斗寿。

李昖说道：“从今以后，众卿家兄弟就守着我，不要离开我半步。”虽然话语中是复数，但只盯着尹斗寿一人。说完，李昖解下身上的佩囊给尹斗寿，问道：“值此危急之时，卿兄弟有何妙策？”

大臣们一筹莫展，只是低垂着头，跪拜在地上，呜咽哭泣。

李昖绝望无助的目光又投向李恒福，李恒福答说：“圣上可退避义州。万一朝鲜八道全都沦陷敌手，我们无立锥之地时，可以西向大明。此外，臣并无其他良策。”

沉默了许久的尹斗寿终于开口了，弃国图存，古所未有也。只要大驾靠近天朝一步，朝鲜便不再为我所有。他主张逃往朝鲜东北咸镜道，凭靠咸兴、镜城天险以及强悍的北部山民，与日本人决一死战。

李昖这才表白心迹："内附天朝本来就是我的意思。"

其实，从逃出王京的那一刻，内附大明就成为李昖的最终选择。中原的繁荣富强，皇帝的诚挚友好，让国王看到了朝鲜复国的一线生机。

于是，在李恒福等人的支持下，李昖毫不犹豫地往义州方向行进。义州，鸭绿江边的边陲小城，与辽东一水之隔。

车驾缓缓地从东坡驿驶出，当日早来到板门。丰德郡守李随亨跪候在路旁，献上膳饭，文武百官饱餐一顿。

中午，西行队伍来到招贤站。随扈卫士大都逃散。黄海道监司赵仁得率人及时赶到。瑞兴府使南嶷带兵数百、马匹五六十先行到达。随行宫人已断粮一天，饥饿难忍。临行时，司钥崔彦俊就向南嶷索讨了大小米两三斗，才勉强饱腹。傍晚时分，李昖一行终于到达古都开城。

一路颠簸，总算能好好休息一宿。李昖任命尹斗寿为御营大将，统领各军。

士兵们一路疲惫不堪，再加上对日本人的恐惧，神经绷紧，风声鹤唳，终于崩溃了。夜深人静，突然有人着了魔似的失控，大呼小叫。很快传染到其他人身上，士兵们恐乱骚动起来，拿起刀剑在宫殿外追逐，自相残杀。一时间，喧哗的脚步声、惨烈的哭喊声，喧喧嚷嚷，一些神经脆弱的人竟然绝望地自杀身亡。所幸殿门紧闭，没有惊醒酣睡中的李昖。

第二天，咸镜南道兵使申硈率领亲兵前来开城勤王，李昖亲往南大门，慰劳朝鲜父老百姓，并写下誓状，表明要固守开城，以稳定人心、军心。

李昖问道："本府还有多少士卒？"

留守洪仁恕答说："骑步兵只有九百三十余人。"

弘文校理李尚弘准备向开城士民宣读誓状。李昖摇手说："百姓不懂得文字，还是让洪仁恕去讲吧。"

洪仁恕讲罢，开城的父老百姓都感动得流下泪水："主上抛弃了京城，如今的京城已经是一片溃散。如果主上再离开这里，那么局势将更加难以收拾，但愿主上固守开城。"

李昖信誓旦旦地回答："我定会遵从尔等之愿。"

但是李昖很快就会为自己的誓言后悔了，因为两天后王京就沦陷了，日本人像推土机一样，风尘滚滚而来。

第三章　风雨飘摇

1. 王京沦陷

自担任先锋以来，小西行长就一直走运。从釜山、东莱，再到尚州、忠州，小西行长可以说是沿着两点之间最短的距离做运动。一路上攻城略地，除了疲惫之外，就是兴奋了。再回首看看，那个整天念着阿弥陀佛的加藤清正，已经被抛到身后，还在不死不活地追赶。无疑，这场长跑比赛的胜利者非我行长莫属。

小西行长下令加快前进步伐，沿途所经，如入无人之境。很快，汉江边就插满了画着蓝色波浪线的战旗。面对水流湍急的江水，小西行长觉得有些棘手。于是下令拆散各地的官衙民舍，取下木材，连接成长长的木筏，没几个时辰，部队全过去了。到了对岸之后，看不见一个朝鲜人的影子，武器、军旗抛得满地都是。

小西行长又捡了一个大便宜，暗自高兴，朝鲜也真是无人，险岭不设防，汉江又不守。只要有一人把守，我军就不堪设想。

原来，把守汉江的都元帅金命元、副元帅申恪在济川亭，大老远一看到日本人扬起的尘土，就吓得全身发抖，逃命去了。

金命元下令将兵器丢到汉江，自己改穿便衣，不顾部下的死活，率先开溜。申恪也步其后尘，仓促跨上一匹快马，一溜烟逃进杨州的深山躲起来。

从事官沈友正死命地拉住金命元的马缰绳，痛哭道：“现在大王正向西走，望将军能守一守临津江，顶一阵子，让大王从容赶路啊。”于是，金命元撤到临津江。

王京留守大将李阳元听到汉江防线溃散，心里闷得慌，也逃向杨州。统帅一走，部下群龙无首，纷纷作鸟兽散。不但汉江“千山鸟飞绝，万径人踪灭”，王京也空荡荡的。

所以，五月初一夜，小西行长来到王京城下时，只见南大门——兴仁门紧锁，城内寂静如死。多疑的小西行长又惊讶了，偌大的一座京城竟无半点声响，怕是城内有伏兵吧。于是在城外逡巡良久，不敢贸然进攻。

看着那高耸入云的城墙，小西行长恨不得有飞檐走壁之术，飞进城里，探个究竟。

小西行长的家臣木户作右卫门对着紧锁的兴仁门干着急，气得咬牙切齿。他恨恨地脱下铳枪的铁架，使出全身的劲儿，朝兴仁门猛力冲撞，随着“噔”的一声巨响，厚重的兴仁门竟然缓缓打开。

日本人一下子队伍大乱，闹哄哄鱼贯而入。小西行长无法控制，气冲冲地叫嚷：“大家排好队，不要乱来，不要去酒肆喝酒。”

朝鲜的都城——王京，被小西行长轻而易举地收入囊中。当小西行长在王京城中吃饱喝足，舒舒服服地睡了一晚上之后，加藤清正等人才渡过汉江，进入王京。

半个月之后，听到王京陷落的消息，丰臣秀吉一阵狂喜，写信告诉秀次：

> 朝鲜都城既陷，予来春帅兵入明，荡平疆宇……以卿为明地关白，朝鲜地遣岐阜宰相，若备前宰相总统，乘舆经费，奉畿甸旁近十州，封卿以百州。皇朝关白大和中纳言备前宰相等，临时选择而任。卿善知此意。

丰臣秀吉竟然认真作好年内进驻北京、把宁波变成日本港口的准备，并一口气任命了一系列新帝国的统治人选：

> 后阳成天皇定于后年，即甲午年（1594）迁都北京；
> 义子丰臣秀次任大明关白，命治国都四周百国；
> 岐阜宰相丰臣秀胜治高丽；

日本帝位由皇子良仁亲王或八条官亲王智仁亲王继之；

中纳言丰臣秀保、备前国宰相宇喜多秀家两人中选一人担任日本关白；

丹波国中纳言丰臣秀秋管理日本九州。

此时，丰臣秀吉征服明朝的欲望已达到爆发的临界点。在他眼里，明朝就是一个弱女子，攻打明朝简直就是大山压卵。

丰臣秀吉还把目光投向了印度，当然这是吞并中国之后的远程规划。

王京沦陷。加藤清正下令屠城一天。不到半天时间，路上惨死的尸体已横七竖八，王京士民来不及逃跑的，全都血肉模糊，惨不忍睹。

大屠杀之后，王京城里的朝鲜人要么被杀，要么逃跑。日本人想要修筑工事，却找不到一个苦力，这才感到事态的严重性。于是，又要起招抚安民的把戏。

五月二十日，加藤清正的部将斋藤立本，将丰臣秀吉的招安书，张贴悬挂于王京各大门：

迩来朝鲜政苛吏烦，四民失其所，予虽不敏，将布善政于境内，救民生于涂炭。文武官僚先服者，随器授职，后者罚莫赦。如其农商速还旧居，各修其业。

又在江原、京畿道各地广贴布告：

大王已逃城中，朝鲜今属日本，故命使价要治各道国士及村民。服日本，犹服前代者，岂有异论乎？然莫散在。今郡县官仓之米谷、玉帛、丝麻等好矣。且某牧主、某县监，百姓男女，亦不去某处。而请事使价思旃。天正壬辰日，丰臣秀吉、行贞吉成等。寄两道吏、户、礼、刑、工、伯等。

朝鲜士民出外躲避的，见日军告示，也就纷纷回到城中去。片刻之际，坊里市肆，依旧填满。朝鲜人与日军杂处而居，却井水不犯河水，你占你的府宅，我做我的买卖，王京倒成了一个和谐之城。

日军为收服朝鲜民心，只是命壮勇士卒紧守王京各大城门，并向朝鲜士民颁发帖子，作为他们自由出入的凭证。一些朝奸也为虎作伥，争先向日军献媚。

其中最突出的如礼宾寺书员朴守英，有谋杀日本人的以及准备做内应的均被朴守英告发出来。

日本人素来信奉暴力征服的理念，如果逮住了朴守英告发的反叛者，日本人就残忍地将他们烧杀在钟鼓楼之前和崇礼门外，其他对付朝鲜人的折磨手段就不消讲了。被烧尽的骷髅白骨，堆积如山，朝鲜士民望之生惧，只得乖乖任日军蹂躏、践踏了。

日本人刚入城的时候，民房民舍均被毁坏。对美轮美奂的朝鲜王宫更是毫不留情，放把大火，付之一炬，一时之间尽为焦土灰烬。侵朝日军统帅宇喜多秀家，号称小三八郎，住在朝鲜宗庙内，夜里鬼怪频频，许多人无缘无故突然倒地死亡。这位久经生死的小三八竟也恐惧异常，怕是震怒了朝鲜的宗庙神灵，赶紧一把火烧掉宗庙，迁往小公主宅——南别宫去了。

2. 龙仁之战

王京陷没的噩耗传来，国王李昖很快就忘记了自己对开城父老作出的承诺，在当日哺时仓皇逃离开城，夜里到达金郊驿。事出忙促，竟然把宗庙神主木牌遗忘在开城穆清殿。

五月初四，李昖的车驾经过兴义金岩平山府，傍晚时分停驻在宝山驿。

第二天又是大雨不止。天刚蒙蒙亮，李昖不顾大雨滂沱，迫不及待地离开宝山驿，行经安城，中午抵达龙泉剑水驿。一天疾走一百四十里，日落时分抵达凤山。之后，从凤山出发又走了一天，经过洞仙岭，午后抵黄州。

如此行程匆匆，五月初七，李昖过中和，进入朝鲜北方重镇平壤。

平壤是朝鲜三大古都之一，史称西京，又名长安城、王险城。平壤位于大同江下游，依山傍水，东、西、北三面是起伏的丘陵，西面则是清莹碧绿的大同江。

西汉初年，燕人卫满渡过浿水（朝鲜大同江的古称），建立了卫氏朝鲜，就以王险城为都。以后的高句丽王国定都于此，长达五六百年。

进驻平壤之后，李昖便决心在这里久驻下来，以稳定日益混乱的朝鲜民心。

自战争爆发以来，李昖主动节节退守，被动层层防御。尚州失守，退保忠州。忠州不行了，又退保汉江、王京。依次类推，临津江、开城、清川江之后，最后就是平壤了。

这样的部署，就是以空间换取时间，为李氏小朝廷退往中朝边界一带尽量争取时间。

现在已经退无可退了，必须守住平壤。要守住平壤，必须确保开城万无一失。要保住开城，就必须坚守临津江。

于是，李昖孤注一掷，任命韩应寅为诸道都巡察使，不受任何人节制，独自率领平安道的江边士兵数千余人，在临津江布下防线。

经过尚州、忠州两次交战，朝鲜兵主力被日本人消灭殆尽。护伴李昖的卫队，一路上也逃散大半。勤王诏令下来，地方上只有全罗道巡察使李洸、防御使郭嵘、助防将李之诗等，率领本道兵四万；忠清道巡察使尹先觉、防御使李沃、节度使申翌等各领本道兵两万前来勤王护主。而庆尚道巡察使金睟简直就是光杆司令，手下一个士兵也没有，只有军官三十多人。

李洸心里毫无勤王的诚意，无奈李昖的诏令屡下，只得勉强进师。

不料走到公州，传来王京失守消息，这给李洸一个放弃的理由。李洸当即命令一名军官手持传令牌，骑着快马，边跑边大喊："罢阵，罢阵。"士卒们听了，军心立即涣散。谩骂声、诅咒声，声声不绝，李洸自己无意勤王，却让我们白白辛苦一趟，什么鬼号令如此颠三倒四的？

李洸一回到全州，其贪生怕死之行为立即为全罗道士民所耻，乃至于愤慨。有一名叫白光彦的泰安人，勇猛无比，疾恶如仇。

他去见李洸："今天朝廷播越，宗庙残毁，我们这些为臣子的，本应当挺身赴难，你手握重兵，却屡屡退缩，莫非有什么企图？"话毕，白光彦拔出手中的利剑，对李洸怒目而视。

明晃晃的利刃寒光闪闪，李洸惊慌失措，赶紧说："这都是我没有深思熟虑的过错，以后就听凭壮士的话。"说完，当即给了白光彦一个助防将的头衔，命他为先锋，去召集散亡的朝鲜人，把他打发走。但全罗道人心散荡，没有一人响应白光彦的号召。

全罗道佥知高敬命令他的两个儿子高从厚、高因厚，分领其众，从中道北上。这时李洸也亲自领兵两万，以罗州牧使李庆福为中卫将、助防将李之诗为先锋；郭嵘分领两万，以光州牧使权慄为中卫将、助防将白光彦为先锋，朝鲜军总兵力超过四万人，开往王京，北上勤王。

李洸自龙安渡过汉江，沿着林川、温阳一线北上；郭嵘自全州出发，沿着砺山、公州而进。两军在稷山会合，李洸令郭嵘进攻龙仁之敌，以打开北进之道。龙仁位于王京以南，是都城的门户。

权慄告诫李洸，倭贼已占据险要之地，势难仰攻，今主公扫境入援，国家存亡，在此一举，务必持重以图万全，不可与小敌争锋，徒伤神威。现在应当直渡祖江，以逼临津，如此则西路自然稳固，而且也可以确保粮道畅通。先占据有利地形，然后养精蓄锐，等待朝廷的命令，相机而动。李洸却置之不听。

郭嵘派遣先锋白光彦，前往探路。白光彦回来时说道路狭窄，树林茂密，不可轻进。李洸颇有怒色，又因为白光彦之前有露刃相胁之仇，遂挟前嫌，假以违抗军令，杖打责罚白光彦。一声令下，军士狠狠下手，打得白光彦皮开肉绽，痛得几乎死去。

白光彦愤慨说道："我宁可死于倭贼之手。"于是忍着剧痛，起身裹好创伤。

郭嵘吓了一跳，现在该怎么办？事已至此，只得下令进兵。李洸又令李之诗前来相助。

防守龙仁的是胁坂安治家臣胁坂左兵卫、渡边七右卫门，兵力五六百人。日本人在龙仁城的北斗门上修筑小垒，十分坚固。

五月初五，白光彦、李之诗率众数千，逼近日本人的堡垒，胡乱射箭。看到日本人很少，两人遂产生轻敌之意，露出不屑一顾的神色。

权慄劝诫说："小心谨慎，不要轻举妄动。等待大军来临之后，再战也不迟。"

白光彦、李之诗不听，二人求战心切，贸然而进。到了北斗门垒下，日本人坚守不出。白光彦、李之诗屡次仰攻，均无战果。

傍晚时分，苦战一天的朝鲜兵疲惫不堪，狡猾的日军见状，拔剑大呼，倾巢而下。朝鲜兵再无气力迎敌，只得各自逃生，日军乘势砍杀。

白光彦等仓皇欲走，被日本人追上，一刀砍死。白光彦的死，令朝鲜军士气大泄，斗志丧失。

天亮之后，日本人从山谷张旗而下。冲杀在前列的有三名日本兵，手中飞舞大刀，不要命地冲向朝鲜军阵。朝鲜人见状，无不心惊胆战，立即溃散，如山崩潮退，无法遏止。李洸军官王景祚，拔剑斩杀退却的士卒。但是兵败如山倒，溃逃的朝鲜人反而簇拥着王景祚，没命地跑到全州。

日本人见机紧紧追袭。朝鲜人抛弃辎重器材，四处夺命而走。李洸奔还全州，金晬奔向庆尚右道，统将们都扔下士卒，独自逃命去了。只有权慄所部不损一人，退到光州。

龙仁之战，全罗、庆尚两道四万之众，面对五六百名日本人，竟然丢魂失魄，溃不成军。

此为壬辰卫国战争中最为不堪的一战。

3. 李舜臣与龟甲船

当然朝鲜人中也不乏英勇善战之人，比如最令朝鲜人自豪的一代水战天才——李舜臣。

李舜臣，字汝谐，号德水。（李舜臣的字和号都有水的成分，治水的大禹就是舜的臣子。莫非天降此人，命中注定就是一个水战的料？）公元1545年出生于朝鲜王京附近的乾川洞。其父李贞是一个没落的士大夫。家道衰落，生活贫苦。幼年时，母亲不得不带着李舜臣，移居到她的娘家——忠清道牙山。

李舜臣从小就喜好舞枪弄棍，甚至排兵布阵。进入私塾之后，李舜臣像其他朝鲜少儿一样，开始接触儒学教育。但不久，他又迷上了《孙子》《吴子》等兵家经典。

成为一名叱咤风云的将军，这是李舜臣少年时代的梦想。皇天不负苦心人，三十一岁那年，李舜臣终于武科科举及第，成为从八品的戍边武官。不过，早期的从军之路，磕磕绊绊，直到四十一岁，他还是北疆的一位造山堡万户，担任防备女真人入侵的工作，此外他还兼任鹿屯岛屯田官。

但是，李舜臣并不善于陆上作战，在抵抗女真人的战斗中，遭到惨败。

万历十五年（1587）八九月间，一队女真人侵入鹿屯岛，李舜臣贻误战机，部属被杀十余人，被俘虏一百零六人，战马也丧失十五匹。于是他被罢免了，成了一名普通士卒。

不久，全罗道巡察李洸见到李舜臣后，极力向国王李昖推荐。而他旧时的亲密伙伴，柳成龙也当上了从一品左议政。李舜臣很快时来运转，官运亨通。

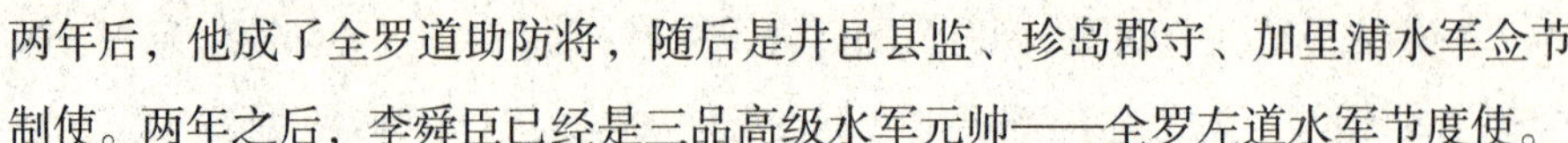

两年后，他成了全罗道助防将，随后是井邑县监、珍岛郡守、加里浦水军佥节制使。两年之后，李舜臣已经是三品高级水军元帅——全罗左道水军节度使。

四年之间，李舜臣完成了从一个士兵到元帅的角色转换，晋职速度之快，令人瞠目结舌。

但是，李舜臣的晋升高度并未就此终结。再过两年，李舜臣成了朝鲜南方三道（全罗、庆尚、忠清）水军的最高统帅——三道水军统制使。

当然，凭着李舜臣的才干，就是担任全朝鲜的水师总帅也是绰绰有余。李舜臣最令世人惊奇的绝不是他的升官速度，而是一项伟大的发明——海战王牌武器龟船。

据朝鲜《装甲龟船》一书介绍，李舜臣的龟船分为早期、后期两类。早期的龟船称左水营龟船，是他担任全罗左道水军节度使期间制造的；后期的龟船又称统制营龟船，是两年后李舜臣升任三道水军统制使时制造的。

龟船上面装备了大量新式先进火器。《李忠武公全书》写道：“龟船放天字铳筒、地字铳筒、玄字铳筒、黄字铳筒等各种铳筒。我舰连放地字铳筒、玄字铳筒、蒺藜炮、大发火筒等。”

由于龟船火力凶猛，常常用来突击作战。

再者，就是独特的烟幕战法。在日后同日本水师作战时，硫黄和盐硝等毒气从船头龟嘴上喷吐而出，像雾气一样，常常令日本人惊慌失措。

由于李舜臣的设计极具前瞻性、实用性，龟船算得上威震东洋的无敌战舰。

此外，龟船船身布满尖刀和尖锥，所以也常常用来碰撞敌船。当一只浑身长满尖刺的乌龟冲撞过来时，船上的日本人只有两种下场，要么跳进水里，丧生鱼腹；要么被尖刺扎得鲜血淋漓，哀号而死。

万历二十年（1592）三月二十七日，第一艘龟船下水，并于四月十二日进行海试。第二天，日本人就侵占釜山、东莱，壬辰战争爆发。

此后，李舜臣的无敌水师与朝廷失去联络，孤军独自在朝鲜半岛的西南部与日本水师周旋。尽管仅配属三至六艘龟船（注意这点，当时朝鲜水师仍以板屋船为主），但在李舜臣灵活、机智的指挥下，创造了许多辉煌战绩，在功劳簿上的战功越添越长。下面就是一组有关李舜臣战绩的数字：

五月初七，玉浦海战，李舜臣初战告捷，击败日军藤堂高虎水师。这不但是李舜臣龟船的第一次胜利，也是开战以来朝鲜兵的首场胜利。

五月初九，赤珍浦海战，击毁敌船十一艘，而李舜臣仅损失一艘；

五月二十九，泗川外洋海战，击沉十二艘，缴获一艘；

六月初二，唐浦外洋海战，击沉二十一艘，击毙日将来岛通之；

六月初五，唐项浦外洋海战，击沉二十六艘；

六月初七，栗浦外洋海战，全歼七艘；

七月初八，闲山岛海战。李舜臣施展诱敌之计，“撞破贼船三十九只。虽其献馘只九级，而贼变后战捷之功，未有过于此者”。(《朝鲜李朝宣祖实录》)

两个月内，李舜臣八战八捷。而且，这一切发生在其他朝鲜友军部队被日本人追杀得无处可匿之时。

日本水师因此丧失了朝鲜南部海域的制海权。

闲山岛海战，与幸州大捷、第一次晋州大捷合称“朝鲜三大捷”。其后，李舜臣因功加授正二品资宪大夫。

4. 临津江防线崩溃

王京弃守，朝鲜人节节败退。金命元、韩应寅、申硈搜罗残兵败卒一万二千多人，列守临津江，并把江中船只都拿到北岸，让日军无船可渡。

小西行长、宗义智从王京又北犯，五月十三日，进抵临津江南岸。江面宽度最长达到四百多米，由于缺乏渡江工具，小西行长只得望江兴叹，隔着临津江，不断地抛射矢、石，相持了一天。

次日，小西行长设下圈套，伪装退阵，以引诱朝鲜军过江，然后再一举歼灭。同时，宗义智还令柳川调信给朝鲜人写了一封假惺惺的书信：“今我军退，无他，为与贵国议讲和也……日本与明讲和，吾退我军于畿外，而还王子于旧都。”

金命元等人答复：“纵死不讲和。”

第三天，柳川调信又写了一封信，这次朝鲜士兵仅有口信：“我才小人不能私回报，转启承政院以报，两国本无怨仇，不欲讲和，期三日而归。”

小西行长又在临津江南岸闷待了三天。五月十七日，小西行长放火焚烧临津江上的庐幕，撤帷帐载军器，佯装退却，以引诱朝鲜人过江作战。

申硈轻锐无谋，果然中计，准备渡江追袭。京畿监司权征也有此意，约定十八日发兵追袭。

有人劝说："我军虽然众多，但都是疲劳之师。如今唯一依靠的只有临津江边的守兵。如果能够休息数日，恢复士气，就可以一战而胜。"韩应寅认为持有这种想法的人畏惧不前，斩首数人。

金命元虽为统帅，但韩应寅乃是国王钦命，且得到授权不受金命元节制，所以金命元明知不可战，却不敢言，硬着头皮听命于韩应寅。

老将刘克良极力谏言不宜轻率冒进。申硈大为恼火，准备将之斩首。刘克良慨然道："我结发之时就投戎从军，难道还会怕一个'死'字？现在之所以不敢轻举妄动，只是担心一时冲动误了国家大事。"说完，愤然率其部下最先渡过临津江。

是晚，朝鲜人乘夜幕渡江。日军早已在岸边伏下重兵。

朝鲜人一过江，日本伏兵立出。先锋左卫将李荐大败，老将刘克良遇伏，射杀数名敌兵后，被日军剁成碎肉。申硈陷入日军重围，终于战死。

朝鲜兵士一见此景，纷纷跑回江岸，但日军追击甚急，朝鲜兵士无法回渡。无奈之下，只好跳入江中。来不及投江的朝鲜兵士，个个成了日军的刀下鬼。

金命元、韩应寅尚未过江，看到临津江南岸情景，莫不胆寒。商山君朴忠侃骑马先行逃走。朝鲜军远远望去，以为是金命元，大声呼叫："元帅跑了。"江滩守军一听此言，一径溃散，临津江防线顿时土崩瓦解。金、韩二人大呼不妙，随即撤往平壤。

五月二十六日，日军各路大将相继来到临津江。小西行长、宗义智渡江追击。两天之后，日军全都渡过临津江，北犯的门户洞开。开城很快不战而下。朝鲜人一窝蜂溃向平壤。

另一路日军加藤清正于六月初二，兵临咸镜道界。他给丰臣秀吉写信："攻拔朝鲜王京之后，对下一步的行动，诸将意见不一，纷纭不决。所以臣也迁延不进，现在只是约束所部，安抚朝鲜士民，颁布各类条令。但是假如主公准备亲征明朝，只要命令一下，臣就是在远方，也会令到即行。"

丰臣秀吉却说："虽朝鲜既破，如果明兵来援，诸将恐怕不是对手。"于是，大发援兵，令浅野幸长、伊达政宗等率六万人驰赴朝鲜。此外，依然令宇喜多秀家为侵朝日军统帅，同时增加三个军奉行：增田长盛、石田三成、大谷吉隆。

奉行制度是丰臣秀吉独创的一个行政机构，类似于古罗马的元老院，是丰臣氏打理国政的最高行政机构。当时有五位军奉行：浅野长政、石田三成、前田玄以、长束正家、增田长盛。石田三成以忠诚、仁义、足智多谋著称，是五奉行的首席元老。

丰臣秀吉把三个心腹派往朝鲜，监督各部。三位奉行怀揣丰臣秀吉的印书，权势赫赫。

石田三成和浅野幸长等率领第二梯队人马到达王京之后，看到攻下朝鲜指日可待，便开始着手殖民统治。日本人实行八道分割的承包责任制，几个大将各领朝鲜一道，承包道内一切事务。宇喜多秀家镇守京畿道，小西行长包下平安道，加藤清正包下咸镜道，江原道给了毛利吉成，黄海道给黑田长政，忠清道给福岛正则，全罗道给小早川隆景，毛利辉元拿了庆尚道。

5．围地则谋

临津溃败之前，朝鲜大臣就是否向天朝求援议论纷纷。刑曹判书李恒福倾向于派遣使者，请天朝发兵来援。但是，这一提议遭到了朝中多数大臣的反对，他们认为，即使求援，天朝也不一定肯出兵相救。即使天朝出兵，也是派出辽东的军马。辽左之人与女真蛮人无异，难免发生凌横暴虐、侵扰地方的祸事。

李恒福极力相争两天，终无结果。

五天后，李德馨来到李恒福府中。夜里，李德馨与李恒福畅谈国事，李恒福再次向李德馨提出向天朝乞援之策，李德馨颇觉李恒福的话有几分道理。于是，李恒福向李德馨求援，得到了李德馨的应允。

次日，李恒福与李德馨一起到备边司[①]，痛陈利害。众大臣才逐渐同意，并请李恒福向国王李昖奏报乞援明朝的事。

李昖二话没说，当即批准，派遣陪臣郑昆寿飞马驰往北京城，正式向明神宗乞援。

① 备边司：朝鲜最高行政机关，负责政、经、军和外交，与议政府并称堂庙。

郑昆寿到达北京后，辽东有人煽动谣言说朝鲜人暗地里与日本人勾结，假扮成国王的模样，为日本人带路入侵明朝。明神宗不知真假，派崔世臣、林世禄，借言探审军情，去平壤与国王会面，以分辨国王的实际身份。

六月初五，崔、林二人来到平壤，见到李昖。后登上风月亭，观察形势。

一个日本人在大同江东边的深林里探头探脑。不久，又有两三个相继走出，有的站立，有的盘腿而坐，神态安闲，好像过路人休息的样子。

柳成龙指给林世禄看，这便是倭贼的侦探。林世禄几经阵仗，但却满脸狐疑，如果倭贼这么少，天兵一来，立马剿灭。

柳成龙："倭贼非常狡诈，即便是背后有大军，派出的斥候也没几个人。如果疏忽大意，定会中了倭贼的诡计。"

崔、林二人回京复命。明朝又派出副总兵杨五典、镇抚张奇功，探知倭情。

除了向天朝乞援，朝鲜君臣也不是坐以待毙，李恒福、李德馨私下会见尹斗寿，共商复国之策。李德馨认为，应当仿效唐朝安史之乱时，唐玄宗在灵武禅位于太子李亨的故事，暗示李昖退位于世子。

李德馨认为，朝鲜目前唯一的依靠是民心。如果能行灵武之事，或许能够挽回天意，团结民心。但是，这一建议遭到了尹斗寿的反对，他认为，当今朝鲜形势与唐代安史之乱相去甚远。况且主上英明，世子年少，民心向背，也不可知。一着走错，全盘皆输。李德馨碰了一鼻子灰，只得嘿嘿几声。

不久，李镒狼狈逃回，大臣都问他朝廷应向哪里转移。

李镒曾经在咸镜北道任职过，对该道地形较为熟悉，就主张："镜城险要、坚固，可暂且一避，也可以去咸兴。"

于是，国王李昖决定逃往朝鲜东北部的咸镜道。

但是，尹斗寿、柳成龙、李幼澄、朴东亮等人持有异议，认为朝廷应当固守平壤。李恒福、李德馨也不赞同逃亡咸镜道，认为应当向西北方向的宁边移动。

于是在逃亡路线上，朝廷又起纷争，其中夹杂着北人党与南人党的斗争，大臣各怀鬼胎，争持不下，绝不会错过任何可以打击对手的机会。

最后，越来越多的人倾向于咸兴。于是，王妃和世子嫔、宫中侍女先往德川，再去咸兴。刚一移驾，就有碧潼士兵任旭景来报，日本人已经到达凤山地方。

朝中大臣立即乱成一团。除了李镒带过兵之外，个个手无缚鸡之力。于是，尹斗寿命李镒率江原道士卒几十人，前去阻击日本人。

李镒被日本人吓坏了，故意在平壤含毬门搞什么演习、点兵，拖延不去。尹斗寿连连催促，李镒这才勉强出行。

这时，小西行长、宗义智率部进至大同江南。宗义智的先头队伍几百人已经踏入大同江中，吓得小岛上的居民惊呼奔散。

李镒刚出城十余里，就远远看到日本人正从对岸涉水而来。李镒急忙下令射箭拦截。没想到武士们怕得发抖，连弓箭也拿不起来。李镒大怒，拔出剑来威吓，武士们才硬着头皮勉强进战。朝鲜武士手忙脚乱，拉开弓乱射一番，没想到宗义智的部属波多野须藤等六七人应弦而死。日本人大吃一惊，就退走了。有惊无险，大同江渡口总算守住了。

6. 国人暴动

小西行长的先头部队天天在平壤城外晃动身影，屡屡挑战，吓得朝鲜人紧闭城门不出。李昖日夜担心害怕,决定弃城而逃。城中士民人心惶惶,各自逃散。

六月初八，小西行长的第一军长驱直入黄海道各郡县境内，大量的日本人在大同江边栽松亭前，屯兵三处。由于朝鲜兵一溃千里，小西行长几乎遇不到像样的抵抗，向北推进速度过快，而朝鲜人背井离乡，四境坚壁清野，让日本人野无所掠，军中断炊。

日本人不断施展诡计，用草席包卷沙子，一大包一大包地放置在江边，远远看上去,真的像米粟充实,堆积如山。又时不时骑着马在大同江岸上来回乱跑,朝平壤城内不停地发铳，弄得朝鲜人整天紧张兮兮，度日如年。

第二天，小西行长又在大同江的东边岸边沙滩上竖立一根木桩，上面悬挂着一封书信。李昖派人取回书信。打开一看，信封正面写着："上朝鲜国礼曹判书李公阁下。"原来是写给李德馨的，要他不带任何兵器，到船上同日本将领小西行长、宗义智等人议和。

李德馨自请前往会谈，并说："如果倭贼再不退去，我就割下那两个贼头的脑袋，提着回来。"

李德馨单舸赴会，与日本将领柳川调信、景辙玄苏相会于江面之上。

景辙玄苏马上摆出日本人所特有的逻辑，说日本并不想与贵国交战，请李判书转承国王，暂且避让出一条大路来，使得我军能直达辽东。

李德馨说："贵国如果只想侵犯中国，为什么不取道浙江？从这儿发兵，分明是要灭掉朝鲜。天朝是朝鲜的父母之邦，我国宁死不从。"

景辙玄苏绝望了，讲和很难成功。柳川调信等言语越发悖慢，双方不欢而散。

傍晚，日本人在江边摆开阵势，准备渡江。平壤城中人心大乱。

如此折腾了两天，朝鲜人彻底崩溃了。

国王李昖心急如焚，耐不住沈忠谦等人的哀求，决定退保咸镜北道。于是，命令李希得为北道巡检使，先去咸镜北道预先作好安顿行在的准备。

平壤城内的军民听说国王要弃城出逃，对日本人的恐惧迅速转化为对李氏小朝廷的不满与怨恨。人们心中压抑了太多的郁积，终于像火山一样喷发了。

人们手里抄着剑、戟，森然林立，满城闹哄哄的，狭窄的街巷到处都是疯狂的暴徒，鼓噪声震天，扬言不能让国王踏出平壤城半步。无比的绝望、无比的苦难，那就造反吧！

王妃一行要先去咸兴，暴民啸聚起来，拥挤不堪，王妃等人寸步难挪。宫女们骑马过去，暴民抡起木棒，打得宫女们落马摔地。户曹判书洪汝淳路上遇到乱兵，也被打得伤痕累累。

城中愈闹愈厉害，局面就要失控，李昖叫光海君李珲走出大同馆门，召集城中父老，谕以坚守平壤之意。

城中父老不听世子之言，要求必须听圣上亲自口谕。

六月十一日，李昖亲自到大同馆门，令沈喜寿将昨天李珲所说的话，再次向父老说一遍。几十个父老见到李昖，又听到口谕，涕泪交流，安心退去。

可是这时，日本人越来越多，大同江以南尽是日本人。

于是，李昖再次食言，下令卢稷捧着宗庙的灵牌，护送宫人，先行出城。

出城之时，李昖准备按沈忠谦设计的路线，逃往咸镜北道。尹斗寿说："宁边，古称铁瓮城。就暂避于此，再观察贼情，如果遇到危急，往龙湾缓缓而去，既得以靠近天朝，又可以讨得救兵。"

李昖听他说得有理，向北而去。

平壤城中的官员、士民忽然得到国王逃亡的消息，再次为李昖言而无信、出尔反尔所激怒。他们又纠集起来，拦住李昖的车驾，叫噪乱击，说道："弃我而去，是杀我也，宁死于驾前，毋饱贼刃。"（《朝鲜李朝宣祖实录》）

人们横冲直撞，一阵乱击，竟然把宗庙灵牌都打落在地上，又指着从行大臣的鼻子破口大骂："你们这些平日偷吃国家俸禄的大老鼠，现在又来误国欺民了。既然想逃跑，为什么还要骗取我们进城？"

人群越聚越多，瞬间填满了整条街道。本来就希望渺茫的百姓、士卒，再次失去理性，终于酿就可怕的风暴。人们拿着各式各样的兵器，犹如疾风骤雨，狂乱地扫荡着平壤城。遇人则打，纷嚣杂沓，渐渐逼临宫门。朝堂上的大臣无不吓得脸色苍白，喘不过气来。

朴东亮入见国王："民愤如此，车驾暂停出行。先发布慰谕，平息一下众怒，再走不迟。"于是，李昖写下"停行"字样，让人张贴出来。

柳成龙召唤土官长老，晓之以理，乱民这才慢慢退却。观察使宋言慎令人将三个首倡暴乱的头儿斩首，悬挂在大同门上示众，混乱的局势才稍稍平息。

趁此机会，李昖任命很得民望的同知李希得为咸镜道都巡察使，兵曹佐郎金义元为从事官，先往咸镜北道，作为车驾的先导。终于，李昖安然逃出了平壤城。

7. 与其死于贼手，无宁死于父母之国

沿着朝鲜西海岸北上，山路崎岖。顺安、肃川、安州，一路颠簸，丧魂失魄。当李昖进入安州时，早已饥肠辘辘，心慌无力。

翌日，六月十三日，李昖躲入宁边。朝鲜西北各地本来就人烟稀少，战乱时期，城中更是空无一人，只有五六个小官跪迎大驾的光临。

宁边往西是义州，往东是咸兴。李昖再次站在岔路口。

从王京出来之后，如果没有大臣们的阻拦，恐怕此时早已在辽东境内安顿下来了。于是，李昖叫来郑彻和崔兴源，臭骂一顿。

李昖不停地埋怨："当初要是早去辽东就好了。就由于你们意见不一，才到了今天寸步难移的地步。我一开始就说，一旦倭寇抢先一步，挡在我们面前，到那时想渡江，简直比登天还难。"

崔兴源仍坚持己见，并说辽东人心极其险恶。

李昖怒火中烧，斥责道："既然如此，那你们说说，我该去哪里？死在天子之国可以，但是断断不能葬身倭贼之手。"

尽管李昖如此强硬，但二人并无丝毫动摇。

李昖想让光海君留在宁边，号令全国，抗击日本人。但郑彻反对，说留在宁边，将成为日本人的俘虏。

郑彻和崔兴源摸不清明朝的态度，虽然明朝有意庇护朝鲜，但是日本人紧紧追在李昖身后，如果贸然让李昖进入辽东，无异于开门揖盗，日本人就会一窝蜂拥进明朝境内。

君臣三人正争论得起劲，随从报告说备边司大臣李山甫、李恒福、李诚中、韩准、沈忠谦等要进来。李昖拒绝的话刚出口，李山甫等人就违命窜进来了。

李昖一心要避入辽东，大臣们建议让国王与光海君分头行动。

李恒福说："如果入辽，天朝一定会接纳我们，绝不会说出半句拒绝的话。"

李昖与李恒福有着相同的认同感，最后，李昖斩钉截铁地发出一句肺腑之言："与其死于贼手，无宁死于父母之国。"

崔兴源还是有些忧虑："小臣之意，不可入辽。如果被明朝拒绝，我们真的死无葬身之地了。"李昖带着无比坚决的口吻："即便是如此，我也要渡过鸭绿江。"

沈忠谦问："如果入辽，那内殿妃嫔，要去哪里？"李昖很干脆，都不可抛弃，一同从简而去吧。

避祸入辽一事，赞成者除李恒福之外，寥寥无几。对此，李昖却坚信不疑。明朝作为宗主国，藩属有难，必会竭尽全力，予以庇护、救援。

李昖到辽东去，不仅仅只是为了躲避倭祸，更是为了亲自去乞求援兵，援助朝鲜驱赶倭寇。李昖的信念坚如磐石："我离开故土，事大之心，精诚所至，天朝必容而受之，断断不会拒绝。"

随后，李昖又不厌其烦地晓之以理，动之以情，众大臣最后不得不赞同李昖的主张。而后，李昖打消了禅位于光海君李珲的念头，而改其为权摄国事。

次日，李昖先派人迎回王妃等人，决定渡过鸭绿江，进入辽东，并命大臣写下内附咨文，送于辽东都司；又令领议政崔兴源、参判尹自新等，供奉宗庙社主，陪同光海君李珲，前往保江。

安排妥当之后，李昖跨上马匹，准备动身前往博川。大臣柳祖讱在马前哭泣上奏："请让世子随同大驾，共患大难。"

听到柳祖讱的乞求，李昖恻然伫立了许久。光海君李珲也是呆呆站立在送别之处，涕泪齐下，众大臣陪着一起抽抽噎噎。

这时，尹根寿快马来报："宽奠堡派遣刘魁，送来副总兵佟养正的牌文，辽东总兵杨绍勋，会同两院，已经发兵前往义州策应。刘魁还说，天兵明天太阳西落前到江上，后天就会渡江入境。副总兵祖承训，也会在今天到达江沿堡。”

李昖不由为之一振，扬鞭策马，黄昏时抵达博川。

两天后，得知平壤沦陷，李昖下令光海君李珲分率百官，进驻江原、京畿等道，收召四方，以图兴复。李山甫、李洪进两位老臣陪着李昖自博川逃往嘉山。

进入嘉山城时，公鸡已经开始啼叫了。这时传来开战以来最好的消息，第一批援朝的明军参将戴朝弁、游击史儒率部一千零二十九人，战马一千零九十三匹，已于六月十五日午后进入朝鲜境内。

李昖闻讯，顿感眼前一亮，快马加鞭，次日到达定州，争取以最快的速度跟明军会合。

8．平壤攻防战

六月十一日，李昖刚刚撤出平壤城，小西行长和宗义智就抵达平壤城外。黑田长政和大友义统也随后率兵来援。

留守平壤的重任由左议政尹斗寿、都元帅金命元、吏曹判书李元翼负责，另外李昖令宁边节度使李润德守江滩，担负迟滞日本人的任务。

由于缺乏大量的渡船，面对深不可测的大同江，日本人束手无策，除了肆意挑逗之外，一筹莫展。

日军一万八千六百人在平壤城外分兵驻屯大同江边，扎营十余处，结草为帐篷，屡次试图过江，不是江水过深，就是水流过急，几次均告失败，于是日本人稍稍松懈下来。

六月十三日，朝鲜都元帅金命元以为寻到战机，决定乘夜偷袭日军大军，他令高彦伯、柳璟率精兵四百人，从浮碧楼下绫罗岛，暗自潜出，约定三更时分一起劫营。可惜渡江时误了点，上了对岸，天已薄明。日本人仍然酣睡未起，高彦伯率队冲进日军宗义智的大营，日本人受此惊扰，顿时一片慌乱。朝鲜兵趁机射箭，射死不少日本人。勇士任旭景率先冲进倭营，拿起兵器，胡乱砍杀，同李宣一起战死。朝鲜人乘乱夺取了三百匹战马。

宗义智所部，受到高彦伯的袭击，损失颇多，部下中村平次、杉村智清等战死。宗义智披上战甲，亲自督战，手斩数人，部署反击。这时，黑田长政带领手下前来支援。不久，日军各营纷纷围攻上来，朝鲜兵寡不敌众，只得退往江中。

许多朝鲜兵冲进江中，淹死在水里。余下的急忙鞭策战马，往王城滩而去，该处江水尽管湍急，但是并不太深。朝鲜兵竟然逃脱过江，捡回了几条命。

不料，朝鲜人这一过江泄露了天机，原来王城滩水位很浅，人马可以渡过。小西行长乐得合不拢嘴，真是主佑我行长啊！

傍晚时分，日本人不慌不忙地全军渡江。把守王城滩的朴锡命、吴应鼎吓得魂儿都没有了，不敢发一箭，赶紧扔下手中的兵器逃命去了。王城滩一溃，马滩守将金应瑞也跟着遁逃，大同江的朝鲜人很快就蒸发得一个不剩。

于是，日本人轻而易举地渡过了大同江。好事来得这么快，小西行长有点狐疑，是不是朝鲜人在城中设下埋伏，所以不敢轻率前进？

夜里，尹斗寿、金命元等见大势已去，下令打开西门，让城中的老弱尽数先行出城。又把所有的军器都扔到风月楼池中之后，尹斗寿由普通门出城，奔向顺安，但日本人并不追赶。金信元独出大同门，乘船顺流向大同江西而去。

宋言慎护送老弱出城，却拒绝青壮年逃走。不久，有人回报："尹斗寿已经乘船跑了。"于是，多米诺骨牌效应发生了，宋言慎跑了，李元翼跑了，李苹也跑了，最后金命元乘着快马也跑了。城里的官员跑光了，只留下几个判官，城头上一个人影也没了。

官员、军队一空，城内无人管制，立即陷入混乱，大家都冲出来抢掠官库。打开粮仓、兵器库、布帛仓库，能抢的都抢了，平壤再次陷入恐慌。

平壤的抢劫潮蔓延到周边各地，顺安、肃川，然后是安州、宁边，最后到了博川。

尽管到处乱糟糟的，但是一向小心谨慎的小西行长仍然待在平壤城外，不敢贸然入城。直到斥候登上牡丹峰，探望了很长时间，发现城中早已空荡荡，日本人这才大摇大摆开进平壤。一进城，小西行长便张贴安民告示。

平壤就这样被日本人占领了。更令小西行长惊喜的还在后头，当日本人打开完好无损的仓库时，竟然发现军粮尚存十万余石，其他的物资不可胜数。小西行长下令改筑城墙，添建堡垒，以为久驻之计。

短短两个月，朝鲜三都，王京、开城、平壤，轻易失守，八道国土几尽沦丧。朝鲜在日本人的铁拳之下，奄奄一息。统治了两百年的李氏小朝廷，像一个孱弱的婴儿蜷缩在平安道西北一个小角落。官兵荡然涣散，有组织的大规模抵抗几乎不存在。要想图存复国，只有依靠明王朝了。

第四章　出师援朝

1. 终于盼来了大明援兵

虽然战争爆发前夕，明朝就不断接到日本即将入侵的警讯，朝鲜也派使团前往北京为自己辩诬，但“朝鲜勾结日本”的梦魇一直缠绕在明朝人心头。

就在朝鲜节节溃败之际，辽东地区又在不断疯传着朝鲜人假扮国王，带引日本人前来侵略的谣言。一时间，辽东人心惶惶。

辽东巡按御史李時孳更是寝食不安，难辨真假。

这时，有一个叫宋国臣的官员站出来了。十年前，他曾随王敬民去过朝鲜，与李昖有一面之缘。他毛遂自荐，请求去朝鲜一趟，辨别国王真假。

于是，宋国臣带上李時孳的咨文来到了朝鲜，在宣川见到了李昖。

很显然，这个国王是真的。

和宋国臣深入交流之后，李昖心中的石头总算落了地。他赶紧任命李德馨为求援使，千里赴急求援。与此同时，李昖的车驾也逐渐向鸭绿江靠拢，挪近大明一寸，就增添一分安全。

李德馨即将出发时，李恒福在宣川西门相送。李德馨对天起誓：“如果请不出明军，我便葬身卢龙水，再也不会渡过鸭绿江。”

两位大臣挥泪而别，随从见之，无不动容。

李德馨昼夜飞驰，直奔辽阳。见到辽东巡抚郝杰，立即呈上咨文：今天小邦君臣性命，全都系在天兵身上，乞求慈悲怜悯，以保小邦完整。

郝杰立即将咨文转呈禀报，并对李德馨说，未得朝廷回信之前若国王实在危急，可暂时委屈渡江，避敌锋芒。

李德馨六次上书北京，乞发援兵。无奈北京路途遥远，音讯迟迟未来。

救兵如救火。迟缓一刻，就多一刻的危险。李德馨心急如焚，径直走到郝杰帐下，号啕大哭，死也不肯离去。

郝杰深为所动，不待上报兵部批复，便私自调发辽东军队五千余人，令副总兵祖承训、游击将军史儒率领；又令辽东调兵参将郭梦征率步卒五百人，广宁游击将军王守官率骑兵三百人，辽东游击将军戴朝弁率骑兵一千人，通通归属祖承训统领，拟定于七月初全军渡过鸭绿江，救援朝鲜。

六月十七日，一个光荣的日子。游击王守官、参将郭梦征率兵五百零六人，战马七百七十九匹渡过鸭绿江，与史儒会合。明军犹如神兵天降，威风凛凛现于宣川。

朝思暮想的天朝义师如约而至，李昖心跳加速，既振奋，又感慨，早已身穿衮龙袍，头戴翼善冠，容光焕发，恭迎在道旁。

如果说史儒、郭梦征的到来让李昖吃了一颗定心丸，那么三天后祖承训的到来则令李昖燃起了复仇的欲望之火。

祖承训，字伟绩，镇守宁远的援剿总兵官、左都督祖仁的次子。祖承训出生在将门世家，自幼习武。后来，祖仁将他推荐给辽东名将李成梁，后随李成梁东征西伐。因抵御蒙古人有功，万历十年（1582），祖承训携任辽阳副总兵加左军都督衔，以宁远卫指挥同知之职助防辽阳城。大名鼎鼎、引清军入关的吴三桂，是祖承训的外孙。

六月二十日，祖承训率领一千三百一十九人，战马一千五百二十九匹进驻龙川。这样一来，进入朝鲜境内的明军已超过三千人。

几乎就在同时，李昖也到了龙川。

与祖承训相会之后，李昖苦难的逃亡之路终于走到了尽头。

2. 义州，最后的避难所

在祖承训的掩护下，李昖继续向北寻找安全的地方。六月二十二日，李昖到达中朝边界的重镇义州。义州隔着鸭绿江，与中国的丹东紧邻相望，是最贴近明朝的边陲小城。

朝鲜军民跟随国王集体北逃。明朝在鸭绿江岸边摆下大量船只，让朝鲜人任意渡江避祸。义州与丹东的水上通道，物资传送，人员来往，络绎不绝。

刚到义州两天，明军参将郭梦征携带明神宗御赐的皇银三万两又来了。李昖万分感激，连声颂呼皇恩罔极！明神宗不但让郭梦征千里加急，亲自护送皇银，而且还让郭梦征捎去皇帝的心意，如果日本人继续北犯，天兵定会给予迎头痛击。

皇帝的话使李昖感慨万千："敝邦不成样子了，今日之事，全都依赖上国的庇护了。"

郭梦征临行时，李昖再三请求，朝鲜生灵涂炭，万民将尽，请速速发兵。

虽然路途遥远，李昖没能瞻仰到明神宗的御容，但是郭梦征携皇银而至，让李昖感到一股暖流流经全身。于是，他决定暂驻义州，等待时机渡江入辽，依附大明。

但是，李昖偏安义州的决定又遭到朝鲜大臣的反对。

尹斗寿认为，义州地势狭窄，只是一隅之地，如果日本人从龟城、朔州包抄过来，义州陷入死地，不如进驻昌城。

李昖立即予以反驳，那什么时候去？要走哪条路？

尹斗寿看透了李昖内附的决心，不厌其烦地极力谏阻，一天之中甚至五次进言，忧心忡忡地说道："过江之后，国家社稷、朝鲜臣民，那将托付给谁？怎么可以轻浮而做匹夫之举？"

老是谏阻，什么社稷，什么轻举妄动，听得耳朵都长了一层厚趼。李昖不耐烦了，干脆直接书信一封给辽东宽奠堡副总兵佟养正，说愿率宫嫔，内附上国。

顺带说一下佟养正，二十多年后，他弃明投清，成了清朝的开国大功勋。而他的孙女佟佳氏，后来成了顺治皇帝的妃子，十五岁时生下了千古一帝——康熙。而佟养正的另一个曾孙女后来也成了康熙皇帝的皇后。佟养正却没有福气享受皇亲贵勋的殊荣，投靠后金两年，就被明将毛文龙杀掉。

佟养正精细过人，处事谨慎。他觉得国王投附辽东兹事体大，不敢自作主张，就向辽东巡抚都御史郝杰禀报："朝鲜国王兵败弃国，愿率众入辽，应当如何处置？"

郝杰也觉得这是个棘手问题，拒绝李昖内附，就会使得朝鲜无所栖依。邻邦有难，伸出援手，义不容辞；收纳李昖等人，又怕狡黠的日本人鱼目混珠，后患无穷。只得把这个烫手山芋转给兵部尚书石星：

> 该镇据宽奠堡副总兵佟养正禀报，朝鲜国王为倭寇所败，现在避躲义州，情愿率众入辽，应当要作怎样的处置？朝鲜素称大国，世代戍守大明东藩，如何一遇到倭贼，就望风而逃？彼国君臣，因社稷失守，仓猝来奔。作为大明藩篱守臣，如果拒绝他们入境，会让国王栖依无所，这样就使外邦属国失去仰赖之心。但是接纳国王入辽，又事关重大。臣不敢擅自主张，何况倭奴狡诈异常，华人多为向导。一旦倭奴挟诈趁虚而入，定会贻害非常。所以臣专候禀旨指挥。

如此层层上报，到了石星手里。石星认为当督促李昖努力御敌，并派大军征剿日本人，帮助朝鲜复国。遂上奏明神宗：

> 兵部据辽东巡抚都御史郝杰所报：宽奠堡副总兵佟养正禀报，以为朝鲜国王，确实因为兵力不足，愿意率众内附。据此详看，臣认为，应当令该镇派遣一位的当使者，前往义州宣谕朝廷至意，让国王知道，奔投辽东，则复国无期，倭奴占据固守朝鲜。朝廷必发援兵，倭奴定然败回。宜令国王驻守朝鲜境内险阨处所，以待天兵之援。又令多遣陪臣，号召勤王之师，以为恢复旧疆之策，不得甘心败亡。万一该国危急，固请奔投辽东，情难尽拒，那时勅令辽东容纳，也应当仔细考量，所能接纳的人数不得超过一百人，请辽东方面遵照施行。

六月二十七日，石星又上疏明神宗，应该尽早选择懂得用兵的文武大臣，准备出征朝鲜。

这时，李德馨的求援书也送达北京，礼部大臣上疏明神宗，应援助朝鲜，确保藩国，使大明安然无恙。

书写历史的大笔牢牢握在明神宗手中，就看他如何挥毫了。

自古以来，朝鲜以忠孝治国，号称礼仪之邦，世世代代与中国和睦相处，友好往来，比一家人还亲。大明、朝鲜，有着相同的文化底蕴，无论国子监，还是私塾，莘莘学子手里拿着同一本书，笔下书写着同一种文字。

如果朝鲜失守，战争就会像一匹凶恶的饿狼，随时有可能走到自己的家门，张开血淋淋的大口。

如今，一方有难，伸出求援之手，另一方要不要紧紧地握住？

明神宗立即采纳礼部和石星的谏议，并说："朝鲜素效恭顺，为我属国。有寇岂宜坐视？令辽东即发精兵二支应援。因发银三万两，解赴彼国犒军，大红纻丝二表裹，慰劳国王，令其督率官兵，悉力截堵，如或势力不支，不妨请兵策应，刻期歼贼，作我藩篱。"（《朝鲜李朝宣祖实录》）

抗倭援朝，固我大明！

大难临头，急需的是拯救这片不幸的国土，别让它在重压之下屈辱地弯下腰。

明神宗下旨："倭贼陷没朝鲜，国王逃避。朕意悯恻，援兵当出。差人宣谕彼国大臣，着他尽忠护国，督集各处兵马，固守城池，控扼险阻，力图恢复，毋得坐视丧亡。"

辽东副总兵杨绍勋秉承旨意，书信一封，拒绝了李昖的内附："国王既不以社稷为重，徒以远避弃国为计。如果这样下去，军心、民心定然丧失。到那时，就是想不溃散也难了。望国王详察事态利害轻重，不要老是打算渡江入辽。"

当然，这种拒绝是善意的拒绝，是宗主国对忠诚属邦关怀的拒绝、期望的拒绝。面对一个摔倒的孩子，不能轻易伸出援手，而应激励他自个儿爬起来。

之所以说是一种带着深爱的拒绝，是因为在拒绝的背后是一片深爱之情。明神宗也作好了最坏的打算，一旦局势真的逼得李昖走投无路，明朝就在宽奠堡划出一大块地皮，让李昖流亡于此。

在明朝婉拒、朝鲜大臣的谏阻之下，李昖只好放弃渡江内附的念头，而取道海路逃亡绝不可行。其后听说辽东划出宽奠堡一片空地，以供朝鲜小朝廷避难。于是李昖就决定，暂时偏安于义州，一旦迫不得已，即渡江暂避辽东。

义州这一狭小偏隅之地，现在却成了朝鲜小朝廷的战时陪都。李昖以此为复国根基，背靠稳固如山的大明，浇铸起一道朝鲜民族顽强抗战的精神固堤。

3. 祖承训轻敌惨败

当明神宗高喊“刻期歼贼，作我藩篱”的口号时，千里之外的朝鲜，辽东明军正摩拳擦掌，准备为正义而战。

七月初十，辽东明军从辽阳出行，远征朝鲜。明军对日本人在平壤的驻军情况茫然无知，一切都依赖朝鲜人提供的敌情。

根据朝鲜人的报告，平壤日军仅仅一两千人，所操武器也不过铁九长剑，此外并无其他装备。

于是，杨绍勋决定派遣一支两倍于敌人的军队入境作战。这支援军三千五百多人，由祖承训统领。当中包括祖承训的家兵一千，王守官一千，史儒一千，辽东总兵杨绍勋部下一个千总所率家丁远子五百。

但是朝鲜人的侦探工作实在不敢恭维。实际情况是，平壤日军近两万余人，敌人分兵坚守各个要地。距离平壤十四里处有一要冲叫凤山，大友义统在那里筑下了两座寨营，小西行长、大友义统分别派兵固守。黑田长政的家臣小河传右卫门驻扎在龙泉山，黑田长政率主力屯兵于龙泉山以南六里处的白川城。另一猛将立花宗茂也在大友义统军营旁边驻兵。这样，日军占据平壤城各个要道，抱团设寨，构筑坚固的防御工事。

以三千之寡，去攻打由数倍强敌固守的坚城，注定是一个悲剧。

国王李昖得知祖承训率军入境，连忙派遣重臣柳成龙自东江迎接到义州。祖承训令史儒为先锋，率部先期进至嘉山一线。

作为威震辽东的青壮将领，援朝大军的主将，祖承训斗志高昂，春风得意。但是，朝鲜兵曹判书李恒福很快觉察到不对劲：“祖将军轻躁寡谋，必不能成功。”

柳成龙也劝告，日本人不是可以轻易战胜的，望谨慎从事。

祖承训傲慢地回答：“我曾经以三千锐骑击破鞑子十万之众，倭兵有什么可怕的？”

根据后来无数明史学者的考证，祖承训在这里放了一颗大卫星。

祖承训率大部挺进嘉山，问朝鲜人：“平壤贼军退了没有？”

朝鲜人答说：“没有。”

一两千倭贼算什么，祖承训轻敌之意大起，竟然举起杯子，仰天祝酒说：“倭贼还在，必是老天爷要我建功立业啊！”

七月十六日，祖承训挑选三千精锐，怀着必胜的信心，来到平壤郊外的安定馆。军中有一个叫王蛮子的，据说善于占卜，能预知事物。祖承训对他很是相信，问他出兵之期。

王蛮子说："明天是进攻最吉利的日子，千万不要退军。"

祖承训深信不疑，遂决意用兵。为激起将士的斗志，祖承训做破釜沉舟之举，下令所有炊具都用战马载驼，留在背后。将士轻装上阵，等待明晨攻下平壤后再吃早饭。

这天夜里，风雨大作，天空一片晦暗。明军在黑暗掩护之下，迅速靠近平壤，无声无息地爬上城墙。

凌晨，突然一阵炮响，攻城开始，明军分为五哨，每哨用朝鲜兵一百人做向导，沿途不加搜索。祖承训冲锋在前，从七星门攻入平壤。城内道路狭窄，蜿蜒曲折，明军以骑兵为主，机动性大为减弱。

日本人遭此突袭，一片慌乱。毕竟饱经战争锻炼，很快平静下来。日本人迅速扼住险要，一支七百人的鸟铳队向明军齐发，弹丸如雨。

史儒身先士卒，与千总马世龙、张国忠两人挥刀舞剑，斩关而入，手刃日军十余人。

日本人的披挂大都以兽皮、鸡尾做装饰，又戴上鬼头狮面，像地狱恶魔一样，看上去悚然恐怖。时值拂晓，大雨淋淋，远近一片模糊。明军战马遇到魑魅魍魉般的日本人，都惊蹄不前，多为日军所杀。史儒攻上城墙，自高处射箭。日本人都以为他是明军统帅，纷纷朝他齐放弹丸。史儒中弹，坠城落地身亡，成为抗倭援朝战争第一个牺牲的将领。张国忠也被日军射杀。

城中日军倾巢而出，数量远远多于明军。明军遂溃不成军，祖承训和马世龙急忙撤出平壤城，马世龙身受重伤，从马背上摔下死去。

大雨倾盆，终日不停。道路一片泥泞，明军慌不择路，都坠下悬崖，陷入泥淖农田之中，悉数被日军所杀。明军由此大败，一夜溃退二百余里，直到安州城外。

是战，明军精锐尽失，死伤无数，阵亡三四百人。[①]

---

① 祖承训第一次进攻平壤，中国史籍多称全军败亡，如《明史纪事本末·援朝鲜》："副总兵祖承训统兵三千余，渡鸭绿江援之，仅以身免。"但据朝鲜方面的记载，实际阵亡三四百人。

祖承训勒住马绳，叫来朝鲜翻译朴义俭说："我今日多杀敌，不幸史儒伤死，天时不利，大雨泥泞，不能歼敌。我准备添兵再战，回去告诉贵国执政，不要妄动，江面上的浮桥也不可撤。"语毕，祖承训挥部渡过清川江与大定江，驻扎在控江亭。

大雨两天两夜不停，明军露宿于荒原野外，衣甲战袍尽被雨淋湿透。全军上下苦不堪言，纷纷埋怨祖承训贪功轻敌冒进。祖承训遭此惨败，悔恨不已，只好引军撤回辽东。

平壤一役，小西行长兵威大盛，日本人更加不可一世。小西行长给朝鲜国王写信，用羊群譬喻明军，自托为猛虎，声言"群羊放一虎"，旦夕即将攻陷义州。

义州上下人心惶惶，不可终日。

小西行长准备水陆齐下，直取义州，但水师被朝鲜名将李舜臣所截，只好作罢。

4. 混世巨奸沈惟敬

祖承训自知罪责难逃，回到辽东后，竟然抢先向总兵杨绍勋捏造说："朝鲜悖逆，两军酣战之时，朝鲜有一小营，投效倭贼，致使战败。"

李昖见祖承训全军退去，明军更无人敢出，急忙派遣兵曹参知沈喜寿前往辽东九连城，面呈文书给杨绍勋，恳请下令让祖承训回到朝鲜。

杨绍勋早已得到祖承训的汇报，勃然大怒："自古以来，哪有大国为了小国，兴师劳众，出动许多兵马，救济急难于数千里之外？皇恩罔极，连图报也来不及。但是贵国将官……不肯上阵杀敌，只让明军独自与贼交手。又听说贼中多有善射的，你们也不告诉我，这是什么意思？"说完，拿出祖承训的书帖。

沈喜寿反复辩解，言明断无朝鲜军士投敌之事。

杨绍勋这才颜色稍和："朝鲜国素有礼仪之邦的美称，怎么会有人甘为贼做内应？祖总兵一面之词，岂能全信？军中有一个叫杨得功的千总，是我的心腹亲信。……我一问便知。请国王安心！"

又说："祖总兵所部伤亡惨重，不可以再战。我已经命他回来，会另外派遣两支军队驻扎在义州，去保护国王。如遇到紧急事态，可以随时策应。先前向兵部求援的五千南兵步卒，已经到达山海关了。”

八月初五，祖承训败讯传到北京，明神宗震惊，朝廷一片哗然。大臣们惑于祖承训的谎言，仍然认为朝鲜为日本内应，图谋中国。山海关主事张栋更是深信不疑，兵部尚书石星派遣锦衣都指挥使黄应旸（一个大名鼎鼎的特务头头），前往义州详查。

黄应旸在中江见到朝鲜国王李昖，一定要朝鲜出示日本人的文书，以验明不通倭的真相。礼曹判书尹根寿拿出在大同江得到的日本书信，但黄应旸仍然不信。

细心的李恒福早就料到朝鲜同日本的交往会引起明朝的猜忌，于是拿出了万历十九年间朝鲜通信使跟日本人往来的书信。

身着金飞鱼服、腰佩秀春刀的黄应旸看后甚为感动，双手拼命捶胸，对着李昖涕泪齐下：“贵国事情如此，却受到天朝的猜疑。贵国为了天朝惨遭兵祸，反而被安上一个通倭的恶名。天底下哪有这样的道理？我定会竭力为朝鲜辩白申冤的。”

黄应旸千里疾驰，回到北京，立即将详细情形上报石星，并说：“朝鲜君臣，奔越草莽，宁可让国家灭绝，也不辜负天子之恩。不可不发兵拯救！”

锦衣卫头头侦察、办案的能力，无疑是值得信赖的。

石星听后，也是感动有加，遂上疏明神宗，请发大军，救援朝鲜。明神宗召集众臣，共商朝鲜事。

大臣们议论不一，有的建议明军坚守鸭绿江，静观其变；有的认为，朝鲜与日本，都是外邦夷狄之国，中国只需隔岸观火，静观其变，陈兵鸭绿江边，炫耀武力，不必出兵干涉；也有的认为，朝鲜是中国的藩邦，藩邦有难，不可不救。

石星抱定必救朝鲜的决心，请求明神宗预先准备火器、弹药等军需。底下的科道大臣均表反对，竟抬出明太祖的法令：“太祖皇帝严禁擅自将军器火药，赐赠外国。太祖遗训，断断不可违背。”

石星认为朝鲜与中国的命运息息相关，逐条批驳了科道大臣们的谏疏，并说即使是明太祖尚且健在，也会立刻大发援师。

为了赚取明神宗更多的眼泪，石星特意安排朝鲜谢恩使申点在朝廷之上哀号恸哭。

明神宗此时年届三十，仍然如昔日少年天子般意气风发。在一代名臣张居

正、高拱、高仪等辅佐之下，明神宗曾经辉煌一时。宋哲阳、许国等一大批刚正之士均曾为其帝师。

石星有这样的皇帝做靠背，底气十足。明神宗授予石星全权经营朝鲜的权力，就看他如何运作了。

石星首先命令原任游击将军张奇功，护送皇银两万两，拯济朝鲜。让李昖籴买蓟粮，充实军粮。之后，又令骆尚志率领南兵三千人，留屯义州江上，随时准备作战；查大受率北兵三千，渡过鸭绿江，保护李昖的临时小朝廷。

骆尚志，号云谷，浙江余姚人，时为浙直调兵神机营左参将，神勇过人，双臂能举千斤重物，人称骆千斤。

查大受，辽东铁岭卫人，本为宁远伯李成梁的家将，骁勇善战，因屡建战功，升为副总兵。

骆尚志与查大受都是南北两兵的悍将。骆尚志所率领的南兵，有着丰富的抗倭作战经验，战斗力自不待言，而查大受所部的北兵，长期与蒙古、女真等北方游骑民族打交道，故而精于骑射，战力超强。

石星派出这么一对南北双雄，李昖夜里大可放心打呼噜酣睡了。

但是，祖承训的惨败再次证明了日本人的凶悍。战胜日本人，石星没有十分的把握，所以要作两手准备。

他需要一个能出入倭营、刺探情报的人物，必要时还要担负同日本媾和谈判的重任。

于是，一个名叫沈惟敬的市井无赖浮上台面，开始了他龌龊、奸猾的人生。

沈惟敬，浙江嘉兴人。据说少年时曾经从军，参加过抗倭斗争。他与一个叫陈淡如的妓女往来甚是密切。陈淡如有一个温州仆人沈嘉旺。嘉靖年间，沈嘉旺被倭寇掳掠到日本，后来偷偷溜回来，经常与沈、陈一起鬼混。不时说些在日本的所见所闻，沈惟敬听得多了，便四处炫耀自己是一个日本通。

石星的小妾文表茂，也是从妓院里出来的，与陈淡如私交甚好。一天，文表茂去陈淡如的居所，听得沈惟敬夸夸其谈，就向石星推荐。

石星知道有这么个奇人，赶忙将之召来。沈惟敬年近七十，身躯伟岸，髯须修长，两眼炯炯有神，说起话来神采飞扬，口若悬河。石星心里暗暗称奇，不由大喜。

石星说，祖承训败后，明朝要想击败日本人，非得征发大兵不可。但是，征调兵员也得一段时间，而朝鲜的局势却岌岌可危。所以准备先遣沈惟敬去倭营，劝说和议，以作缓兵之计。沈惟敬总算抓到一个飞黄腾达的良机，哪有丢弃的道理？

这个故事大王上了一道奏折给明神宗，煞有介事地自称："嘉靖年间曾经供职于浙直总督胡宗宪帐下，使用间谍毒死倭寇甚多，因而通晓倭事。"

明神宗哪有心思去考证沈惟敬的那些先进事迹。不管黑猫白猫，只要能抓老鼠就是好猫。遂任命沈惟敬为神机三营游击将军，前往朝鲜刺探日本军情。

明代的军队编制，设立总兵、副总兵、参将、游击将军、守备、把总（千总）等职务，游击将军是正四品衔，相当于现在的上校团长级别。

沈惟敬很快就挖到了第一桶金。

办事总要先给钱。沈惟敬的格言：无论什么年头，用金钱铺开的大路总是平坦的。

石星给了黄金数千两，沈惟敬除了投资一部分采购莽衣、玉带、花布，准备献给日本人之外，剩下的全部中饱了自己的私囊，拿去迎娶陈淡如，以做人质担保。

那个挑水的沈嘉旺也被授予指挥衔职，与同类无赖十余人做了沈惟敬的家丁，一起赴往朝鲜。

贪得无厌的流氓一旦受到提拔，他只会考虑利益和进账，正义和智慧就被抛在脑后。

现在，沈惟敬这个无赖，即将在历史舞台上翻手为云，覆手为雨！

八月十七日，沈惟敬等三人携明神宗御赐的银两来到义州。李昖亲自到西门外迎接。

面对喋喋不休的朝鲜国王，沈惟敬把他市井无赖的特性发挥到了极致，再次展现了他悬河般的口才："贵国只是礼仪之邦，并不懂得用兵之法，所以一味强邀出兵。凡是用兵之道，必要三思而后行，不可轻举妄动。况且辽东自祖承训平壤新败之后，弓箭遗失甚多，现在正忙于打造！"

但是对李昖来说，今天请的援兵，并不希望能够大获全胜，只是想灭一灭日本人的嚣张气焰。

沈惟敬很快就吹涨牛皮："用兵之道，当上观天文，中审地利，下察人和。前日平壤之战，都是因为祖承训违背了兵家之术，才有惨败。皇上得知后龙颜震怒，所以下旨发兵七十万，不光恢复贵国，还要飞赴日本岛，直捣贼寇巢穴。"

李昖并不理会沈惟敬吹的泡泡，还是那句不离口的话："老爷既然是奉圣

旨来的，还盼速速进兵剿贼吧。”

沈惟敬不耐烦了，只得实言：“南军三千，已出山海关门，马上就会渡江而来了。天兵行军快的每天可走七十里，慢的只有五十里，这才是用兵之术。”

沈惟敬动不动就用兵用兵，听得李昖头昏脑涨，只得岔开话题：“史游击杀灭倭贼甚多，却不幸死于小邦。但史游击虎威尚在，使得倭寇不敢出城。小邦遗民，至今尚存一息，都是拜天朝皇恩所赐。”

沈惟敬说了一句让李昖不知所答的话：“我之所以星夜不寐，还不是为了贵国？扫灭倭贼，还国王于旧都，大事都办完之后，我的使命才能说完成了。”

李昖只好在沈惟敬告别之时，呈上了一张厚重的礼品单子。

八天之后，沈惟敬南下，到达顺安。登上干山，眺望日军占据的平壤城。沈惟敬就写了一封书信，交给沈嘉旺，送于平壤。

沈嘉旺骑上快马，直奔平壤而去。见到小西行长，沈嘉旺居然诘问：“为何深入大明的属国，敢抗拒王师吗？”

小西行长毕竟是商人出身，深谙生意交易的那套理论。他不说什么，命被掳的浙江人张大膳，随同沈嘉旺，邀请沈惟敬亲自到平壤城相会议事。

沈惟敬派去通信使，先赠给小西行长一千金币，约以单骑相见。

小西行长给沈惟敬写信说：“嘉靖年间，明朝有个叫蒋丹的，诱骗日本，约和通贡。却暗自设伏，害我不浅。今天你从明朝来，怕是又重演蒋丹的伎俩吧？”

沈惟敬回信答复：“天朝怜悯属国倾覆，发师来援。尔等如能洗心革面，解兵退围，则日本生灵，均为中华赤子。天朝一视同仁，怎么会容许欺诈行为，以背民心，失其所望？”

小西行长被沈惟敬说动了。

第二天，八月二十九日，日军在平壤城外的降幅山下列阵，沈惟敬仅仅带着三四个家丁前赴敌营。

大家都为沈惟敬的安危捏了一把汗，劝他不要去了。沈惟敬狡黠地笑了笑，日本人难道把我杀害了不成？

等待沈惟敬的，除了小西行长，还有柳川调信、宗义智和僧景辙玄苏、宗逸等人。

朝鲜兵士登上大兴山头，远远望见日本人为数甚多，手中剑戟寒气袭人。朝鲜兵士吓得两腿发抖，看见沈惟敬跳下马，日本人立即上去团团围绕，不禁惊呼："不好啦，沈惟敬被倭贼拘押起来了！"

刀光剑影，沈惟敬毫无畏惧，挺胸昂立，高声叫呼："天朝派遣百万大军，来压境上，你等命在朝夕。"转而责骂景辙玄苏，上天好生，你既然剃发为僧，为何却又助纣为虐，残害大明的藩属？大有"我是流氓我怕谁"的气势。

景辙玄苏似乎被压住了气势，低声叩头说："中原有一位高僧叫中峰禅师[①]，他的第四代徒孙是四明禅师。嘉靖十八年（1539），我前往明朝，被四明禅师收录为弟子。当时的世宗皇帝十分敬佩我从老远的地方来到中原，就御赐袈裟一件，至今还在日本国内呢。贫僧有幸得到我师传承衣钵，从来就是诚心顺化，岂敢助纣为虐？日本国同大明断绝交往已经很久了，本欲借道朝鲜向大明皇帝进贡，不料朝鲜人反而纠集重兵，抗拒日本，才有今日的祸事。这难道是贫僧一个人的罪过吗？"

面上慈悲、内心残忍的东洋和尚与中国还有这么一段渊源。

沈惟敬说："你们既然诚心归顺，天朝又怎么会吝惜封贡，让你们远道而来灰心归去？"于是极力倡导明、日媾和。小西行长提出丰臣秀吉制订的"明、日议和七个条件"：

一、两国通婚。日本后阳成天皇迎娶明朝公主为皇后。

二、勘合贸易。双方应允许官船、商船相互往来，发展贸易。

三、永誓盟好。明国与日本互派武官，结盟发誓永世和好。

四、割让四道。日本归还侵占的王京和北方四道，但要将南方四道（庆尚、江原、全罗、忠清）割让给日本。

五、王子为质。朝鲜要送一个王子到日本做人质。

六、还两位王子。日本将俘虏的朝鲜两位王子顺和君、临海君以及数百名大臣，交还朝鲜。

七、永誓不叛。朝鲜要发誓终其所世，永不背叛日本。

丰臣秀吉的和平条件，对朝鲜来说，无疑是毁灭性的苛刻条款。特别是第四条，日本人企图在谈判桌上以盟誓结好，诱使明朝对日本侵占南方四道加以默许，使得日本在亚洲大陆上有立足之地，为以后征服明朝、称霸亚洲奠定坚实基础。这样丧权辱国的条件无论对明朝，还是对朝鲜都是绝对无法接受的。

① 中峰禅师：元代著名的高僧，俗姓孙，杭州钱塘人。一生在元朝经历过五位皇帝，元世祖忽必烈、元成宗铁穆耳、元武宗、元仁宗、元英宗。元英宗至治三年（1323）圆寂。

但是，沈惟敬却私自应允了。

对小西行长来说，和沈惟敬谈判军国大事并不比做药材生意难多少。两人轻车熟路，很快就达成交易。小西行长兴奋地说，和约一缔结，平壤马上交还朝鲜人。

丰臣秀吉派来朝鲜督军的三奉行浅野长政、石田三成、增田长盛商议一下，也同意小西行长的决定，日军各部休兵三天。

小西行长怕沈惟敬要弄缓兵计，郑重其事地约定五十日的期限："本邦与贵国断绝往来已久，太阁托讲和事于朝鲜，而朝鲜不从命，所以起兵。今天足下来这里议和，这是两国关系正常化的基础！足下向大明朝廷奏告，请皇帝派遣一位使者到日本来，双方共同缔结和亲之约，如此则幸莫大焉！明朝使者如果要来，就以五十天为期限。过期了，本部就不会滞留在这里了。"

谈判很对路，小西行长自以为做成了有生以来最漂亮的一桩买卖，所以他趁着沈惟敬离开的时候，也不忘捧他几句："大人身履刀刃之地，面不改色，即使在日本人中，也少有其人。"

沈惟敬的心情也不错，竟然忘乎所以地把自己跟千古名将郭子仪扯上了："难道你没有听说过唐朝的郭令公吗？他单骑窜入回纥大军阵中，毫无退缩。我又有什么可怕的？"

沈惟敬对五十天之约毫不含糊，再次郑重声明，五十天内，日本人不得走出平壤西北十里之外，而朝鲜人也不得进入十里以内。小西行长许诺，与沈惟敬在平壤西北四十里的地方树立了一个标杆。

朝鲜人远远看去，不解其意。眼看太阳渐渐落下，沈惟敬骑马回营，而日本人相送的礼节却是非常恭敬。朝鲜人惊叹不已。

不久，朝鲜叛贼金顺言跑到平壤告诉景辙玄苏，明国实际上并不愿意讲和，此次派出沈惟敬，是他们诈计。明朝要出兵，非李如松莫属。但李如松征讨宁夏还没有回来，所以设下缓兵圈套，千万不要中计。

宗义智、松浦镇信把金顺言的话告诉小西行长，这位虔诚的天主教徒唐·奥古斯汀荷（Don Agostinho）简直把沈惟敬当做神甫了，说："已经与沈惟敬约定好了，不可食言。"自此之后，松浦镇信就不服小西行长了。

5. 朝鲜王子的屈辱

为了躲避日本人的追捕，朝鲜王室人员分路逃亡。李昖及大臣北撤西北平壤、开城，临海君李珒从王京直向东北的咸镜道，顺和君自铁原、大岭至关东一线后移。途中，顺和君听到日军一部从庆州转向海州地区运动，遂改变原先计划，沿着朝鲜半岛东岸崎岖山道，再北上咸镜道，终于跟临海君李珒、王妃朴氏在会宁会合，躲进城去。

不料，江山易改，本性难移。临海君依然是一副骄横跋扈的面孔，纵使凶悍的手下奴仆，侵害民间，逼责守令，人心大失所望。人们受尽折磨，只得逃匿山中。

小西行长攻下平壤之后，加藤清正也于六月十八日进入咸镜道。两路日军像恶魔的罪恶之爪，不断伸向中朝边界，妄图清除李氏小朝廷的残余势力，阻遏明军入援，进而达到侵占朝鲜全境的目的。

小西行长看到朝鲜人如此不堪一击，胜利来得如此迅速，侵入大明国境的念头不禁浮现于脑海。他派人通知王京的侵朝诸将："我准备自领先锋，渡鸭绿江直入明国境内，你们速速发兵随我进发。"

王京的日本将领看到小西行长孤军深入，商议之后回复说："现在全罗道、庆尚道还未全境控制，仍有不降的朝鲜守军。先荡平这二道，再图进兵也不迟。如今置敌兵身后而贸然进军，实非用兵之道。"

小西行长见侵朝日军各部均停滞在王京，再看看自己所处的位置，确实有点悬，随时有被拔钉子的危险，于是就待在平壤不动了。

加藤清正却不断向北推进。六月二十五日，抵达咸兴城。逃匿山中的朝鲜人竞相跑出，竟然把加藤清正看成救世主一样。还有人在路旁的木牌上写道："国王逃到明国去，王子兄弟从此路过。"

加藤清正见后大喜，我正要追捕朝鲜王子！于是下令：向兀良哈[①]进军！

锅岛直茂劝说："朝鲜人的标注，恐怕是诱骗我军陷入死地。况且炎炎夏日，跋涉险地，孤军深入，怕是不好吧！我看这里米粟丰饶，足够我军吃用，我们就扎营于此，等候王京方面的指令吧！"

---

① 兀良哈：今辽宁延边间岛地区。万历年间，女真乌拉部统辖该地。

加藤清正执意要抓到朝鲜王子，哪里听得进锅岛直茂的半句话。留下锅岛直茂镇守咸兴，自己率部沿着标牌，去追赶朝鲜王子了。

七月二十二日，加藤清正到了达安城，抓获当地朝鲜人为他们带路。在日本人斩杀同伴的淫威之下，朝鲜人引导日军从山谷低地越过老里岘，走出铁岭，很快到达朝鲜国储存粮食的海汀仓。

咸镜北道节度使韩克诚率六镇兵在此拼死抵抗。六镇兵长期与女真人周旋，善于骑射。该处地势平坦，有利于骑兵展开。朝鲜人边跑边射，箭如雨下，一个个日本人成了活靶子。加藤清正只得下令躲进谷仓。

鏖战了一整天，太阳渐渐西沉。朝鲜人已经筋疲力尽，部下请求停战休息。韩克诚看到日本人已是瓮中之鳖，就挥师把海汀仓团团围住，往仓内乱投乱射。

日本人躲在谷仓内，搬出仓中的晒谷石块，围成一大圈，像城墙一样。日本人躲在晒谷石的后面，从里头向仓外成堆成排的朝鲜人发铳射击，这无异于一场屠杀。日军的一发弹丸，便可洞穿三四个朝鲜人。六镇兵像被割刈的稻草，纷纷倒地，顷刻之间，鲜血染红了谷仓。韩克诚见势不妙，只得退往岭上，准备明天再战。

夜里，日本人悄悄摸上岭来，在草间埋伏下大量伏兵。

次日凌晨，雾气弥漫。安睡间的朝鲜人还以为日本人尚躲在谷仓中，忽然一声炮响，无数日本人像野鬼一样从草间冒出。朝鲜人被打得措手不及，纷纷抛掉手中的兵器逃命，不料，陷入污土淤泥，被日本人赶上，任意屠杀。

韩克诚想逃进镜城，但很快成了俘虏。咸镜北道监司柳永立被俘，南兵使李浑匿入山中，为乱民所杀。

海汀仓一役，加藤清正摧毁了朝鲜北方最精锐的抵抗力量。从此，日本人如入无人之境，很快侵占了咸镜南北道各地州县。

七月二十四日，加藤清正穷追不舍，兵临会宁城下，把整座城围得水泄不通。会宁守将登上城头，请求赦免王妃和王子以下不死，加藤清正当即应允。正在这时，会宁城中士兵鞠景仁与不法之徒起来作乱，控制了整座城。叛军拿住朝鲜王妃和两位王子，以及陪臣金贵荣、黄廷彧、黄赫、会宁府使李瑛等数十人，把他们关进黑暗潮湿的小屋中。黄廷彧挣扎抗议，残忍的叛党竟当着黄廷彧的面，把他八岁的小孙子活活撕成两半。

加藤清正准备部署攻城，忽然城门大开。鞠景仁派人邀请日本人入城。加藤清正大喜，会宁城不战而下。

进城之后，加藤清正直奔关押朝鲜王子和陪臣的牢狱。踏破铁鞋无觅处，得来全不费工夫。加藤清正真是喜出望外，马上下令将朝鲜王子松绑，脸上堆满笑容："王子，国王之子；宰臣，尊贵之人，你们怎么可以被拘押在这又暗又潮湿的地方？"

柳永立拘押在日军营内数日，趁看守不备，偷偷溜走，抄小路奔向义州。

仔细审问两位王子之后，加藤清正把他们及几百陪臣软禁在镜城。

自称虔诚信佛的加藤清正淫虐成性，曾经在王京云钟寺大肆奸污尼姑。现在却大起善心，怕李昖的王妃朴氏及宫女被部下所辱，加藤清正让她们用布帛把清丽的脸庞包紧，赠送一些食物之后，将她们放走。

他忍住了那种冲动，带刺的玫瑰最好不要去碰。

在会宁城待了三天之后，加藤清正准备引军撤还。不料这时鞠景仁却向加藤清正进献谗言："胡贼屡屡前来攻袭，现在上官到此，如能举兵一击，实为大幸。"意欲将战火引入大明境内。

这次加藤清正率军北进，也带着侦测入侵明朝路线的阴谋，听到鞠景仁的话，遂令其部为先锋，带引日本人继续北上，三天后直抵辽东兀良哈地区、豆满江流域一带。此为两次侵朝战争期间唯一攻进大明国土的军事行动。在那里，加藤清正与女真酋长布占泰激战，攻克了四五个营地。

女真人奋力抵抗，日本人伤亡惨重。加藤清正拔出剑，逼令部下冲杀，遂攻下女真人的一个城寨。攻拔之后，加藤清正不改残暴，所经之处，无不尸骨累累。

攻入大明领土，令丰臣秀吉疯狂了好一阵。他下令加藤清正继续深入明地。但是加藤清正最远进抵吉林延边局子街之后，便再也没有深入明国领土了。

侵略明朝的行动为何戛然而止，加藤清正告诉丰臣秀吉，听说小西行长还没有完全搞定平安道，所以王京的各位将领上言出师入明的时机尚未成熟。咸镜道虽然风平浪静，但是其他各道情况不是很妙，所以臣孤军难以深入。

八月十四日，加藤清正率部自兀良哈地区的门岩洞、钟城撤军。

入冬以后，来自西伯利亚的寒潮开始席卷朝鲜东北地区。加藤清正所部大多来自九州岛，他们被寒冷天气所困扰，冻伤甚至冻死的比比皆是。再加上朝鲜水军截断了日军的粮草运输线，加藤军减员异常严重，于是他们撤退了。

九月初八，加藤清正南撤到咸兴以北的长桥。

十月二十日，加藤清正带着战利品——朝鲜两位王子——退往吉州。留守咸兴城的锅岛直茂、相良长安出城迎接，共同商议如何分守咸镜道各州县。

朝鲜咸镜道郑文孚的义兵趁着加藤清正南归之际，奋力截杀，是为著名的“北关大捷”。

6. 明神宗的东征大策

日本人像一阵狂风席卷朝鲜半岛，朝鲜大片国土陷落。国王李昖躲藏义州偏僻之地，两位王子成了阶下之囚，生死不明。

属邦朝鲜哀鸿遍野，尸骨如山。如果再不大发援兵，藩篱将失，泱泱大国也将有池鱼之祸。于是，明神宗奋然而起，锐意大动干戈，不惜倾全国之力，与丰臣秀吉决一死战。

八月十八日，明神宗下诏任命兵部右侍郎宋应昌为经略①，统筹负责抗倭军务。

明代第一位经略宋应昌，字桐冈，浙江杭州人。历官绛州知府、副都御史、巡抚山东，筹建营卫巡司，加强海防，颇有政声。

宋应昌可以说是明代后期颇有远见的军事家。万历期间，他任职山东巡抚期间，就预测到日本必来侵犯，因上《海防要略》，进选将、练兵、积粟三策。宋应昌的洞烛先机受到明神宗的重视，于是有了经略之任。

八月二十六日，宋应星率领援朝大军，浩浩荡荡开向朝鲜。

十月初六，明神宗又下旨征调各路援军，入朝征倭。令参将吴惟忠率南方义乌兵三千人，限五天之内到达辽东。同时调遣辽东兵一万人，先期赴朝与朝鲜军一道，协防义州。最后，还从蓟镇、保定的驻军中，精选出五千人，宣府、大同驻军各挑出八千人，组成抗日大军，听命于经略宋应昌的指挥，赴朝剿敌。

第一次东征的部队都是当时明军最为精锐之师，特别是吴惟忠的义乌兵，更是号称“倭寇的克星”。

吴惟忠，字汝诚，号云峰，浙江金华府义乌县人。嘉靖三十八年(1559)九月，抗倭名将戚继光赴义乌招募新兵时，吴惟忠等三千青年应募投军。吴惟忠被任命为把总。

为了把义乌兵练成一支虎狼之师，戚继光特地创制一种新式武器“狼筅”

---

① 经略：原意为筹划军务，治理军队。出现于明武宗时代，但并非官职，只是“料理、打理、筹划”之意。作为官职，为明神宗特意设置。

和一种新的阵法“鸳鸯阵”。经过一年多的努力，义乌兵锐不可当，战无不胜，攻无不克。义乌兵所到之处，倭寇无不闻风丧胆，落荒而逃。义乌兵以其强悍善战、纪律严明而著称，在亚洲颇有口碑，可以说是中国战争史上最为精锐的部队。在两次东征剿倭过程中，义乌兵屡屡发挥尖刀利刃的作用，先后有吴惟忠、叶邦荣、茅国科、陈蚕等几位高级将领率部出征，为击败日本人作出巨大贡献。

作为义乌兵的年轻将领、戚继光的得力干将，吴惟忠在历次抗倭战役中屡立战功。

将倭寇闻风丧胆的义乌兵投入东征，可见明神宗抗战信念之坚决。

十月十五日，明神宗又令陕西总兵李如松，改提督蓟、辽、保定、山东军务，充防海御倭总兵官，率领明军，救援朝鲜。

李如松，字子茂，号仰城，辽东铁岭卫人。他是明朝后期赫赫有名的辽东总兵李成梁长子。李成梁镇守辽东三十年期间，先后十次奏大捷，号称“边帅武功之盛，二百年来所未有”，被誉为“万历第一大将”，其威望隆贵，足以同唐代的郭子仪相比。

李成梁祖籍陇西，唐朝末年为避乱迁入朝鲜。洪武年间，先祖李膺尼渡过鸭绿江，归附明朝。其子李英（李成梁的高祖）授铁岭指挥佥事，从此李氏便在铁岭安家落户。

李如松不愧为将门虎子，容貌魁杰，宇量宽洪。少年便从父征战，颇立功勋。

万历十一年 (1583)，李如松升任山西总兵官。

万历二十年 (1592) 二月，鞑靼人宁夏总兵哱拜反。四月十五日，经浙江道御史梅国桢推荐，明神宗令李如松充总兵官，提督陕西军务，征讨哱拜。这就是“万历三大征”的第一征，平定宁夏叛乱。

六月，李如松抵达宁夏，下令决开黄河，水淹宁夏城。九月十六日，李如松募敢死士一举攻克宁夏城，哱拜自尽，其子哱承恩等被擒。宁夏叛乱平息。

在廷议东征军统帅时，众臣无不属意于李如松。至此，宁夏平，明神宗又将更大的使命赋予李如松，那就是挥师入朝，驱赶倭贼，拯救朝鲜于亡国灭族之中。

这次李如松所率的东征军堪称当时明军中的最强组合，这当中有吴惟忠的义乌悍兵，有骑射皆精的辽东锐卒，有拱卫京师的蓟保步兵。统帅方面，文有经略宋应昌足智多谋，武有李如松骁勇善战。

在号称三千里江山的朝鲜半岛上，一支无比锐利的正义之师，即将与日本战国枭雄丰臣秀吉上演十六世纪世界上最为惊心动魄的大较量。

第五章 收复平壤

1. 沈惟敬的忽悠

万历二十年（1592）十月二十九日，小西行长夜袭朔宁，击杀京畿观察使沈岱，这是日本人在朝鲜北部的最后一次胜利。

沈惟敬与小西行长的五十天之约捆住了日本人的双脚。除了朔宁出击之外，小西行长的两万日军几乎是在平壤城内闲着，日夜翘首以待沈惟敬的复命。

沈惟敬将详情回禀明神宗。明神宗对这个岛夷没有丝毫的好感："倭情不可信。"又下旨催促宋应昌出师。石星却被沈惟敬迷惑了，亲书信件一封，要沈惟敬送到平壤小西行长手中。

十一月初六，沈惟敬渡过鸭绿江，第三次前往朝鲜。沈惟敬派亲信同行兵部差人娄国安先行进入平壤城与日本人沟通，并向沈嘉旺问安。沈惟敬回国时，把沈嘉旺留在平壤做人质。日本人对待沈嘉旺很是优厚，饮食起居一概周全，但是不许沈嘉旺出城。娄国安来了之后，日本人这才让沈嘉旺随意行动。

娄国安的到来反而让小西行长的求和之心更加急切，见面的第一句话就问沈惟敬定于哪天来平壤。

沈嘉旺答说："天气转冷，日子也变短了。沈老爷年纪衰老，每天最多走五十里，如此算来，约莫二十日到此。”

小西行长就修书一封，交给沈嘉旺，让他转呈沈惟敬，又带着威胁的口吻说道：“听说朝鲜调出数万大军，沈游击也率领十万明军入境。要讲和就讲和，要交战就交战，我奉陪到底。你仔细瞧瞧，从大同门到普通门，随处安营扎寨，都是从日本新来的生力军。”

十七日，沈惟敬到达义州。李昖在会见沈惟敬前，先与朝鲜大臣尹斗寿、尹根寿、柳根商议一下，揣度沈惟敬的意图。

尹斗寿认为，沈惟敬意在佯装讲和，先把两位朝鲜王子还有数不清的被俘朝鲜人营救出来，然后再说服小西行长退出平壤，让平壤早日回到朝鲜人手里。

尹斗寿的话使得李昖很揪心，因为国王一直抱着日本人不耐酷寒天气的高见，而谈判只是小西行长拖延时日的诡计。再说，日本人怎么会凭着沈惟敬的三寸不烂之舌就轻易退兵呢？

但尹斗寿侥幸地认为，倭贼以不义之名，举无名之师，也许听了沈惟敬的话，就会退兵。

李昖心存疑问，天兵肯定会出援朝鲜吗？

尹根寿斩钉截铁地打包票：“臣担保天朝必派救兵。”

作好应对准备之后，李昖在龙湾馆与沈惟敬碰头。李昖看见石星的文书中有讲和之意，一阵郁闷。于是抗议说，小邦与倭贼有万世必报之仇。之前朝鲜为等候天兵来援，谨遵五十天之约。不料熬到今天反而熬出了议和，堂堂天朝，怎么能跟跳梁小丑议和？

当然沈惟敬自有他的逻辑，当初与倭贼有五十天之约，不是为了倭贼。只是道路泥泞，难于行军作战。所以尽量拖延，等稻田干涸，秋粮收毕，然后再举大事。现在姑且讲和，先让倭贼归还被掳的两位王子、男女、金银财物之后，再静待大兵来到，一举便可荡灭倭贼。

不过仍然无法打消李昖的疑问，你口口声声说大军出援。那么宋老爷现在到了哪里？什么时候出师？总共出动多少兵马？

这回是沈惟敬难得一见的实话实说，大军总数七万，但地有远近，来有迟速，所以先行出来的只有一万两千人。

听到援兵数量太少，李昖不禁有些失望，既然天兵不可待，那么朝鲜只有坐等亡国而已。朝鲜决心与倭贼决一死战。日本南方人无法忍受酷寒天气，已经锐气大挫。如果现在失去良机不战，等待春暖花开时节，那时恐怕不单单是朝鲜亡国灭种，日本人也会把战火引燃到辽东的。

在沈惟敬看来，朝鲜兵简直就是一大帮泥腿子庄稼汉。日本人驱赶朝鲜人如同饿狼追袭一大群温驯的羔羊。要不然，堂堂一位国王，是不会被驱赶到义州这偏僻荒凉的小城的。

于是沈惟敬毫不留情地回敬，如果单凭朝鲜的兵马就可以剿灭倭贼，那最好不过了。可惜根据我沿途的所见所闻，朝鲜兵纪律松弛，号令不严。朝鲜总是把稻田中的农夫强拉入伍，怎能胜任奔跑、突袭、刺杀呢？要想赶走倭贼，收复失地，一定得等待天兵到来。

这话触到李昖的心病，让他一阵难堪。擅长心理战术的沈惟敬很快就让厚道的国王服服帖帖："我每每想到朝鲜君臣，总会潸然泪下。朝鲜一则礼仪之邦，再则大明藩篱之国，我定当竭尽全力，施展妙计，唬住倭奴。先前夏天，我单骑赴敌，与倭订约。何曾顾及自身的生死安危？我也官至游击将军，完全可以舒舒服服地躺在家中床榻上睡觉。现在却不厌其烦，甘愿冒着生命危险，往来敌我，仅仅是因为贵国的缘故啊。况且石老爷为了贵国，睡之不寐，食之难咽。我把石老爷的心当做自己的心，所以殚精竭虑、尽力而为啊！"

两天后，沈惟敬离开义州，向平壤而去。沈惟敬首先扮演的是和平缔造者，对小西行长说："明、日和好就在眼前。"并掏出石星的亲笔信，递给小西行长。

作为一个泱泱大国的兵部尚书，面对东夷小国，无须低声下气。石星在书信中语气狠硬，几乎是用下令的口吻，警告日本人，送还朝鲜城郭土地、王子陪臣，才允许日本纳款撤兵。否则当以百万大军，将日本人讨灭。

此次沈惟敬到平壤，还带去数万顶帽子，赏给每一个日本人。入冬之后，朝鲜天气严寒，所以日本人见了帽子，如同抓到中了奖的彩票，欢喜得不得了。对于明朝人来说，平壤的日军数量是一个难以解开的谜，现在谜底终于弄清了。

沈惟敬"以市井而衔皇命"，角色也由侦探敌情转而变成和谈使者，在战争初期明朝对日军茫然无知的情况下，沈惟敬深入平壤敌营，通过一系列活动，不断获取大量第一手的情报。而这一切对明神宗在军事上的决策，有着极大的帮助。更重要的是，当时明军尚未作好大规模集结入朝的准备，沈惟敬凭借三寸不烂之舌，迟滞了日本人的军事活动长达五十多天。

当是时，如果平壤两万日军倾巢出动，直取义州，击溃入朝护卫李昖的一两千明军那是易如反掌，朝鲜小朝廷要么被俘，要么流亡到辽东。但是，小西行长为沈惟敬所误，白白在平壤城内干等五十多天，彻底丧失征服朝鲜的良机。粮草一天天耗尽，加上军中染流疫疠，而后勤补给路线也不时被朝鲜义军侵扰，日军战斗力持续下降。

2. “此汝曹封侯地也！”

李昖望穿秋水，还是盼不来李如松的东征大军，先后派遣沈喜寿、尹根寿、郑昆寿等前往北京。

明神宗见属国如此情状，就下旨兵发朝鲜。并遣行人司行人薛藩到义州，向李昖宣读圣谕：

> ……近闻倭奴猖獗，大肆侵凌，攻陷王城，掠占平壤，生民涂炭……朕心恻然。……已勅边臣，发兵救援。又专遣文武大臣二员，统率辽阳各镇精兵十万，往助讨贼。与该国兵马，前后挟攻。务期剿灭凶残，俾无遗类。
>
> ……

李昖双手颤颤地接下皇旨，不由得热泪盈眶。他率领文武百官，齐刷刷地跪在江边。君臣们好比久旱逢甘霖，无不痛哭。

十一月二十二日，李昖又派遣工曹判书韩应寅往辽东，向宋应昌催促发兵。宋应昌遂令提督李如松、赞画刘黄裳、袁黄，修筑墩堡，增添驻兵，督造军火器械，作好入朝征战的一切准备。明军分布辽东各地，远迩联络，星罗棋布，前后延袤三千里。

此时李如松尚在宁夏料理平叛后事，而集结于辽东的明军也只有三万五千人。宋应昌只好先行任命几个统军大将，令杨元统帅中军，李如柏统帅左军，张世爵统帅右军。

同时，宋应昌又在三十日颁布《军令三十条》，“将士经过朝鲜地方，务使鸡犬不惊，秋毫无犯。敢有擅动民间一草一木者斩”“官军有狎朝鲜妇女者斩”等，以严肃军纪。

东征军军容整肃，训练有素，浩浩荡荡开出山海关，沿途所经，风声雷动，气吞山河。

就在这时，沈惟敬从平壤回到辽东，在辽阳与宋应昌相见。

宋应昌狠狠斥责沈惟敬一顿：“……我奉命讨倭，惟知有战耳。汝往见倭，必求封贡者，宜尽还朝鲜地，退釜山听命，具表称臣。……有战而已，汝善保首领。”

在厉害的角色面前，还是少耍滑头。沈惟敬唯唯诺诺而去。

宋应昌也给朝鲜求援使韩应寅吃了一粒定心丸，我军疾快如风雨，早晨渡过鸭绿江，傍晚便能击破倭贼。军队的粮饷，鸭绿江以西我自己负责，过江以东就烦贵国筹措了。一定要准备五万大军三个月的粮草。

由于主帅李如松还没有来，明军中有人怕不能战胜日本人。宋应昌令人抬出秘密制造的武器，火箭、明火、毒火，当众演习一下，果然威力非凡。宋应昌得意扬扬，用这个来抵御倭贼，哪有不胜的道理？众人雀跃欢呼，军心乃安。

十二月初八，李如松终于到达辽阳。宋应昌勉励他趁挟宁夏西征大胜的余威，一举歼灭日本人。两人誓约：“务各彼此同心，勿生疑二。”

沈惟敬从平壤回来，仍唠唠叨叨，固持和议。宋应昌大怒，倭贼的日子没几天了，你怎么还敢用如此欺诳之语来愚弄我！下令推出斩首。

参军李应试阻拦，何不借助沈惟敬来骗封倭贼，然后突然偷袭……

宋应昌与李如松听后不禁拍手叫好，沈惟敬，我看行！

一只脚已经踏进鬼门关的沈惟敬，侥幸捡回一条小命。

随着宋应昌、李如松等统帅的到位，明军也集结完毕，陆陆续续渡过鸭绿江。两天后，先头部队游击将军钱世祯一千人过江；再过四天，游击将军吴惟忠步兵四千人过江。

已经入朝的明军在钱世祯、王问、王必迪、吴惟忠、楼大有的率领下于十九日向安州进发，统将李如松也从辽阳踏足鸭绿江边。

明军鳞次而进，军容威严，号称十万，实际上只有精兵四万四千人、良将六十余员。但到了距离鸭绿江尚有一百二十余里的通远堡（位于今辽宁丹东）后，又停下来屯营，止步不前了。

国王李昖急了，连忙派遣李好闵，呈递文书，催促过江。李如松许以明年正月进兵。李昖又令吏曹判书李山甫快马加鞭，疾驰到提督军门，叩见李如松，辞气恳切，号啕大哭。

朝鲜大臣征战能力不足，但个个具备掉眼泪赚取同情的超凡能力。果然李如松见七尺男儿庭下痛泣，定是十分委屈，遂令大军马上渡江。

十二月二十五日，李如松率领征倭大军，从丹东通远堡出行，开赴朝鲜。

明军从东自石门走过凤凰山，兵临鸭绿江。对岸朝鲜三千里河山，峰峦起伏，如海上掀起的波涛，巍峨壮观。放眼远处，万峰出没于云海之中，时隐时现，令人骤生雄心壮志！

赞画刘黄裳慷慨不已，激励明军将士说："此汝曹封侯地也！"

在那个时代，封侯晋爵是人生的最高奋斗目标。封侯意味着金钱，意味着美女，意味着光宗耀祖，意味着一切。虽然刘黄裳有剽窃曹操望梅止渴的嫌疑，但"封侯"二字听起来的确舒服得全身骨头都酥掉。

此言一出，明军将士无不斗志昂扬，热血沸腾。英武的骑兵们勒紧马上缰绳，挺身直前；威严的步兵们，迈着整齐轻盈的步伐，踏步前进。嘹亮的军号声、雄浑的金鼓声，伴着空中迎风飞扬的各色旌旗，绵绵不绝千余里。

朝鲜民众见王师如此气势磅礴，欢呼雀跃不已。

国王李昖早已率领众臣在义州南门外守候，将李如松恭恭敬敬迎接到龙湾馆，再三施行大礼。李昖一把鼻涕，一把眼泪，皇上万福！皇上万福！

见国王如此，李如松心马上软了，圣心悯慈，哀伤贵国无故被倭贼残害，大发兵马来救。今日应当剿灭凶贼，望国王安心！

李昖感激不尽，今蒙皇上大恩，遣使大将命提大军，施加天讨，小邦君臣，重获新生！

李昖又引见三路军大将李如柏、杨元、张世爵，各赠以一把环刀，勤勉明军将士奋勇杀敌。皇上罔极之恩，得以见到各位大人。小邦命悬一线，全都寄托在大人身上了。

李如松挥手致谢，俺既承皇命，即便是死，也在所不辞！俺出来时，父亲就严加告诫，俺家先世也是朝鲜国人。俺怎么敢不投身致力于贵国的事呢？

三个大将也异口同声，贵国世代忠贞效力大明，如今无故遭侵。皇上令我等来救，先收复平壤，再收复王京，直至釜山，扫荡倭贼。

次日，李如松在义州南门外检阅大军，进行战前动员。但是葛逢夏所部竟缺勤四百多人。李如松震怒，未打一仗军纪就如此涣散，丢尽王师颜面。将按军法行事，葛逢夏赶紧发誓要以捕捉倭贼来赎罪，才得获免。于是葛逢夏跟骆尚志一道，先行引兵东向安定。

入朝经过短短四天的休整之后，明军大举南下。

李昖要亲自出门饯别，李如松执意不肯。李昖只得命兵曹判书李恒福、同知李苹相送于义州郊外。

李如松再三问朝鲜通事说："是兵曹尚书吗？"随后自言自语："国王亲自相送，未安未安！"派人让李恒福、李苹就此止步。

李恒福等人站在路旁守候，只见李如松头扎淡浅缁巾，身穿白色战袍，骑高大白色战马。一阵风吹过来，巾袍扬起，俨然威武。

李如松在马背上做了一个潇洒的动作，举起袖子向李恒福等答谢。

行了数里之远，李如松又派通事秦孝男传话给朝鲜大臣："多谢国王的欢送之意。我攻平壤之日，如果碰到贵国人民，即使是从逆投贼的，本军也不敢妄杀一人。到了王京，也会如此。你要把我的这个意思转告国王。"

作为一个身经百战的大将，李如松并不贪功好杀。由于他的祖先是朝鲜人，所以李如松视朝鲜士民如同自家兄弟，即使是叛投日军的朝鲜人，李如松也不愿意滥杀。在之后的平壤战役中，李如松也确实做到了。

战争年代，老百姓如同草芥。李如松能有这样的体恤爱民之心，非常难能可贵。

几天后，明军赞画刘黄裳、袁黄，见李昖统军亭上。刘黄裳诗文颇好，就作檄词一篇，广告朝鲜民众，以壮明军声威。檄文言辞壮美，朝鲜人无不为之欢欣鼓舞。中朝两国军民同仇敌忾，决心并肩战斗，不惜牺牲宝贵的生命，与暴虐的倭寇作殊死搏斗，以图早日光复朝鲜。

克劳塞维茨说过，战争是政治的延续。一手抓舆论宣传，一手抓军事斗争。大明的东征军也善于此道。

3. 春来杀气心犹壮，此去妖氛骨已寒

万历二十一年（1593）正月初一，李如松率三路大军到达安州城下。安州距平壤四百多里，明军在此布营安顿，龙旗迎风飘扬，军械器具整肃如神，俨然一支所向披靡的威武王师。

朝鲜体察使柳成龙前往谒见李如松。一踏入军帐，柳成龙便从袖口中掏出平壤地图。展开抚平，柳成龙向李如松介绍平壤城周遭的地形概要以及道路交通。李如松洗耳恭听，手中拿着一支红笔，随着柳成龙的手指不时在地图上作注解，或颔首，或沉思，凝神之间一套攻城方略在脑中浮现出来。

李如松说："倭贼只靠鸟铳作战，我军配备大炮，射程皆过五六里，倭贼如何抵挡得了？"说完，拿出一把纸扇，在它的背面题下一首七律，赠送给柳成龙：

提兵星夜渡江干，为说三韩国未安。
明主日悬旌节报，微臣夜释酒杯欢。
春来杀气心犹壮，此去妖氛骨已寒。
谈笑敢言非胜算，梦中常忆跨征鞍。

在陌生的国度即将与陌生的敌人交战，李如松渴望胜利。恢复三韩，殄灭小丑，报效国家，固我藩篱，如今已成为李如松最大的心愿。

李如松激动地忆起临行前一晚，父亲李成梁的谆谆嘱咐，松儿啊，宁夏叛乱已平，朝鲜征讨必捷，威名赫赫的辽东李氏家族的战功簿上，又将添上浓重的一笔。我就在家里等着捷报频传。

沿朝鲜西海岸狭小道路南下，经过四天行军，正月初五，李如松进抵肃川。李如松挽弓鸣弦，率数骑赴往顺安，大军随后继发，兵临平壤城下。

李如松召集残余朝鲜兵，尚有三千余人可以一战，令朝鲜将领李镒、金应瑞统率。

此次参加进攻的明军共计三万一千余人，其中副将杨元统帅的中军，一万零六百三十九人；副将李如柏的左军，一万零六百三十二人；副将张世爵的右军，

一万零六百二十六人。

李如松派副总兵查大受伪装成明朝议和使者，率勇士十五人，先去顺安，哄骗日本人："天朝已经许诺讲和，沈游击快要到了。"约会日本人于斧山院。

日本人果然中计，倭营各将无不兴奋。新年新气象，精通诗词的景辙玄苏，赋诗一首，以表祝贺。诗云：

扶桑息战服中华，四海九州同一家。
喜气忽消寰外雪，乾坤春早太平花。

随后，副总兵李如柏到定州东边，前去对日本人说："沈游击到此！"小西行长不知是计，但多年的经商经验告诉他，随时都有血本无归的可能，于是派家臣竹内吉兵卫[①]等二十三人出城，偕同翻译通事张大膳来到顺安，声言要去迎接沈惟敬，其实是窥测虚实。

夜里酉时，竹内吉兵卫等人来到明军营中。副总兵查大受及游击李宁早已摆设鸿门宴，刀斧手埋伏帐后。竹内吉兵卫等人入席后与李宁喝酒将醉。李宁突然摔盏大呼，帐后伏兵一拥而出，几下就把日本人解决了。当场格毙十五人，生擒竹内吉兵卫等三人，有五人趁着黑夜遁走，但也性命堪忧了。

正月初七，李如松到达平壤城下，小西行长仍被蒙在鼓里，还真以为是明朝议和封使，就登上平壤风月楼，翘首以待。城中的日本人都换穿花花绿绿的衣服，仿佛过节一般，在城中列队夹道，以迎接明使。

李如松下令摆出攻城架势，诸将在城外来回逡巡，发号施令。日本人这才看出破绽，小西行长大吃一惊，急急忙忙跑下风月楼，指挥日本人爬上女墙据守。

朝军将领李镒、金应瑞所部率先对平壤城东面发动试探性进攻，很快就被日军将领宗义智击退。明军三大营齐出，从普通门攻城，佯装退兵。日军不知是计，派出一支兵出城追击。明军突然一个回马枪，斩首三十人。余下日本人赶紧躲进城去，再也不敢随意打开城门了。

小西行长在城北的牡丹台督阵，宗义智准备将他接入城中，但为明军隔绝，

① 竹内吉兵卫：《明史》记为平后宽、吉兵霸三郎。关于此人的下场，日本人说被明军处死，但明朝史料说后来被顾养谦释放。

音信不通。宗义智部下国分准人甚是勇猛，单骑冲过明军军阵，直抵牡丹台，小西行长遂溃围而出，率小股日军退入城内。幸亏走得及时，夜幕降临之后吴惟忠的两千人就把牡丹台围得铁桶一般。

寅时，小西行长派出八百人口中含枚，鬼鬼祟祟潜出城，偷袭李如柏军营。

李如柏早已发觉，下令扑灭旗杆上的灯笼，四面一团漆黑。明军从拒马木下齐放火箭，照得夜空亮如白昼。日军损失大半，败退城中。

天很快大亮，李如松率明军主力团团围抱平壤城，并在城头竖立白旗，上写："朝鲜军民自投旗下者免死。"

小西行长派出通事张大膳向李如松请命，愿天兵暂退，日本定会奉表纳于福建。

李如松对此嗤之以鼻："如果倭贼想投降，那就派两千人出城，听我吩咐。"

话说得这么绝，张大膳悻悻而走："那么就请老爷好自为之吧。"

李如松作好攻城的部署，焚香祷告，卜了一卦，结果大吉大利。明军将士一片欢腾，遂饱餐一顿，摩拳擦掌，准备战斗。

于是，李如松下令：

一、游击将军吴惟忠、副总兵查大受率三千人进攻城北牡丹台。

二、副总兵杨元率一万一千人进攻城西的小西门，副总兵张世爵率一万人进攻七星门。

三、总兵李如柏、参将李芳春率部一千人进攻普通门。

四、副总兵祖承训、参将骆尚志率军三千人，假扮成朝鲜军，埋伏在西南，与朝鲜兵使李镒、防御使金应瑞率部三千人进攻城南的含毬门。

李如松颇精兵法，深知"归师勿遏，围师遗阙，穷寇勿迫"的道理，把主攻力量投放在平壤城东北的七星门、小西门，而故意在西南的正阳门留下缺口。

辰时，明军吹响螺号，对平壤城发起总攻。

中国历史上第一场近代化式的攻坚战就此拉开序幕。各路攻城大军鳞次而进。远远望去，千军万马齐进，路上冰屑飞溅，杂尘扬起。在早晨太阳光的照射下，盔甲银光灿烂，耀彩夺目。

平壤城头上，日本人竖起高大的五色旗帜，紧束长枪大刀，一排一排的锋刃齐向城外，准备与明军作殊死搏斗。

李如松率领亲兵护卫百余骑，紧逼城下。

总攻一开始，明军万炮齐发，响声如雷霆万钧。明军又向城内齐放火箭，烟焰腾空而起，弥漫数十里，旷野为之瞑暗，天空为之阴晦，咫尺之内分不清东西。

明军个个如猛虎下山，直冲向城去。忽然刮来一阵西风，卷起烟雾直冲城中去，大火趁着风势更加急炽。城北的密德台土窟首当其冲，赤焰直冲九天，火势不断蔓延，城头上的日本旗帜，瞬间折倒化为灰烬。

平壤城上，小西行长把主力一万人，摆在城西七星门—小西门—大西门—正阳门一线，前面树植鹿角栅栏，日本人左手拿着铁盾，右手挥扬利剑，其势十分猖獗。又有日军四五千人，建树大将旗帜，小西行长率领劲兵几百人，吹着法螺，敲打皮鼓，在城头上来回走动，巡视督战。城南由朝鲜五千叛军把守。

李如松也不甘落后，令人擂起战鼓，咚咚直响，震彻天地。明军冲向平壤，直逼城墙。城头上的日本人在女墙中射击铅丸，齐倒烫水，乱投巨石。又用长枪、大刀往外齐戳，森然如同猬毛。明军畏惧，稍稍后退。李如松急马上前，手斩临阵畏缩的一个士兵，提着人头巡走全军，以示有进无退。李如松又挺身直前，挥师冲杀，大声叫喊："先登城者，赏白银五千两！"

五千两白银在今天可以拉回一辆宝马 X5 防弹版轿车，只要你跳跃上十多米高的城墙，那辆宝马就归你了。尽管子弹不长眼这个常识大家都懂，但是银子的魅力的确无法抵挡。重赏之下必有勇夫，一队肌肉男组成的敢死士手攀钩梯，直附城墙，很快就撕开了一道突破口。

在敢死队员的示范之下，参将骆尚志从含毬门，手持长戟，身背麻牌，攀缘墙堞，跃上城头，第一个把胜利的红旗插上平壤城。日本人惊慌得哇哇大叫，从女墙滚下巨石，砸中骆尚志的腹部。骆尚志不为所动，大呼攀登。朝鲜军跟随其后，颇有斩获。

南面，祖承训利用日本人轻视朝鲜人的心理，伪装成朝鲜兵。果然日本人不把祖承训当回事。一百个朝鲜人也打不过一个日本人，让他们尽情来攻打吧！祖承训突然卸去外面的朝鲜军服，露出明军盔甲。日本人傻了眼，大吃一惊，立刻清醒过来，慌忙分兵围堵截阻。祖承训趁敌人一片混乱，勇猛前进。

牡丹台方向是个独立的战场。日军将领小西末乡率两千人在此固守，竖起青白大旗，发喊放炮。吴惟忠率部仰攻，朝鲜僧将休静也率一千五百僧军投入战斗。平素只会吃斋念经的僧人，冲杀起来，居然个个都是拼命三郎，比起明军毫不逊色。

吴惟忠的胸部被日军弹丸打穿，鲜血直涌。吴惟忠强忍伤痛，犹奋臂高呼督战，明军将士见状，无不舍生忘死，一下攻陷牡丹台。

巳时，李如松与张世爵进攻七星门。日军占据门楼，拼死抵抗，明军屡攻不下。李如松命人抬出神威大炮[①]。随着两声巨响，山崩地裂一般，七星门木楼顷刻间倒地毁碎烧尽，里面的日本人转眼化为尘土。李如松趁机挺身冲进，将士们跟在后面掩杀而入。

战至中午，明军砍下了一千六百二十颗日军头颅。

未时，各路大军均攻进平壤城内。祖承训和李宁率朝鲜军从南门入城，朝鲜叛军即刻溃败。明军齐放三穴鸟铳[②]，南门敌人很快溃散，残余三四百人遁入松树林躲避。

杨元亲自率领部下砍破小西门，明军鱼贯而入；张世爵、钱世祯携手合作，很快便把七星门踩在脚下。

李如柏、李宁、李如梅、方时辉、谷燧、杨绍先组成的攻城接力队也先后从大西门入城，穿过静海门，进迫城东的大同门，将平壤敌军拦腰截断，分割包围。

日本人多发片箭，明军将领冲锋在前，受伤不少。李芳春咽喉中箭，射穿右臂，李如梧左臂中丸，方时春也触中毒火，这些大英雄们一边咒骂日本甚恶，一边贪婪地宰杀着日本人，个个怒火中烧，日本人很快尸首盈城。

由于战前李如松下令不得斩首邀功，所以明军将士不再贪恋战功，得以乘胜争前。骑兵、步兵云集齐发，明军将士纷纷高举大刀，挺起长枪，追击砍杀四处逃散的日本人。

日本人抱头鼠窜，无处可匿，只得躲入民房。明军又施行火攻计，纵火焚烧民房，可怜一个个日本人尽成烤鸭，尸体烧焦臭味熏到十里之外。单就牡丹台一处，屋舍里烧焦的“烤鳗鱼”就有两三百之多。

---

① 神威大炮：一种威力极大的虎蹲炮，发射时“火药之上，以泥土充之，插火则石出而飞散，火随以炽烈”。

② 三穴鸟铳：又称三眼火铳，明朝军工专家自主研发，当时世界排名第一的机关枪。弹药打光之后，还可以当三节棍使用。可惜装备率不高，要不然明军真的可以渡海直捣名护屋了。

其余的日本人走投无路，踩踏挤坠，跳城摔死、跳河溺死等不可胜数，大同江塞满了日本人的尸体。

明军紧紧追逼，不断肃清残敌。小西行长率残部六七千人躲入风月亭土窟，其他日军五六千也龟缩进入七星门、普通门附近的馆驿台、后山坡二窟。李如松命令运来干柴枯草，四面堆积，用火箭飞射焚烧。

各土窟依平壤城中高地构筑，储存粮草、武器、弹药，并可驻扎大军，形成异常坚固的土堡式工事。日军残部凭窟负隅顽抗，明军急攻，一时难下。

李如松召集大军，仰攻各个土窟。日本人在窟中，多穿凿孔穴，形似蜂巢。明军冲杀过去，日军便从穴孔放枪发炮，弹丸如雨，明军死伤甚多。李如松的坐骑也被炮毙，毒药熏身，换乘一匹马，又坠入坑洼中。

晡时，鏖战了大半天的明军饥疲难耐。李如松遂鸣金收军，退还大营。放回被捕的通事张大膳，让他传话给小西行长："以我军的兵力，足以将你们一举歼灭，但是本提督不忍尽杀人命，姑为退舍，让开一条生路。望速领各将，来诣辕门，听我吩咐。不但饶了尔等众人，而且还会有厚赏。"

小西行长回报："我等情愿退军，请不要在后面拦截。"

李如松当即许诺，多年征战的直觉告诉他，小西行长必会乘夜冒死突围。于是下令朝鲜平安道兵使李镒，撤回中和一路的朝鲜伏兵，故意网开一面，暗下密令李宁、祖承训、葛逢夏等，埋伏于要路，在日本人撤退之际趁势邀杀。

小西行长被围平壤之时，曾经数度向邻近的大友义统及其他日军求援。但是大友义统畏惧明军如虎，既不友也不义，竟然弃营遁归王京。而黑田长政、久留米秀包兵少，也都见死不救。王京的日军各将开会讨论了老半天，结果没有向平壤派出一兵一卒。平壤遂成一座孤城。

小西行长清点部众，本来将近两万的第一军此时不满五千人，而且粮尽营毁，外援无望。于是，小西行长决定突围。

夜里，日军诸将集合在小西行长营内议事。派出的侦探回报，明军包围甚紧，到处都是人马。稍后，又一人报告，大同江结成冰，船只都无法航行。我骑马过江，远处看不到援兵的踪影。

大富翁有马晴信一向保守：明早敌军必来攻城，内城狭窄，不利防守，请速修外郭固守，或许能等待援兵。

松浦镇信立即反对：大同江可以通行，但援军不到，恐怕是明军梗塞要路，不能再指望援兵了。军粮已经断绝，现在死守，只是白白被毒火熏死。凉山有中川，龙泉山有南条，都有我军驻兵。所以不如分兵为二，一支向龙泉山，一支往凉山。假如明军尾追跟踪，就来个首尾夹击，与中川、南条的黑田长政所部并力再取平壤。

与松浦镇信从来就不能凑合在一起的小西行长、宗义智不耐烦了：我看行！那么你就速速退到龙泉山、凉山，以图再举。我们在这里死战，大家各成其志吧。

大村嘉前、五岛纯玄唯小西行长马首是瞻：我们愿与行长同生共死。

大家各执一词，眼看就要闹僵。这时军监小野木某站出来：我军疲惫不堪，不可再战。况且敌我力量悬殊，白白等死没用。不如按镇信之策，暂时渡江休整一下再说。以后我会报告太阁殿下，怎么不行？

军监代表太阁的意志，大家都听从小野的话，下令士卒各自携带十天的口粮，夜半时刻，分路突围。日本人放火焚烧大同江冰面上的船只，照亮夜空。小西行长率众踏着冻得结实的大同江面，向龙泉山方向仓皇逃窜。

到达凤山城时，驻守于此的大友义统早已弃城遁去。小西行长等苦累难耐，但是害怕明军尾后追击，连夜马不停蹄，低伏而行。

逃了一整夜，东方渐渐露白，小西行长远远看到龙泉山上空依然飘扬着黑田氏的白旗，心里一片喜悦。不料明军将领李宁、祖承训、葛逢夏、查大受、张应种、孙守荐等早已率精兵三千埋伏在东江间道。平壤败军正穿梭在龙泉山与凉山之间的鸟肠隘道里，突然箭如雨下，随着一阵呐喊，大队明军从两侧山坡冲杀出来。日本人仰攻发铳，却阻挡不了明军的勇猛掩杀，一下子就被斩首三百六十二颗，小西行长的弟弟小西主殿助、家臣勇士森正助也丧命于此。明军还俘虏了得儿半在顺二郎（什么名字）等三人。

小西行长率部丢盔弃甲，落荒而走，很快就逃到了龙泉山。龙泉城由黑田长政的部将小河传卫门（又名小河信章，黑田二十四骑之一）把守。他从城橹上看到小西行长的战旗，连忙派出两队铳手前去救迎。小西行长大叫："我部困极难战，请你们断后。"两队铳手齐向明军发铳，明军稍退。小西行长总算逃过这一劫，躲进了龙泉山城。

李如松、杨元等率主力从大路追击，日军被迫逐步后撤。小河传卫门也放弃了龙泉山城，同另一部粟山四郎右卫门退守江阴寨。

正月初十，明军追袭到白川。日军守将黑田长政下令："待敌军逼近城堞

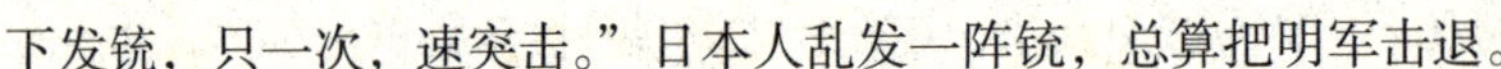

下发铳，只一次，速突击。”日本人乱发一阵铳，总算把明军击退。

另一路援军是立花宗茂、高桥直次的三千人，途中与明军遭遇，立花宗茂分五队潜伏下来，结果双方互有胜负，明军久战师疲，于是主动撤离战场。至此，除了零星战斗外，再也没有发生大规模交战，平壤战役结束。

几天之后，小西行长退向王京时衣食器械尽失，部下全身衣物撕扯得破烂不堪，赤脚露体甚多，成了一支狼狈的丐帮队伍。侵朝日军统帅宇喜多秀家既可怜又恼怒，不许小西行长进入王京，让他们待在城外思过三天。小西行长满脸愧色，遂编造一个谎言，说什么本来打算以进贡为名，拿平壤做诱饵，然后再图中原。不料被沈惟敬所出卖，致此大败，不胜愤恨。

日本人死也想不到，平壤之战，成了中国历史上第一场近代化式样的战役。在这次划时代的战役中，李如松以两倍于敌的兵力展开了一场惊心动魄的攻城战。即使用现在的眼光来看，李如松的作战手法也是相当高明的。

整个战役期间，明军奇谋屡出，如巧借沈惟敬以诱敌，伪装成朝鲜兵以误敌。同时，明军充分发挥火枪、火炮的威力。攻进城内之后，为了减少伤亡，尽快收复平壤城，李如松故意网开一面，让小西行长逃走，但途中又伏击、截杀，战果颇丰。不足的是，奉命狙击的朝鲜军大都畏葸迁延，贻误战机，不敢迅速出击，没有继续扩大战果。如柳成龙命金敬老截击，金敬老惮惧日本人而躲避不战；另一朝鲜将领李时彦尾追日军之后，却不敢紧逼，只是斩得因为饥病落伍的六十余人；而李镒、金应瑞发现日军从大同江逃走，也不敢追蹑；只有黄州判官郑晔主动出战，斩获九十余人。

日军此战损失颇为惨重。由于李如松战前下令严禁斩首邀功，所以日军伤亡详情无从统计。史书载：

> 天兵当阵斩获一千二百八十五级，内有平秀忠、平镇信、宗逸等二十五人。生擒二名，并掳浙江人张大膳，夺马二千九百八十五匹，得获倭器四百五十五件，救出朝鲜被掳男妇一千二百二十五名。

其中军官三名，宗逸舍丁是李如梅杀的，平秀忠是杨鹤祥杀的，平镇信是家丁张光先砍的。而张大膳被俘后，由于通晓倭事，身份很快就变成“抚用倭巢通事”，得到了李如松的重用。

但是，日本人的实际损失远大于此。战后的三月二十一日，日军在王京查阅各部兵力及损耗时，小西行长原有一万八千七百人，至此仅仅剩下六千六百二十九人。《万历邸钞》中有一个数字："斩获倭级一千五百有余，烧死六千有余，出城外落水淹死五千有余。"

这与《李氏朝鲜实录》所载明军攻城战斗中打死日军一千六百余人相一致。

所以日军此次死亡的确切数字为一万一千人，这还不包括投降日本的朝鲜叛军损数。

明军方面的死伤数字，根据宋应昌《经略复国要编》之《叙恢复平壤开城战功疏》："阵亡官丁七百九十六员名，阵伤官军一千四百九十二员名，在阵射死马骡五百七十六匹。"在《二十三日报石司马书》中又说："昨平壤伤毙不下千人。"而《万历邸钞》说："平壤所报，阵亡一千七百，人言啧啧岂下三四千？"李如松入城后自言："我兵为救活尔等，死伤几三千余名。"根据攻城的惨烈程度，明军阵亡不会少于一千七百人。

可以说，明军取得了压倒性的胜利，究其原因：一、明军装备当时世界上最先进的火器；二、明军战斗素质远远超过日军，即使在最激烈的牡丹台战场上，钱世祯所部一千人，也只阵亡三十二人，受伤一百零四人；而担任助攻的祖承训损失就更少了，伤亡不到一百人；三、李如松等明军将领拥有高超的指挥才能和视死如归的战斗精神。

平壤战役，是中国历史上反抗外来侵略一次典范性的战役。

4. 明军风云席卷

正月初九，李如松率部进入平壤城。第一件事就是祭奠战殁于此役的一千七百名明军将士。李如柏部则马不停蹄地往南追击，兵锋直指古都开城。

这时，小早川隆景、吉川广家、立花宗茂等日本将领还在开城聚议下一步的行动。军监商议："小早川隆景、黑田长政等守军甚少，明军来攻，必不能敌。不如收缩聚集于王京，着力诱使明军到开阔平原处决战，定能大胜。"

日军主动逐步放弃平壤以南各城。明军南下，几乎遇不到像样的抵抗，一天疾走百余里。

日军落荒而逃，激发了明军将士更强烈的追杀念头。先头一部李如柏急行军两日，掠过黄州。正月十八日，直逼开城。李如柏放火搜山，由东坡滩处踏浅追袭，日军凭借优势兵力死命抵抗。李如柏见敌众我寡，并没有一味强攻。入夜时候，李如柏率三营士兵偷袭倭营，大肆砍杀，日本人一溃数十里。是役，明军斩获日军首级一百六十五颗，夺取战马二匹，盔甲等军器八十七件。明军也阵亡冯仲锐等六人，受伤的有高得功等六十七人，射死战马三十五匹。朝鲜防御使高彦伯也率部赶到，小有斩获。二十日，李如柏进入开城。日本人早已屠杀居民，焚烧全城而去。

至此，被日本人侵占大半年的朝鲜北部四道：黄海道、平安道、京畿道、江原道全被明军胜利光复。加藤清正占据咸镜道，听到开城已失，害怕明军切断后路，也率领第二军头也不回地奔还王京。

李如柏乘胜追击，兵锋直向临津江。

远远望见江岸边有三四千日军屯营驻守，挡住了明军的去路。李如柏只好在日军对面安扎下来。两军隔江对峙，如同怒目相视的两只猛兽，谁也不敢贸然主动进攻。

正当李如柏迟疑不决时，日本人放出两名妇女和一个小孩，告诉明军，倭贼准备逃去，只是因天兵追迫甚紧，不得已停下扎营。如果天兵能稍缓进军，他们自然会退去。

李如柏答："朝廷命令我等杀光倭贼，不要放走一个人，然后把国王迎接回王京。我等要待在这十年，以保护国王。哪有稍缓之理？我就暂且饶了你们的性命。"

随后有二十多个日本人走出营房，探头探脑，窥探明军虚实。明军赶上去，砍杀十二人，生擒一人。

于是，临津江面上的日本人都撤到对岸去了。李如柏担心江上冰面薄弱，又摸不清日本人的底细，就在江面上安营，等待李如松到来。同时派出斥候，四面侦察。不久得到回报："在临津江对岸二十里处的山坡上埋伏着一万四五千日本人，暗藏杀机。"

开城收复之后，国王李昖从义州迁驾往平壤去，沿途宣布，全部减免徭役赋税，赏赐还乡耕作的州民一些田租，以此来恢复生产。

车驾缓缓进入了平壤城，战火洗劫后的平壤满城瓦砾，灰烬余炭随处可见，放眼过去，满目疮痍。如果没有明军将士的流血牺牲，恐怕平壤这座古城已不复存在。

想到这里，李昖西向北京城，大行望阙之礼，以表谢恩。朝鲜僧将休静选率勇士百余人，来到平壤迎接李昖大驾。

见到李如松，李昖连声称谢，不断恳请李如松趁势收复王京。看到国王满脸沧桑，明军将士士气高涨，李如松一口应允。

王者之兵，胜而不骄，败而不怨。大胜之后须警惕轻敌骄纵，然而李如松却栽倒在轻敌上了。

日本人惮于平壤惨败，主动收缩兵力，沿途放弃侵占的各处城池，收缩战线，集中优势兵力于王京一地，以与明军一决雌雄。

日本人的这一策略很快迷惑了李如松，加上连连取胜，轻敌思想不由滋生。李如松以为，只要一鼓作气，乘胜追袭，王京不日即可光复。于是，他派遣查大受在前面探路，自己亲率大军，随后向王京进发。

见李如松南下追敌，李昖急忙令李德馨前往临津江，督造渡江浮桥。

二十一日，李德馨进入开城。城内的穆清殿早被日本人拆毁，殿上大木尽被砍断。官府衙门几乎焚烧一空，民房尚存八九成。李德馨见此惨状，不由失声痛哭。他不忍细细查看，又急于赶到江边督造浮桥，遂跳上一匹快马跑到东坡。这时，临津江上的日军已经退屯王京以北六十里的坡州梨川院，明军冲击一下，杀死十余人。日军全部退向王京。

明将李宁、张应种率精锐骑兵六七千人由浅滩处渡过临津江，在坡州扎营，着手准备攻打王京。

王京之战，李如松志在必得，下令诸将，一旦浮桥督造完毕，即刻长驱直进。

他招来明军各路大将，申明军纪，进行战前动员。李如松不厌其烦告诫诸将，一定要像爱护自己的同胞一样看待朝鲜老百姓，严禁骚扰地方。李如松说："……汝等或有干犯人妇，而朝鲜通事知我法严，且为天朝将官，不敢对我说话，汝等戒之。无则加勉，有则改之。吾言不再。"

言毕，又警告祖承训、葛逢夏两个酒鬼，不得再饮酒误事。

退入王京后的日本人痛定思痛，作了深刻的大检讨。他们以为，平壤惨败是王京中明军有人做内应，泄露军机。于是尽数搜出城中朝鲜人，从钟楼到汉江，数万人排成一列列，坐在地上。

日本人把战败的耻辱转移到朝鲜人身上。那些手无寸铁的人们，都被看做是明军的内应。于是无论男女老少，尽皆斩首。

此后，日本人又把城郊的民房屋舍尽数焚烧，大火所至，哭喊哀号，一片惨烈。

日本人的罪恶行径引起朝鲜人无比的愤慨，体察使柳成龙等大臣连连请求李如松，继续进兵王京。

朝鲜人的苦求令李如松心酸，日本人的暴行令李如松愤怒。这时，父亲李成梁的一席话又在耳边回荡：我家与朝鲜国王本是同宗同祖，你要爱护朝鲜的一草一木，因为生活在这片土地上的每一人都是我们的同胞。

再看看日本人，简直就是一大群受惊吓的小鱼，没等明军靠近，就逃窜得无影无踪。李如松心头不由得浮起一阵轻蔑，只要再来一次平壤战役，王京立刻就会到手。

李如松甚至开始憧憬他与国王骑着高头大马，齐头并进踏入王京城门时，人群高声欢颂的场面，那将是他一生中最荣耀的时刻。辉煌，也将永远属于铁岭李家!

于是，李如松策马扬鞭，一路追赶，日本人似乎从朝鲜蒸发了，再也见不到一个影子。李如松警惕起来，仔细探查形势。有一个朝鲜翻译张某，或许是日本人的细作。他告诉李如松："倭贼精锐，都在平壤一役中丧失殆尽。幸存的仅仅是一些老幼寡弱，不足为虑。"

骄傲蒙住了李如松的眼睛。正月二十六日，李如松率大军从开城出发，从临津江下流浅滩处过江，把帅旗插在了坡州。

第六章　马失碧蹄

1. “好男儿为我死矣”

李如松挥师南下的同时，日本人正在王京为他准备陷阱。面对李如松的咄咄逼人，日本人生怕王京有所闪失，将各路骄兵悍将摆上来。黑田长政守东大门，小早川隆景及弟弟久留米秀包、立花宗茂重兵把守南大门。另一路岛津义弘屯于金化城。岛津义弘与立花宗茂交情甚深，派部将有马重纯率一百人援助立花宗茂。

打胜仗的全部秘诀，就在于诱骗你的敌人陷于不利。久经沙场的日本人显然精于此道。

小早川隆景不愧为丰臣政权的五大老之一，继承了老爹——“战国第一智将”毛利元就的高瞻远瞩：敌大兵围城，我军粮草已绝，形势十分危险。自平壤退兵十日，兵势逐渐衰竭，如果再不求一死战，那怎么守得了城？

立花宗茂也算得上有勇有谋：我婴城而守，假如明军合围过来，断绝釜山援路。一旦旷日持久，援绝力尽，如何抵挡得了？明军正为平壤大胜晕了头，必然轻视我不能再战。如果能出其不意，攻其不备，一定可以获胜。

六十岁的老将小早川隆景把李如松的心思全猜透了，他坚信，一向骄悍的李如松定会不知不觉地成为日本人的猎物。

于是，小早川隆景不顾年迈体衰，自告奋勇把守南大门，正面迎接明军的攻击。只要他能够把李如松挡在南大门外，埋伏在四周的五六万日本伏兵便席卷而至，形成关门打狗之势，纵然有三头六臂，李如松也翻不了身。

事态发展如小早川隆景所料，李如松正慢慢地走进陷阱。

万历二十一年（1593）正月二十七日，晨，李如松率少数亲兵驰往碧蹄，亲自察看王京的道路形势。李如松派查大受、祖承训、张彦忠、李宁等引精骑三千，与朝鲜防御使高彦伯部一道作为先锋，直扑王京。

查大受等驰到昌陵附近时，被日本的一支搜索队发现。有“西国无双”之称的立花宗茂率部杀出峡谷，在上午七时，发起了对查大受的第一轮攻击。富有战斗经验的立花宗茂按梯次排下阵势，重臣小野镇幸和米多比镇久的七百人排在前头，中间是十时连久、内田统续的五百人，立花宗茂亲率两千人压后。

五十多岁的立花家侍大将十时连久号称“生摩力支天”，勇猛果敢，臂力超群，竟然超越小野镇幸，冲入明军阵中，但很快就和一百多个同胞横尸于野。立花宗茂的本队趁着大雾绕到了明军的右侧，与小野镇幸相互呼应，夹击查大受。

查大受与高彦伯纵兵急击，明军万箭齐发，射得立花宗茂的满身铠甲如刺猬一般，遂败阵下来，退回小山丘，占领制高点。明军又大破日军于迎曙驿前，阵杀立花宗茂部下四百余人。迎曙驿大捷，明军气焰高涨。查大受更是不可一世，派人飞报李如松说：“倭贼彻底泄气了，赶快追击。”

看到立花宗茂大败，守卫东大门的黑田长政急忙出战。小早川隆景登高遥望，查大受等人已深入山谷内一里多，此时正是歼敌的最佳时机。

小早川隆景与诸将商议，与明军决战，胜负在此一举。“我虽然年事已高，顾虑不少，但是今天的事请大家务必听我的。”

日本诸将素知小早川隆景老成练达，都愿意听他的指挥。

小早川隆景分其部为三队：粟屋景雄率第一队，井上景贞率第二队，小早川隆景自率第三队集结于砺石岘。立花宗茂、久留米秀包为奇兵屯于岭上。

而在小早川隆景身后，隔阪而阵的是侵朝统帅宇喜多秀家及黑田长政。因埋伏要无声无息，不能吹集结号，所以小早川隆景等约定，以在山头上挥舞军旗作为进攻的信号。日本人倾巢而出，企图一举歼灭查大受于山谷之间，扭转平壤失利的颓势。

日本人第二轮进攻展开不久，毛利元康的九百人死伤殆尽。查大受见寡不敌众，就退往碧蹄，与小早川隆景隔岭相望。

辰时，李如松得到查大受的驰报，策马而出。明军三路统将李如柏、杨元、张世爵也与家丁数十人，相继驰赴。李如松到惠阴岭，碰到高彦伯部下的一个军官，详问战况。当得知事态紧急，不敢耽误，立即快马加鞭，直奔碧蹄。途中坐骑突然绊倒，李如松从马背上摔下，左颊轻伤，但大腿重摔，许久之后才站起身来。

朝鲜中枢府事李德馨落在李如松身后，远远望见碧蹄方向，日本人漫山遍野，兵力数万之多，是明军的几十倍。李德馨大吃一惊，鞭马过去，李如松已飞驰冲入敌阵之中。

狡诈的日本人把主力部队藏匿在砺石岘后，岭上只有稀稀的数百人。李如松一向崇尚速度就是力量，轻视南兵步卒、浙江炮兵，所以只率精骑一千多人，向砺石岘高速运动。李如松见岭上日军不多，便指挥部众，分为左右两翼包抄过去。

粟屋景雄率第一队先与李如松交战，由于明军缺乏火炮工具，只得齐放神机箭。粟屋景雄打了一阵，队伍很快被明军的神机箭打散。井上景贞在佐世正胜的建议下，率领第二队从侧翼冲杀过来，正好遭遇明军骑兵，于是双方陷入苦战。

碧蹄周遭的道路泥泞崩坍，战马一旦陷入，根本跑不起来，辽东骑兵的强劲攻击力大大被削弱。交战不久，李如松就陷入困境。岭头上的立花宗茂、久留米秀包见机，挥舞大旗，率部一冲而下，小早川隆景也率领第三队直扑明军，于中午时分完成了对李如松的合围。日本人多达几万，无数的倭刀在空中乱击，剑光闪烁，将李如松重重包围在核心。

而李如松的千余骑兵，没有携带火器，也没有披挂甲胄，手里只有一把短刀，长度和锋利远远比不上倭刀，未战已落下风。查大受见主帅被围，命部将张翼、敬亮援救，没想到半路杀出宗义智、松浦镇信挡住去路。宗义智发誓要报平壤之仇，鸟铳齐发，大呼而进。

毋庸置疑，这是一场日本人占据绝对优势的遭遇战。兴奋的日本人高喊：“替死在平壤的一万同胞报仇！”个个勇气百倍，不停地向前冲杀，无数刀锋、矛头直指李如松。

令日本人恐惧的是，李如松丝毫未有慌乱迹象。只见他在马上沉着指挥，时而叫喊冲杀，时而挥刀迎敌。明军临危不惧，无不奋力搏斗，战有节制，进退有序。

李如松与手下骁将几十人，亲自驰射，毙敌无数。圣斗士小野成幸（小野镇幸之弟），头戴金箔押桃形兜，左一枪、右一刀窜入明军队伍中，被乱箭送往地府，更是让日本人泄气。

明军虽然只有一千多人，却都是辽东最精锐的骑兵。面临前所未有的灾难，明军精诚团结，将高超的战斗素养发挥得淋漓尽致。两万多名日军将明军围困数重，也只是陷入苦战，无法轻易获胜。

一场血战，从巳时直到午时，四周尽是倒毙的日本人尸体。无奈寡不敌众，见明军体力渐渐不支，李如松挥兵撤退，自为殿后。日军三千余人紧紧追逼，李如松且射且退，被日本人苦苦缠住，难以脱身，不得已回马再战。酣战了大半天，连坐骑也疲惫无力，突然间马身一歪，李如松意外落马。

井上景贞见李如松坠地，便挥刀直奔过去。明军指挥使李有升见状，奋不顾身扑上去，以自己的血肉身躯捍蔽日本人的刀刃，格毙数名敌人之后中弹坠马。日本人蜂拥而上，竟将李有升肢解成几大块，其状惨不忍睹。李如松的贴身护卫为保主将性命，前仆后继扑上去，有八十多人先后捐躯。

眼看着身旁的将士一个个倒下，数以百计的日本人挥舞着兵刃饿狼般猛扑过来。李如松意识到，碧蹄将成为自己的葬身之地。千钧一发之际，神箭手李如梅瞄准井上景贞，狠命地射了一箭，井上景贞立时毙命。主将被杀，日本人乱成一团。明军将士趁机扶起李如松，拼死护送，终于逃出重围。

进入午后，战况出现逆转。李如柏、李宁率部从侧翼绕过来，夹击日军，与从右路迂回包抄的小早川秀包狭路相逢。小早川秀包措手不及，队形被打散，部将横山景义，家臣桂五左卫门、内海鬼之丞、波罗间乡左卫门等纷纷战死。骄悍的小早川秀包杀红了眼，操持短枪，想杀出重围，结果被明军拉下马。家臣桂繁次、粟屋源兵卫、荒川善兵卫、井上五左卫门等冒死向前，一阵激烈的短兵相接之后，才把小早川秀包从死神手中抢回来。

副将杨元、参军郑文彬等也在关键时刻率领大军来援，杀入重围。日本人方面，驻守王京的黑田长政、吉川广家、宇喜多秀家部将户川达安等纷纷加入进攻行列。

脱险之后的李如松不甘心失败，准备予以反扑。无奈连续几天暴雨，王京周遭平地又多稻谷水田，加上冰雪融化，泥沉土深，明军马不得驰骋，人不得步行，器甲枪戈，散落一地。极度糟糕的地形地势，让李如松不得不含恨下令退兵。

日本人背靠山岳，面朝汉江，布下连环阵势，到处筑起高楼，从穴空中射击鸟铳，应时毙人，箭声、炮声连绵不绝。明军只好退往开城方向。

日本人见明军退去，追到惠阴岭。远远瞧见明军飞扬的旗帜，惠阴岭仿佛成了难以逾越的死亡线，日本人望而生畏。小野镇幸赶紧停止追击，随后小早川隆景也下令全线停战，于是日本人奔还王京。

这时，王京的日本人有六七万之众，超过明军的两倍，但是日本人“咋舌咬指”，被明军超乎寻常的战斗力所震撼，竟然不敢主动进攻开城。

两军僵持一整天，未时下刻，李如松引军还回坡州，见元帅旗标尚在，不禁大喜，能保的帅旗不失，真是大幸啊。

碰到李有升的女婿王审，李如松失声痛哭：“好男儿为我死矣。”

悲伤使人流泪，即使是李如松这样的血性男儿。

回师路上，李如松遇见朝鲜国人，满脸沮丧。对碧蹄轻敌遇伏一战羞于启口，只是强忍心中悲痛，含泪而走。

夜里，李如松对自己贸然驱驰悔恨难当，脑海中又重现碧蹄之战的一幕一幕。辽东精锐丧失殆尽，李有升多年跟随自己，与自己同生共死，并肩杀敌，却不幸惨死在日本人乱刀之下。这一切惨剧都因自己一时贪念，铸成大错。想到这里，李如松伤心欲绝，痛哭哀号，直到天亮。

一个月之内，明军转战千余里，尽皆筋疲力尽。粮草难以为继，军中又流行马疫，战马死亡高达一万二千余匹，明军战斗力受到严重影响。而日军第二军加藤清正自咸镜道回到王京，给王京的日军增添一支生力军，使得日军总数远远多于明军。李如松再也不敢为进兵之计。

二十七日的碧蹄馆之战，成为第一次援朝战争的转折点。此役中，明军伤亡一千五百余人，其中阵亡六百余人，将官死者有十四人之多。朝鲜军则无一损伤。而日军前后伤亡，最保守的估计也在两千人以上[1]，比明军更为惨重。

① 日军损失人数还有六千人，甚至八千人等不同说法。

无论从战术还是战略上来看，日本人都取得了胜利。日军利用李如松的轻敌，将他诱到死地作战，给明军极大杀伤，同时也深挫明军锐气，使得明军由战略进攻一转而成战略退却。

天时、地利、武器装备等，日军都占压倒性优势，战场上各个有利因素也全盘倾向日军，但日军还是未能将明军全盘消灭，甚至付出比明军更大的损耗。这只能说明，明军的战斗素养远远超过日军。日军也只有用这样的战法，才能够打击明军，重振士气，才能够迫使李如松退却，从而达到固守王京的目的。

2. 短短几天，兵退四百里

碧蹄战后第二天早上，李如松准备引军退驻东坡。朝鲜众臣对昨天战况略有所闻。柳成龙、金命元、李德馨、李苹等一班文武大臣集体到李如松帐下请命。

柳成龙率先发言："我等听说老爷准备西还。不知老爷有何深意？胜败乃兵家常事，当观势更进，如何轻率决定？"

李如松显然很不喜欢听到一个"败"字，矢口否认碧蹄的败情，并说因马草乏绝，背有江水，火炮器械，南方炮手，不易到达，所以需回到东坡休整几天，然后全军再进。

柳成龙等大臣齐刷刷跪倒在地，极力劝阻说："天兵已进，如果再退后一步，又涨倭贼嚣张气焰，朝鲜民心便会动摇不安，当是时正处在紧要关头。况且南方的义军和各路将官，听到天兵来临，都已到汉江接应。军需粮草也陆续运到，难道老爷看到这些也会忍心退兵吗？朝鲜人民听到王师南下，相互扶携而来。如果天兵不顾而弃，一定又会被倭贼杀戮，老爷怎么忍心退兵呢？"

柳成龙的苦苦哀求，让李如松下不了台阶。于是他把自己写给兵部的文书拿出来：朝鲜报呈，倭贼在王京有二十多万，但天兵只数万，且死伤颇多。因而请求添兵增粮。文书的最后，李如松又写道：臣大病一场，请任命他人来代替臣。

柳成龙看后，一阵惊骇，用手指点文书，贼兵怎么会有二十万的道理？朝鲜文书，哪里会出现这样的话？

李如松反问，要不是看到贵国的文书，我怎么知道这是朝鲜人所说？

朝鲜副总兵李苹又上前跪求。

明军将领张世爵、李如柏等都有撤兵之意，怕李如松心软又作进军之策，看到柳成龙等一意固争不退，涕泪齐下，不由大怒，用脚踹了李苹一下，声色俱厉，大声呵斥他退下。

朝鲜大臣争执不休，李如松骑虎难下，遂把满腔怒火撒向李如柏等人：以前跟我西讨宁夏叛乱时，军中断炊好几天，都不敢说半个撤字，终于立下大功。现在朝鲜偶尔粮草不支数日，怎么就要撤兵？你们要走就走，我是不灭倭贼不归，只有马革裹尸而已。

李如柏等诸将顿首谢罪。李如松这才下了台面，对柳成龙等和颜悦色，温言抚慰，反复譬喻，晓之以义理。柳成龙等苦争不得，只好退出作罢。

此时，连天大雨，江水陡涨，淤泥竟然没到战马肚皮之下，道路隔绝，行走艰难。日本人又把路边各个山头焚烧得光秃秃，不留一棵蒿草。军中马疫横行，几天就倒下一万多匹。李如松遂率大军，渡过临津江，北退于东坡驿站。

次日，李如松又自东坡退向开城。柳成龙等一班大臣苦苦恳求，大军一退，贼寇气焰又起，朝鲜远近惊惧，临津以北也不可保。请天军留驻一段时间观察动静再撤。

李如松再也没有法子，只得假装答应。柳成龙前脚一走，李如松后脚就跨上战马，立即退回开城。明军各部也渐次撤去，只留下副总兵查大受、游击将军毋承宣率一千人守护临津江渡口。柳成龙急忙派人追赶，更请进兵。李如松烦了，随便应答，天气晴了，路面干了，自当会进兵的。

傍晚，李如松叫张世爵唤来柳成龙等人，好言劝慰。恰在这时，四处流言说日军加藤清正准备绕出阳德孟山，偷袭平壤城。李如松就借机说：“平壤是根本之地，如果平壤失陷，我军便归路断绝，不可不救。”又下令明军各部退向平壤，只留下游击将军王必迪守开城。

柳成龙急忙派从事官辛庆晋，飞马去见李如松，陈告明军不可撤去的五个理由：

先王坟墓，皆在畿甸，沦于贼薮，神人望切，不忍弃去，一也；京畿以南遗民，日望王师，忽闻王师退去，无复固志，相率而归贼，二也；我国境土，尺寸不可容易弃之，三也；将士虽力弱，方欲倚仗天兵，共图进取，一闻撤退之令，必皆怨愤离散，四也；一退而贼乘其后，则虽临津以北不可全，五也。

李如松虽觉有理，但是去意已决，只得默默不语，引军而去。

朝鲜国王李昖也派遣左议政尹斗寿苦求李如松不要撤兵，李如松不应。尹斗寿行号卧泣，涕泗交颐，泪下如珠，甚是可怜，李如松不禁为之动容。朝鲜人遂赠给尹斗寿一个“泣阁老”的称号。

李如松不顾朝鲜大臣的泣血谏阻，短短几天，就从王京前沿后撤四百多里，直到平壤城。明军大踏步前进，又大踏步后退，其变幻之速，令世人咋舌难信，也备受朝鲜人的讥讽指责。

朝鲜君臣本来为平壤奏捷而欢欣鼓舞，料想明军会挟平壤大胜之威，尽速光复王京。不料，李如松马失碧蹄，局势一夜之间发生巨变，朝鲜君臣大失所望。

由于久遭日本人践踏蹂躏，朝鲜已残破不堪。君臣上下急于图存复国的急切心情，世人无不同情理解。但是，长期戎马的李如松，头脑比任何人都清醒。李如松并不是过惯了荒淫糜烂宫廷生活的李昖，也不是只会玩弄笔墨的柳成龙、李德馨之类的文臣儒生。他深知，此时明军的处境异常危险。

明军出师时有四万四千余人，但真正入朝的只有三万六千人[①]，其中平壤一战减员近三千人，碧蹄馆又损伤一千五百人，加上其他方面，不下五千人，至此，能投入战斗的明军总数三万多一点。而战马方面损失更为严重。入朝之初，明军有战马二万六千七百四，其后因为马疫及战死等原因，马匹减少高达一万二千多匹，几近五成。李如松所部以辽东骑兵最为精锐，而战马的大量死亡，使得明军战斗力急速下降。

反观日军方面，第一次侵朝战争，丰臣秀吉共动员近三十万人，其中渡海投入朝鲜战场的有步兵九个军共十九万余人，水师九千二百人。自釜山登陆，日军所遇朝鲜军队抵抗甚弱，损耗不大。平壤战役虽歼灭日军一万多人，碧蹄馆损失几千，除去加藤清正在咸镜道的大量战斗伤亡及冻死冻伤，日军陆军总数至少也在十四五万以上。而集结在王京的也不少于五六万，对明军形成压倒

---

① 据宋应星《正月二十五日报石司马书》所载。

性优势。

再看后勤补给方面，明军到开城时，粮草已尽。“惟从水路括粟及茭草于江华，又船运忠清全罗道粮草，稍稍而至，随到随尽，势愈急。”（《朝鲜李朝宣祖实录》）

明军军粮补给，除过江自带一点儿以外，其余全部依赖朝鲜国筹措，而朝鲜经过倭乱洗劫，早已民困国乏。从民间征集一点儿余粮，远远不能满足三万明军的最基本消耗。

朝鲜工曹正郎徐渻曾经这样描述明军撤退到平壤后的缺粮惨状：

> ……天兵，皆极瘦瘠……而倒损者，又不知其几。天兵之屠马者，分肉者，持肉而往来者，触目皆是。而谷草不敷，天兵腰刀刈草于山野，十数里之地，担者、负者、戴者，陆续道路，所见极为惨恻。（《朝鲜李朝宣祖实录》）

对于这么一支疲羸瘦弱、严重缺粮、战马大量死亡、数量又远不如敌人的军队，防守尚成问题，进攻更不堪说了。所幸的是，日本人被平壤之战与碧蹄之战中的明军英勇表现所吓倒，没有主动发起进攻。要不然明军能否安然回到明朝，不得而知。

作为一个久经沙场的名将，李如松并不畏惧日本人。他从来就没有畏惧过任何敌人，无论在宁夏，在朝鲜，还是之后的辽西战场，他总是冲锋陷阵在前，引兵撤退断后。他把战功看得比自己的生命更重要。他关心、体恤部下。攻进平壤城后，他做的第一件事就是“酹阵亡将卒，身自痛哭，慰问孤寡”。

碧蹄遇伏后，他为失去贴身侍卫李有升而痛哭一整夜。李如松最怕的就是让他把几万部众陷入死地，面临覆没之危。

只怕应该怕的，不怕不应该怕的，才是真正的勇士。

最伟大的人，也是最能忍辱的人！

于是，宁可被朝鲜人所讥讽、咒骂，为国内奸臣所构陷，他也要把三万明军安然撤到平壤，以缩短后勤补给线，等待国内援军。

《孙子兵法》说：故用兵之法，十则围之，五则攻之，倍则战之，多则能分之，少则能守之，不若则能避之！

纸上谈兵的人比比皆是，但真正懂得运用的却寥寥无几。

这也并非李如松独断专行，明军战将李如柏、张世爵，谋臣郑文彬、赵如梅等，都主张撤兵。

李如松撤兵的决定是正确的、及时的。不过，后撤的步伐太快，退出的空间太大，结果明军士气一落千丈，一发不可收拾，最终完全丧失进取心。

明军撤离之后，盘踞在王京地区的日军又猖獗起来，四处寻求战机。日军对明军有所忌惮,但很鄙视朝鲜人,总认为朝鲜人不是对手,一触即溃。不料，在二月二十二日的幸州保卫战中，朝鲜巡察使权慄竟把不可一世的日本人打得落花流水。这就是壬辰战争之中，朝鲜军队所取得的三次大捷之一——幸州大捷。

幸州之战，日本人留下尸首一百四十多具，弓箭、盔甲、刀、铳等兵器共七百二十七件。权慄下令把日军的遗尸聚成四堆，放火焚烧，臭气冲天，熏到十里之外。

李如松率军撤到平山宝山驿时，听到幸州大捷，对自己仓促决定退师感到无比后悔，痛骂李如柏："都是因为你，才耽误大事，使得我军至今不能建功立业！"

3. 史上兵力最悬殊的求和

平壤、碧蹄战后，朝鲜半岛的局势发生急剧变化。日军虽然为数众多，却惮于平壤之败，不敢主动进攻明军。而明军处于劣势，李如松戒于碧蹄失利，更是丧失进攻的原动力，一味避战、撤军。因此，两军都采取守势。由战场上的直接对抗，演变为两国最高决策层的意志较量。

明神宗是绝对的抗战派领袖。年轻气盛的明神宗一心要维护天朝与属国之间的宗藩关系，扬播华夏神威于四海，给子孙后代留下万世英名。所以，明神宗对援朝抗日不遗余力。

明神宗主要做了四件事。

第一件事，拨发银、白金，抚恤战殁人员，添加军饷。

二月，明神宗发皇家库银三千两，抚恤朝鲜国内有功死难的将士家属，又应宋应昌的请求，拨白金二十万两，充做东征军费。

第二件事，向朝鲜增派援军。

明神宗下旨继续增兵朝鲜，命统领川贵汉土官兵参将刘綎率蜀兵五千人，参将许国忠领南兵一千人，驰赴朝鲜。

刘綎，本名龚綎，字子绶，号省吾，江西南昌府洪都县人，明朝都督龚显之子。龚显幼时流落四川，被卫使刘岷收留。龚显为报刘岷的大恩，就改姓刘。

刘綎因父荫任指挥使。万历元年（1573），随刘显征讨九丝（今叙永境）。蛮人叛乱，俘虏酋长阿大。万历十年（1582）冬，缅甸进犯永昌、腾越。次年春，刘綎受封游击将军，守卫腾冲。刘綎先降服与缅甸相勾结的岳凤叛军，后破缅甸军，因功授副总兵。不久部下掳掠兵变，刘綎被降职。

此次刘綎率领的五千西南兵，在朝鲜战争中最为奇特，堪称一支联合国部队。

刘綎久据大西南，颇有国际号召力。这支国际纵队里，成分来源异常复杂，有来自外国的雇佣军，还有本国的少数民族武装。具体说来，这支队伍来自的地区有：暹罗、都蛮、小西天竺、六番、得楞国、苗子、西番三塞、缅国、播州、镗钯[①]等。

更有一些是从殖民印度的葡萄牙人那儿买来的黑人奴隶。这些特种兵个个具备奇异神通。除此之外，刘綎还有动物部队，训练猴子，用来作战：

> 其中有海鬼数十名。其种出南番，面色深黑如鬼，能潜行海底。又有长人，形体几二丈，不堪骑马，乘车而来。又以猕猴服弓矢、骑马前导，亦能入贼中解马缰。

由于刘綎的蜀兵长期在大西南征战，其对手多有来自西南各少数民族，甚至缅甸等国，所以具备丰富的战斗经验。再加上配备了神通广大、无所不能的

①“暹罗”等地名：暹罗，今泰国。都蛮，四川宜宾、珙县一带的少数民族。小西天竺，今新疆一带。六番，四川雅州、黎州一带。得楞国、缅国都位于缅甸境内。苗子，西南地区苗族。西番三塞，陕甘一带的羌族。播州，贵州遵义土司。镗钯，大概是西南山耕的少数民族。

外国特种部队，刘綎部在明军中最为精锐。

许国忠带来的一千南方炮兵部队，头扎白色套巾，身穿半臂披袄。个个专于火箭、大炮、枪刀用法，远远胜过日本人。

第三件事，慰劳、犒赏明军将士。精神上鼓励，物质上更要奖励。

二月二十九日，明神宗颁旨慰劳东征朝鲜的明军将士：

> ……朕深嘉尔等之功，所望克日荡平，大加升赏。……尔等尚亦宜体朕远怀，勉图报称，垂功名于竹帛，流福阴于子孙。钦哉！故谕。

三月初一，明神宗下旨录征倭功劳，赏赐李如松、杨元、李如梅等大量金币。初三，明神宗还在北京城的郊外宗庙举行盛大的祭祖仪式，向大明帝国的列祖列宗宣告征讨日本不断取得胜捷。

最后一件事，明神宗责令兵部极力筹措粮援，以免贻误征讨大业：

> ……所有合用粮草，户部一面发银，或从山东海道召商，高价籴买；或就近输运。务使东征四五万人，可够半年之用。……务使饷可资兵，兵不糜饷，早平大寇。……故谕。

当明神宗踌躇满志，下定决心与日本人周旋到底的时候，日本人却是哀歌绵绵，士气日益衰竭。

此时的丰臣秀吉暮气沉沉。自明军参战之后，朝鲜前线败报不断，弃城失地，损兵折将。丰臣秀吉盼得两眼发昏，却连连盼来几记闷棍。狠下心来，决定孤注一掷，准备渡海亲征。

宇喜多秀家及诸将大吃一惊，联名给丰臣秀吉写信劝止：“大军准备西攻，但是漕运艰难，路程遥远，军粮不继。臣等商议先平定庆尚、全罗二道，确保海路要道无恙。如果急于攻城，白白牺牲士卒，不如等二道平定，海路畅通无阻，粮运无滞，而后太阁旌旗北渡，易如反掌。现在臣等屯聚王京，如果明军胆敢来攻，臣等一击灭之，并非难事。”

丰臣秀吉迫不及待，连连催促出兵。侵朝诸将无可奈何，只得勉强出战。但要往哪儿进攻呢？明军坚守开城，日本人想都不敢想去碰。于是，军监和诸将商议，决定派遣刚刚抵达朝鲜的加藤光泰、细川忠兴、长谷川秀一等七人率两万日军进攻晋州。晋州有朝鲜金时敏的两万守军。七人名位相牟，互不相服，进攻晋州过程中，日军混乱无序，被金时敏打得大败。从此，再也不敢出兵。

军监们又商议了一阵，说："如果再这样一天一天虚度，肯定会遭到太阁的斥责、惩罚。不如告以实情，请求增援。"于是又书信一封，告诉丰臣秀吉："明军超过二十万，他们熟悉朝鲜地理形势，而且数量不断增加。我军兵少，寡不敌众，连一个晋州也拿不下。虽然占有黄海、忠清、全罗、庆尚四道，但是敌人据险啸聚，梗塞道路。如能多派援兵，广筑城堡，压镇诸道，再寻机与李如松决一死战。先扫荡朝鲜半岛，而后直入明朝。"

第一次侵略朝鲜时，丰臣秀吉派遣的日军超过二十万，经过一年的征战，竟然损耗七八万。丰臣秀吉不得已，只好在日本全国征调兵力。但是除了京师警卫、名护屋三万总预备队①外，只召集到两万人，于是，命毛利秀元率领这些军队，渡海赴朝。

疯透了的丰臣秀吉眼睁睁看着征战朝鲜像一个深邃难测的无底洞，无情地吞噬了一个又一个的日本青壮年。他感到无限绝望，不禁仰天长叹："我不幸生于小国，兵不足，将如之何？"

日本人的这些举动，也被明军间谍探知。但是，从王京得到的情报完全离谱。谍报到了李如松手里，变成这样："王京的日军有二十万了，丰臣秀吉不久将亲自扬帆渡海侵犯朝鲜。"

宁可信其有，不可信其无。李如松为防范万一，兵分几路：李宁、祖承训率一万骑兵驻守开城；杨元扎营平壤，扼守大同江要害，确保粮草运输线畅通无阻；李如柏屯驻于宝山驿，以为声援；查大受守临津江。李如松亲率一支精兵锐卒，随时机动策应。

日本人在王京以北的龙山堆积十三仓，囤米粟数十万。龙山仓原来是朝鲜李氏历代王朝的赋税仓库。侵朝十几万日军就靠这里供养。经略宋应昌得到这一情报，于二月二十日秘密派遣查大受、李如梅、戚金等率敢死之士夜袭龙山仓，将日军的数十万米粟焚烧一空。

① 第一章第4节提到丰臣秀吉的总预备队为六万人，战争期间，部分人员被派往朝鲜。

是夜，火光冲天，半边天红，尽管日本人列营分守，却不敢前去救援，眼睁睁地望着龙山仓化为一片灰烬。

从此，日军缺乏粮草，陷入困境。饿慌了的日本人干起老本行来，四处劫掠，恣意抢夺。加藤清正更是几次派出大军，或千余人，或数千人，出掠不已。王京附近郡县的坟墓也被发掘，尸骸随意扔投，触目惊心。

日军统帅宇喜多秀家在釜山至王京一线设置屯营三座，分别命令毛利吉成、岛津义弘、伊藤民部驻守。及龙山仓被焚，军中绝食，张皇无计。

宇喜多秀家问小西行长，该怎么办？

挨过烧的孩子怕火。小西行长在平壤领教过明军的厉害，心有余悸，说："明军锐不可当，如果不早早讲和，恐怕王京也将不保。"

宇喜多秀家听到这话，嘿嘿不以为然。

这时，明朝放出狠话，扬言要率暹罗等国水师攻打日本的对马岛，直捣日军巢穴，已经添兵几十万，将陆续入朝。同时，南兵的虎蹲大炮以及战车推向临津江岸边，摆出一副进攻的模样，吓得日军上下，人心惶惶。

龙山仓被焚，日本人饥饿难当，身上都长出疖疮来，士气低落，军心涣散，甚至出现谋反迹象。宇喜多秀家这才有点害怕，就在临津江面上竖立降旗。二月十八日，日军正式向明军查大受部投书乞和。同时，日本人也通过各种渠道向明朝发出求和信号。就这样，日本人创下了一项不光荣的纪录：世界战争史上兵力相差最为悬殊的求和，十五万日军向四万明军竖起白旗！

4. 胜负分明一局棋，兵家最忌是迟疑

日军的求和让东征军的南北关系变得更加微妙。由于所处地域与作战经历不同，南北兵形成了截然不同的战法。宋应昌沿袭戚继光时代形成的作战传统，重视火炮等武器的运用；而李如松长期与蒙古人、女真人进行马背上的较量，所以对宋应星的那一套唯武器理论很是鄙夷。碧蹄遇伏，实际上就是李如松抛开南兵单干的恶果。尽管与宋应昌有战前盟誓，但是碧蹄之败让二人出现深度裂痕，甚至恶语相向。李如松对朝鲜唐陵君洪纯彦抱怨说，宋应昌是南方人，

根本不懂兵法。

宋应昌又听信南军将领谗言，说倭贼退出三天以后，李如松才进攻平壤。轻敌冒进，丧师无数，李如松几乎身死碧蹄。这个死不只是李如松一人的事，更可怕的是大将一死，皇威大损。

等到邀功之时，宋应昌将自己列在第一位，李如松为第二。验证倭贼首级时，宋应昌的亲信战将就连没有渡过江的，也给记功。

对李如松来说，尽管碧蹄失利了，但战损并不惨重，充其量只是王京大战之前的一次侦察前哨战而已。所以，李如松不想退兵，准备休整之后再战。

宋应昌急于求成，所以一看到查大受所送的日本讲和书，立即决定与日本人媾和。同时要求李如松退到平壤，在宋应昌抵达之前不得出战，并让李如松在三月初七去义州面见李昖，探闻朝鲜方面的口气。

眼看胜利在望，李如松却突然提出撤退。这个饱受苦难的国王无论如何接受不了，所以李昖坚决要求李如松发兵剿敌，并说倭贼震惧，自会退去。

但是这时，撤兵已成为东征军谋臣的共识。

两天后，明朝同知郑文彬、知县赵汝梅、参军吕应钟又去义州，面见李昖。

李昖问，听说军中有讲和的说法，是吗？

郑文彬向国王解释了宋应昌的看法：日本人自平壤败后，心惊肉跳，主动提出议和，愿从宁波入贡中国。如果能借他们一条归路，让他们进贡，战事将很快平息下来。反过来，如果现在以战止战，即使侥幸战胜，不出两三年朝鲜又成为关白刀俎上的鱼肉。而朝鲜专门崇尚吟诗作赋，不修武备，怎么可以抵御强敌呢？所以，趁着日本人主动讲和，彻底解决朝鲜的问题。

但在李昖看来，对待夷狄，只能威服，不可讲和：倭贼诈计百出，现在讲和，并非出于真心实意。况且朝鲜与日本，有万世必报之仇恨，所以必须进兵，收复王京，歼尽丑类之后，才能一雪朝鲜的耻辱，也展示了泱泱大国的天威。

郑文彬说："讲和诱之，大军击之，没有不可以的。"于是李昖很不情愿地接受议和。

宋应昌决意讲和，这才想起被拘押了几个月的沈惟敬。

这个奸邪之徒，如今又要被派上用场了。

四月初一，沈惟敬得到兵部尚书石星授意，从义州来到安州，通过朝鲜都承旨沈喜寿告诉李昖：即使中国的都城被夷狄所围，一旦解围之后，也不会报仇。

中国怎么会替属国报仇呢?

石星这一赤裸裸的表态，让世人彻底看透了他丑恶的用心。

大明的军国要事就掌控在这样一个朝三暮四、摇摆不定、见风使舵的人手里。明朝晚期的政治腐败，由此可见一斑。

在这样一个错误的人的错误主导下，明朝开始与日本讲和。朝鲜兵曹判书李恒福感叹说 :“十年之内，议和的事恐怕将没完没了。”

李如松又写信给宋应昌 :“贼有退意，准备归还王子、陪臣。如果能够及时讨回王子，我军就可以全师而还。”

于是，宋应昌求成之心更加急迫，就任命谢用梓为参将、指挥徐一贯为游击，在四月初五随沈惟敬前往王京，跟日本人讲和。

好戏终于拉开了帷幕。

谢用梓、徐一贯伙同沈惟敬伪造皇印，送于日本人，秘密相约，允许纳质、通商、割地、皇女四件大事。丰臣秀吉拿到伪造文书，不懂汉字的他，只看到一个红彤彤的印章，就信以为真。

丰臣秀吉万万想不到，小西行长和三个军奉行敢于背着他搞小动作，当即批准议和。

沈惟敬、谢用梓、徐一贯，还有小西行长，用他们大无畏的行动告诉我们，世间的事只有想不到的，没有做不到的。

但是辱国的战火，只能用血来淹熄，议和绝不能做到这点。

媾和之议，遭到朝鲜君臣的强烈抵制，并由此激发了明军将士与朝鲜大臣之间的矛盾。明朝将领时常对朝鲜重臣动粗，甚至引发冲突。明、朝之间的宗藩关系也因此出现前所未有的裂缝。

有一天，李如松拿出一幅《赤壁图》给李德馨看。李德馨看后，题诗一首:

胜负分明一局棋，兵家最忌是迟疑。
须知赤壁无前绩，只在将军斫案时。

李如松看出李德馨在诗里讽刺自己，却又说不得，只是默然无言。

四月初七，李如松回到开城府。柳成龙写信给李如松，极力陈述讲和的种种弊端，极力鼓动攻打。李如松不听。

李如松使游击将军周弘谟前去日本军营。周弘谟路过坡州，恰逢柳成龙与金命元在权慄军中。周弘谟跑进军营中，叫柳成龙与金命元参拜明朝旗牌。

柳成龙与金命元面面相觑，这是去倭营的旗牌，我们为什么要去参拜？况且宋应昌的禁杀贼兵牌文，更加令人难以接受。

周弘谟强行要二人参拜手中的旗牌，柳、金二人并不理会，直回坡州。

李如松闻之大怒，旗牌就是天朝的皇命，即使像獭子（明朝人对女真族的蔑称）那般狰狞凶恶，一见到旗牌也要参拜。他们怎敢不拜？我先按军法处置，再撤军。

李德馨连忙出来斡旋，对柳成龙、金命元说："明天不可不去谢罪。"

次日，柳、金二人急急到开城李如松寓所，准备负荆请罪。此时李如松怒气未消，让柳、金二人吃了闭门羹。

金命元准备离开，柳成龙劝阻。这一天下起蒙蒙细雨，柳成龙与金命元站在雨中，被淋得一塌糊涂。

把这样两个大人物都浇成落汤鸡，自己岂不成了冷血动物？李如松叫人几次出来偷窥，最后唤他们进去。

李如松站在厅堂上，二人施行大礼："小的即使再愚蠢，难道不清楚旗牌是什么东西吗？只是旗牌旁边有文字，不许朝鲜国人杀贼，所以心里悲痛，不敢参拜，实在是难逃一罪。"

李如松转怒为笑："牌文是宋应昌的命令，不关我的事。"又说："这里流言飞语不断，如果宋应昌知道陪臣不参拜旗牌，我不去过问，必然会责骂于我。"从那以后，李如松派人去日军营内，往来不绝。

旗牌事件以后几天，李如松的亲信家丁不知从哪里打听到，朝鲜不想讲和，把临津江上的船只都撤去，不让与倭营相交通。

李如松当即火冒三丈，左右随从吓得两股战栗，气不敢喘。他当即派出三人去把柳成龙捆来，准备鞭打四十下。这三人在招贤里遇到柳成龙，喝问："体察使在哪儿？"

柳成龙答："我就是。"

其中一人叱令柳成龙转过马头，另一人手拿铁锁，用长鞭乱打柳成龙坐骑的屁股。所幸查大受的家丁李庆去见李如松，李如松问临津江上有没有渡船。李庆答说："船只往来畅通无阻。"李如松立刻意识到误会大了，赶快派一人去追柳成龙，把他放了。柳成龙遭此一遇，只觉精神恍惚，神志不清。

国王李昖也书信两封，送于宋应昌和李如松，力争不可与日本讲和。但是国王的书信形同浮云，几天之后，沈惟敬向在开城的李昖传达了兵部尚书石星的意向：明朝准备与日本议和。

5．明军光复王京，日军退保釜山

四月中下旬，沈惟敬与徐一贯、谢用梓来到王京，拉开了明、日两国之间长达四年的议和序幕。

徐一贯、谢用梓用重金贿赂小西行长，向日本人请和。

沈惟敬说："天朝因为你们不遵守期限退军，所以攻破平壤，展示天威。如果你们能遵守前约，诚心归顺，怎么会落到穷兵芟灭的地步？现在两位赞画统兵四十万，一路抵鸟岭截尔归路，一路拒汉江阻尔粮道。经略、提督又亲统三十万，很快就来了。只要你们归还王子、陪臣，收兵南回，那么封事可成，中日两国之间也无战争之祸，岂不是双赢？"

沈惟敬对小西行长说，和议一成，就会如日本人所要的，封丰臣秀吉为日本国王，且以明朝公主为日本天皇皇后。但是日本应该归还朝鲜两位王子，撤出王京，而李如松也班师回朝。

当时日本军监增田长盛、石田三成、大谷吉隆久在朝鲜，归心似箭。三个军监又跟小西行长一道，与加藤清正不和，因此想归还虏获的朝鲜两位王子，使加藤清正无功。

再加上日军断粮已久，士兵为疟疾困扰，死亡非常之多，全军士气低落，急欲回国。所以，军监们听到沈惟敬的话后，都很高兴，赞同了小西行长的议和决策。

沈惟敬又不断请求日本放回朝鲜两位王子。

小西行长说："送还王子，不可不听命于丰臣秀吉。退兵则要军监来决定。"

小西行长在平壤吃过明军的亏，怀疑是沈惟敬在里头施展反间计，准备拘围沈惟敬，固守王京，等封贡事宜妥当后再退兵。在遭到石田三成、增田长盛、大谷吉继、小早川隆景的反对之后，与沈惟敬约定十八日撤离王京，最迟不会超过二十一日。

小西行长又怕日本诸将不从和议，与三个军监商议，等议和成后再告知全军。

果然，日军即将撤离之际。众议不一，甚至出现抵制。

松浦镇信说，沈惟敬的议和，实为明国，不为日本。请放弃和议，长驱直入，攻打明国。

小西行长回应说，碧蹄之战，大挫明军锐气，所以请和。答应他们，有何不可？

松浦镇信又说，一旦和成，我军退往釜山，前功尽弃，徒令沈惟敬成名。看不到对日本有什么好处？

越来越多的将领提出疑问。

有马晴信说，去年冬天，与沈惟敬树立标识，双方互不侵犯。可是明朝却暗暗派出李如松的大军。怎么可以相信沈惟敬的话？

大村嘉前说，明军失利，所以派出说客，不过是缓兵之计。这是他们的诈谋，以后他们又出动大军，你怎样向太阁殿下交代？

五岛纯玄认为，平壤之战，李如松趁我军偶尔疏忽，侥幸获胜。而今天明军势去，援兵未到，才不得已请和。速速将沈惟敬车裂凌迟，断绝奸谋。

宗义智见众人越扯越远，怕真的影响议和大局，就出来打圆场："各位能实话实说，直言不讳，真是日本国的大幸。但是，现在和谈已成，不可以半途而废。以后再定下善后之策吧。"

于是，日军搭造渡江浮桥，准备撤离。小西行长还将龙山仓被明军焚烧剩下的两万石粮食，交给沈惟敬的家臣沈思贤。

这时王京城内，朝鲜人比日本人还多。日本诸将担心他们与明军一道，梗塞日军退路。怎样处理这些讨厌的朝鲜人，杀掉还是驱赶出城？意见不一。

最后小早川隆景想出一条妙计，军中的步兵，不是有一半是朝鲜人吗？如果怀疑朝鲜人，不赦免城中士民，全部将他们放逐或杀掉，以后谁供你们驱使？不如纵火焚烧各营，我们在烟雾的掩护下撤离。

于是四月十八日撤军的那一天，王京城中四处起火，硝烟滚滚，朝鲜士民纷纷躲散。小早川隆景命令黑田长政殿后，日军撤出王京。加藤清正紧紧看住朝鲜两位王子与陪臣，沈惟敬、徐一贯、谢用梓也跟着日军一起南下。日本人全数渡过汉江之后，断后的黑田长政下令砍断江面上所有的缆绳。

十九日，李如松率大军进至东坡。

翌日巳时，李如松率众进入王京城内时，日本人已经跑走两天了。除了日本人留下的四万石大米和大量刍豆之外，空无一物。

浩劫之后的王京简直是一座人间地狱。朝鲜士民受尽世界上最残酷的虐待，遗存下来的不足百分之一，尽皆饥饿瘦弱，脸色苍白，目光呆滞，犹如地狱游魂。城内各种疾疫横行，死人、死马的尸体，处处曝露，加上烈日烘焙，满城臭秽冲天，明军所过，无不掩鼻。

李如松住进小公主宅，朝鲜大臣柳成龙等也随他进入。李氏王朝宗庙、宫阙、钟楼、各司、馆学，在大街以北的，荡然无存，只剩瓦砾灰烬。仅崇仁门以东、循南山下一带，原来是侵朝日军的住所，保存较好。柳成龙、金命元率朝鲜百官，对着宗庙废墟痛哭，又到李如松门下，呼天抢地，悲号不已。

柳成龙请求李如松继续追击南撤的日军。李如松说："我也想啊，但是汉江缺乏渡船，没办法前进。"柳成龙即刻到江边搜集船只，恰好有京畿右监司成泳、水使李苹已经收集到大大小小几十艘。柳成龙急报李如松，船只具备了，大军渡江吧。

李如松嘴巴上说想，心里却没有半个想字，只好硬着头皮，下令李如柏、张世爵率一万五千人过江。明军搭乘日本人新造的船只五十余艘、朝鲜船只四艘，陆陆续续渡过江去，很快已有五六千人到了汉江南岸。

傍晚时分，李如柏忽然称脚痛难忍，说："先回城治疗脚疾，再过江。"已渡江的明军见主将停顿下来，便纷纷回船。

柳成龙出去时，路逢祖承训自汉江回城。柳成龙心里纳闷，不是渡江了吗？赶紧去汉江边瞧瞧，只看见李如柏躺在树荫下低声呻吟，说是脚似利刺扎入，异常疼痛。而张世爵已回王京。

柳成龙一下明白了，直奔李如松居所。李如松叫人传话，宋应昌有文书来，禁止追蹑倭贼之后，连我也不得擅自做主。何况倭贼拿着两位天使、朝鲜两位王子做挡箭牌，如果朝鲜兵马能够剿灭倭贼，就算是搭上天朝使者的命，也没什么大不了。怕只怕伤害了两位王子，对朝鲜可不是好事。宋应昌也会责怪我节制失当。

不久，宋应昌渡过清川江，来到平壤，这才下令李如松追剿日本人，又令副总兵刘綎奔赴前线，赞画刘黄裳督军，并移书朝鲜国，派兵协同进军。国王李昖命尹根寿为接伴使，李廷龟、黄慎、柳梦寅为跟随，与明军一道南下。

宋应昌的“归师勿遏”让日本人安然南撤，而且行军大有章法，步步为营，交替掩护，缓缓而退，每天只走三四十里，到二十九日才退到尚州。所以，明、朝联军几乎捞不到便宜。

五月初一，小西行长、宗义智等，与沈惟敬、徐一贯、谢用梓、朝鲜两位王子到达釜山。第二天李如松才统率三万大军渡过汉江。

初五，刘綎率五千余人直趋忠州鸟岭。鸟岭地形异常险要，绵延横亘七十余里，两侧悬崖峭壁如刀削般陡利，一线天之下，羊肠小道狭窄，灌木树草杂生，人马无法排着小队过去。日本人抢先占据险处，明军不敢遽过。

李如松遂派遣查大受、祖承训，抄小路，越过槐山，兵出鸟岭之后，斩首三十五级。日军怕退路被明军断绝，遂弃鸟岭而走。宋应昌称之为“星岭之捷”。

十五日，明军乘胜进攻大丘府。时值酷暑，军中疾疫横行，战马大批死亡。游击将军钱世祯独率所部，于四更趁日军无备，斩关而入。日本人根本没有组织抵抗，拱手把大丘让给钱世祯。

李如松大张疑兵，分别派遣刘綎、祖承训屯兵大丘、忠州，发文征调全罗道水兵龟船，分置于朝鲜西南沿海地区。日本人四面楚歌，尽弃王京以南一千多里地区。朝鲜沦陷的国土，几乎全被明军光复。

李如松亲率大军，过鸟岭直抵闻庆，派兵驻防各个要地。总兵刘綎率福建、川蜀、南蛮等地的募兵，屯星州八莒县；总兵吴惟忠率南兵驻善山凤溪县；总兵李宁、祖承训、葛逢夏率辽广兵屯居昌；参将骆尚志、总兵王必迪也率南兵一部屯庆州。

沈惟敬在倭营内，怕明军的尾追影响到议和大事，急忙派人阻止。沈惟敬为日本人立了大功，让日本人毫发无损，全师退入釜山浦。日军在那里做久屯之计，开市通商买卖，筑建华丽精美的高台楼屋（日本人称之为“大日本上官安下之所”）；又自蔚山、西生浦到东莱、金海、熊川、巨济岛一线，构建坚固的防御工事，安营扎寨，首尾相连，绵绵不绝，设立了十六个兵屯，依山背海，筑城掘堑。

就这样，朝鲜半岛的战火暂时平息下来。

6. 可怜天上凤凰儿，飞入鸡群失德仪

按照明朝与日本两国和议的约定，日军撤出王京之后，就应该归还被掳的朝鲜两位王子和陪臣百官。

对朝鲜来说，王室的重要成员被俘，实在是丢面子、辱国格的事；而日本人好不容易拿到这么一张王牌，也不会随意打出。

朝鲜的两位王子临海君、顺和君是在东北咸镜道被日本将领加藤清正俘虏的，同时被俘的还有王妃朴氏。为了使王妃朴氏免遭伤害，加藤清正有意将她放走，却将临海君、顺和君奉为至宝。后来，加藤清正北侵女真部时，又将两位王子拘留在咸兴，转托锅岛直茂看管。

临海君李珒是李昖的长子，说不准以后就是李昖的接班人。对这样举足轻重的朝鲜王子，日本人自然不敢怠慢，实行怀柔政策，款待甚厚。而李珒不类他的弟弟光海君李珲，确实很不争气。

锅岛直茂在咸兴，对两位王子更是怜爱有加。这个冷酷无情的屠夫竟也大起雅兴，命一个叫是琢的日本和尚，作了一首诗，赠给两位王子：

可怜天上凤凰儿，飞入鸡群失德仪。
咸镜蒙尘何所似？蚀非日耻是此时。

两位王子吟诵罢了，不禁想起以前宫廷生活的豪华奢侈。如今沦为阶下之囚，虽不曾受到责骂虐待，却忍受着比残酷刑罚更加痛苦的囚徒日子。想到这里，眼泪直流，他们也回了一首诗：

包羞忍辱是男儿，不恨关山铩羽仪。
王帛朝回西塞曲，渭桥香火共归时。

日本人的假意体恤优待，使得两位王子察觉不到日本人的狰狞面目和豺狼之心，反而觉得他们如此善待自己，必是长了一副菩萨心肠。为此两位王子特

意写了一封信，表达对加藤清正、锅岛直茂的感恩之情：

> 吾等近日幸蒙太上官款待，保存躬命。神佛之慈悲，今于太上官见矣。感激，感激。……吾等幸脱万死之中，得有再生之望，非太上官之仁德，岂至于今日哉？犹须到京城，详议于关白殿少，胥都都上官，俾吾等留守故京，则事事尊事日本如太上官德，别有所报，要以天地鬼神为质。愿更悉悉。

朝鲜柳成龙也书信一封告于锅岛直茂，向他讨要两位王子。锅岛直茂置之不理。

平壤兵败之后，朝鲜北部的日军缩归王京。朝鲜两位王子也随着加藤清正部回到王京，被软禁在列馆。日军统帅宇喜多秀家和三个军监曾前去探望。

临海君本来就丧失民心，被捕之后，更令所有朝鲜人失望。在王京的朝鲜人以传奏馆（类似明朝的光禄寺）为据点，准备发动骚乱，杀掉两位王子。加藤清正、锅岛直茂、相良长安率兵火攻传奏馆，总算两位王子没有受到丝毫伤害。

五月初一，朝鲜两位王子随着日本人南撤到釜山。初八，明朝使者沈惟敬、徐一贯、谢用梓从釜山出行，渡海到日本，面见丰臣秀吉，商议两国和谈与归还两位王子的事宜。海上颠簸七天之后，沈惟敬等人到达名护屋。

五月二十三日，丰臣秀吉赐宴沈惟敬等人。明朝使者正式与日本赫赫有名的一代枭雄——丰臣秀吉会谈。

丰臣秀吉对大国使者不敢轻慢，赠赏沈惟敬一千枚银币、一把镀金长刀。接风洗尘的酒宴也是最高规格的，桌上什物都是黄金打造，并陈列日本古代的器皿、名画等，让徐一贯等人大开眼界。徐一贯干脆忘记了肩上的使命，反而研究起日本的绘画艺术。

但是丰臣秀吉很清楚该做什么，他命令景辙玄苏在西堂与徐一贯、谢用梓以笔代口，书写对话。

景辙玄苏擅长外交辞令，贵国称我军发兵全罗、庆尚二道，这是朝鲜的虚诞谎言。一旦明、日和亲缔结，我国定会撤兵。只是听说鞑靼时常入侵贵国，实为贵国大患。和成之后，本邦愿意为贵国先锋，席卷鞑靼虏。本邦粉身碎骨，以报大明的深情厚谊，这也是太阁的愿望。

徐一贯也是应答得体，朝鲜的虚诞之词，朝廷并非没有怀疑。这才让在下来贵邦辨察真相。今天，只听见你们洒脱高谈，心胸坦荡。回去后必当呈报皇上，疏下兵部，命再差正使前来和谈。

景辙玄苏显然很满意，今天只是初步互通情意，彼此了解一下。和亲的事，就拜托两位了。

对写几句，暂时沉寂下来。

徐一贯等就啜饮茗茶，打发无聊。

徐一贯等率先打开话题：关白诚意，可谓通天彻地。回去奏告，皇上定会龙颜大喜。如果鞑靼再有侵犯，就请贵国相援。有幸值此环宇澄清，天下安宁，又得以与贵国通和，真是稀世美事，可嘉可尚！

不过景辙玄苏对徐一贯二人的代表有些担心，太阁以三成、吉继、长盛、行长为腹心，贵国也会同样把二位当做腹心吗？明、日两国应当同等对视，还望二位切勿视太阁而不见。

话说到后面，越来越投机。景辙玄苏又转述丰臣秀吉的话，三年前，我邦托付李昖向贵国传达我邦意向，但久久得不到回信，所以不得以起兵问话。朝鲜一再遮拦道路，这才大动干戈。日本起兵，实因朝鲜欺瞒。大明就大不同，既然派二位前来议和，如果一再容许朝鲜胡言乱语，太阁必会亲身到辽东，去问问贵朝的意思。请二位回去如实禀告，如能成就和亲幸事，那真是太好了。

谈到最后，好像两国和亲就在眼前，双方不禁浮想联翩。徐一贯说，去年八月，贵国先锋也曾把这个意思告知沈游击，游击回奏朝廷，朝中文武百官都相信。唯独朝鲜不以实情相告，所以误了大事。现在皇上差使在下，探闻贵国口气。我们所听到的与沈惟敬如出一口，足见贵国的真情实意。如此两国和亲，我等也沾上光了。

景辙玄苏更是进一步展现了美好的和亲未来：太阁向天皇奏报和亲之事，今天也把此事委托二位，回去之后定要奏报贵国朝廷。和亲弥成，我邦也大为显荣。太阁无需一兵一卒，就可以身穿便服轻帽，赏玩游遍北京城各处名胜，这一切全靠二位的关照了。

当然，日本人也很自信地让徐一贯、谢用梓先行游览一下名护屋的风光景色，两位使臣果然大加赞赏："仿佛潇湘。"并赋诗几首，以表喜悦之意。其中一首为：

重叠青山湖水长，无边绿树显新装。
远来日本传明诏，遥出大唐报圣光。
水碧沙平迎日影，雨微烟暗送斜阳。
四头千态皆湘景，不觉斯身在异乡。

另有“洞庭何及此清景，空使诗人吟策穷”“晴光涌景灵踪聚，山势抱江烟浪轻”“扶桑闻说有仙岛，斯处定知蓬又瀛”等赞美名护屋的诗句。

丰臣秀吉看到明使把名护屋赞美得如同玉宇瑶池一般，大为喜悦，于是传令日本人在东松浦半岛的海面上，驰行百余艘船只，旌旗飞扬，灿若锦绣。海上波浪起伏，百舸争流，如飞梭般穿行，令人目不暇接。丰臣秀吉亲自乘船，与徐一贯、谢用梓等宴乐终日，此后又在山里花园、赏亭里赐茶陪饮。徐一贯、谢用梓遇到这样的款待，如同置身天堂，雅兴大发，无比舒畅，进退有度，言语得体。日本人无不竖起大拇指，称赞说，毕竟是来自天朝雍容大国的使臣，远远胜过朝鲜小邦人物。

当然，徐一贯、谢用梓此行也颇有收获。六月初二，丰臣秀吉令下令宇喜多秀家及三监军送回朝鲜两位王子和陪臣黄廷彧、黄赫等人。

七月二十二日，临海君离开釜山倭营之际，恋恋不舍。他念念不忘日本人的优待，写了几封信，对日本人感恩戴德。第一封给加藤清正家臣片冈右马允，向加藤清正致谢：

……素闻关白殿下，雄杰无比，四邻皆畏之。且善于分别待邻国王子、诸官，稍存旧意，愍其渡海，使复于京。此恩厚与此海俱深。一行之人，其敢或忘……修好之日，通书寄情事。

第二封感谢看护他们的九鬼广隆：

……我还京之后，九鬼四郎兵卫之恩多报，平生亦永世不忘。

最后一封答谢日本将领锅岛直茂，引文不附。

第七章　封贡困局

1. 太阁的复仇

在明军威如泰山般的重压之下，日本人彻底丧失了北进的勇气。丰臣秀吉下令各部退屯南部沿海一带休整，以待东山再起。宇喜多秀家、毛利秀元屯兵釜山，小西行长驻扎金海城，加藤清正占据梁山城，锅岛直茂扎营竹岛，黑田长政屯驻机长城，岛津义弘、岛津忠恒父子及水军在巨济岛（又称唐岛）。

八月初六，丰臣秀吉令釜山各部，多多蓄积薪柴、木炭，准备御寒过冬之需。

对丰臣秀吉来说，朝鲜是他实现称霸亚洲大业的奠基石，所以他断断不会把吞下的金蛋吐出来。于是在二十三日，他又通知前方各将，和议一事尚未有定论。各部应加紧抢修城垒，不得怠慢。一旦和谈破裂，当再起大兵，彻底荡平朝鲜。

但是，想要荡平朝鲜，谈何容易？明军的介入，一下子把嚣张的日本人打回原形。如果是败在李如松手里，丰臣秀吉还可以找个理由为自己解套。可是第一次晋州之战，在弱不禁风的朝鲜人面前，日本人竟然溃不成军，这是丰臣秀吉起兵几十年来从未有过的奇耻大辱，于是就有了一个月前灭绝人性的屠杀，以报去年晋州惨败之恨。

复仇的计划，丰臣秀吉酝酿已久，早在万历二十一年（1593）初，就着手开始准备了。二月二十八日，他派亲信黑田如水到朝鲜传达血洗令。五月二十一日，丰臣秀吉正式下令进攻晋州城。为了对付小小的晋州，日本人竟然纠合七成以上的侵朝兵力，超过九万人，这是壬辰战争以来规模最大的一次军事行动，可见丰臣秀吉欲望之大。

这时，庆尚、全罗二道的明军数量在三万左右，远不及日军。副总兵王必迪少数兵力守庆州，副总兵刘綎五千人守星州，游击吴惟忠五千人守善山，副总兵祖承训、游击李宁、葛逢夏少许兵力守居昌，参将查大受、骆尚志、游击宋大斌等六千人驻守南原，形势危若累卵。

当丰臣秀吉的“复仇号”大船起航时，王京的朝鲜人正忙于欢迎两位王子的回归。而前方朝鲜将领也是盲目乐观，认为日本人一去不复返了。

六月十三日，朝鲜都元帅金命元、巡察使权慄、巡边使李苹、别将崔远、节度使高彦伯、义兵将郭再祐、彰义使金千镒、庆尚兵使崔庆会等在宜宁举行军事会议，准备趁明、日两国和谈，日本人南撤之际，相机收复失地。

权慄之前取得了幸州大捷，斗志昂扬，主张渡过岐江，然后南进。高彦伯、郭再祐劝说：“敌人军势正炽，我兵大多为乌合之众，能够征战的只是少数，前方又缺乏粮饷，不可轻进。”

李苹迂腐无主见，又乐当和事老，见权慄威名赫赫，有意附和奉承，竟高举右臂，大声责骂诸将畏敌逗留不进，且独自与权慄商议，渡过岐江，再进咸安。权慄进入咸安城之后，发现城内空空如也，军队找不到半颗米粒果腹，只得摘下尚未成熟的青柿充饥。朝鲜人斗志逐渐丧失，军心日趋涣散。

两天后，权慄听说日军先锋正从昌原杀向咸安，吓得脸色苍白。第二天，朝鲜人一听到前方炮响，抢着窜出咸安城，以至于相互踩踏，挤坠吊桥，死者甚多。权慄溃退到鼎津，又远远看见日本战旗，未战先溃，彻底颠覆了幸州保卫战的英勇形象。

此时距离晋州最近的居昌、南原的明军仅数千余人，如果南下救援，无异于飞蛾扑火，自取灭亡。而沈惟敬正在倭营与小西行长商讲议和，让日本人放回被掳的朝鲜两位王子。

经略宋应昌责骂沈惟敬，你之前说倭贼已经下海回国，放还两位王子。如今倭贼仍在釜山，屡屡四出抢掠。速速去倭营一趟，让倭贼退兵，不然，我把你告上兵部，绝饶不了你。

沈惟敬见事态紧急，只得硬着头皮，竭力从中斡旋。

小西行长实情以告，都是因为去年我军攻打晋州时，遭到惨败，被杀甚多，连船只也被朝鲜人烧毁，是以诸将愤愤不平，问于太阁。太阁说，你们也可以进袭晋州，以泄旧恨。

沈惟敬急忙哀求小西行长想个万全之策。

小西行长说："可以令晋州士民，暂避锋芒。大军见城空人尽，就会东撤回来的。"

沈惟敬从倭营出来，随行通事李愉告诉他，加藤清正力主攻城，上言关白，必将攻陷晋州而后已。小西行长劝止不住，所以此次出兵，宇喜多秀家、小西行长、大谷吉继等都不参与。

朝鲜人听到日本人要进攻晋州的消息，一阵紧张。金命元与韩孝纯请求沈惟敬，晋州事急，愿老爷救命。

沈惟敬满脸无可奈何：已经与小西行长整天整夜说个不停，他也不愿发兵。但现在是箭已上弦，势在必发，恐怕无可挽回了。束手无策之际，只得叫他们让出空城，暂且避一避。

明军副总兵刘綎写信给加藤清正，晓以利害：

> 天朝所遣数百万兵将，尽止鸭绿江头，大将提督李总兵二万驻王京。郭总兵、陈总兵、李总兵领兵二十万，驻辽东。吴副将领兵二万，与诸将分布平壤、开城者，十万有余，俱按兵不动。恐一与交锋，便爽约议，失我堂堂天朝覆载度量。不意汝等，归志不决，复攻晋州，顿背前盟，云泄旧忿。夫朝鲜八道地方，已破其七，士女横罹荼毒者，枕骸遍野，悬首楹杆，亦云惨极，更复何仇？矧晋州黑子之区，何必以少嫌介意，而甘失大信于中国哉？

但是对凶狠的加藤清正来说，一切都是浮云。

于是，沈惟敬把希望寄托在朝鲜人身上。晋州开战前的两天（六月二十日），沈惟敬写信给晋州守将金千镒，劝其出城，暂避刀刃。

但是金千镒却认为，湖南（全罗道的别称），国家的根本，而晋州又是湖南的门户。晋州不守，是弃湖南。城中守军七千人，连同避难士民男女共六七万人，凭此可以仿效去年的金时敏，决一死战，于是断然拒绝退城。

很快，日本人杀气腾腾而来。他们日夜不停地攻城，加藤清正、黑田长政还制造了龟甲车。这种大柜四轮车，以坚硬的木料制作而成，形状如同龟甲，再用生牛皮包装，系着绳子，能前后进退自如。

尽管金千镒誓死捍卫晋州城，但此次与去年金时敏不可同日而语，军心涣散，上下离心，就连老妓女也悲叹说："去年金牧使守城时，上下相和，齐心协力，所以能固守城池。现在形势，与去年情形大为不同。我们生死未卜啊！"

天又大雨，守军苦战五天，身心疲惫。晋州城一角颓崩，宇喜多秀家趁机向城中射入招降书："万民入城，一时屠杀，可惨！将帅一人送其邦，其余安在城中，可矣！如想讲和，请脱笠三次。"又说："大国之兵，况且投降。尔国敢为抗拒乎？"

守军同样射出书信："我国惟有死战而已。天兵三十万，现在正追击汝等，尽剿无遗。"

城下的日本人竟然掀起内裤，把守军的书信拿去擦屁股，叫道："明军将领都撤走了，哪来的天兵？"

无疑，这是一场艰苦的保卫战。六月二十九日，因连续暴雨，城堞松坏。未时，加藤清正、黑田长政用龟甲车猛力撞墙，竟撞崩一大块，于是日本人蜂拥而上，终于攻陷晋州。金千镒与其子金象干相抱，跳入楼下潭水而死。其余的守将崔庆会、高从厚、文弘献、梁山璹、崔希立、姜希民等均战死。

城陷之后，日本人狼性毕露，展开了疯狂的大屠杀，将一座三仞（约 5.5 米）高的城池夷为平地，日本人又四处劫掠，所到之处，房舍尽被焚毁成墟，财物尽被抢夺一空，老少尽被屠戮残杀，妇女尽被奸淫掳掠。

史书载："民死者几六万余名，牛马鸡犬不遗一物。又夷其城填其堑，堙井刑木，以快前愤。"

日本人退后，朝鲜监司金功，令沙斤察访李瀞前去视察，只见城中积尸累累，从矗石楼到南江北岸，尸体如山。菁川江的玉峰、迁五里等处，满江尽为浮蔽的腐尸。

晋州的屠戮，让丰臣秀吉快意了几个月。征服朝鲜，征服朝鲜，整天念念不忘地挂在嘴边。

但是面对明朝这么一座无法逾越的高山，丰臣秀吉显得很烦躁，天天与德川家康、前田利家等人商谈朝鲜战事。

黑田孝高足智多谋，是丰臣秀吉信赖的军师。他大发牢骚，去年发兵时，如果能派德川殿或前田氏担任统帅，大军便可政令合一，朝鲜一举可定。行长、清正虽称悍将，勇猛有余，却不能相互包容。这些粗人更不懂得如何招抚朝鲜民心，我军一到，朝鲜人纷纷逃匿山林，使得我军野无所掠，连土地上也不长一棵青草。如今国内粮尽民疲，怎么能完成征讨大业？

丰臣秀吉沉思片刻，颇觉黑田孝高的话有理，于是决定将国内政务托付德川家康，自己亲率大军，取道朝鲜，直入大明。

浅野长政是丰臣秀吉的妻弟（丰臣秀吉正室宁宁的义弟），为人率性耿直，讲话也就不避嫌了：自出征朝鲜以来，大半军队航海去朝鲜，国内只留下病残老弱，这些人也为转输漕运所困顿，饥渴劳累，苦不堪言。太阁今天渡海，明日乱民定会啸聚峰起。德川殿下虽神机妙算，有着常人所不能及的智慧。但仅仅凭他一人之力，恐怕是难以撑起崩坏大局。太阁如能翻然醒悟，班师回国，从今之后，偃武修文，那就是日本万民之欢，国家社稷之大幸了。

浅野长政的话语像一根钢针刺痛了丰臣秀吉的心，他勃然大怒，气得说不出话来。前田利家见势不妙，厉声怒喝浅野长政，令他速速退下。

果然不出浅野长政所料。数日之后，肥前使者飞奔驰报，说有萨摩岛津家臣梅北国兼发动一揆暴动，袭取熊本城。

丰臣秀吉闻讯大惊，这才想起浅野长政的忠告，遂令其子浅野幸长率兵镇压。朝鲜战况不利，而国内政局又暗潮涌动，丰臣秀吉备感疲惫，开始萌生退兵之意。

就在晋州屠戮后一个多月，八月初四，丰臣秀吉的爱妾茶茶（淀君）又生下一个男孩，丰臣秀赖，小名舍丸。

丰臣秀吉年已五十六，茶茶的第一个孩子鹤松两年前夭亡了，本以为此生再也没有儿子。为此，丰臣秀吉特意收养外甥三好信吉为养子，并改名为丰臣秀次，作为指定继承人。

谁料天赐麒麟，行将就木之时又得一子，丰臣秀吉不禁大喜，说："朝鲜的事情既然已经与沈惟敬讲和了，征讨指挥又交付给德川殿及利家了，我高枕无忧。"

八月二十六日，丰臣秀吉搭坐轻舟，抱着儿子，携带茶茶，离开名护屋，回到大阪，享受天伦之乐去了。

2. 东征军班师

晋州屠戮之后，双手沾满血腥的日本人并未就此罢休，而是要弄两手策略，在六月二十日派内藤如安去北京，以和谈为诱饵，让明朝撤军。

内藤如安，原名内藤忠俊。早年追随小西行长，赐姓小西，封为飞弹[①]守，后随小西行长信奉天主教，取教名如安（Joan，常译为琼）。中国、朝鲜史籍称他为小西飞弹守藤，简作小西飞。

就在内藤如安屁颠屁颠跟着沈惟敬来到王京的时候，发生了一件令人震惊的刺杀案，让人们彻底看透了日本人假和谈、真战争的狡诈用心。

在大丘，有四个日本人向明军诈降，因为日本人临阵投降如同家常便饭，所以人们不加防备。不料，一个日本人竟然抽出倭刀，猛地砍向副总兵李宁的大腿，所幸未造成重伤。见阴谋败露，日本人撒腿就跑。副将刘綎大怒，手持利剑，跨上快马，飞奔追到，一剑砍下去，将其中一个剁成三块，剩下的三个也逃避不及，瞬间成了刘綎的剑下鬼。

对付狼豺唯一的手段就是将它们一棍打死。

于是，在朝鲜人“包藏凶恶，死犹未已”的怒骂声中，李昖下令把日本俘虏推向集市，准备斩首。行刑之时，宣传官沈应裕麻痹大意，一个战俘狼性突起，夺取行刑刀具，直冲向围观人群，砍伤了两个小娃娃，几将至死。

现在内藤如安来了，李如松决定给他一个下马威。

七月初八，三十五名日本人扛着十二箱金银贡品，排着整齐的队伍，走进了军营。不料，迎接他们的是威武整肃的明军阵容，还有一阵阵震耳欲聋的大炮声。

刚一见面，李如松便满脸怒容，诘责内藤如安，天兵在庆尚道有十五万之

① 飞弹：又称飞州，今日本岐阜县北部。

众，我手下也有五万余人，宋经略更率大军集结此处，如果你们再不退兵，我当提大军，一网打尽。你们声称借道朝鲜，进贡天朝，这分明是侵犯朝鲜的借口。如果真心要与大明通商、进贡，为什么不直接取道闽、浙？

内藤如安吓坏了：“我会把老爷的意思转告太阁，不再惹生事端。”

李如松又厉声痛骂：“平壤之战，我不忍心把日本人斩杀干净，对你们可以说有再生之恩。但你们一再背弃和约，并发兵进攻全罗道，这是什么意思？”

内藤如安狡辩：“全罗道的朝鲜人杀死太多的日本人，今天进攻全罗，只为报此大仇，安敢背弃与天朝的约定？”

最后李如松郑重警告：“石尚书听到你们侵犯朝鲜，已经向皇上请兵百万。如果再不离开此地，天兵将直捣日本，叫你们遗无孳畜。”

但是，一意求和的石星绝不会有大动兵戈的念头。在沈惟敬和石星的哄骗下，蒙在鼓里的明神宗于七月初一下诏撤军。

日本人却不买皇帝的账，撤令刚下一天，就兵发晋州，加藤清正一路抵河东，另一路达石柱，准备袭取全罗道，声言将占领王京、汉江以南的地区。全罗道水土沃饶，物产丰盈，是朝鲜的“粮库”。与中国的“苏湖熟，天下足”一样，全罗道能救济整个国家的荒年，日本人就是冲此而来的。

因在晋州消耗太多，加藤清正无力再取全罗道，只得撤回。初三，日本人又兵分两道，分别向求礼、云峰县界而去。明军参将骆尚志、游击宋大斌率兵赶赴求礼，先头三十余名明军在求礼县与日本人遭遇，当场阵杀二十余人；朝鲜巡边使李苹、全罗兵使宣居怡、防御使李福男分驻兵于云峰八良峙、云峰实相洞及长水县一带，也布下防线。

接连几天，日本人气焰高涨，不断北犯。朝鲜军势孤力弱，渐渐吃紧，急忙向李如松求援。李如松却很相信沈惟敬的话，倭贼断断不会进犯全罗道，哪里来的敌人？

但是，朝鲜人求援不断。李如松决定先发制人，七月初五，派总兵查大受、都督李平胡、游击高升等十四员大将率兵五千人，镇守全罗道的咽喉钥地——南原。日本人见明军大举来援，全线停止进攻，敌我形成对峙，朝鲜战局再次僵持不下。

明神宗急了。东征军旷日持久，“久暴师则国用不足”，国库里的白银渐渐空了。前方将士更是疲惫不堪，无不归心似箭。

十多万日军赖在釜山虎视眈眈，随时能把重创之后的朝鲜一口吞下。这时，明军肩负着稳定战局的重任。如果突然撤退，日本人就会像洪水猛兽，再次荡涤朝鲜半岛。

于是一个大难题摆在明神宗面前：明军是留还是撤？

朝廷又掀起争论波澜。早在六月初一，兵科给事中侯庆远就上疏明神宗，建议撤兵。按侯庆远的说法，如果这时能乘胜抽身，于理于情，明朝都是大赢家。

明神宗便下了一道谕旨："朝鲜王还都王京，整兵自守。我各镇兵久疲海外，以次撤归。"

经略宋应昌以师老无功，也产生厌战情绪，准备趁着明军撤退之机，主动卸下经略职务，以求全身而退，保全名节。

但是，宋应昌又惧怕惹得大臣非议，就以进为退，上疏明神宗，详陈日本人狡诈难防，驻军不能全撤尽，主张明军暂且屯驻全罗、庆尚二道，然后见机行事：

> 全、庆二道……两道守则朝鲜安而保蓟辽。……倭若能乘我罢兵，突入再犯，朝鲜不支，前功且弃。……即议撤宜少需时日，俟倭尽归，量议防守。

老谋深算的宋应昌只提防守，不提撤兵。但是，朝廷那些善于咬文嚼字的大臣们一下子就看穿宋应昌的意图，纷纷上书明神宗，大批宋应昌，竭力谏阻撤军。先有辽镇都御史赵光耀极言不可轻许日本封贡，后有兵科给事中张辅之力主征剿。

宋应昌见大臣发难，连忙又上奏明神宗："倭奴狡诈，属国孤弱，不可不留兵。"并建议留下刘綎一万六千人，让他防守全罗、庆尚二道，以拱卫王京，求得朝鲜安、中国安。

朝廷的形势仍然是文臣主战，武官主和。针锋相对，互不相让。这时，起决定作用的兵部尚书石星站出来说话了。

石星把议和当做自己政治前途的最大赌注，生怕驻军过多，会触动日本人的敏感神经，给他们一个屯兵不去的口实。于是，石星借口驻兵一万六千人，要耗费大量粮草、军饷，干脆裁撤吴惟忠等部，只留下刘綎三千人，做个协防朝鲜的模样。又因急于求成，石星令沈惟敬去釜山倭营，让日本人早早献上谢和表章。

沈惟敬一入倭营，就向小西行长献上蟒衣玉带、花布四十匹以及《大明一统志》《大明官制》《武经七书》等重要典籍，小西行长则回赠日本旗帜五面，沈惟敬一概收下。

李如松对沈惟敬的奴颜媚骨备感气愤，几次想杀掉沈惟敬，但碍于石星的情面，隐忍未发。

八月，石星责令经略宋应昌撤军。宋应昌以令箭告知李如松，让他回国。

于是明军纷纷北撤，离开朝鲜国境。初八，中路大将李如柏撤出王京。两天后，李如松离开王京。二十四日，李如松又从平壤西退至肃州。五天后，沈惟敬及内藤如安紧随明军，前往北京。

但是，朝中的撤、封争论并未随着石星的一纸令下而休止。文臣浙江道御史杨绍程等极力反对石星的和议，主张坚决断绝日本的请和，即使撤兵也只退到边界地区，以应对不时之虞。

张辅之等人更是群起激昂，上书弹劾石星。石星一气之下，破罐子破摔，主动请辞。

神宗对这个首倡用兵的尚书还真是百依百顺，好言抚慰挽留下来。同时，又按石星的先前部署，诏令李如松班师，让朝鲜王子李珲去全罗、庆尚两道督师备敌。

九月二十三日，在朝鲜王子临海君、刑曹判书李德馨、郑琢等人相送下，李如松踏上了归国之程。

到鸭绿江边，李如松凭江北眺大明国土，吊奠阵亡将士。有多少人曾随着自己东征西讨，而如今成为留在异国他乡的魂灵，从此永别。

李如松被石星、宋应昌等人所掣肘，既有无法尽驱强敌入海的遗憾，也有对朝鲜国王及世子寄托的无限期许。他转头问身旁的朝鲜人，会宁的乱贼招抚了没有？

朝鲜翻译官回答，前年已经伏诛了。

李如松深情地教导着，请转告国王及王子，百姓，爱护他们，他们便会像扶养自己的父母一样；虐待他们，他们便会如仇敌一样相害。又问郑琢，国王卧薪尝胆了吗？必须勤练兵，体恤士民，挑选贤才，任用能人，国家上下一心，苦心守护着社稷大业，方能够确保国家平安无事。

临行之时，李如松回首再看一眼如画河山，竟然产生依依不舍的眷恋。随后踏上渡船，缓缓而去。

李如松回国之后，朝鲜上下无不感激明军的再造恩德，在平壤立了祠碑，祭祀宋应昌和李如松。明神宗也对李如松的战功颇为赞赏，加封其为太子太保，升都督府左都督。

攻克平壤，歼灭日军一万余人，成为李如松戎马一生最辉煌的功勋，尽管其曾轻敌在碧蹄遇伏，受损不轻。但世上没有常胜将军，李如松并未因此而失去中、朝两国人民对他的爱戴。当然，也极大震撼、威慑了日本人，这才同意和谈，归还王京和两位王子。

光荣永远不会消失。李如松，不愧为威震东北亚的一代名将！

明军回去了，但日本人还侵占着朝鲜南部沿海地区，随时会再有狼嗜虎吞之状。在兵部主事曾伟芳的建议下，明神宗颁布旨意给李昖，教谕他痛改前非，吸取教训，重新振作起来，“宜令朝鲜自为守，吊死问孤，练兵积粟，以图自强”。

东征军参将高策、陈邦哲，游击钱世祯、高升，原任同知郑文彬，壶关知县赵如海，兵部主事刘黄裳等也随李如松之后，相继离开朝鲜。

十月初五，明神宗任命刘綎为备倭副总兵、署都督佥事，统辖三千人，暂留朝鲜，协助朝鲜训练士卒，巩固防备。

明军撤出之后，局势日渐稳定。于是，尹斗寿、李恒福力劝李昖回銮王京。十月十五日，李昖从海州回到王京，祭告宣陵、靖陵之后，哭哭啼啼，跌跌撞撞地进入了王宫。至此，离去年弃都出走，已经一年零三个月了。

3. 国王的退位风波

李昖失国，正是由于他自暴自弃、不图进取、惰政腐败所致。对这样一个治国无方、御敌不力的国王，明朝几乎失去了信心与耐性。

明朝朝廷中，以石星为代表的主和派渐渐占据上风。但在主战派大臣的掣肘之下，议和注定是一场艰苦的拉锯战。

内藤如安一去数月，久久没有回话，侵占西生浦的加藤清正一直强烈反对议和，这时按捺不住，借口内藤如安已经被杀害，纠集锅岛直茂在十一月初三发兵袭击庆州。

日军兵分三路，直指安康县。安康县是永川到庆州的必经之地。朝鲜人正沉浸在和谈的美好氛围中，防备疏忽，守御松弛。日军一来，没有一个人敢直面迎击，纷纷奔散躲避。加藤清正直扑安康，一路势如破竹，几乎遇不到抵抗。

加藤清正杀到安康，城内士民四散，兵使、府尹均不知下落。庆州附近驻扎着的朝鲜兵使高彦伯、别将权应铢、府尹朴毅长、助防将洪季男等部，都只是择据要害之地，连兵把截，除了派出小股斥候去侦探军情外，无一人应战。

参将骆尚志的接伴官李时发及巡察使韩孝纯连连向刘綎告急，接伴使徐渻闻讯，转呈刘綎，刘綎派出北兵、南兵各一千，驰援安康。见人数太少，刘綎又令朝鲜两道防御使金应瑞、李思命等，选一些精壮士卒，一齐赴援。

日本人如幽灵般四处游荡。明军找不到日本人去向，就准备在一处山谷埋伏下来，不料日本人抢先一步，占据有利地形。

按照以往的作战经验，日本人只要闻到明军的火药味，就会乖乖退去，所以明军习惯性地抬出大炮，日本人也习惯性地离开了。

明军原以为日本人被大炮吓跑，不会再来找麻烦，心安理得打道回家。朝鲜的冬天异常酷冷，明军都穿着厚实的羊皮长衣，奔走不便。这时出现意外，数百日本兵疾跑如飞，很快抢在明军前头。一时麻痹的明军突然发现不知什么时候身边多了些陌生的面孔。日本人高声呐喊，胡乱砍斫，如斩丝断麻，杀得明军措手不及，当场死亡三百二十七人，中有吴惟忠所部二百二十七人，千总陆承恩的甲兵四十九人，参将骆尚志所部二十四人，提调马禹卿、李为瑚所部二十七人。

安康之战，明军损失惨重，朝鲜上下一片惊痛。败讯传到北京，波澜又起。和不成，战又不能，一时间朝廷又闹哄哄的，纷扰不已。给事中魏学曾上奏明神宗："朝鲜不能抵御倭寇，徒给中国增添忧烦。不如把朝鲜分裂为两三块，交付给能够抵挡倭寇的人，让他们盘根交错，大明的国门就安如泰山。"

一石激起千层浪。兵部尚书石星极力抵制裂土之策。宋应昌尚在辽东，将魏学曾的奏本给朝鲜接伴使尹根寿看，并说："朝廷议论如此，贵国准备怎么办呢？这件事我会全力保护贵国，但你必须尽快回去告知国王，善自为谋，好自为之！"

尹根寿吓得满头大汗，心急如焚，携带魏学曾的奏本和宋应昌写给朝鲜大臣的文书，星夜飞奔王京。

朝堂之上，左议政崔兴源称病不出，右议政尹斗寿已经陪着世子南下去了。只有领议政柳成龙和判府事沈守庆在座。尹根寿把宋应昌的文书递给柳成龙，柳成龙连看都不看一眼：宋应星书信中说的如果是国家公事，就应该把咨文直接呈给大王。现在没有咨文，只有私札。其中所说的并不是我要考虑的。就是看后也无法处理，不如不看。

当魏学曾的奏本到了李昖手里，李昖一点儿也不觉得意外。经历了无数生死，"国王"这两个字实在已无足轻重。要不是大臣们的劝阻，坐在王位上的早已是光海君李珲了。如果能以隐退来化解大明王朝的猜忌，那将是朝鲜之大幸。

与李昖的淡定形成鲜明反差，大臣们一片慌张。柳成龙看了奏本之后，赶忙回答："这是非常荒唐的空妄之说，皇朝怎么会被这种言论所缠扰呢？大王千万不要疑虑，现在朝鲜应当尽最大的努力去做该做的事，以消除天朝的忧虑。"李昖默然。

因宋应昌所差的辽东都司张三畏即将到达，领议政柳成龙和都承旨沈喜寿去碧蹄驿站迎接。

虽然名字叫做驿站，但最多算是遗址。惨遭战火洗劫，驿站早已被日本人烧成一片灰烬，只剩几间破败村舍。张三畏邀柳成龙入内同座，并拿出酒来款待，宾主相谈甚欢。说着说着，张三畏突然冒出一句："我这次入王京，将会有新举措。"

张三畏到底带来了宋应昌的什么"新举措"，史书上没有记载。但可以确定的是，跟国王李昖的前途有莫大干系。

柳成龙心里一沉，莫非真的要出事了？怀着忐忑不安的心情，柳成龙勉强陪饮数杯之后，就告辞而出。不顾月黑路暗，星夜飞奔王京，将张三畏的话转禀李昖。

十一月初九，卯时，李昖在王京慕华馆迎接张三畏，将他带引到南别宫。张三畏宣读了明神宗于九月二十五日所颁下的圣旨：

> 昨者王以大兵驱倭出境，还归旧国，上表进方物来谢。朕心深为嘉悦，念兹复国重事，不可照常报闻。今特遣使降谕，仍赐王大红蟒衣二袭、段四表里，以示朕惓惓为王遥慰之意。……或言王偷玩细娱、惑群小、不恤

民命、不修军实，启侮诲盗，已非一朝。而臣下未有言者，前车之覆，复车可不戒哉？……不知王新从播越之余，归见黍离之故宫、烧残之丘陇，与素服郊迎之士众，噬脐疾首，何以为心？改弦易辙，何以为计？……是用预申告戒以古人卧薪尝胆之义相勉。其尚及今息肩外侮，再展国容之时，抚疮痍、招流散、远斥堠、缮城隍、厉甲兵、实仓廪，毋湛于酒色、毋荒于游盘、毋偏信独任，以闭下情、毋峻刑苦役，以丛民怨。庶几殷忧愤耻之后，先业可兴，大仇可雪。……王其戒之！慎之！故谕。

敕文恳切感人。虽然李昖比明神宗多吃了十二年的大米，但明神宗倒好像是一位久经沧桑的老者，对着子弟诚挚教导，反复劝说，百般期许。

但是李昖听了，如针刺耳，浑身难受。此刻，仿佛明神宗就站在面前，板起面孔，不断地斥责着李昖沉湎酒色，荒淫丧国，“偷玩细娱、惑群小、不恤民命、不修军实，启侮诲盗，已非一朝”。李昖只觉羞愧万分，豆大的汗珠从额头沁出。

李昖只觉五味杂陈：“自古借兵于人以图恢复，未有不包辱忍耻求以济事。”坐在国王的位置上，李昖如坐针毡。当天晚上回到内庭，李昖独自召来柳成龙。

李昖心里很沉痛：我能够见到爱卿，恐怕只有今天了。虽然夜已深，我只是想与爱卿面决，所以召你来见。

柳成龙惶恐不安：臣等无能，承蒙错爱，委以重任，国事到此地步，都是臣下的罪过啊！

李昖却给了柳成龙极高的评价：爱卿才华出众，足以有所作为。只是不得其主，才遭遇如此危乱世道。三国的诸葛亮正因为遇到刘备，才得以施展抱负。假使诸葛亮没有遇到刘备，恐怕也只有老死隆中而已，能有什么作为呢？

话没说完，身边小侍从送来了一大缸醇酒。

李昖亲自倒上满满一杯，柳成龙一饮而尽。酒喝完了，做了近三十年的国王也该到了尽头。李昖与柳成龙君臣诀别，决定第二天在张三畏面前交出王位。

事出突然，柳成龙不知所措：天朝只是担心朝鲜振作不起来，皇上的圣旨，无非是一些劝勉策励的话，难道还有其他意思吗？愿主上圣明，不要为此所动。明天的事，万万不可，望谨慎斟酌，臣敢以死相请。但李昖只是静坐默然，不发一语。

第二天，李昖召柳成龙入见，询问外间事态。柳成龙乘机进言：昨夜所说的，愿小心留意行事。李昖并未应答，顾左右而言他。

不一会儿，张三畏出座。李昖入席酒宴，饮谈一半，李昖从袖口中拿出贴书，递送给张三畏。在贴书中，李昖亲笔写下，因为自己患上疾病，无法继续打理国政，准备禅让王位与光海君，愿请天使做主，了结自己的心愿。

张三畏看后，拿出红纸写下一段话：不佞宪，奉使来此，得与国王相接，今此复国，虽说是天兵之力，也是国王福隆犹未尽。

又写道：国王准备辞退大位，仿效唐肃宗故事。当奏报朝廷，等待皇上旨意。我只是一个行人，何能为力？也不清楚国王禅位是什么缘故？愿详闻之。

李昖接过红纸，以笔代口，在上面写道：没有其他意思，只是疾病缠身，不敢理国，所以这样。

尽管朝鲜人自己的文字——训民正音已经有一百五十年的历史了，但是汉字仍然是官方文字，所以一根五六寸毛笔，就是朝鲜人与明朝人之间一座畅通无阻的桥梁。

张三畏见李昖口气甚绝，不好说什么，只得唯唯而已。

回到内宫，李昖把亲笔贴和那张红纸送给柳成龙看。柳成龙马上意识到会有怎样的后果，但此时确实无奈：臣曾力谏此事，但圣意如此。臣枉为朝中命官，无法预知，实在有失大臣之道，不胜惶恐。

此时，能让李昖这头犟牛回心转意的只有明朝的将官了，否则事态将愈加败坏。可是此时明军将领大都归国，留在王京的只有游击将军戚金。

这个戚金在朝鲜很有市场，因为他手里经常晃着一本大名鼎鼎的《纪效新书》——朝鲜最畅销的书，上至国王，下到普通军官，人手一册。书的作者就是威震东亚、功盖天下的大明第一猛人戚继光，而戚金就是这个猛人的侄子。由于深得戚继光的练兵之法，人们赞赏他“练兵颇有（伯）父风”。所以戚金一出现在王京街头，立即吸引住了无数的眼球。

戚金为人机敏，曾在途中迎接张三畏，陪他一道来王京。到王京后，又时刻伴随在张三畏的左右，与他议论时局大事。戚金对李昖请退之事有所预闻，现在该是他出面调解的时候了。

夜里，戚金把柳成龙唤到自己寓所，屏去左右侍从和翻译通事。戚金在房间当中摆下一张桌子，点燃两支蜡烛，又在桌子北端放置纸、笔、砚，边设一张椅子。戚金示意柳成龙坐下。因言语不通，就取笔写下十余项事务。其中第三条是：“国王传位尚早。”其余几条都是军机要务。

柳成龙看后翻然起立，肃然正色：“第三条非陪臣所能预闻。大人熟读万卷书，难道没有听过天下古今的事变吗？当此之时，小邦正逢危亡之秋，如果君臣之间处置失当，是自取其祸啊！”语毕，拱手而立。

戚金被柳成龙的突然举动吓得目瞪口呆，思索良久才写下：“是是！”把纸就着蜡烛焚毁，又唤来侍从，送走柳成龙。

当夜二更，柳成龙准备向李昖奏启此事，但又想到李昖这几天屡屡提出传位之事，无论大臣怎样规劝，都无法让他回心转意。柳成龙只得前往崔兴源府第。

十一月十一日，柳成龙与郑澈率领朝鲜文武百官，呈递文书给张三畏。书中详细陈述了朝鲜惨遭倭祸的缘由（朝鲜不从日本犯顺阴谋，才导致狼狈失国），以及李昖即位以来，忠于大明、忧心图存、励精图治的心境，洋洋洒洒数千字。

加上戚金的竭力斡旋，事情很快有了转机。张三畏的“新举措”再也没有说出口，从此永远沉淀在历史最深处，李昖继续当他的国王。聪明过头的戚金却把这个功劳记在自己的头上，他得意扬扬地对柳成龙说：“俺久居此地，与国王很熟，况且俺与国王都是壬子年出生的，俺曾在天使面前极力周旋。”

柳成龙赶忙起身，拱手称谢：“但愿老爷自始自终秉持此意，让小邦情意通达于天朝，如此小邦万民，定受老爷不浅的恩惠啊！”戚金听到这话，喜于言表，满脸洋溢着春光，走起路来也轻飘飘的。

经过明、朝两国大臣的努力，终于平息了魏学曾奏本所带来的一场政治风波，化解了危机。国王李昖再也不说出让位的话了，他稳稳地坐在王位上，一直坐了四十一年。

4．封贡大论战

明军赞画刘黄裳回国之前，曾在朝鲜看到一本《东国舆地胜览》的古籍，其中提到“三浦倭”一说。朝鲜李朝世宗于宣德元年（1426）开放荠浦、富山浦、熊川三地，与日本人通商贸易。三浦开港后，定居于此的日本人日益增多，朝鲜史籍称之为“三浦倭”“恒居倭人”。“三浦倭”多次发生变乱，其中最严重的是正德五年（1510）四五千人掀起的“三浦倭乱”。

刘黄裳不详加考证，就认为釜山未撤的日本人本来就是“三浦旧倭”，遂告知宋应昌。还自编了一篇《釜山铭文》，里面提到倭贼已退，明军直抵海上，满篇都是浮夸炫耀言辞。宋应昌相信了刘黄裳，上书石星，说侵略朝鲜的日军已经撤出归国，留在釜山等处的是“三浦旧倭”。石星闻讯大喜，赶忙奏请明神宗，派给事中许弘纲前往朝鲜釜山等地查验。

许弘纲一到辽东，就获知日本人并未撤尽，留在釜山的也不是“三浦旧倭”。再看到刘黄裳胡诌的铭文，终于闹出事端。

许弘纲遂上奏明神宗，弹劾宋应昌欺君瞒上，擅自允许倭贼封贡，误国坏事。明神宗一气之下，颁旨勒令宋应昌致仕，革去职务，回老家杭州去吧。并让兵部右侍郎顾养谦代为蓟辽总督兼经略朝鲜军务，留驻宁远卫。

万历二十一年（1593）十二月初七，明神宗下诏，正式委任顾养谦为蓟辽总督兼理朝鲜事，召宋应昌、李如松还朝。次年正月初九，宋应昌在宁远卫向顾养谦移交军务。

顾养谦，字益卿，号冲庵，南直隶通州人（今江苏南通）。据说此人倜傥豪迈，熟读兵书，颇通诗词。可惜顾养谦对朝鲜事务并无自己的主见，只是秉承石星之意，也力主撤兵，还上疏明神宗，请准予封贡。

随着宋应昌的被罢，朝中对他的攻讦也风起云涌。

正月十七日，广东道御史唐一鹏弹劾李如松“贪功、掩败、衅祸”三大罪，株连到宋应昌。明神宗下令廷勘。

二月十二日，御史黄奕龙上疏劾宋应昌通倭和议的过失：日本不可封贡，事态已明。但宋应昌、刘黄裳循袭沈惟敬之策，倡议封贡，误导圣上舆议，致使局势一发不可收拾。宋应昌为臣不忠。

宋应昌虽被罢职，仍然刺刺不休，坚持兵不可撤。所以顾养谦未赴任之前，延续宋应昌的议论，上疏明神宗请保留朝鲜驻军，并给朝鲜火器、火具。

顾养谦貌似是主战派，但很快摇身一变，成了主和派。

顾养谦到辽阳上任之后，听说关白乞和表文将到，于是开始主张全部撤出驻守朝鲜的明军。又放日本战俘竹内吉兵卫回去，向小西行长示好，互通音讯。并派遣游击将军周弘谟往来釜山倭营，探悉敌情。说得难听点，就是搞一些通敌的小动作。

于是，顾养谦自诩洞悉倭情，先前多被人欺瞒。

顾养谦善变脸，前后自相矛盾，立场摇摆不定。但是明神宗看到的顾养谦只是奏折中的顾养谦，竟对他大加赞赏，甚至颁发圣旨，褒奖他富有胆略，足智多谋。

兵部尚书石星与顾养谦互为里表，石星是中央的主和派，顾养谦是地方的主和派。石星上疏明神宗不可赐给朝鲜粮饷，并撤出刘綎所部。奏折还没有递到明神宗手中，顾养谦的奏疏又到了。

明神宗被石星和顾养谦左说右谏的，顿时找不着北了，就下令召开九卿科道会议，专议日本封贡事宜。会议上，科道文臣为一派，他们竭力反对封贡之策，空前团结，群起而攻，把矛头指向石星。

浙江道御史杨绍程上奏明神宗，请求“急止封议，敕朝鲜练兵以守之，我兵撤还境上以待之，关白可计日而败也”。其他附和此议的有礼部郎中何乔远、科道赵完璧、王德完、逯中立、徐观澜、顾龙、陈维芝、唐一鹏等一大帮，凝结成强大的主战派联盟，止封却贡的奏折如雪片飞至。每一封奏折就是一把尖刀，逼得石星毫无招架之力。

二月二十九日，礼部仪制郎中何乔远忍不住怒气，上言大骂日本封贡之策误；给事中林材参朝鲜事务督臣结成朋党，欺君误国；御史唐一鹏弹劾李如松擅开封贡；刚刚被提拔为辽镇都御史的韩取善也谏议：“倭情未定，封贡请令并绝。”户科给事中陈世恩则上了一个奏本极言封贡非计。

这时的石星犹如千斤顶，独自苦苦支撑。

眼看石星快要崩溃，沈惟敬自釜山献上一份伪造的日本降表文书，里面说日本国人、将吏请立关白为国王。沈惟敬的文书给石星打了一支强心针，于是石星上疏说关白实际上是遵从明朝约束的，所以封贡之计不可失。

但朝中的反石星联盟得势不饶人，紧紧围逼，给事中许弘纲仍力争不可封贡。朝鲜国王李昖也派出陪臣许顼，准备到北京奏告明神宗，说日本人反复无常，不可信赖，反对封贡。许顼一到辽东，手中的奏章就被顾养谦扣留。

这时，石星已被主战派逼到墙角去，如果朝鲜文书又到，那么石星只有跪地求饶了。

顾养谦派参将胡泽到朝鲜去，带着自己篡改好了的文书，叫李昖按照他的意思，向明神宗上表请求允许日本封贡，以塞堵朝中言官之口。

因为封贡的阻力来自朝鲜，所以顾养谦给李昖写了书信。信件的大意为，大明为了朝鲜复国，耗费人力财力甚多，现在日本人乞封，所以望朝鲜自动上疏皇帝，为倭贼请求封贡，也卖给倭贼一个人情。

李昖从字里行间看出几分逼人的寒气，心里不禁暗暗叫苦，赶紧召集众臣商议。可是朝鲜大臣也都一筹莫展，讨论来讨论去，都没有一个对策。

朝鲜大臣意见重重，柳成龙、李廷馣等认为，朝鲜国势衰微，一切都得依赖明朝的力量，如果明军不出援，朝鲜就无法立国。所以柳成龙建议，向天朝主动请封，从义理上说是不可行的，但是顾养谦从中阻挠，如今也只能委曲求全，等候天朝的处理了。

李昖苦无良策，只好同意。但是他认为“和亲”这个词难以入耳，有损天朝威严与朝鲜尊严，所以改为“羁縻”，让许顼再去北京。

石星一收到奏本，勇力倍增。九月十四日，上疏明神宗，允许朝鲜的请求，册封日本。皇帝见朝鲜主动请封，而大臣仍然为是否封贡争得面红耳赤，龙颜大怒，痛斥群臣阻挠封事，以致石星束手束脚，不得主政。震怒之下，以胡言乱语的罪名，将御史郭实等人追削封赠，褫夺官职。

于是，胜利的天平开始向主和派倾斜，主战派联盟土崩瓦解。

5．内藤如安入朝，孙矿走马上任

石星为了彻底扫清封贡道路上的障碍，上疏明神宗，极力陈述封贡的利害关系，以待圣意裁决。

石星认为，封贡日本，只不过给丰臣秀吉一个虚号，却可以达到保全朝鲜、修养明军的目的。封贡为虚，防范为实。要想切实防范日本人，就应该叫朝鲜自力更生，而不能纯粹依赖明朝的援助。同时，国内应致力于国防建设，在毗邻朝鲜的宽奠一带，增设副总兵一名，添加兵力，使之成为朝鲜的坚固后方。在山东、浙江、直隶、福建、广东等沿海地区，应添建军事防御工事，增造兵器攻具，加强边防军队的日常训练，让他们每天都保持高度警惕。而蓟、保、宣、大、山西等各个军事重镇，担负着拱卫国都北京安全的重任，应各设预备部队三万人，以便发生突然事件时，可以及时救援。

石星还谏议，干脆把将刘綎部撤回辽左，在鸭绿江筑起防线。同时谕令朝鲜，在天兵驻军之处恪遵勅旨，不得生事，并列兵阨险，等待釜山倭贼退尽后，收复各城，以图自固。

洋洋洒洒一千余字，最后说："臣星之所自誓担当之死靡移者此耳，语曰：'耕当问奴，织当问婢'。惟皇上断在不疑，臣必不敢误国。"

石星提议虚封实防的策略，貌似可行，把朝鲜人摆在抗击日本的第一线，而国内则以防为主。但石星并未看透丰臣秀吉称霸亚洲的野心，对日本亡朝鲜、吞中国的险恶用心认识不足。让朝鲜人自防，无异于累卵挡石。一旦朝鲜覆没，明军无法立即驰援；而国内重兵警防，又会增加财政负担，使民力困顿，国家财乏。

但此时明神宗却作出错误的圣裁，放手让石星大干一场："……卿受朕委托，但军国重务，既实见得是，一一主张，朕自当虚心听从……"

得到明神宗的全力支持后，石星下令经略顾养谦：给我认真研究一下倭情，使得封贡之请，不会变成一个虚套。

于是，顾养谦叫内藤如安去北京城，当面向明神宗乞求和谈、封贡之事。

三月二十四日，兵科都给事中吴文梓在北京朝阳门外宴请日本和使内藤如安。户科给事中卢明诹又上书追论李如松罪，而总督顾养谦则上言允许封贡日本之诸多利处。

日本和使内藤如安进入京城后，兵部以王公贵族的规格来款待他。石星竟然让神机营兵，夹道迎接内藤如安。

内藤如安由此愈加傲慢无礼，视朝廷如无物。他骑着一匹高头大马，在京城里横冲直撞，招摇过市，昂首挺胸，趾高气扬，甚至连马也不下就径直穿过宫阙大门。

大臣们为此愤愤不平，深以为耻。但是石星急于缔结和约，对此不发一言。

由是朝中言官对以石星为首的主和派越加痛恨，不再放过任何一次攻击的机会。主战派联盟瓦解后，他们就化整为零，继续战斗。到了最后，无论你是主和的还是主战的，只要有把柄被人抓在手中，立即成为众矢之的。

余姚人诸龙光之前曾经在李如松门下做事，备受李如松的慢待。诸龙光衔恨在心，常常公开诋毁李如松。御史唐一鹏、科给事中乔胤遂指使诸龙光，上疏明神宗，罗列出李如松的几条罪状，还拿出征倭将军戚金给李如松的一封书信，上面详陈和亲事宜。诸龙光以此为罪证，弹劾李如松。

但是，明神宗尚对李如松宠爱有加，言官们的几次弹劾，他都置之不理。又加上明神宗深恨群臣阻挠议和事宜，所以旨令刑部审讯诸龙光，让他交代背后指使之人。遭受酷刑之后的诸龙光疯疯癫癫，言语混乱。

明神宗火了，四月二十八日下诏，将诸龙光拉到闹市处死。

五月初一，石星主持朝议，请明神宗降旨一道，命内藤如安回去谕令小西行长，让日本人全部离开朝鲜。

朝中言官搬不倒石星这块大石头，就把矛头转向顾养谦，弹劾顾养谦主和的奏折又如雪片般飞舞。

自当上经略以来，顾养谦没过一天好日子。一出门，就遭到主战派的围攻。整天挨骂，提心吊胆。于是奏本一章，呈给明神宗，详陈册封日本的详情，并乞求罢免经略一职，回到兵部。

六月十六日，顾养谦举荐孙矿，代替自己。

七月初四，明神宗下诏，兵部左侍郎孙矿兼右佥都御史，总督蓟、辽军务，经略朝鲜御倭。顾养谦彻底告别烦恼，回兵部清闲去了。

孙矿，字文融，号月峰，浙江余姚人。孙矿出身于一个显赫的官僚家庭，是个贵族子弟。他的祖父孙燧做过江西巡抚，获赠礼部尚书、父亲孙升做过南京礼部尚书。几个兄弟，孙铍做过吏部尚书，孙铤也是南京礼部右侍郎，孙锭是太仆寺卿。而孙矿自己也是一位久负盛名的古文学家和批评鉴赏家，在文学评论上很专业。

孙矿不像顾养谦，而是倾向于武力征伐，不太赞成议和封贡。但是，封贡议和是石星的既定策略，孙矿也不得不依照行事。所以走马上任做的第一件事，就是撤走驻守朝鲜的刘綎的五千人。

九月初十，朝鲜派遣工曹判书沈喜寿去辽东，向孙矿乞求留下刘綎备敌。

孙矿骂说："贵国自己不认真选练兵马，协助明军防守。专门依赖天朝，这恐怕不是复国之计。天朝怎可为了属邦，常年驻兵朝鲜？即使驻兵了，朝鲜又缺乏军粮，能行吗？"

于是刘綎第二天就撤离了。自从遭逢倭祸肆虐之后，朝鲜饥荒接踵而来，民间严重乏食，不得不易子而食，析骸而炊。每天都有千余死尸填满沟壑，其惨状直叫人滚泪。刘綎驻兵期间，军纪整肃，秋毫无犯，又可怜朝鲜士民，抠出口中的粮食，用来拯济朝鲜军民，朝鲜人赖以存活。

刘綎撤兵，宣告了以石星为首的主和派取得了压倒性的胜利。

6. 封倭定议

在石星的主持下，册封在紧锣密鼓地进行着。

依照册封属国的程序，十月二十三日，石星上疏明神宗，继而明神宗下诏，让内藤如安入朝，接受朝廷的册封。如果日军再不走人，那就让大明的勇士们去解决。

紧接着，石星又在十一月初四上书，既然首肯日本封贡，应该命令游击姚洪召内藤如安入京城，暂且寄居在朝阳门外朱氏庄沈惟敬的家中，按朝鲜、琉球属国礼仪，觐见明神宗，接受册封等。石星又派遣游击陈云鸿、沈嘉旺，去朝鲜釜山，侦探日本军情，宣谕小西行长速速撤兵，以等待册使的到来。

十二月十二日，内阁首辅赵志皋上一道奏折，请明神宗御临午门楼，召见内藤如安。明神宗懒洋洋答说："还没有仔细审问夷狄详情。"下旨兵部，让釜山的日军撤尽之后，才可以封贡日本，不过先要在京城左阙门详尽审讯内藤如安。

十四日，明神宗神采奕奕地君临午门楼，见了内藤如安一面。召见之后，明神宗就旨令多位官员在京城左阙，当面与内藤如安笔写翻译对话，清清楚楚地申明了册封的三个必要前提：

> 一、勒倭尽归巢。
>
> 二、既封不与贡。
>
> 三、誓无犯朝鲜。

内藤如安点头，爽快表示，服从这三个条件。

六天之后，石星会集朝中大臣，就日本请求封贡的前后实情，对内藤如安再细细加以审问。

有关内藤如安的庭审笔录，在明朝和日本的材料中都有详尽记载。从记载来看，内藤如安完全没有把明朝放在眼里，不断地编造错漏百出的谎言来欺骗石星。

比如石星问，朝鲜是天朝恭顺属国，关白为何侵犯？

内藤如安回答，日本求封，曾教朝鲜代请。朝鲜隐情三年，因此举兵。

石星又问，明军救援，日本应该立即归顺，为何还有平壤、开城、碧蹄之战？

在内藤如安口中，日本人反而成了屡遭明军欺凌的弱势群体，行长与沈惟敬相会，约退让平壤，不期天朝不信。去年正月初六，进兵攻城，伤杀行长兵甚众。碧蹄也是天兵追杀，死伤日本兵甚多。退王京后，听沈惟敬准封言语，又说天兵七十万已到，因此星夜退兵。送还王子陪臣，并将七道送还天朝。

石星喝问，既退还王京，送回王子陪臣以求封，如何又犯晋州？

晋州屠城，日本人的暴行罄竹难书。内藤如安撇开明军的关系，说晋州原系朝鲜人与日本相过，因此相杀，后见天兵，即便还去。

显然，内藤如安让天朝的兵部尚书心满意足，和议达成指日可待。于是石星又重申明朝的三个条件：第一，日本人全部渡海，不留一兵一卒；第二，但求封，不求贡；第三，永远不再侵犯朝鲜。日本人如约而行，就许封，不从约就不得许。并要求内藤如安当面对此订盟立誓，永不悔变。

内藤如安在北京城待一年多了，巴不得达成和议，早些回去，便信誓旦旦地对着老天竖起手指，发下毒誓，天朝问的言语，内藤如安我说过的话，如有一个字是虚说骗人的，关白秀吉、小西行长、内藤如安等俱各不得善终，子孙不得昌盛，苍天在上，鉴之鉴之！

石星问，你之前说，如果朝鲜代为日本求封，就不会发兵攻伐。但是，关白继承织田信长，织田信长尚且篡夺朝政。如果那时朝鲜代为请封，日本真的就不会侵犯吗？

内藤如安编了个谎言来搪塞石星，织田信长篡杀国王不得人心，所以被明智光秀所杀。那时关白任摄津守，诛杀明智光秀，统一了六十六岛。

石星马上就有疑问了，既然关白统一了日本，可以自立为王，何必向天朝讨封？

内藤如安拍了个大马屁，关白看到国王被杀，又羡慕朝鲜有天朝封号，人心安抚，所以特意前来请封。

石星糊涂了，怎么日本又是称国王，又是称天皇？

内藤如安索性胡诌说天皇就是国王，已经被织田信长杀了。如此诬蔑，织田信长怕是在坟墓内气得打滚。

石星却深信不疑，既然你所说实情如此，我当奏请皇上，准许给关白一个封号。但你必须写封书信，派人快报行长，速速回去。命令关白准备侍候天朝册使的船只、馆舍以及一切恭候礼仪，如果出现一点儿不虞之处，就不许封。

内藤如安信誓旦旦地保证，日本万万不敢轻易违背天朝的命令。

石星将审讯详情，据实奏告明神宗。明神宗见内藤如安说得有头有尾，不像是撒谎的样子，遂圣裁定下封贡之策。

这时，负责给皇帝牵马的太仆小卿张文熙给明神宗献上大发浙、闽、直、广四省军队，直捣日本本岛的奇谋，还说有四利。

南京兵科署给事中徐栢对张文熙的奇袭之策逐一批驳，并举出忽必烈远征日本、惨遭台风席卷、导致全军覆没的案例，随后献上自己的四条奇策：一、令沈惟敬说服日本；二、重金赏购谋略之士，游说日本各个大名诸侯，斩杀丰臣秀吉；三、在鸭绿江整顿水军，趁日本人半渡之时攻击；四、在辽东墩堡中埋下伏兵，将日本人诱到辽东，然后出其不意攻击。

石星不想节外生枝，回复说张文熙之计不可行，徐栢的第一条奇策已经在实施了，其余各有难易。

就这样，封倭成定局，石星的使命完成了，具体册封事宜就是礼部的事了。当然，大明赐封属国的范例屡见不鲜，封倭有章可循。所以，不到一个月礼部就把各项事宜安排妥当。

万历二十三年（1595）正月初七，内藤如安上书给石星，开列出应该受封的一大堆名单，并献上乞封文书，正式乞封。

内藤如安又说，永乐年间，明成祖赏赐给日本的龟纽金印早已失落，乞求更改，明神宗也应允了。①

礼部尚书范谦认为，日本原来是有国王的，就是不知是否尚存。所以封号只需用两个字替换“关白”就可以了，要不就以关白所居住的岛屿为封号。行长以下，量授指挥衔。并请赐给关白皮并、冠服、宁丝等项，及诰敕印章。最后礼部商议，拟封关白为顺化王。

明神宗似乎不太欣赏“顺化王”的封号，依朝鲜、安南等属国例，想干脆送给关白一个“日本国王”的封号。五天后，明神宗下旨，按大明官制，分别授予小西行长、宇喜多秀家、增田长盛、大谷吉继、德川家康、毛利辉元等都督佥事；僧玄苏给衣帽；内藤如安授都指挥使。于是在二十一日，明神宗颁发了册封日本的国书。

---

① 永乐三年（1405）十一月，日本室町幕府足利义满遣源通贤等入贡，并献所俘扰边倭寇，受到明成祖嘉奖。次年正月，按照明成祖的要求，献上劫掠居民的对马、壹岐等岛的倭寇，以及所获的倭寇魁首。明成祖大为赞赏，派使者赍玺书褒谕足利义满，赐白金千两、物品等，并海舟两艘，封其国之山曰“寿安镇国之山”，亲制御文，立碑其地。

三十日，明神宗又下诏，任命都督佥事李宗城为册封正使，五军营右副将、左军都督府署都督佥使杨方亨为册封副使。

李宗城，字子藩，明朝总督戎政临淮侯李言恭[①]的儿子，也是朱元璋外甥、开国功臣曹国公李文忠的后代。李宗城是纨绔子弟，除了会写几句诗外，从未历练过，人们都为他捏了一把汗。

杨方亨，号恭宇，山西人。武进士出身，浑身是胆。

7. 撤兵假戏

明神宗旨下，石星赶紧通知朝鲜国王，又遣军门票下差官娄国安，前往釜山侦察敌情。朝鲜也选了聪明伶俐的司仆寺佥正朴振宗，同去釜山。

石星显然还是放心不下，又差遣游击陈云鸿、守备骆一龙，先往釜山倭营，探闻日本人的和谈诚意，督促小西行长撤军，为李宗城、杨方亨尽早进驻釜山铺好路。

小西行长和沈惟敬联手策划了明、日和谈，上演了一场瞒天过海的双簧戏。万历二十一年十二月，沈惟敬离开釜山，结果随同而来的明朝都司谭宗仁成了人质，被扣押一年多。

小西行长怕日子久了露馅，求和之心急不可耐。自他差遣内藤如安献上进表之后，整天望海虹，看彩云，盼啊盼，还是没盼到明朝的回音。于是，小西行长在熊浦倭城的岸边筑造了一个瞭望楼，天天拉着谭宗仁爬上去，远眺海面上往来的船只，一看见戴帽子的人，小西行长就会惊喜地问：这是不是天朝的使者？

谭宗仁也巴不得早日脱离苦海，屡次差人送帖给军门和兵部的各个衙门，一拨又是一拨，都不见回讯。

不久，流言传出，内藤如安进北京时，被山海关守将拦住。他只好从某处辗转向某处。于是小西行长的和谈热情，渐渐冷淡下来。所以当正月十三，陈

---

① 李言恭：此人很会吟诗，著有《贝叶斋稿》《青莲阁集》，还是个日本通，著有《日本考》一书。

云鸿、骆一龙乘船到达熊浦倭城时，小西行长假称重病，只派了一个小头目迎候。

陈云鸿头具冠带，身穿蟒衣，摆出一副大国使臣的威风登岸。上岸之后，却不见小西行长亲自来迎，大失体面。

折腾了许久，小西行长才身穿黄衣，头上裹布，玄苏等也穿戴明式巾服，身披黑衫，不紧不慢前来相见。

次日午后，小西行长宴请陈云鸿、谭宗仁、骆一龙、俞大武。景辙玄苏、柳川调信等也在座。

尽管外边日本人建筑大屋，敲打声响震山谷，但并未影响宾主的雅兴。双方相互祝福，饮酒作诗，欢声笑语不断。

酒也喝了，肉也吃了，但日本人就是绝口不提“撤兵”二字。陈云鸿干着急，看到酒宴即将撤去，只好挑开话题：朝廷还没有封关白时，日本为一家，朝鲜为一家，天朝又为一家。现在关白受封，天朝为父母之邦。日本、朝鲜，同为兄弟之国，就是一家人了。今后再不许说两家子的话。又问，我看到你的文书，说俞赞画去后，即刻撤兵回国。不知道已经送回多少人马？

一谈正事，小西行长就客气地下了逐客令，今日大家都已醉倒，明日再说吧。

第二天是上元节，陈云鸿请来小西行长、景辙玄苏等人。正欲开口，小西行长忽然辞别。陈云鸿无奈，只得送他出门，并赠给大红缎一匹、花绫布二匹、胸背一对。小西行长称谢，回赠酒十桶、鱼两条、橘子一包。

陈云鸿见日本人一意规避，心里毛躁，让赞画俞大武、都司谭宗仁去见小西行长，说册封正使快到南原、居昌等地，催促早日撤军，让天使早点进驻釜山。

小西行长回话，这边的事情，太阁也不清楚。我亲自去见太阁，呈报上去后，叫加藤清正先回去。等我一回来，立马迎接正使，各处屯营也一并撤了。

陈云鸿烦了，再拖下去，自己就成了第二个谭宗仁，干脆敷衍了事，早日脱身。于是十六日传话给小西行长，当初你们不断地讨封、讨贡，叫天朝如何信任？朝中六科十三道，是非长短，闲话纷纷。和谈的事，是石老爷独撑着，又用心良苦，差遣两位游击，一个陪内藤如安进北京，一个往釜山督促撤师。你们要怎么报答石老爷的大恩？必须撤去驻军，让石老爷听到后高兴才行。当撤者早撤，并焚烧营屋，做个样子来也行，好叫我回去答话。我只上报眼睛瞧见的，谁会来查验呢？

小西行长立即领会了陈云鸿的意思，不由得手舞足蹈：以前来往的差官说长说短，都是些废话，今天承蒙老爷指点迷津，不胜欢喜。我倒有个两全之计，有五千人就先撤两千五百人，有一万就先撤五千。估计撤了一半，老爷与骆爷各坐一条船，送到外洋，就拿这个回去交差，如何？

可是又苦等了一整天，日本人一点儿动静也没有。

陈云鸿恼了，大骂景辙玄苏：我来这里已经四五天了，撤兵的事一点儿都没做。这是什么意思？撤不撤在你，我哪会勉强？我会把这个意思上报朝廷，恐怕那时就由不得你们了。

景辙玄苏百般狡辩，我第一次退出平壤，第二次再到龙山，一直退到海边。后来又送还朝鲜两位王子，无一失信。可是天朝总是欺负我，现在不能再退让了。如果天使真的到了王京，或者南原。我等不必报告太阁，自会全部撤回。

陈云鸿无语了，于是与景辙玄苏密议，让小西行长在熊浦倭城海门下摆出五十余只船，插上旗号，张布帏幔，说是撤回日本的船只。

十八日，大雨，海面上迷茫一片，看不到日本人是否真的发船。陈云鸿难得糊涂了一回，这倒无妨，我只奏报亲眼所见。正使一来，倭贼必定撤走。

十九日，海面上大小船只三十六艘，张旗发炮，同时出行。陈云鸿、通事张春悦等一大批人，都登上熊浦倭城敌楼观看。如此装神弄鬼，胡乱地忙了一阵子之后，小西行长报称，已经送回右路日军七千人，左路日军八千人，共一万五千人。只留下一些老弱病残和看护粮食、船只的士卒。

陈云鸿恨不得早点离开个鬼地方，也不理小西行长葫芦里卖的什么药，就于二十一日匆匆起程回去了。

这次深入虎穴，事情没办成，赞画俞大武却跟景辙玄苏交上朋友了。临行时，俞大武还特意写了一首诗，赠给景辙玄苏：熊川山色晚苍苍，山上孤城拱大荒。地尽东南无赋土，天逾海国有降王。烟中万壑收残雨，槛外诸峰散夕阳。喜得乘槎银汉里，金乌阙下看扶桑。

景辙玄苏也和了一首：默祷和交仰彼苍，可怜寒菊故园荒。何图时爱远夷土，登用今封列国王。一笑相逢如掣电，满杯对酌惜斜阳。熊川营里不曾恋，旧戒僧徒三宿桑。

可是陈云鸿却没有作诗的兴致，一回国就向石星交差，奏报说熊川有三十六艘船只，全部撤归日本。陈云鸿弄虚作假的后果无疑是严重的，石星信以为真，认定册封必会成功。一俟册封事毕，自己入阁掌理朝政实权，便是十拿九稳的了。

第八章 议和丑剧

1. “大明、朝鲜，不可属于日本吗？”

万历十五年（1587）之后，明神宗怠于朝政，处理国政都是由谕旨形式下达，大明帝国纲纪渐弛。廷臣结党相争，权势争夺日益严重。在封贡日本这件事上，各方势力都绞尽脑汁，以趁机捞取更大的权势利益。

兵部尚书石星为了巩固自己的地位，要尽手段，竭尽全力将封贡之策推行到底。

蓟辽总督兼朝鲜经略孙矿、辽东巡抚李化龙看出封贡日本的破绽，联合上疏明神宗，说日本人有“六可疑、五可虑”。日本人不识汉字，恐怕在中间玩弄文字游戏，既欺骗明朝，又欺骗日本，谏议听从礼部建议，封丰臣秀吉为“顺化王”。罢免沈惟敬，停发册封正使，并增募水兵，作好武力征剿的准备。并仿战国鲁仲连谕燕将的故事，利用日本将领加藤清正与小西行长的不和，施展离间计。

明神宗也渐渐起了疑心，但是册封诏书已经颁布天下，李宗城早已出发，木已成舟，只得作罢。

孙矿又怀疑陈云鸿所说的小西行长三十六船已撤回国去之事，就派遣三位都司慎懋龙、章应龙、蔡元相到釜山倭营，借着慰谕、赏赐加藤清正、小西行长的机会，查明撤兵的真伪。

三月初二，慎懋龙、章应龙及汉语翻译李希仁、日语翻译黄庆豪从朝鲜庆州到西生浦，日本将领加藤清正差遣副将喜八（又称美浓部金太夫）、翻译康宗麟，以及日军五十余人，到箭滩边迎接。

次日，慎懋龙、章应龙到加藤清正军营内议事，先送下礼品清单。

加藤清正很感激，有劳远道而来，还送了这么贵重的礼物，不胜惶恐，但他话没说完，却独自进入内间。

慎懋龙本以为吃了闭门羹，不料，出来一个叫一真的和尚："有事面议，请入内房。"

进入内间，加藤清正靠在桌案旁边，劈头就问，沈惟敬和亲，到底是做些什么？

慎懋龙如实以告，议论封贡，天使即将到来。

加藤清正大骂，内藤如安只不过一介奴才，却假冒上官，被沈惟敬带去中原。内藤如安都说些什么？和亲以何事为主？

慎懋龙以笔代口，孙老爷新到辽东，久闻日本先锋清正正直，不比其他将领，所以差派我等两位都司，送来彩缎赏赐。沈惟敬和内藤如安在北京，天朝已经商议封关白为国王。辽东去北京两千里，天使行动，无法得知。

不知是慎懋龙字迹潦草，还是加藤清正故意找话，又问沈惟敬和内藤如安现在何处。慎懋龙告诉说还在北京。

加藤清正紧紧逼问，为什么不放出来？

慎懋龙憋了一口气，这简直就是审讯逼问。

加藤清正又问，沈惟敬和内藤如安都是奸邪小人，孙矿为什么不向皇帝奏明？

慎懋龙答话，今天我们听了先锋的话，才知道虚假。孙老爷怎么会知道？

加藤清正没完没了，慎懋龙很不耐烦，说着说着，天都擦黑了。慎懋龙说，听你的语气不平和，大家还是散伙吧。

加藤清正却充耳不闻，在纸上写下这么一句话："大明、朝鲜，不可属于日本吗？"

简直是第二个丰臣秀吉，慎懋龙勃然变色，当即愤然转身而去。

加藤清正又差副将喜八追去，写了五件事给慎懋龙等看：一、大明与日本婚姻；二、朝鲜四道，属于日本；三、朝鲜王子，质于日本；四、朝鲜大官老人，入质日本；五、同大官家老，共誓议和。

并说，小西行长大败于平壤，太阁准备杀了他。小西行长甚是恐惧，说他会促成这五件事，所以太阁饶了他，让他将功赎罪。现在小西行长闭口不提这五件事，既骗了日本，又欺了明朝。

慎懋龙、章应龙见加藤清正傲慢无礼，出言不逊，双方话不投机，无法沟通，便于三月初五离开西生浦。

十六日，慎懋龙、章应龙一回到王京，就向李昖呈上书帖：

> 尝闻智者，烛事于未萌。况已萌乎？今清正将勇兵，拥据西浦，大举入犯，形情可睹。虽封事已成，行长撤兵，彼必不退。思患预防，此其时也，将何术而御之？王必筹之熟矣，幸明以告我，可为转奏何如？

李昖心中的忧虑也是难以言尽：倭贼凶残狡诈，居心叵测。如果天威不降，永无退兵。惟望大发天兵，水陆并进，且多多运输粮饷，倭贼不足剿灭。只是怕倭贼动手在先，小邦无力，支吾不得。如果天使能早来一天，展示天朝羁縻之意，让行长先撤，清正势孤力单，也许会紧随其后。

显然，李昖低估了加藤清正。慎懋龙、章应龙深入虎穴，得出一个结论，即使小西行长退去，加藤清正也会蠢蠢欲动。况且日本表文都是小西行长一手炮制，关白并不知情。听加藤清正的口气，朝鲜非得割让四道不可。

听到这话，李昖很慌张，现在该怎么办？要回报孙都督吗？

慎懋龙、章应龙给加藤清正下了一个结论，加藤清正有虎豹之才，穷凶极恶，必不肯渡海回国。

李昖有点懊悔了。

2. 侵朝日军缓缓退兵

比起陈云鸿，慎懋龙、章应龙这次深入虎穴，洞悉敌人隐情，算是敢作敢为、正直无私。像这样的官员在当时日益腐败的明朝是不多见的，更多的是像石星、沈惟敬、陈云鸿那样，或奸谋百出，或敷衍了事，层层欺骗，让决心有所作为的明神宗成了一个看得见的瞎子。

三月二十九日，明神宗下诏封倭正使，随同内藤如安，渡海册封关白。

一切如石星所愿，四月初三，李宗城、杨方亨渡过鸭绿江，开始了日本之旅。

石星迫不及待地派遣沈惟敬和朝鲜文学黄慎先行到釜山倭营，催促日本人如约尽快撤兵。

小西行长也积极配合，很快就撤走熊川、巨济、场门、苏浦等地的日本人。但是加藤清正不理睬小西行长，依然我行我素，日夜操练兵马，根本就没有撤兵的意思。

小西行长无奈，只得于四月三十日，亲领随从两百人，搭乘三艘船只，渡海回国去见丰臣秀吉，想要抬出太阁至尊，威逼加藤清正撤军。

小西行长的回国让沈惟敬吃了定心丸，于是书信一封给李宗城："请恩台暂住王京。如果加藤清正固执不去，我断断不敢请恩台进入倭营。"

小西行长也亲笔书帖，告诉李宗城，关白还以为我在欺骗他。现在天使跟内藤如安一起来，都是文书商议，并没有面谈。等加藤清正和其他队伍撤回，确信朝鲜没有一个日本人后，我才敢亲率四五百人，在海上恭迎天使。如果有一人逗留海上，必不敢请天使来。我当守约，五月二十四、二十五日间回来。

李宗城看到二人的白纸黑字，安下心来，没想到不辱皇命竟是如此简单，父亲李言恭的担心完全是多余的。李宗城回复沈惟敬说："我等小西行长一回来，当即进驻釜山。"于是跟着内藤如安南下，直到南原，而副使杨方亨早已住进居昌，向日本人展现明朝的讲和诚意。

五月十七日，小西行长到日本伏见新城，谒见丰臣秀吉。当听到明朝正使很快就来日本的消息，丰臣秀吉异常欣喜，说："何荣之有？"又说小西行长的熊川倭营狭小，于是指定釜山倭营为迎候册封正使的寓所。

丰臣秀吉想不到"明、日议和七个条件"能被明朝所接受，也万万料不到小西行长会冒着头颅搬家的危险做了手脚。

此刻丰臣秀吉的心早已飞到遥远的那座辉煌皇城，竟然眼红地看着内藤如安："如安辛苦三年了，现在终于可以安下心来。我实在是太羡慕如安，能够去北京城走一走。至于退兵烧房，那是自然的事。"

于是，丰臣秀吉下令，召回驻守巨济岛的岛津义弘，让其子岛津忠恒代掌军务。

一路耽搁，小西行长并没有在约定的日期回到朝鲜。六月二十三日，小西行长才从对马岛发船，又遇到猛烈的海风，二十六日才到朝鲜荠浦倭营。

丰臣秀吉也派遣亲信丰臣正成、丰臣长成前往朝鲜各处倭营督促撤兵，分管烧房、接待明朝正使等事务。

这时，侵朝日军仍有十三万人，开始了有序撤退：第一批，撤走釜山各大将和部属随从;第二批，撤回加藤清正部日军;第三批，全部撤尽各营的小头目。朝鲜各个倭营的营帐房屋，也是随撤随烧，只留下釜山倭营，让小西行长移居，以等候接引明朝正使，然后再同往日本。

在丰臣秀吉的严令之下，日本人的撤军陆续取得进展。

七月初七，沈惟敬差人前去察看，只见金海、德桥屯营，木栅、瞭望楼，都已经全部撤毁，旁边房屋尚存一半，但墙壁全部推倒。守将也移住竹岛。丰臣正成去釜山，催促各处屯兵渡海。

十九日，明使张万禄与朝鲜通事南好正巡查各处倭营。熊川四营内，参浦的宗义智营房已经烧尽，宗义智搬到熊川倭营去了，一千对马兵早已回去;荠浦、安骨浦未撤；金海三营内，高桥营房已烧毁，金海府中及竹岛未撤；巨济三营内，永登浦、场门浦两营，已撤空但未烧毁，所津浦的岛津义弘部已撤；丰臣正成已经在机张、蔚山督令加藤清正清查钱粮。

尽管丰臣正成、丰臣长成不遗余力地督促，但日本人撤退的速度还赶不上蚂蚁搬家。更令人觉得可疑的是，高级将领一个也没有走，不得不令人担忧日本人的阴谋。

张万禄就此诘问小西行长。小西行长解释说各营粮米众多，八月十五日是最后期限，到时不论各营搬运是否完成，一律烧毁赶撤。

于是在二十六日，沈惟敬上报石星，称日本人焚栅烧营，撤军渡海。石星二话没说，下令副使杨方亨，先往釜山。

李宗城与杨方亨商量，杨方亨先于八月初十起程去釜山，如果看到日本人推诿拖延，那就上奏明神宗，更派使者督促。

但是石星再也无法继续等待下去了，朝中一双双不安分的眼睛此刻正紧盯着他。尽管沈惟敬的话扫除了他心中的忧虑，但是对变幻莫测的未来的恐惧感，让石星度过了煎熬的每一刻。于是不待杨方亨有什么回报，他就急不可待地催促李宗城进驻釜山。

3. 沈惟敬请君入瓮

九月初四，在石星云催雾趱般的迫令之下，李宗城只得动身南下。二十八日，李宗城上书兵部，说日本人已先后撤离，正在等候受封。石星遂上疏明神宗，言册封事宜“禁冗役、禁讹言、禁妄报、禁启衅”。

石星春风得意，料想册封事已成定局。如今所做的就是让正使李宗城快马加鞭，径直朝釜山而去。李宗城自小出身于豪门，哪里有自己的主意，见到石星连连加急的书信，便昼夜兼程，飞也似的南下了。

先行抵达的副使杨方亨在十月初九得到小西行长的接见。初次见面，就给日本人一个大大的下马威，杨方亨神气昂然，厉声说：

> 天高地卑，乾坤定矣。大明中天，天下一统，万国谁不仰服？尔关白虽在海外，安敢独不效顺乎？尔等领兵据此，已逾四年。皇上深悯两国相持，生民涂炭。特遣使远临海外，是万古所未有之大庆也。尔等何故迄未过海乎？

日本人从未见过如此威风凛凛的明使，心内震服，面面相觑。小西行长赶紧大行叩头之礼，但是杨方亨如同泥塑菩萨，直板板地坐在椅子上，动也不动，甚至连轻微的颔首回礼也没有。这无疑极大地损害了小西行长的自尊心，就是叩见太阁至尊，他也会低头答理，小西行长心里越想越恼火，差点气出病来。翌日干脆紧闭房门，拒绝与任何明朝人见面。

十月十五日，李宗城的正使牌文抵临釜山。柳川调信见和平有望，赶忙搭船回国，向太阁汇报去了。

四天后，小西行长派小将新丘门到密阳灵山恭迎李宗城。李宗城要他转告小西行长，天气转寒，不便于渡海。速速命令加藤清正渡海，尽烧竹岛、安骨、加德、东莱、豆毛浦、西生浦等地的房屋、栅寨，我会一面奏报皇上，一面渡海。事已至此，再也不能拖延下去。

新丘门辩称，粮粟还未运走，所剩甚多，恐怕要耗些时日了。

对这样一个不是借口的借口，李宗城付之一笑，还是快快撤军吧，不要误了时间。最后李宗城严正声言，加藤清正一年不去，我就一年不进驻釜山。

但是加藤清正毫无退兵之意，就是小西行长拿出太阁的严令，他也无动于衷。小西行长与沈惟敬束手无策。

李宗城是个讲原则的人，加藤清正不退，我不进。结果在密阳逗留一个月，也没有挪半步，封贡又陷入僵局。石星和沈惟敬心如火燎，终日惶惶，坐立不安。不过对付李宗城，沈惟敬还是绰绰有余。于是他上书石星，把责任往李宗城身上推，正由于李宗城不进釜山，所以加藤清正不退去。

事情很快有了转机。

十一月十八日，半夜二更，李宗城派往北京的旗牌官刘寿，星夜快马疾驰密阳，带来了石星的急令。次日一大早，李宗城吩咐朝鲜通事南好正速速调唤随从马匹，准备二十二日动身。

南好正很惊讶，莫非加藤清正退去了？

李宗城憋了一肚子的怒火，脸上满是愤恨之气，别再究问了，所有的责任我担当，万无一失的。

朝鲜接伴使金睟感到诧异，怎么李宗城一夜之间就改变了主意，不是说“清正不撤，不进釜山”吗？他急忙去见张万禄、李恕等人，极力劝阻，并请面见李宗城，李宗城答：“我都知道，只是朝廷催促甚急，由不得我了。”

金睟又找到明朝中军王承烈、钱粮杨贵禄、旗牌陈金，详陈不可贸然直入釜山的理由。李宗城转告金睟：“汉代的苏武入匈奴不是苏武所愿意的，但是十年手持汉节的，却是苏武。我岂能不知金判书与诸位的意思？”

金睟又恳告张万禄：“请入告老爷，老爷既然自比苏武，话已说到尽头了，更说无益。不过，此一时彼一时，不可仿效苏武立节义，望老爷三思而后行。”

李宗城回话，即使日本人图谋不轨，但在密阳与在釜山又有什么不同？身为天朝封倭正使，早晚是要去日本的。假如日本人恶心萌动，就是上对马岛后也会身陷囹圄的。在朝鲜遭难，总比在日本好啊。再说皇上威名远播，天日照临之下，日本人纵然有恶胆，也不敢有恶行。

金睟辗转反侧，一夜失眠，次日令南好正拜会张万禄，再次求见李宗城。

李宗城回话很感人：金判书忠心可见，好意我心领了。我既入虎穴，心里早已准备妥当，万无错处之理。那些人把一切是非都往我身上推，我一出北京城，就决心拼去这身骨头，也要把事情办妥。

二十一日，李宗城自密阳前往釜山，途中到达梁山。小西行长、宗义智率千余人，排着整齐的队伍，在此迎接。但是，到了釜山三天，却不见一个日本人去谒见李宗城，只是借着佛事，整天在军营内聚会。

沈惟敬也连日称病，躲着不出来。李宗城在釜山待了孤独郁闷的十天，担心十二月初一的生日也不会好过。没想到十一月的最后一天，沈惟敬从地底下钻出来，亲自送上庆寿礼单。这才让李宗城长长地舒了一口气。

十二月初一，小西行长、景辙玄苏等五人在沈惟敬的陪同下，去朝拜大明符节。李宗城与杨方亨先行朝拜之后，沈惟敬及日本人依次施行叩拜大礼。完毕，李宗城与杨方亨捧着符节进去，一会儿又出来，坐在堂上。沈惟敬唤丰臣正成等人进去，让他们在厅堂楹梁外叩头谒见。

沈惟敬怕李宗城语多误事，早早便告诉他及杨方亨说："日本人性格厌烦，不要与他们讲话。"

所以，知趣的李宗城只说了句："从今天起，皇帝御赐金印、诰敕，封关白为日本国王，难道你等不想看一看吗？"

丰臣正成等请见，李宗城又说："印、诰，如同关白，你等可以见关白之礼，行礼后可以看看印、诰，我也很想瞧瞧日本的礼节是什么样子的。"

语毕，李宗城、杨方亨将金印、诰敕拿出，安置在桌案上。丰臣正成等拥上厅堂，行了日本大礼，景辙玄苏双手捧起金印、诰敕，仔细端详。小西行长也召唤外面的人进来围观。日本人鱼贯而入，闹哄哄地围着景辙玄苏，杂乱无序，挤成一团。看到的哈哈大笑，跳跃而出，相互转告。景辙玄苏把诰敕译成日语，在厅堂上大声宣读。小西行长、丰臣正成等如同听到天皇的御令一般，顿时鸦雀无声，齐刷刷跪成一排，洗耳恭听。过了许久，方才站立起来。

就这样，石星、沈惟敬里应外合，软硬兼施，把李宗城哄进了釜山。沈惟敬认为和议事成，全是自己的功劳，自身也为此几乎丧命刀下。本以为这一次的封倭正使，非他莫属。不想半路杀出了个李宗城，大抢他的风光，心里愤愤不满。又见李宗城纨绔子弟，行为处事，懦弱无谋，不由得十分鄙视。如今李宗城坠入圈里，沈惟敬可以肆意耍弄。于是，册封日本的事务，全都被沈惟敬掌控。

但是日本人只买李宗城的账，因为他才是册封正使。所以明、日两国册封的交涉，都完全把沈惟敬晾在一边。沈惟敬更加嫉恨，决定找机会整一整李宗城。

小西行长很快就给了沈惟敬一个机会。他决定让宗义智撤出东莱，叫朝鲜通事朱元礼通知李宗城定于十六日渡海。于是，李宗城赶紧令南好正调派朝鲜官员，准备接收东莱府。

在小西行长看来，沈惟敬不过是两国谈判的牵线人，并没有明朝政府的授权。但是这件事极大挑拨了沈惟敬敏感而又脆弱的神经，嫉恨、恼怒让沈惟敬的流氓行径暴露无遗。

烈火终于点着了干柴！

十二月初六，沈惟敬唤南好正过去。一见面，沈惟敬就破口大骂："你就是南好正吗？你老是阻拦天使，蛊惑人心，混淆视听。你吃了国家的俸禄，却是如此这般毁坏国家大事吗？天使十六日登船的事，从哪儿听来，如实招来。"

南好正却不吃这一套，他早就厌恶沈惟敬的卑鄙，不慌不忙地说："天使里边张千总所说的，是朱元礼转述行长的话，告诉李老爷的。如果无凭无据，好正怎么知道？"

胆怯的朱元礼赶紧澄清："我只说在望后，并未明说具体的日期，而东莱调官也只不过替小西行长传话。"

沈惟敬听后暴跳如雷，又是一阵烂骂："李宗城只管奉命册封就行，其他杂毛，关他鸟事。你南好正一个屁大的翻译，怎么敢介入和谈正事，又越俎代庖，私自调派东莱官员？"于是下令卒役，准备棍棒伺候南好正。

沈惟敬恶狠狠地训斥南好正："想杀你也不过是捏死一只蚂蚁，你以二品官职，坏了国家大事，该杖打二百。"

随后唤来黄慎，给南好正安上一个怂恿正使速速渡海、好早些回家安坐、却不管倭子撤不撤兵的罪名。

南好正振振有词地辩诬："张千总还在，可以对质。好正刚听到这话，就知道不实。圣旨上写明，釜山不留一倭。小的安敢想回家闲坐，诱说天使先行渡海？"

一向自负辩才超群的沈惟敬无言以对，终于恼羞成怒，骂骂咧咧的话语如冰雹般砸在南好正的头上："油嘴之徒，还会狡辩。我先棍棒打烂你这个狗奴才！你在天使身边，搬弄了多少是非口舌。前天我在梁山取了十余包木炭，你便说取八百包。天使要管制我吗？要将置我于何地？你说加藤清正还有八千人，是你亲眼目睹的吗？坏了大事的，正是你。朝鲜人只知道有天使，却不知事体大局，十分可恶。"

南好正依然淡定，脸色安详，丝毫不惧："朝鲜的官员，从来就不缺一颗为国为民的心，今天只有等死而已。"

沈惟敬无招了，对黄慎说："贵国真是不知事体，所谓的天使，只管捧着印诰服饰，去给关白就行了，少管其他小事。而宣谕圣旨，与日本人斡旋，这些都是我的责任。一人做事一人担。不然以后坏了事情，谁来承担罪责？"

沈惟敬指桑骂槐，马上就收到了敲山震虎的奇效。李宗城见到沈惟敬的恶状，心虚发憷，赶紧叫停调派东莱官员，一切都听命于沈惟敬。自那天以后，李宗城就紧闭中门，不许任何人进出言事。左右侍从见到沈惟敬发飙，生怕惹火烧身，也是远远躲避。

沈惟敬由此肆无忌惮，为所欲为。为了个人私利，他不惜出卖明朝和朝鲜的利益，与日本人暗相勾结，不断地进行着一桩桩肮脏、可耻的交易。

沈惟敬听说日本缺乏优良的马匹品种，就私下从辽东宽奠地区甚至北京禁卫营内，精挑细选出二百七十七匹强壮优质战马。借口说供明朝使者到日本后骑用，令心腹吴邦彦于十二月二十一日，将这些马发送到日本名护屋，以此来献媚丰臣秀吉，讨取他的欢心。

同一天，柳川调信也从日本回到釜山。日本诸将先是聚会在小西行长家里，之后又在丰臣正成寓所集合，密谋终日。傍晚，柳川调信、小西行长等又与沈惟敬窃窃私谈良久，外人都不知在谋划什么。其后，沈惟敬完全听命于日本人，对柳川调信、小西行长等无不言听计从。

沈惟敬彻底蜕变为一个地地道道的可耻叛徒。

4. 李宗城半夜逃跑

万历二十四年（1596），朝鲜战争进入了第五个年头。日本人仍然占据着朝鲜釜山一带广大地区，并无丝毫放弃的迹象。新年第一天，李宗城和杨方亨备感寂寞。小西行长竟然不来参拜大明符节。日本人对明朝的尊重已大不如前了。

而柳川调信一从日本回来，内藤如安等去过北京的日本人，就把头剃得光秃秃的，而且脱去明朝宽大的袍子，重新穿上倭式服饰。其他人看惯了内藤如安的明服模样，问道："怎么又恢复原样了？看起来怪怪的。"内藤如安说："明朝还没有给太阁册封，也没有给小西行长官职，我怎么敢一个人打扮成明朝人的样子？”总之，明朝对日本人来说，似乎变得无足轻重。

直到正月初八，小西行长才在家中设宴招待李宗城、杨方亨、沈惟敬。李宗城和杨方亨坐在北方，沈惟敬和小西行长坐在南头。虽说是宴会，但宾主形同陌路，除了喝酒还是喝酒，并无欢歌笑语，连对话也少有。

一晃就是大半年，册封关白没有取得任何进展。北京城内闹得沸沸扬扬，说什么正使进驻釜山以后，倭贼仍不肯退兵。还把两个封倭使者抓起来，杀头后扔到海里去喂鱼。

这话很快传到明神宗耳朵里，明神宗也起疑了，问石星："之前派出册封使者时，本以为秋天就可以渡海去日本。怎么还不见回来？两个册使，现在何处？"

石星见皇帝怪罪下来，生怕出了什么差错，赶紧派人到釜山去见李宗城和杨方亨。尽管使者百般催促，但李宗城非得等日本人全部撤出釜山后，才肯渡海去日本。

而加藤清正等人不会轻易放弃苦心经营的这块地盘，于是册封的事无休止地拖延下来。这下子小西行长急了，因为之前他曾在太阁面前保证尽早促成和谈的那五件事。

小西行长给沈惟敬写了封信，想让沈惟敬先行去日本名护屋与丰臣秀吉讲妥册封条件，然后再到釜山请李宗城和杨方亨过海。日本人的话，沈惟敬怎会不从，于是他以去日本预备迎接册使的仪式为借口，于二月初四，跟着小西行长乘船渡海而去了。

册封一拖再拖，其中的骗局渐渐露出端倪。

三月二十三日，孙矿、李化龙上奏明神宗说册封有三个疑点：一、册使李宗城进驻釜山倭营已经两个月了，尚无结果；二、小西飞已经当面表示关白会服从大明的所有约束，可现在沈惟敬要跟小西行长先去日本；三、朝鲜、日本一向互通信使，现在非得大明使臣同去不可。所以乞求皇上下旨，让李宗城等暂停釜山，不可轻易渡海。如有什么意外，就发兵攻打，这并非大明言而无信。

本以为册封关白将会书写大明立国以来光辉的一页，没想到当中有这么多不明不白。明神宗火了，下旨把石星的爵位连降三级，仍管兵部事，处罚的事暂且寄下，待封倭完毕再议。

石星似乎也看到了自己的灰暗前程，料想自己将被罪而死，赶紧把妻儿老小送回老家。

二十八日，朝鲜釜山倭营的千总谢隆回到北京，将徐一贯、谢用梓对日本人私自许下的和亲、割地、纳质、通商四件事的相关情况上报石星。

谢隆说："之前徐一贯、谢用梓同日本人讲和时，伪造印、信，并写了约书给关白。"

徐一贯、谢用梓这些动作都是石星私下授权，本以为鬼神不知，没想到被谢隆一语捅破。

石星很愤怒："为什么不早点跟我说？你直接去朝廷告密，是想让我落网吗？"

谢隆答："董应诰、徐治登二人都因直言被责骂，所以不敢禀告老爷。"

正当石星为此焦头烂额时，又发生了一件惊天动地的大事，封倭正使李宗城从釜山倭营偷跑了。石星头大得就要爆炸了。

李宗城是怎么偷跑的，在清朝人编撰的《明史纪事本末》里是这么说的：

李宗城贪婪好色，所过之处，无不攫取货利，物色美女。李宗城到对马岛后，对马岛主宗义智投其所好，献上两三位美女，以供李宗城淫乐。日本将领数度请李宗城渡海去名护屋，但他被女色所迷惑，不肯去。宗义智的妻子小西玛莉亚，也就是小西行长之女，美艳无比。见到她，李宗城神魂颠倒，淫心大起。宗义智大怒把他赶走。李宗城与随从谢隆争道，想杀了谢隆。谢隆先下手为强，干掉侍卫后，又派日本武士去行刺李宗城。于是，李宗城恐惧万分，扔下诰敕印章，连夜跑出对马岛。天亮后发现迷路，准备自缢树上，追随的人极力劝解，才跑到朝鲜庆州去。

《明史纪事本末》所写近乎传奇，趣味横生。但这段记载大有问题，李宗城从未踏上对马岛，也从未见过小西玛莉亚。

事实上，李宗城从釜山半夜潜逃，并非一时心血来潮，跟女人更毫无干系，根本原因是由于李宗城本为纨绔子弟，贪生怕死。

早在三月二十二日，一个浙江的翻译通事从日本来到釜山对李宗城说，日本那边情况甚是不妙。再加上经略孙矿和朝中御史都认为："如果册封难成，还不如早点从釜山回来。"大概在这时，李宗城产生了逃跑的念头。

之后又有两个福建人萧鹤鸣、王三畏从日本回来，见到李宗城，编造了一大堆假话：关白桀骜不驯，根本就缺乏受封的诚意，他曾扬言："我已经是日本国王，无须受封。我准备成就大业。"沈惟敬一到日本，也被关白绑起来，逼他投降，但沈不降。关白准备拘捕正使，百般困辱，以做人质，向明朝索取岁贿，然后发兵大举进攻朝鲜。所以想跟日本人议和，无异于缘木求鱼，最终只不过辜负皇帝的使命。

李宗城被萧、王二人的描述吓得心惊肉跳。明朝随从谢隆又胡诌些恫吓的话语，李宗城更是魂飞天外。

三十六计走为上，李宗城决意离开釜山。

四月初二，一大群日本人宴请李宗城和杨方亨。双方尽情畅饮，喝酒直到深夜。酒席上，李宗城倒也应对自如，询问宗义智等三人：圣天子一视同仁，答应了册封，你们为什么还不速速回去？听说关白还有其他的要求，有这回事吗？

宗义智回答，是的，有四个要求。

李宗城很担心：这四个要求天朝断断不会答应。我也不想渡海了，只想动身回去。

宗义智马上话中有话："册使想回去，怎么脱身？何况军中无粮，册使的伙食供应恐怕成问题了，不得不渡海去日本。如果册使不渡海，那日本只好向朝鲜乞讨米粮了。"

一向胆小的李宗城吓得语无伦次，问说，那小西行长怎么去了两个月都没回来？千总谢隆的话是否属实？

宗义智等趁机欺诈："说的都属实。"言语动作很是粗鲁不恭。

李宗城彻底崩溃了。

喝到二更时候，杨方亨早已离去，日本人都喝得烂醉如泥，只有李宗城心怀鬼胎，满杯美酒尽是苦药，哪里咽得下？李宗城暗暗告诉孔闻韶，叫他把节符、勅印先行送出釜山，又差遣李恕去辽东宽奠调兵。

三更，日本人个个醉得死人一般。逃跑的机会终于来了。

四更，李宗城赏给三个把门的日本人几瓶酒，让他们也喝个酩酊大醉，一个个昏睡不起。李宗城假扮成差官模样，带着中军王承烈、相公孔闻韶等三四人，偷偷溜出寓所。李宗城背上一个黄包袱，脸上裹着纱布，手中提着一面锣，哄骗日本守卫有封急件要递送，快快开门。月黑星暗，日本人打开城门。李宗城跳上一匹快马，顷刻间消失在黑夜之中。夜黑摸不着路途，只得胡乱踏上一条山路。

五更，天蒙蒙灰亮。朝鲜通事南好正不知怎么打听到李宗城潜逃的消息，连夜赶来。于东莱城五里处追上李宗城和王承烈等人。李宗城令南好正一同去庆州。南好正哭泣着说急追一夜，马匹跑累了，不能再前进。李宗城说："你可以跟金晬在这三四天内跟我在王京碰头，否则只能在义州了。"于是撇下南好正，继续前往庆州方向。不曾想竟然迷路，天亮时竟远远看见一座座日军堡垒，且不时有日本逻卒来回晃动，原来是误闯进蔚山倭营。

李宗城等一阵慌乱，赶紧窜入附近机张山谷的深林之间，几天几夜粒米无进。幸亏碰到朝鲜的哨探指引道路，这才到了庆州城。

天亮之后，日本人发现李宗城跑了，整个釜山城都被惊动。左久卫门率日本人漫山遍野追找李宗城，追到梁山石桥，没追上。

宗义智带人把封倭副使杨方亨的馆舍围得水泄不通，釜山城内一片骚动，明朝的随从个个吓得两腿发抖。杨方亨却异常镇静，一动不动待在房内。宗义智在外边，令通官跪报："正使逃走了。"

杨方亨似乎一点儿也不意外，只说了句："这个痴呆一定是从未见过异国风光，天天闷在军营中，憋不住了，所以逃去。"随后，杨方亨又安抚精神不宁的随从们，既然正使逃跑了，标下的将官都归我管。我不会苦坐在这里，等着宗义智看好戏。千万不要虐待其他人，也不要去追赶正使，如此内外才能相安无事。

杨方亨走出房门，对宗义智说："追赶已来不及了，徒增乱子而已。正使出走，必然假称遭遇兵变，事态紧迫，难以留下。你们派兵追击，正使更加恼怒，那时假戏真做，天朝一起疑心，一切都坏了。"

年轻的岛主一听，后果很严重，赶紧下令停止追找。

稳住了日本人，杨方亨招来朝鲜翻译官朴义俭，正使星夜驰走，现在不是去全罗道，就是到了王京。朝鲜必然震动，说不定会贸然起兵，如此局面越发不可收拾。请转告接伴使李德馨，让他告知国王，万万不可轻举妄动。

到了傍晚，赞画俞大武从李宗城的馆舍中搜出敕书和两颗金印，一颗是赐给关白的，另一颗是李宗城的，总算让釜山的明朝人安定下来。

但是紧张兮兮的日本人很快就窜进来，封锁正使馆舍，禁止任何人出入。除了明使管家几个人外，其余的十几个人都被结实捆绑，扔在庭院中，直到天亮才松绑。

有些厌战的日本人也是忧心忡忡，今明两天，小西行长就会回来。我们马上可以回家了，现在糟糕了，回国是遥遥无期啊。

杨方亨让他们安心：虽然走了正使，但是印、信，还有我在这里。要是你

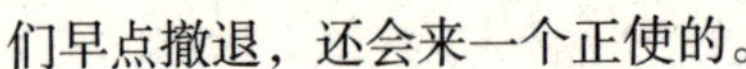
们早点撤退，还会来一个正使的。

日本人听了，一片欣慰，印、信还在，杨老爷还在，我们真是杞人忧天。

可是守护李宗城的日本将领却哭丧着脸，苦不堪言，即使我们回到日本，恐怕也活不下来了。我们情愿到南原去，把正使迎接回来。

釜山的日本将领更不好过，以为明军必将大兵压境，一整天忙于整修军火器具，连睡觉也披上战甲。一有风吹草动，就紧张兮兮的。如此度过了令人窒息的三天，却不见一个明军的影子。日本人这才松了一口气，大事小事都与杨方亨商量。

杨方亨修书一封，派人快马奔向北京，报告兵部尚书石星："此处行长未出，时无黑白，而正使变服，取侮于外夷。亟令上使，促还釜山，以竣此事，何如？"

加藤清正兴奋得手舞足蹈。他巴不得和谈破裂撤不了军，掩盖不住的欣喜："我本来以为天使是不会欺瞒的，现在我错了。派出七十名精锐，到庆州去诘问明朝人，到底是怎么回事？如果他们实话实说，那就罢了。如果他们出言不逊，那就兴师问罪，杀个明军片甲不留。"

加藤清正又给柳川调信书信一封：最近密阳江水暴涨，正使即使逃了出来，也无法渡过。他一定会走左道，我离庆州不远，一个冲锋就可以把他抓回来。

初七，沈惟敬同小西行长从日本带回丰臣秀吉的文书："初十左右，机张、安骨浦两处的屯军先渡海；釜山、竹岛驻军，跟着明使一起回日本。"

杨方亨看到丰臣秀吉的文书后，不发一言，只是仰天长叹，痛恨李宗城这个乌龟王八羔子私自逃跑，让明朝方寸大乱。

不过，杨方亨沉着冷静，处置适当，一定程度上弥补了李宗城事件的负面影响。小西行长也做出诚信姿态，撤西生浦、竹岛等屯兵，但是釜山四屯仍未有撤离迹象。

当所有人为李宗城乱成一团时，他却身陷机张山谷茂林，四天四夜没吃一粒米，只靠野果充饥，山泉解渴。这个习惯了锦衣玉食的贵族子弟，哪里忍受得了如此困苦。当奴谷的驿吏找到李宗城时，他全身破烂不堪，面黄肌瘦，皮肤焦黑，早已饿晕在路旁。朝鲜人只得把他放在轿子上抬回去，熬了一些稀粥喂食，才把命捡了回来。十五日，李宗城从庆州回到王京，暂住在兴仁门外。休养了五天，国王李昖在崇礼门接见李宗城。

想想几年前仓皇出走王京的那一幕，李昖深有感触，安抚话语完全是自己的亲身体验："大人为了小邦的缘故，长期驻扎贼窟。今天又出其不意，从倭营出来。连续几天长途跋涉，劳累困顿，备尝艰辛。朝鲜的陪侍、译臣本应形影不离大人左右。现在却径自脱开，致使大人迷失道路，实在惶恐不安。”

李宗城满脸羞愧：我当初率他们进入贼营，才有今日，都是我的罪过。朝鲜译官有什么过错？况且我负罪而还，实在无颜面与国王相会。承蒙枉顾，十分惶愧。

事情搞砸了，说回头话也无益了。但是册封事败无疑是朝鲜最希望看到的结局，所以李昖也不觉得李宗城很丢脸。对他来说，最大的心愿还是让天朝速速进兵，拯救朝鲜。

两天后，李宗城离开王京，逃回明朝。

李宗城出逃，朝鲜举国惊扰，都说日本人必然再发兵。体察使李元翼在岭南（庆尚道的别号），忙于调兵遣将，一时剑拔弩张。

黄慎频繁往返倭营，极力周旋。

日本将领柳川调信对此很是感激：大家都把正使的出逃归咎于朝鲜，独我一人竭力辩解，现在总算真相大白。如果黄大人不来，整个釜山就要失控了。

朝鲜人紧绷的神经这才松弛下来。李昖也不失时机地派遣陪臣沈友胜前往北京，奏明整个事件的前后情况，并请求增援兵粮。

经略孙矿也向朝廷飞报李宗城出逃。明神宗闻讯，大为震怒，即刻严旨逮捕李宗城，下锦衣卫狱①拷问。

临淮侯李言恭见儿子入狱，一家老小，日夜在石星家里哭泣哀号，乞求指明一条生路。最后，李言恭捐出三万两银子，才把李宗城从牢里赎出来，小命是保住了，但还是判个戍边，侯爵之位由他的儿子李邦镇继承。

5. 渡海赴日

李宗城逃跑，最高兴的有两个人，一个是加藤清正，另一个就是沈惟敬。副使杨方亨心里倒有些不自在，他向沈惟敬求教良策。沈惟敬支招：“一、装糊涂；

① 锦衣卫狱：又称诏狱，皇帝直接掌管的监狱。九卿、郡守一级的高官获罪后，由皇帝亲自下诏书定罪，关押于此。

二、搪塞中国，奉承日本。”杨方亨也是聪明人，立即明白了沈惟敬的言下之意，把李宗城留下的钱粮金帛全都委托给沈惟敬。

四月二十九日，杨方亨奏报朝廷，虽然李宗城逃走了，但是日本人的情况并未发生变化，并痛斥李宗城辱没国格，贻笑外邦，而后竭力推荐沈惟敬。

兵部尚书石星本来被李宗城吓得惊惶失色，不知所措，每天夜里临睡前总要摸摸自己的脑袋是否还在。看到杨方亨的文书，石星简直如遇观音，赶紧上疏明神宗，建议将册封日本的诰敕、金印交付给杨方亨，逮捕李宗城，另外选派科臣随同杨方亨去完成未竟的册封事务。

五月初三，明神宗令众臣推选合适的册封使者，内阁首辅赵志皋、兵部尚书石星等推荐杨方亨和沈惟敬为正副册使。次日，明神宗下诏，任命杨方亨为册封正使，并在沈惟敬的神机营游击将军职衔之上加封册封副使。

正当这浪急风头，偏偏有不识时务的人冒出来，极力反对册封。巡按直隶御史曹学程上疏明神宗，说日本态度已经转变，应停止册使，断绝封贡。奏文不但说石星、杨方亨、沈惟敬误国欺君，而且言辞激烈地把明朝议和比做南宋屈服于金国。

宋高宗任用奸臣秦桧，杀岳飞向金国乞降，为千古忠义之士所不耻。曹学程每句话都锋利如刀，刺得明神宗心上流血。既讽刺神宗错用李宗城，又把大明比做南宋，将神宗比做宋高宗，将力倡议和的首辅赵志皋比做秦桧。明神宗越看心里越不爽，怀恨、恼怒、羞耻，一并涌上来。

明神宗怒不可遏：“曹学程简直就是疯狗，大明不是南宋，朕不是宋高宗，赵志皋也不是秦桧。廷臣规避抗违，南北诸臣诋封事者十七人，曹学程就是其一。”

明神宗龙颜震怒，曹学程进了锦衣卫狱。

抓人归抓人。对属邦朝鲜的事，明神宗一点儿也不马虎。五月初十，明神宗下旨召开国务会议，商谈朝、倭事务。会议中各大臣或主张增援，或主张调粮，争议不下。

右都御史沈思孝奏请修战守备，指责主和派，痛骂石星，并说礼部尚书范谦附和助恶。范谦愤愤不平地反击：“那些流言飞语都在数千里之外，你怎么知道必然败坏？”

沈思孝答说：“册使潜逃，损威辱国，酿祸极深，你尚附和。难道不是邪臣误国吗？”

范谦无言以对，悻悻退下。

兵部左侍郎李桢汇集众臣的意见，向明神宗汇报。

明神宗发出谕旨：

> 封事成否亡论，止有战守。蓟辽督抚等官，可整师守隘，协练朝鲜，其天津、登莱、浙、直、闽、广各督抚、将吏通殇守御。又蓟辽总督即檄朝鲜厚积刍粮待援。

明神宗已经预料到册封的暗淡前景，开始积极准备御敌措施了。

这时，又有消息盛传，小西行长先前拿明朝公主哄骗关白，结果关白讨要公主，小西行长假称公主路上死掉了，关白大怒，命夜也士（德川家康的音译，罗马字母拼写为 Tokugawa Ieyasu）起兵二十万人，进攻朝鲜。明神宗遂下旨征发二十万大军，准备迎战。石星惶恐不安，赶紧于五月十二日，向明神宗乞求解去兵部尚书职务，亲自领兵前往朝鲜讨贼。

明神宗传出谕旨："石尚书，乃主兵重臣，不可出战，着令别将统兵。"

正当明神宗磨刀霍霍，准备轰轰烈烈大干一场的时候，杨方亨的揭帖来了，奏称倭情尚无变动，于是出兵二十万之事不了了之。

但是，沈惟敬却紧紧揪住了石星的辫子。沈惟敬自升任册封副使之后，便每天在釜山饮酒作乐，册封丰臣秀吉的事好像与他这个副使一点儿关系也没有。石星急了，连连催促沈惟敬尽快完成册封大事，不然自家性命真的不保了。

揪住了石星的小辫子，沈惟敬便向石星大敲竹杠。石星一点儿法子也没有，只得曲意听从，每月都拨给沈惟敬的妻子——陈淡如——大把大把的银子和布匹等。

石星提心吊胆，生怕沈惟敬出卖自己，于是派遣亲信到釜山去察看实情，并监视沈惟敬。但是，狡猾的沈惟敬早已想好对策，有钱能使鬼推磨，这几个人渣一见到白花花的银子马上投靠了沈惟敬，异口同声向石星汇报："大事可确保万无一失。"石星深信不疑。

接下来的事似乎很顺利，石星舒了一口气。

十五日，石星奏报明神宗说，关白怨恨加藤清正阻挠册封，已责令其渡海回日本。

二十九日，石星又报说，关白下令将加藤清正的兵营房屋共五千二百三十间全数烧毁。

封倭的事一再搁置，拖到六月了。杨方亨、沈惟敬准备渡海去日本了。但是，釜山倭营仍然一兵未撤。沈惟敬不理这些了，上报石星说，仍然有少许投降的倭兵，已经令朝鲜择地妥善安置了。石星干脆向明神宗假奏："釜山营栅已全部烧尽，尚留下部分倭兵保护册使。"

六月十五日，杨方亨、沈惟敬及随从四百人正式从釜山出发，前往日本。加藤清正等人在丰臣秀吉的严令之下，很不情愿地踏上回国之路。

岛津忠恒仍率部侵驻加德岛。其父岛津义弘从日本向他传达丰臣秀吉的命令："以前命令诸将等明使来之后，就撤离朝鲜。现在有所顾虑，即使是诸将都发船回国，你也要留在本营安住。"于是，岛津忠恒坚守加德岛倭营不撤，而其他的日军将领也都回到釜山各个倭营，防备反而更加严紧了。

沈惟敬即将离开之时，责令朝鲜派遣使臣跟他同去。沈氏与丰臣秀吉通信："天朝既然册封了，朝鲜如果不派使臣，那是天朝单独和日本媾和。朝鲜使臣必须去，和议才能成。"但是，李昖君臣商议许久未果。沈惟敬只得留下侄子沈懋时和柳川调信进行催促。

朝鲜黄慎从釜山急报李昖，如果不遣使，就该明白表述痛绝之意，以示断无遣使之理。现在却含糊其辞，万一事态变急，必然后悔莫及。

李昖犹豫不决，沈懋时连连派人催促，又听说日本人发怒，李昖心怯，准备派武臣李逢春等随明使同往日本。而柳成龙认为黄慎劳苦功高，忠贞不渝，为使臣最佳人选。于是，李昖升黄慎为敦宁都正兼通信正使，大邱府使朴弘长为副使。

七月初四，黄慎、朴弘长奉着朝鲜国书，跟随柳川调信等日本人从釜山乘船，向对马岛而去。经过六天的海上航程，黄慎、朴弘长到达对马岛釜中浦。宗义智和柳川调信的家都在釜中浦。宗义智去见丰臣秀吉了，只有他的妻子小西玛莉亚，也就是小西行长的女儿接待。小西玛莉亚善治岛持家，恩威并施，所以对马岛的居民无不对她既畏惧又诚服。小西玛莉亚即《明史纪事本末》所说的与李宗城有干系的女人，但实属乌有。

黄慎、朴弘长等人受到了美丽的小西玛莉亚的热情款待，同时也感到对马岛民的周至好客。对马岛的饮食习惯仿效朝鲜，黄慎等备感亲切，如同在朝鲜国内一般。

不过，在日本本岛的明朝册使杨方亨和沈惟敬就没有这么幸运了。一次大地震让他们差点儿进了地狱。

从闰八月八日起，日本各地大震不断，小震频繁。不过，对这个坐在火山口上的国家来说，人们已经习惯于每个月都要摇晃几次。

出云阿国（日本歌舞伎创始人）美妙多姿的舞蹈依然是最受欢迎的时尚，人们整日沉浸于歌舞伎的曼妙妖冶，心旌摇荡。

杨方亨和沈惟敬置身异国他乡的艳丽风情，也是日夜饮酒寻欢，乐不思蜀。

十三日夜里四更，突然一阵如雷鸣般的响声，自西而东，桌椅晃动，酒杯倾倒，屋舍撕裂，砖瓦坠地，人们的双脚好像踏在月球之上，飘然不能触地。

逃生欲极强的沈惟敬马上惊叫："地震！"便飞也似的冲出馆舍。

杨方亨反应迟慢，簸倒在地。随从赶紧把他扶起来，用衣服包裹得紧紧的，拉到屋外露天之处。

军官们如遭遇恶神一般，惊叫而出。

朝鲜翻译官李愉一边跑，一边高举双手，在空中做托举的姿态，怕屋顶上的砖瓦、椽木摔下。

另一个翻译官李彦刚走几步，就被一座围屏压住。李彦以为被崩颓的屋墙埋在下面，谁知四肢竟然还可以随意挥舞，心里暗自高兴，虽然被屋子压住，却逃过一劫。

军官金敬元本来就胆小怕死，突遇地震，金敬元像老鼠一样，手忙脚乱，到处乱闯。来不及开门就朝小窗户奔去。日本的窗户为铜丝所做，很容易被毁坏。金敬元从窗户跳出，身上的羊皮裘衣都被铜丝挂烂了。

不过，杨方亨部下千总金嘉猷、沈惟敬部下朱璧以及四名家丁逃避不及，被倒屋压死。

丰臣秀吉正在高屋的五层楼上面，底下楼房倾倒毁坏，宫女四百人都被压死。丰臣秀吉极其灵敏，眨眼间就奔跳到庭院之中。

加藤清正之前被石田三成、小西行长所构陷，丰臣秀吉对他甚是恼怒。地震之时，加藤清正立即乘快马疾驰到丰臣秀吉的住所。见到丰臣秀吉安然无恙，清正就静静地待在外面，等候丰臣秀吉安神之后，对他哭辩自己所受到的冤屈。

丰臣秀吉看到加藤清正多年以来为他征战，颜色憔悴，怜悯、爱惜之意顿生，从此便将一切怨恨抛到九天之外，并命令他督运粮米、木材到京都去，建造宫殿。

6. 荒唐的册封闹剧

在对马岛待了五天，朝鲜使臣黄慎、朴弘长便发船往日本本州岛。

闰八月十三日，杨方亨差遣千总王伦去迎接朝鲜使臣。等了五天，杨方亨、沈惟敬与朝鲜使臣才在日本和泉界滨会聚。

二十一日，黄慎拜会沈惟敬。一见面，沈惟敬就大发牢骚，抱怨在朝鲜受到的薄待，言语间颇有恼恨之意。黄慎待不下去，再三辞退。沈惟敬强力挽留，并说这个地方最近多发地震，没有一天能够安定。

黄慎却眉开眼笑，这是上天厌恶日本，所以降下灾难警告。朝鲜本来就没有牵涉进来，我们这些陪臣无所畏惧。

沈惟敬也哈哈大笑，尽管老天爷这样惩罚日本，但是以我的亲身经验，趋吉避凶，还是不可不为。天朝人也在地震中多有伤亡，要引以为戒。

丰臣秀吉本来打算在伏见新城接见明、朝使者。因为地震，馆舍房屋几乎成为一片废墟，所以就改在五沙浦。

二十九日，杨方亨、沈惟敬向五沙浦而去。一路上，明使的队伍浩浩荡荡，宛如一条长龙，轰动了全日本。日本人听说明朝要册封丰臣秀吉，翕然震动。男女老少自发在明使经过的道路两旁焚香低头恭迎，跪送饮食，好像天照大御神降临日本似的。

杨方亨、沈惟敬等人大摇大摆，来到了伏见五沙浦。丰臣秀吉严令卫兵百般警戒，以极高的规格来接待他们。明使的下榻之处立即受到日本人的围堵，吵吵嚷嚷，欲得一睹明使真容。日本人高声歌颂太阁的丰功伟德，杨、沈二人风光一时。

但是朝鲜的黄慎却再次感受到了弱国无外交的苦楚。

李昖选派使臣时，曾准备让王子临海君李珒随往日本，向丰臣秀吉道贺。后又听从李德馨的劝谏，止停李珒，改派黄慎。

李昖的出尔反尔令丰臣秀吉大为恼怒，派出的使臣身份竟然这么卑微，于是他让柳川调信前去愤怒谴责朝鲜使臣。

柳川调信叫来朝鲜翻译官朴大根，说："小西行长、丰臣正成传达太阁的话说：'我准备与明朝通好，但是被朝鲜拦阻，音讯不通。两国交战之后，沈惟敬准备使两国结好，但是朝鲜却向天朝奏称，不可和好。又以为沈惟敬与日本同心，朝鲜对他无比憎恨、厌恶。正使李宗城跳出釜山，是朝鲜恫吓，诱使他逃出。这次天使渡海很久，朝鲜使臣才紧随其后，却又不送王子来日本。朝鲜事事欺骗日本，朝鲜的使臣不受欢迎。等我先接见天使之后，再拘押朝鲜使臣，然后书帖一封给明朝兵部，责问朝鲜王子不来的缘由，然后才能接见他们。'眼看事情就要办妥了，不料却横生这么多枝节，实在令我担忧。一定要把这个意思详细告诉给黄慎，让他去跟沈惟敬商量，好好准备些言语，去平息太阁的怒火。"

面对日本人的威吓，黄慎毫无退让之意。他让朴大根回话："自从离开釜山之后，我就为自己留下三条路：和议顺利，就跟随天使活着回去；和议不成，任凭日本人扣留，一年、两年，甚至十年，无所谓了；如果关白震怒，或有不测之举，那就是死也无所畏惧。"

但对丰臣秀吉来说，朝鲜的使臣根本就不值得入眼，现在也不是决定他们命运的时候，倒是明朝的册封大典不能不精心筹划。这将是他一生中的巅峰——被册封为明帝。

接见杨方亨、沈惟敬的日子挑选在九月初二。按照日本的历法，那天是九月的第一天。

杨方亨、沈惟敬由毛利辉元押护着去见丰臣秀吉。杨方亨走在前面，沈惟敬手中捧着金印，站在阶下。不一会儿，殿上的帐幕拉开，走出一身材矮小、拄着拐杖的老头，两个青衣侍从手里各持有一把佩刀，吆喝一声。殿堂中的众人立即肃然起敬，鸦雀无声。沈惟敬一瞧，见是丰臣秀吉，两腿发抖，竟然吓得趴下，手捧金印，匍匐前行。杨方亨虽然浑身是胆，但是置身肃穆寂静的氛围之中，竟也无法把持住自己，心里一慌，学着沈惟敬的狗爬动作，甚是猥琐。

只听见丰臣秀吉在厅堂上叽里呱啦说些什么，好像是在责骂明朝使者。杨、沈二人内心愈加恐惧，豆大的汗珠从额头上淌下。又听见小西行长说："这是天朝的使臣，当厚礼待遇。"

于是，沈惟敬奉上赐封丰臣秀吉的金印、官服，以及其他日本将官的服饰。

赐封太阁进行得很顺利。小西行长心底也暗自高兴，天下马上就要太平了。

初三，丰臣秀吉设宴慰劳明朝使者。宴会上，丰臣秀吉换穿明神宗赏赐的明朝官服，宽大的明冠之下，一张瘦猴的脸庞，看起来很是滑稽。丰臣秀吉在上坛正中间就座，杨方亨、沈惟敬坐在中坛右边，德川家康及前田利家等七人都穿着明服，坐在中坛左边。其余的各路大名，坐在南椽之下。其他的日本将官都在廊庭下头。

因为这是明朝册封日本的大礼，所以宴会上的酒食、馐膳都仿效明朝的样式。

丰臣秀吉雅兴高涨，因为在今天他将得到平生梦寐以求的东西：割地、封王、通贡、金印、莽龙衣、冲天冠。从此之后，他将成为世界上最有权势的人。而不久，明帝也将屈膝于己。日本自神武天皇开国两千年以来，能达到如此辉煌，恐怕我丰臣秀吉是第一人。

沉浸在无限的遐想之中，丰臣秀吉很不满足宴会上的优雅乐曲，于是传令：“雅乐本是从中原传来，不足以让贵宾愉悦。大奏我的乱舞拍子！”乐工们鼓足力气，横笛、太鼓、钲鼓等乐器齐鸣，如千百只蜜蜂乱哄哄响成一片，又如一群惊牛在暴雨中胡乱踩踏烂泥，尽管有些杂乱，却不乏几分威武。

如此尽情极乐一番，丰臣秀吉罢宴归去。杨方亨、沈惟敬谢过日本的热忱相待，便回客馆。丰臣秀吉也退到花畠山庄。由于急于知道明神宗在诏书中的许诺，丰臣秀吉叫西笑承兑来宣读诏书。

西笑承兑是日本临济宗僧，号月浦、南阳。住相国、南禅二寺。他精通佛法，博学多才。丰臣秀吉对他甚是倚重，当做政治顾问，一直把他留在身边。

小西行长心里一直忐忑不安，假如太阁清楚了诰命原文，明朝的册封必然露出破绽。他早就暗自把西笑承兑拉到一边，说：“太阁听到诰命，定会大怒。读的时候，请改变一下文辞。”一向忠心的西笑承兑没有答应。所以，明神宗的御迹被原原本本读出：

> 朕恭承天命，君临万邦，岂独乂安中华，将使薄海内外日月照临之地，罔不乐生而后心始慊也。
>
> 尔日本平秀吉比称兵于朝鲜。夫朝鲜，我天朝二百年恪守职贡之国也。告急于朕，朕是以赫然震怒，出偏师以救之。杀伐用张，原非朕意。乃尔将丰臣行长遣使藤原如安来，具陈称兵之由本为乞封天朝，求朝鲜转达，而朝鲜隔越声教不肯为通，辄尔触冒以烦天兵，既悔祸矣。今退还朝鲜王京，送回朝鲜王子、陪臣，恭具表文，仍申前请。经略诸臣前后为尔转奏，而尔众复犯朝鲜之晋州，情属反覆。朕遂报罢。
>
> 迩者，朝鲜国王李昖为尔代请，又奏，釜山倭众，经年无哗，专俟封使。

具见恭谨，朕故特取藤原如安来京，令文武群臣会集阙廷，译审始末，并订原约三事：自今釜山倭众尽数退回，不敢复留一人；既封之后，不敢别求贡市，以启事端；不敢再犯朝鲜，以失邻好。披露情实，果而恭诚，朕是以推心不疑，嘉与为善。

因敕原差游击沈惟敬前去釜山宣谕，尔众尽数归国。特遣后军都督府佥事署都督佥事李宗城为正使，五军营右融将左军都督府署都督佥事杨方亨为副使，持节赍诰，封尔平秀吉为日本国王，赐以金印，加以冠服。陪臣以下亦各量授官职，用薄恩赍。仍诏告尔国人，俾奉尔号令，毋得违越。世居尔土，世统尔民。盖自我成祖文皇帝赐封尔国，迄今再封，可谓旷世之盛典矣。自封以后，尔其恪奉三约，永肩一心，以忠诚报天朝，以信义睦诸国。附近夷众，务加禁戢，毋令生事。于沿海六十六岛之民久事征调，离弃本业，当加意抚绥，使其父母妻子得相完聚。是尔之所以仰体朕意，而上答天心者也。至于贡献，固尔恭诚，但我边海将吏，惟知战守，风涛出没，玉石难分，效顺既坚，朕岂责报，一切免行，俾绝后衅，遵守朕命，勿得有违。天鉴孔严，王章有赫，钦哉，故谕。万历二十三年正月二十一日广运之宝。

本来是怀着美好的心情，去等待一生中最荣耀的时刻——称帝明朝。没想到，诏书中的丰臣秀吉成了一个摇尾乞怜、哀求明朝封他为王的一介败寇。呕心沥血，经历无数个不眠之夜，到头来竟成水中月、镜中花，此为一生中最大的羞辱。

根据史书记载，丰臣秀吉当场气晕，黝黑的脸色涨得通红如血，额头上的青筋不住跳动，聚成一团，狰狞恐怖。随后就是一阵刺耳的怒吼，我真想当日本国王，哪里要借助明朝之力？行长不是说了，明朝要封我为明帝，这才班师。可恨的是行长勾结明朝，欺骗我，其罪不小。速速召来行长，把他千刀万剐，我才甘心。

丰臣秀吉屁股高高翘起，几乎要跳将起来，一手狠命地把头上的御赐官帽抓起，另一手夺过诰文，用力摔在地上。

西笑承兑见状不好，赶紧劝谏：中华文明领先世界各国，所以自古以来各国受封，那是自然而然的。今天殿下威德远及中原西土，特封册使，难道不是美事一桩吗？请褒奖册使，回赠报书，与明朝永为通好，让国家的光芒永照后世。

总算为丰臣秀吉挽回一点颜面，怒气这才稍微减退。

小西行长带着扑通乱跳的心来到丰臣秀吉面前，不消说是一顿暴风骤雨般的怒叱。小西行长赶紧把责任推到三个奉行身上，并拿出文书牒牍为证。

连最信赖的亲信都这么做了，丰臣秀吉感受到苦涩、浓重的挫折感。抑制住心中的怒火，唤来加藤清正和三奉行：明朝的册使，我不满意，这个暂且可以容忍。但是朝鲜和议，我绝不答允。册使也不可留，明天把他们打发了。再起大兵，灭了朝鲜。

翌日，日本人将杨方亨等赶出伏见城。柳川调信跟从明使，对朝鲜朴大根说："昨日再见沈惟敬，本来希望他能够从容劝解关白，消其怒气。但是沈惟敬接连两天与关白相会，没有说一句话，我实在感慨万分。明朝人畏惧关白到了这个地步，实在可恨。"

小西行长、丰臣正成也劝告沈惟敬，朝鲜使臣的事，更难提起。老爷应当劝朝鲜使臣，让他们写封信说明一下，老爷拿去给关白看，然后再好言劝说，也许有化解的机会。

无论柳川调信和沈惟敬怎么劝说，但在朝鲜人心中，道义的分量远远大于生命。黄慎宁可砍头，也不愿写信。

事态越发不可收拾。丰臣秀吉怒意未消，准备把黄慎等斩首泄恨，多亏了西笑承兑极力劝止。丰臣秀吉仍是那句话，谈判桌上捞不到的，那就通过战争来抢吧。于是下令：加藤清正、小西行长为先锋，中国、九州各军全部渡海，踏平朝鲜。

册封的事彻底砸了，杨方亨与沈惟敬面面相觑，万里奉旨而来，连封回函也没有，如何回去得了？百般央求小西行长向丰臣秀吉说情。

丰臣秀吉大怒，沈惟敬不遂我意，还与朝鲜合谋算计日本。我不想再见到他，速速把他逐出日本。

小西行长又极力周旋，才让丰臣秀吉给了杨方亨与沈惟敬优渥的礼物。杨方亨与沈惟敬对视相议："回去后应当奏报朝廷，不然误了大事。"

初六，丰臣秀吉传话，明朝皇帝册封我为王，荣耀是荣耀。但是朝鲜无礼，所以不可许和。我当举兵再战，岂能有撤兵的道理？明使留下来没有好处，明天登船回去吧。朝鲜使臣也一并送出。我当兴师动众，年内再次讨伐朝鲜。并将杨方亨、沈惟敬以及朝鲜使臣列为日本最不受欢迎的人。

三天后，杨方亨、沈惟敬、黄慎等人悻悻离开伏见城。临行之时，柳川调信私下告诉黄慎："加藤清正劝诱关白再派人往朝鲜，索要朝鲜王子来谢。如果不肯，就发兵把他捉来。已经让加藤清正选好出兵的日子了，明年二月大兵继发。"

黄慎赶紧转告沈惟敬，但沈惟敬不以为然。当沈惟敬等乘船路经名护屋时，听到当地日本人说："加藤清正、小西行长就在附近，准备出兵。"

种种迹象表明，日本人要卷土重来，杨方亨大吃一惊。但沈惟敬却麻木不仁，反而兴致勃勃地调侃，我舌头还在，不敢吃惊。

行将登船，寺泽正成突然来到，说有关白的文书。展开一看，根本就不是杨方亨、沈惟敬期待的关白谢表，而是一封对朝鲜罪行的宣判书：

> 前年使来，秘明事情，其罪一。往日以沈惟敬请，还二子而不速来谢。及明使来，才附贱使，其罪二。本邦与明和讲，因朝鲜反复，经历数年，其罪三。

十月二十五日，杨方亨、沈惟敬等航行到对马岛，海上遇狂风，只得滞留岛上。

一个月之后，洋面风势渐渐微弱。十一月二十三日，黄慎等从对马岛起程，回到朝鲜釜山。而杨方亨、沈惟敬等仍然停留对马大浦。

十二月初四，蓟辽总督兼朝鲜经略孙矿得到杨方亨的汇报，奏启明神宗，称日本关白因为朝鲜不遣派王子前往致谢，准备入侵朝鲜。

初七，杨方亨在对马大浦差遣杨得、全士福渡海，疾驰北京，向朝廷奏报和谈破裂的情状。翌日，黄慎也到王京，把伏见城册封的前前后后，翔实上奏。杨方亨、沈惟敬也在同一天离开对马岛，十天之后在釜山登陆。至此，历时两年的明、日议和完全破裂。丰臣秀吉再次纠集十四万大军，发动准备更为充足、攻势更为猛烈的第二次侵朝战争[①]。

① 日本人把第一次侵朝战争称为"文禄之役"，第二次称为"庆长之役"；而朝鲜史书则称第一次抗倭战争为"壬辰倭乱"，第二次抗倭战争为"丁酉再乱"。

第九章　狼烟再起

1．兵部尚书石星倒台

万历二十五年（1597）正月初四，加藤清正率领七千大军，在对马岛稍作休整之后，搭乘一百五十艘船只，在狂风骤雨、惊涛骇浪中航行了九天之后，停泊在朝鲜的加德岛，一手拉开了丰臣秀吉第二次侵朝战争的序幕。

如果这一回再让小西行长夺去首功，加藤清正从此以后在太阁面前就抬不起头来。所以一踏上朝鲜的国土，加藤清正脚下就像长了翅膀，风风火火地大阔步前进。十四日，加藤清正入侵多大浦，修复了竹岛上的营地建筑，跟留守釜山的日本人在机张营凝成一股，把梁山的朝鲜守将平春驱赶出城，直入西生浦，并放出风声说，一定要朝鲜王子亲自去日本谢罪，才有退兵的可能。

第二天，加藤清正又迫不及待地进入豆毛等浦，派副将喜八带着七十人，乘坐一条大船，到处张贴榜告："清正奉太阁命，再次航海，已经派人往王京而去了。"庆尚道的朝鲜人早已见识过加藤清正的淫暴，现在这个屠夫又杀回来，人们无不慌乱，惊喊着四处逃散。

加藤清正的老对手小西行长对战争却没有那么急切，李如松让他很受伤，只有上帝知道这一次的命运会怎样安排。所以在半个月之后，他才不情愿地发兵渡海。二月初一，小西行长一进驻釜山倭营，就深挖壕沟，广植栅栏，把藏身之处弄得牢固贴合，就此蜗居下来。

除了加藤清正和小西行长等两万余人外，丰臣秀吉又纠集十二万大军，在二月初十陆续派往朝鲜。二十一日，丰臣秀吉对侵朝日军作了总部署。

日军分为八阵。加藤清正与小西行长仍旧为先锋，轮流做第一阵，其余毛利秀元、黑田长政等各部为六阵。另外，小早川秀秋守釜山城，太田小源五掌军务。高桥直次、筑紫广城守安骨浦城。久留米秀包守竹岛城。浅野幸长守西生浦城。毛利友重、竹中重治、垣重一直、毛利高政、早川长政、熊谷直盛为监军，藤堂高虎、加藤嘉明、胁坂安治统领水军。

明神宗的册封诏书还在花畠山庄里躺着，诏书上每个字就是一把利刃，刺得丰臣秀吉心口淌血。但是，一想到已经有七万九千人永远回不了家，丰臣秀吉又感到无限悲凉。难道那座堂皇富丽的北京城，真的就那么遥远吗？

于是，丰臣秀吉恨恨下令："远征军各部，必须对天盟誓，和睦团结。明朝援军离朝鲜王城五六日行程时，就要飞速来报。我单身渡海，直入明朝。"

在丰臣秀吉眼里，明神宗俨然一个坚如磐石、无法撼动的巨人。但在明神宗眼里，日本关白不过是泱泱大国的一个朝贡属臣。

这时的明神宗完完全全成为一个宅男，常年幽居深宫，没有一个大臣能够一睹皇上的真容。一个叫戴士衡的吏科给事中上了一道奏折，讽喻"陛下高拱九重，目不睹师保之容，耳不闻丞弼之议"，明神宗坦然置之，不加理会。皇帝心头上只有两件事，立储和朝鲜。立储，乃国家之根本；而朝鲜，更是关系到国家的生死存亡。朝鲜国的每一次陈奏，都令他寝食不安。

正月十八日，朝鲜使臣刑曹判书郑期远等十三人奏称日本无礼情状，七天后，朝鲜又向兵部告急，称去年册封时，因册使官微礼薄，丰臣秀吉拒绝，并索要朝鲜王子。

明神宗急在心里，下旨让大臣二月初五商议东征事宜，但会议并没有取得一致意见。郑期远哭泣乞援，辽东副总兵冯栋也奏报日本将领加藤清正于正月十四日发战船二百艘，停泊朝鲜，驻扎在机张倭营。

明神宗再也按捺不住了。六天后，下令第二次商议兵援朝鲜。会议上，出兵抗倭成为共识。大臣们主张拨调宣、大、蓟、辽七千人，招募浙江兵三千七百人，积极备战，并让朝鲜加强警备。

十四日，阁臣张位、沈一贯又谏议，在平壤与开城之间选一个要地，开府立镇，驻兵于此，西连鸭绿江、旅顺，东援王京、鸟岭。战时轻兵趋进，平时屯田练兵。向朝鲜人传授中原农耕技术，大力发展工商贸易，以增添驻军给养。

明神宗一看可行，就令兵部给朝鲜发文，准备照此办理。

但是朝鲜人却对明神宗的真实意图产生了怀疑，李昖忧心忡忡地对柳成龙说："天朝担心我国缺粮，如此炮制一个长久之计，恐怕不是偶然的吧！"

臣属蒙古的屈辱历历在目，李昖婉言谢绝了张位、沈一贯的设想，称说全罗道为朝鲜脏腑要地，现在被倭贼侵占。如果能在庆尚道选择险要之地屯兵积饷，就可以扼敌北上。而且在北方屯田，远不如南方。结果开府立镇就没有下文了。

册封日本失败，朝中大臣旋即群起攻击主和派人士。署兵科事刑科左给事中徐成楚弹劾石星及沈一贯欺蔽，首辅赵志皋因为之前曾经附和石星和议，所以极力辩脱。

杨方亨自日本被驱逐出境之后，先回北京。怕册封失败遭受责罚，早早与沈惟敬串通，欺诈上奏说，去年九月初二，丰臣秀吉在大阪受封之后，于初四回到和泉川。

真相无法用谎言来遮掩。日本的谢表迟迟不来，侵朝驻军也赖着不走，朝廷上又是一片喧嚣。

二月十五日，在朝鲜躲躲闪闪的沈惟敬，看到事情渐渐败露，就上书朝廷，假称丰臣秀吉受封之后，恭顺谢恩，并拿出自己在日本购买的猩猩毡、天鹅绒等，献给明神宗，说是丰臣秀吉进贡的方物特产。

这个低智商的骗局很快被人识破，大臣们讽笑说，猩猩毡、天鹅绒并非原产于日本，怎么说是方物？明明是欺罔朝廷。

兵部尚书石星听到各种传闻，又被参劾，整天坐立不安，就详细诘问杨方亨。虽然杨方亨之前已经同沈惟敬商议好了对策，但诘问之下，言语含糊，漏洞百出，说不清楚册封经历。

进贡方物骗局遭怀疑，沈惟敬又往釜山倭营，叫王桂、叶芳伪造雕刻丰臣秀吉的印章，炮制出一篇谢表，送到北京。但是朝中大臣徐成楚验证后发现，谢表字迹潦草，奏折前面部分的丰臣秀吉的图章、文字，并未奉从明朝正朔，又没有年月时间。这哪里是日本的谢表，简直是乡村放牛娃的涂鸦之作。

石星越想越不对劲，赶紧向明神宗请求，削去他的兵部尚书职务，让他亲自去朝鲜，调解朝鲜、日本，息兵讲和，如果仍未成功，就挥师大进。并自愿顶上托付不效的罪名，甘受责罚。

此时的明神宗肥胖且驼背，身体状态每况愈下，久不理政，但他还是隐约看出了石星的奸邪之处，就未许他的朝鲜之行。

而此时的石星简直度日如年，对他来说，每天都有一个坏消息。

大臣都想扳倒石星，朝中的各种反对势力，绞紧在一道，酿成一股强大的力量。石星的末日终于来临了。

首先发难的是蓟辽总兵孙矿。之前他曾经派遣叶靖国去找加藤清正，诱使他杀掉小西行长，然后受封。但是加藤清正志在夺取朝鲜，一点儿也不稀罕明朝一个“总督”“总兵”的封号。于是孙矿上奏明神宗，称加藤清正并没有求封的意愿，以此来攻讦石星。

其后是刑部尚书萧大亨。他看上兵部尚书的威势，想取而代之。此外，张位时为武英殿大学士兼吏部尚书，他独断专行，又想建树功业，所以两位尚书争先恐后地弹劾石星。

辽东副总兵冯栋之前奏报加藤清正屯营机张，众臣纷纷谴责石星。石星转骂沈惟敬，沈惟敬仍固执地辩称：“此次日本发兵，只不过是责骂朝鲜的礼节。今天专候天朝处分，并无他意。”

杨方亨感到事态日益严重，身为册封正使，为求自保，他决定把一切真相抖出来。

三月十九日，杨方亨入朝奏称：“先前臣作为册封副使，一切行动听从正使李宗城的。臣驻扎居昌时，沈惟敬暗访加藤清正，说册使一入釜山，倭即撤走。于是臣同李宗城进驻釜山，那时倭子还一派平静。去年正月，沈惟敬忽然说要去预演迎接册使的礼仪，与小西行长渡海往日本去了。之后又听说沈惟敬去了名护屋，小西行长去见关白。事隔两三个月后，李宗城为谢隆所诱惑，忽然半夜逃出。臣即刻回报兵部，说倭子狡诈，请派人前往釜山勘察，可以册封，也可以不封。于是朝廷命臣为正使，沈惟敬为副使。我们商议，等釜山倭子全部撤出朝鲜后，才能赴日本册封。

“后奉兵部文书，说釜山倭子已经安排妥当。又写信给小西行长，说臣或在对马岛，或在名护屋，等待朝廷补发册封的物件。臣于六月十一日渡海，沿途倭子的款待颇为优厚。八月初四到和泉，关白派人慰劳。闰八月望日，臣领取到补发的物件。小西行长跑来说，关白定于九月初二受封。沈惟敬先去问候关白，册封当天关白跪拜高呼万岁。第二天，倭子又到臣的寓所，说答谢礼物在初四地震时全被毁坏。又派人告诉沈惟敬，说关白斥骂朝鲜礼文。倭夷狡黠，蚕食朝鲜，阴谋可见。

"石星说小西行长值得信赖，命臣催促倭子献上谢表，苟且了结册封之事。臣心想如果倭子真的退去，谢表迟来几天又何妨？如果倭子仍然屯集朝鲜不去，即使献上谢表，又有什么用？倭子的谢表字迹不工整，又干支丙申纪年，不奉正朔。石星写信告诉臣，日本原来就没有颁布历法，与朝鲜、琉球不同。又告诉臣说，皇上喜欢金珠天鹅绒。于是沈惟敬购买猩猩毡、天鹅绒献上，冒称是关白的贡品。猩猩毡出自南番，关白常常用来铺地。天鹅绒就是原产广东的剪绒细。事情欺罔大体就这些。"

奏报之后，杨方亨拿出石星亲手给他写的十三封秘密文书，大致内容是说要他苟且完结册封事宜，别让孙矿破坏，并进呈给明神宗御览。

杨方亨一现身，石星就知道一切都玩完了。可是，能混到兵部尚书的位置，石星也不是吃素的。要完蛋，大家一起完蛋吧，死也要拉几个垫背的。于是，石星以攻为守，反告杨方亨前后矛盾，反复附会，也奏章一本，抖出孙矿十五件不可告人的隐秘事，并拿出杨方亨的书信，说这次加藤清正的进兵，是孙矿招来的。

杨方亨矢口否认。另一大臣徐亦就趁机弹劾石星被小西行长所出卖，反而诬告孙矿。就这样，石星的谎言不攻自破，最后的垂死挣扎加速了他的灭亡。

明神宗傻了眼，没想到这中间竟有如此之多的相互倾轧、钩心斗角。自己老是看走了眼，本以为石星忠贞可嘉，委以重任，他却投机取巧，狡诈欺瞒。孙矿也曾多次赞他多谋，原来是个避观成败的奸诈之辈。

明神宗咆哮着，下旨朝臣会讯，将石星革职候审；孙矿除名，革职回乡听勘；杨方亨革职，永不叙用。

石星从政四十年，先前因为明穆宗沉湎酒色，荒废政务，石星忠心苦谏，差点儿丧命杖下。明神宗即位，才得昭雪。后又与张居正不和，弃官回乡。张居正死后，其党羽多被贬抑，石星又赴朝居官，即被提升为工部尚书加太子少保。万历十八年（1590），石星改任户部尚书。他与其他大臣提出十四条改革措施，使得国家受益颇多，由是深得明神宗的宠信。一年后，又被任命为兵部尚书。壬辰战争爆发，石星首倡援朝抗倭。后丰臣秀吉伪装讲和，首辅赵志皋也极力附和。于是石星动摇抗战决心，转向和谈。不料，石星急于求和，最后被无赖沈惟敬所操纵，终于败得一塌糊涂。

《明史稿·石星传》评价石星："直节震天下，毅笃实，居官有重望，然本文士，长于兵，主惟敬封贡议，竟以此败。"

2. 李舜臣入狱

在石星倒台的同时，朝鲜水师名将李舜臣也镗然入狱，被打进死牢。

第一次侵朝战争中，日本水师屡屡败给朝鲜水师。对此，丰臣秀吉一直耿耿于怀。他下令小西行长一定要击溃朝鲜水师。擒贼先擒王，李舜臣是朝鲜水师的灵魂人物，要想击败朝鲜水师，首先就要扳倒李舜臣。

如何扳倒李舜臣？在海上是扳不倒的，不被他消灭，打落到海里去喂鱼，就已经很走运了。海上既然不行，那就陆上吧。日本人的陆战能力是亚洲第一流的，可李舜臣不带陆军作战啊。

小西行长看透了国王李昖的昏庸，也看透了朝鲜政局的腐败。那就让朝鲜祸起萧墙，让自己人干掉李舜臣吧。日本人精通谋略，吉备真备带去的《孙子兵法》，日本带兵的将领人手一册，几百年前就啃烂了。

窝里斗、朋党政治，这些专利权不单为古代中国所独自享有。朝鲜师从中国，有过之而无不及。朝鲜国王李昖即位不久，朝中就逐渐形成了前辈与后辈两股士林派对峙的局面，在1575年终于掀起"乙亥党论"，从此形成了东人党和西人党之间的党争。党争初期，西人党占据上风，尹斗寿、尹根寿兄弟把东人党的大司谏李山海斗下台。

但不久，李山海、柳成龙这两个巨头手挽手，东人党向前走。很快又将西人党在朝中的势力扫荡一空。东人党一家独大，掌控朝政。

由于失去共同的敌人，东人党又发生窝里斗，分裂成强硬北人党和稳健南人党。朝鲜政治又转入南北两党相争。北人党主要是李山海，而南人党人才济济，有一大批诸如柳成龙、李舜臣、权慄、李德馨之类的政治军事领军人物。北人党不堪一击，大权很快落在南人党手里。南人党的优势一直保持到丰臣秀吉发动侵朝战争时。

万历二十三年（1595），随着沈惟敬和小西行长初步达成明、日和议的协定，明军主力撤回国，屡立战功的李舜臣成为南人党军事上的坚强台柱。

朝鲜国王李昖误以为天下即将太平，为了犒赏大臣，准备提携大批官员。被压制三年之久的北人党领袖李山海东山再起。为了反扑南人党，李山海决意连根拔起，除掉李舜臣。为此，他拉拢了抗击女真的名将元均。

元均是陆战内行，海战外行，在第一次抗倭战争中屡屡失利，差点儿丢掉性命，多亏李舜臣几番搭救，元均对此大为感激。但是，元均心胸狭隘，从年轻时共同抗击女真的入侵开始，就不断与李舜臣争功，终于到了水火不相容的地步。利益上的一致，使元均很快投入北人党的怀抱，并与李山海内外联结，构陷李舜臣。

简述一下令人眼花缭乱的朝鲜党争，现在转入正题。小西行长施行离间计，让李昖自毁长城，废掉李舜臣。

无可置疑，日本人搜集情报的能力是超一流水准，元均与李舜臣之间的过节，小西行长掌握的比朝鲜人都清楚。

离间的任务交给要时罗（笔者猜测应是“梯七洋二郎”的音译，罗马字母拼写为 Yojiro）。要时罗长期往来于朝鲜与日本两国之间，是朝鲜人的老相识。

万历二十五年（1597）正月的一天，要时罗来到庆尚右兵使金应瑞帐下，献上丰厚的礼物。要时罗神秘兮兮地对金应瑞泄密：“小西行长说，和议不成，都是因为加藤清正的缘故，我心里甚不平。某日，加藤清正要渡海停泊在竹岛，朝鲜水师如果在海中来个半路阻截，可以将他击败，甚至杀掉。”

小西行长与加藤清正不和，世人皆知。金应瑞就上报朝鲜君臣。尹根寿以为机不可失，连连催促李舜臣进兵邀战。

李昖召来柳成龙、黄慎等大臣，朝议邀击加藤清正。

李昖问黄慎，小西行长与加藤清正之间，真的有间隙吗？

黄慎很有看法，这两个贼头相互有仇，那是贼酋关白让他们相互牵制。但是从未听说过，有利于朝鲜的奇谋妙计会出自贼寇之口。

李昖觉得黄慎有理，疑问的眼神对准心腹大臣柳成龙。

柳成龙认为，轻信敌人，恐怕会中计，不能轻举妄动。

但是左右大臣都认为宁可信其有，不可信其无，建议檄令李舜臣立即出海，说不定真的能有意外斩获。

于是李昖把这个使命交给黄慎，让他到李舜臣那里走一遭。

快马加鞭见到李舜臣，黄慎告知朝廷的意思。

李舜臣的一双慧眼识破了要时罗的诡计。倭贼必然埋下伏兵，派出大批战船，肯定会被探知；如果派出一些小船，反而会被倭贼袭击。于是李舜臣就是不动身。

几天后，李昖得到报告，正月十四日加藤清正真的停泊在竹岛，随后又在釜山登陆，正不断向内地深入。要时罗所言丝毫不差。

紧接着，要时罗又出现在朝鲜人面前，加藤清正今天已经过海，为什么还不截击？错过了一个天赐良机，真是可恨。

这个事件成了导火索，再次引爆了朝鲜党争。北人党领袖李山海见揪住了南人党的把柄，就迫不及待地于正月二十三日巧妙地挑起党争。李山海对国王说："最近我国着力于水师建设，国家才有所依靠。不久前，我碰到元均。元均说，倭子有什么好怕的？我以为是元均胡言乱语。现在看来，他是相信水师的实力才敢这么说。"

李昖叹气："贼酋行长明明指教金应瑞，可以歼灭加藤清正。但是我国却没有行动，我国是天底下最为庸劣的国家。今天看到奏折，也提到小西行长每次都这么说。如此嘲讽戏弄，我国实在与小西行长差得远哩。闲山的将领却安安心心地睡觉，什么也不知道，他到底在干吗？"

闲山的将领就是指统制使李舜臣，李昖不尊称统制使却说闲山将领，可见心里已有几丝不满。这正是北人党最高兴看到的。

于是尹斗寿率先开炮："李舜臣不是怕出战，他是厌恶出海。壬辰年的郑云之死，是因他从绝影岛出行，中了倭贼的大炮身亡。"

李山海再添一把火："李舜臣是因为看见郑云、元均不在，所以逗留不进。"既贬责了李舜臣，又准备抬升元均。李山海一箭双雕，阴险到家。

左议政金应南又火上浇油："郑云因为李舜臣不出战，准备将他斩首。李舜臣害怕，不得以只好一战。水战的胜利，都是郑云激将促成的。郑彦信就常常称颂郑云的为人。"

在北人党的密集轰炸之下，李昖不禁对李舜臣产生了厌恶之感：“今天的李舜臣难道想取下加藤清正的首级？他只是想驾着船，在海上大摇大摆、耀武扬威而已。最终却一无所获，实在可叹。”

说着说着，李昖喟然长叹，我国完了，真是令人无可奈何啊！

随着加藤清正不断地把战火引燃到沿海各地，朝鲜君臣惊慌失措，必须找出一只替罪羊。

二十七日，李昖在朝廷之上，公然对李舜臣进行痛批：“全罗等道一点防备也没有。水师又没有一人出来，都在干什么？”

柳成龙赶紧回答，水师号令不行，所以兵不得出。

一场对李舜臣的批斗开始了。

首先开炮的是依然是尹斗寿，李舜臣不听朝廷命令，厌于出战，只是一味退保闲山岛，使得今日抗倭大计，不得施行。大大小小臣子，心里谁不痛恨？谁不愤怒？

郑琢接着附和，李舜臣实在有罪。

李昖很气愤：“李舜臣还不知道他是怎样的一个人？自癸未年以来，人人都说他是一个狡诈的人。备边司说：‘诸将不听号令，守令不听号令。’并没有其他原因，都是备边司袒护容忍的缘故。明朝官员欺罔朝廷，什么事都干得出来。如今，这种恶习也被我国沿袭过来。李舜臣拿烧釜山倭营来欺骗朝廷。现在就是他手里提着加藤清正的头颅，也不能饶恕了他的罪行。”

柳成龙极力辩护，李舜臣是我的老乡。我从小就了解他。我素来希望有朝一日他能成为大将。

柳成龙的话让李昖心里很不舒服，哦，能详细说下吗？

柳成龙说：“李舜臣为人坚毅，不屈不挠。臣推荐他任水使，以壬辰的功勋，官加正宪，是太过分了。武将志满，必然骄惰。”

李昖不耐烦了：“李舜臣不可饶。武将怎么可以产生轻蔑朝廷之心？郑彦信说过，如果平时没有把元均当成统帅，那么战时一定要用他。”

北人党的轮番上阵，逼得柳成龙毫无招架之力。现在的问题已经不是李舜臣该不该下台，而是让谁来接替李舜臣。自然而然，北人党齐心协力，把元均抬出来了。

金应南说，水师没有人比得上元均，今天不可弃用。

李山海说，壬辰水战时，元均与李舜臣相约，慢慢奏报朝廷。但是李舜臣却连夜独自写奏书，据为己功，所以元均心里愤恨。

无须多言，在北人党的围攻之下，南人党溃不成军。身为稳健南人党的领袖，柳成龙只得忍辱负重，暂且韬光养晦，以图东山再起。于是柳成龙一声不吭，听任北人党肆意而为。

第二天，二十八日，李昖正式下令，任命元均为庆尚右道水军节度使兼庆尚道统制使。二月初四，李舜臣下狱。

在商议定罪时，许多不明真相的人主张将李舜臣斩首正法。前县监朴惺上言李昖，说李舜臣可斩。郑琢觉得李舜臣是一位名将，杀掉有点可惜。再说战场上变幻莫测，他不进战，未必就是怠于发兵。建议先免其死罪，然后再仔细审问。

于是，李昖下令将李舜臣狠狠拷打一番，最后决定免其死罪，但要革职充军。

可怜一代名将，就这样遭人构陷。李舜臣的老母亲在牙山县听到儿子受审的消息，惊悸而亡。李舜臣出狱路过家门口却无法尽孝，只能穿上孝服，痛哭一阵，就被押到金命元帐下充军去了。

李舜臣下狱，朝鲜北人党与日本人双双胜利。但是李昖很快就受到惩罚，元均的水师在闲山岛全军覆没。

3．明军再次入援

明、日和谈破裂，加藤清正入侵朝鲜，石星革职，这一连串事件，让梦游于战和之间的明神宗彻底醒悟过来。

本来明神宗以为，开出了三个议和条件：一、日本人全部撤出朝鲜；二、日本保证永不侵犯朝鲜；三、封丰臣秀吉为日本国王，为明朝属国。这一切足以让大明帝国的阳光普照到那个日出之国，大明的宗藩关系圈也将史无前例地扩展到太平洋边。

没想到，这些都是石星一手编造的虚幻美景。

石星固然令人厌恶，但是日本人更加可恨。对这个凶残狡诈的岛夷，必须坚决用武力把他们驱逐出朝鲜，赶下海。

于是一接到宽奠堡副总兵马栋“清正拥二百艘屯机张营”的奏折，明神宗就下旨二月初五，朝议征倭。十天后，明神宗迅速作出决定，任命前都督同知麻贵为备倭总兵官，统南北诸军。

第一次东征的明军统帅李如松回国后，因有碧蹄之败，又屡遭大臣参劾，只担任中军都督府左都督正一品官职。中军都督府是明朝五军都督府之一，有统兵权，却没有调兵权。在明朝中后期，五军都督府失去了参政、议政权，由“总内外诸军事”的中枢机构变成处处受制于兵部的单纯执行命令的机构。所以，李如松可以说是被闲置。

除李如松之外，麻贵是当时剿倭统帅的最佳人选。

麻贵，号小川，山西大同右卫人，祖先是回族人。万历时期，辽宁铁岭李家与山西右卫麻家齐名，并称“东李西麻”。麻贵和李如松一样，有着极其丰富的征战经验。嘉靖年间，远征瓦剌；隆庆年间，抵御蒙古侵略；万历时期，参加宁夏平叛。自然而然，征倭的重任落到了麻贵肩上。

孙矿去职后，朝鲜经略空缺。补缺的任务就交给武英殿大学士兼吏部尚书张位了，皇帝责成他从吏部挑选合适的人选，经理朝鲜军务。

张位经过数日挑选，看上了辽东布政司杨镐。

杨镐字京甫，号风筠，河南商丘人。杨镐有侠义之气，遇事敢作敢为，又放荡不羁，洁身自好。万历八年（1580）中进士，历南昌、蠡二县知县，入为御史；曾与董一元袭击蒙古炒花部，进副使，又垦荒田百三十余顷，岁积粟万八千余石，进参政。杨镐的主要作战经历就是同董一元一道袭击蒙古人，颇有斩获。

杨镐在官场上游刃有余，颇有声誉。于是在三月十二日，张位推荐杨镐为佥都御史，经略朝鲜军务。

三天之后，明神宗正式下诏，任命杨镐经理朝鲜。

杨镐果然不辱使命，一接圣旨，干劲十足，马上奏报朝鲜十事，其中一件弹劾朝鲜君臣隐藏储蓄不支军饷，大大得罪了朝鲜人。

不料杨镐未上任，家中丁忧。

在古代，凡遇丁忧，官员都要回家守孝三年。如果碰到一件十万火急的事，而能够料理此事的只有一个人，偏偏此时这人又丁忧了，那怎么办？聪明的中国人发明了一个词：夺情。

所谓夺情，就是让政府夺去你个人对死去父母的感情，不需要在家守孝，可以在办公室里穿着素服意思一下，这样忠孝就能两全了。

眼看杨镐就要当不成经理了，而朝鲜危难，正是用人之际。这时，阁臣张位出面了，二十八日，张位谏议杨镐夺情。

由于杨镐戴孝在身，行事略有不便，于是张位又推荐兵部左侍郎邢玠任辽东总督兼负责朝鲜军务。

邢玠，字搢伯，亦字昆田，山东青州府益都县人。邢玠的军事经历主要是出任川贵总督时，招安播州宣慰使杨应龙的叛乱。

明神宗马上认可张位的推荐，二十九日下旨任命邢玠为兵部尚书兼右副都御史，总督蓟辽保定军务，兼理粮饷经略御倭。经略一职，是有重要军事任务时特设的官职，掌管一路或数路军、政事务，职位高于总督。邢玠成为继宋应昌、顾养谦、孙矿之后第四任朝鲜经略。

如此，明神宗一口气任命了第二次东征的三位最高决策人：辽东总督兼朝鲜经略邢玠、经理朝鲜军务杨镐、提督兼御倭总兵官麻贵。

石星革职，兵部尚书职位遗缺。张位本来推荐告老在家的前任甘肃巡抚田乐回朝复职。在田乐尚未到任之前，明神宗暂且让邢玠挂兵部尚书的衔头出征，同时任命刑部尚书萧大亨暂署兵部事（暂时主持兵部）。

经过两三个月的准备，东征军正式开赴朝鲜。

五月初四，麻贵率军七千人从广宁出发，发向辽东。这七千人是二月份从宣、大、蓟、辽招募而来的。[①]其中还有一支麻贵的亲军，五百人的蒙古骑兵。

李如松攻打平壤城时曾许诺，先登平壤城者赏银万两，但是兵撤之后，并未兑现。在此役中作战最为英勇的南兵浙江部队对此深深不满，竟然鼓动叫噪，差点酿成兵祸，结果被总兵王保诱杀一千余人。受这次事件的影响，明朝政府再次募兵时，应征者寥寥无几，两三个月才招募到七千人。虽然名义上也是归属于辽东和蓟镇，但都不是正规军，大部分是地方民团和招募的新兵，甚至有不少还是强拉来参军的。其战斗力一般，只能算二三流的部队，与李如松所部不可同日而语。

麻贵之前，已经有杨元的三千辽东骑兵、陈愚衷的延绥骑兵二千人、茅国器的浙江步兵三千人相继抵达朝鲜。

①《明史·朝鲜传》说“麻贵望鸭绿江东发，所统兵仅万七千人”，实际上只有七千人。

十六日，总兵吴惟忠率领二月份招募来的三千九百九十七名浙江兵，并骡马三百二十五匹渡过鸭绿江。

第一批援朝部队大约两万人，各部战斗力参差不齐。其中数麻贵亲率的七千人为最弱。那支五百人的蒙古队伍军纪犹差，驻扎在王京，肆意扰民，朝鲜人不堪忍受。而吴惟忠的四千浙江兵也是新募的，缺乏战斗经验。

经略邢玠在十三日自密云动身起行，五天后到达辽阳城。他展开朝鲜地图，察看日军分布情况，遂决意用兵。麻贵从辽东进发鸭绿江，看到所部甚少，战斗力又弱，请邢玠增援。邢玠遂上疏明神宗，令继续招募四川、浙江的兵员，并选调蓟、辽、宣、大、山、陕等处驻军。邢玠又说朝鲜水师只有闲山岛水师尚可一战，请更调福建、吴淞的水师入朝。于是，明朝的水师也加入了抗日队伍之中。此外，邢玠督促刘綎的川汉兵六千七百人，待命以后入援。

麻贵入朝之后，密报邢玠，乘日军不备，直取釜山，以挫敌人士气。

邢玠表示赞同，直取釜山，可以擒获小西行长，逼走加藤清正。这是一条奇计，势必无可抵挡。

于是麻贵开始了南进的部署：杨元向忠州，吴惟忠守南原，茅国器往星州，陈愚衷屯全州。

麻贵先到朝鲜王京，命国王李昖练兵固守。李昖令成允、门权、应铢等率部屯集庆州，以防御鸟岭。金应瑞等驻扎在宜宁，以防釜山之敌。元均率水师，集结于竹岛、加德岛，以等候明朝水师来援。

二十一日，杨元率部三千，从王京南下。按照麻贵的部署，杨元的目标本来是忠州，吴惟忠的任务是守卫南原。杨元到达忠州一看，城池残破不堪，宁愿让吴惟忠守卫忠州，自己继续挥师南下，去保南原。南原位于全罗道的腹地，地势险要，逼近日军占领区，杨元的三千人到此之后，兵力突出，呈孤军深入之势。

大约经过半个月，杨元于六月十四日进入南原，开始部署守城的各项措施。

对南原城的各方面情况巡察后，杨元对朝鲜人建造防御工事的进程非常不满意。杨元招来朝鲜接伴使刑曹判书郑期远等人，大发牢骚："眼看霖雨季节即将来临，城池的工事还未竣工。我看单单靠你们朝鲜的士兵，很难快速完成。我准备招调全州府的所有军民，一起来搬石运土，担保十天之内完工。"

由于南原位置突兀，一旦日本人发起进攻，南原必然首当其冲。所以城内的有钱人、有家室的人纷纷逃离南原，躲到附近四周的山城里去。

杨元觉得很不对劲，如果日军侵占南原城，并派兵四处劫掠，不出十日，藏匿于山城之中的朝鲜士民必然尽被歼灭。杨元决定，修筑牢固的防御工事，准备好各种作战器械，让州内所有的男女老少，统统进入城内，把附近山城的军粮、军器都搬移入城，集中兵力来守城。如果遇到日军，杨元就率一部出城挑战，战不利，就退守南原城。

4．日本大举发兵，沈惟敬落网

从三月中旬开始，日军第三阵黑田长政等部约十三万人，陆续渡过朝鲜海峡，兵分五路侵入朝鲜，先后占据东莱、机张、西生浦、豆毛浦、安骨、竹岛、梁山、蔚山、加德岛等地，横行咸川、金海、昌原、咸安、晋州、固城、泗川、昆阳。但日本人并未大肆烧杀劫掠，只是在吓唬与招抚朝鲜人。

由于海上风浪甚急，粮草补给未能及时从日本国内运输而来。再者，日本人所到之处，朝鲜士民逃避一空，经过日军蹂躏的各城早已是一片废墟。土地荒芜，长满青草，日本人野无所掠，无法发动进一步的攻势。加藤清正说："等粮食运来再发兵。"小西行长也说："等稻谷熟透，麦禾割刈之后再动。"于是，日本人都龟缩釜山各倭营，等待五六月后勤跟上再作打算。

这就为明朝和朝鲜作好防御、迎战准备，争取到了宝贵的两三个月时间。

与此同时，朝鲜也与日本人进行单方面的沟通。国王李昖派遣僧侣松云惟政前往加藤清正军营，协商议事。

松云惟政是朝鲜罕见的高僧，十三岁遁入法门，曾师从著名义兵僧将休静，投身抗倭运动。休静圆寂后，松云惟政接过师父的指挥棒，成了朝鲜"义僧兵"总指挥官。他曾经多次同日本人交涉，是一位有名的外交家。

尽管与加藤清正同是释氏弟子，却无缘坐在一起切磋佛法。两人的会谈杀机四伏。

加藤清正威胁说，和谈不成，我大军所过，如同扫把拂尘土，弹指间朝鲜就成一片废墟，贵国臣民也将遗无孑孓。如果王子一人，能渡海向太阁致谢，太阁一时高兴，兴许会解兵而去。难道朝鲜就不能以王子一人的辛劳，来换取芸芸众生的轮回之苦吗?

松云惟政答，让王子渡海，不是一件难事，但是这与大义相违背。从王子一人身躯来说，理应渡海向关白致谢。但是，从宗庙社稷来说，则不可以把王子送给仇家。

加藤清正哑然失笑，王子航海，宗社可保。不然我军摧毁贵国宗社，宗社又有何用?

松云惟政一时语塞。

更令松云惟政纠结的是加藤清正无法解释的悖论：当初抓到两位王子，本应杀掉。但是太阁心存怜悯，把他们放了。可以杀掉却没有杀，在日本叫做恩，难道在贵国就叫做仇吗?

松云惟政虽精通佛学，但此时却完全理屈，只是说："我当尽心尽力周旋一下。"

进入四月，朝鲜海峡战云密布。萨摩大名岛津义弘再次入侵朝鲜，驻军加德岛。朝鲜水师连攻三次，均以失败告终。

胁坂安治、加藤嘉明率领的日本水师一靠近朝鲜半岛，就被数百艘朝鲜战船团团围住。这时大风拯救了他们，朝鲜水师只得退往巨济岛。胁坂安治、加藤嘉明在惊涛巨浪中避入了釜山港，并在熊川大造巨舰，相互激励说："敌人在巨济岛，航运十分便利。等大船一造，我们同生死，共进退。"

六月初，小西行长与加藤清正派柳川调信回国，向丰臣秀吉征求出兵日期。但是沈惟敬却借机欺骗明神宗说，等柳川调信一回釜山，日本就撤兵。

册封之辱一直让丰臣秀吉耿耿于怀，既然无法成为明帝，那么就成为朝鲜的毁灭大帝吧。临行前，丰臣秀吉对柳川调信面授机宜："朝鲜不听命于我，是因为全罗、忠清两道完好无损。你等于八月一日直入全罗，割刈稻禾为粮，攻破各处山城，进攻清州，一旦遇到困难就回撤。庆尚道自固城到西生浦之间，八处连营。你们要不顾伤亡，残破各处山城。"

随着丰臣秀吉一声令下，日本人分乘上千艘战船，黑压压一大片，拥向釜山。釜山、加德、安骨、安窟等地铳炮声四作，弹丸如雨。紧接着，日军从竹岛进发梁山、熊川。

丰臣秀吉的第二次大规模入侵开始了。这一次，侵略朝鲜的日军一共十二万一千人，其中九州兵五万六千七百人，四国兵两万四千四百人，西本州兵四万人。日军分左右两路，兵锋直指庆尚道和全罗道：

左路：统帅宇喜多秀家，合计四万九千六百人。

小西行长一万四千七百人，熊川。

蜂须贺家政一万一千一百人，熊川。

岛津义弘一万人，加德岛。

长宗我部元亲一万三千二百人，熊川。

右路：统帅毛利秀元，合计六万四千三百人。

毛利秀元四万人，釜山。

加藤清正一万人，金海城。

黑田长政一万人，安骨浦。

锅岛直茂及其子锅岛胜茂一万二千人，竹岛。

水师：统帅藤堂高虎，共七千二百人。

由于名将小早川隆景在六月十二日死去，丰臣秀吉就任命十七岁的小早川秀秋为侵朝日军统帅。小早川秀秋在当时是出了名的傻子，三岁时是丰臣秀吉的养子，后来被丰臣秀吉硬塞给小早川隆景做养子。丰臣秀吉为了安慰刚刚死去的小早川隆景的魂灵，便把统帅的荣誉给了这么一个傻小子。

日本人再次起兵，沈惟敬回国生还的概率更加渺茫了。继续在朝鲜躲猫猫总不是个办法，于是他重贿朝鲜松云惟政，密信一封给加藤清正，谎称明朝总督邢玠发兵七十万将到朝鲜，劝加藤清正退兵。

对沈惟敬的谎言，加藤清正觉得根本不值得去戳穿。他给松云惟政回信："朝鲜兵孱弱不堪，根本不是我的对手。等明军一到，我就痛痛快快地鏖杀一场，而后长驱直入明国境内，攻克北京城。"

沈惟敬见无法得逞，又恳请加藤清正的副将喜八去劝说，喜八连见面的机会也没给他。沈惟敬走投无路，又听说明神宗正在严审石星，于是作了最坏的打算，准备投靠日本人，但一时还未找到时机。

邢玠对沈惟敬勾结日本人、欺君辱国、出卖石星的行为深恶痛绝，准备将其拘捕，但是又怕沈惟敬叛逃倭营，泄露明军秘密。所以邢玠定下一个万全之策：先发书信安慰沈惟敬，将他稳住，暗地里命令杨元、吴惟忠在通往釜山的大路要口埋下伏兵，断其逃路。又担心沈惟敬部下死党两百人狗急跳墙，邢玠就派了一队新兵，将那两百人交换下来。

沈惟敬对邢玠的一连串动作也有所警觉。他急忙派心腹娄国安、张龙潜往釜山倭营投石问路。小西行长说："有机会定会派兵迎接你。"

沈惟敬派人到处购买中国的奇珍异宝以及狐貂皮八百张，作为见面礼，贿赂日本人。可是日本人却不领情，怕是又中了明朝让沈惟敬来欺骗日本的诡计，于是议定：派出一队人马接他入营，一旦发现可疑之处，立即斩杀。

机关算尽太聪明，反误了卿卿性命。很快，沈惟敬的厄运降临了。

六月十八日，柳川调信驾着九条船，带上五百士兵，来到海边。柳川调信先叫人到宜宁，召唤沈惟敬讲话。但是朝鲜人挡住了柳川调信的去路，日本人只得与张龙抄陆路折回釜山。

在南原的杨元听到沈惟敬通敌的消息，叫道："事情紧急了！"便自南原不分昼夜，疾驰到宜宁十里处。看见沈惟敬正走在运载狐貂皮的几辆大车前面，杨元当即拦住，劈头就问："日本那边情况怎么样了？"

沈惟敬见瞒不过，干脆直言："成不得了。"

杨元恼了："既然成不得，为何不来见我？"

沈惟敬只好编了一个谎言："我暂且不去，明天要去庆州派人同加藤清正说话哩。一个半月才能回来。"

但是沈惟敬的眼神泄露了一切，他在撒谎。杨元一声令下，杨元与麻贵差遣的六人立刻亮出钩票（类似于逮捕证），将沈惟敬拿下。到丹城后，又将沈惟敬捆成一个粽子，押送到麻贵军营。

沈惟敬这个无赖兼叛徒终于被擒获了，明朝和朝鲜去了一大害。不过这对小西行长来说，却不是一件好事，他们失去了一位可靠的引路人。

5. 闲山岛大惨败

第二次东征时，明朝国内外局势异常紧张。农民暴动频仍，仅仅湖南一处就二十余处起义。南方的缅甸不断北攻，北方的蒙古不断南进。募兵困难，明朝抽调出八万大军，已竭尽全力。

相反，丰臣秀吉吸取第一次侵朝失利的教训，无论在哪个环节都作了极其认真细致的准备。第二次侵朝，丰臣秀吉动员超过十五万人的大军，远胜明朝。

明军战斗力普遍不强，大都临时招募，有的甚至是强拉入伍的无赖部队，如彭信古的三千人竟是“京城亡赖”，而日军单兵战斗素养高，且大都经历日本战国内乱、第一次侵朝战争，经验远比明军丰富。

日军在数量、质量占绝对优势的情况下，却采取守势，节节抵抗，战争主动权完全落在明军手中。虽然明军掌握了战争的主动权，但每前进一步，都要付出巨大的代价。交战初期，上演了一幕幕触目惊心的大溃败。

明、朝联军一系列悲剧的前奏曲是闲山岛惨败。

失去李舜臣这一灵魂人物的朝鲜水师什么也不是。元均的任职，使得朝鲜水师完全蜕化，战斗力急剧下降。

元均到闲山岛后，便下令全部废除李舜臣的一切军纪兵令，连李舜臣所任用的人也一一摒弃。他还把爱妾带到军中，将李舜臣的居所变成寻欢作乐的场所。

好像做了什么见不得人的事，在运筹堂商议军机大事时，元均叫人在堂上设置了一个厚厚的篱笆，自己就躲在里边与堂下的众将议事。来了几个月，很多人还不知道元均长的是圆是扁。更令水师上下恨之入骨的是元均号令苛毒，刑罚无度。常常酗酒之后，无故动怒打人，士气因此日益涣散。

一支曾经令日军胆寒的无敌水师，变成了一群乌合之众。

日本人的机会来了。又是要时罗，在金应瑞面前要诡计，说：“日本增援的兵船将于某日到达某地，这回可不能失去战机。”

金应瑞急报元帅权慄。李舜臣还在军营里扛木头干累活呢。权慄不敢怠慢，立即下令元均率船队出战。

对元均来说，迎战无异于自投虎口。但先前已在朝堂上夸下海口，此时只能勉强出战。所幸的是涨潮了，朝鲜人大张旗鼓，摇橹鼓帆出海。

朝鲜人不知道，他们的行动早被闲山岛高处的日本侦探尽收眼底。

七月十五日，元均船队抵达绝影岛。天空晦暗，海上风浪大作，船队像树叶在风中飘摇。远远望去，有数不清的日本船只，出没在风浪之中。

前有虎狼，后无退路，元均狠下心来，挥旗下令向日本人冲去。庆尚右水使裴楔力劝元均不可仓促迎战，况且岛礁之中水道狭窄，不便航行，建议水师撤到安全水域。但是元均不加理会，发疯似的鸣鼓催进。

朝鲜人从闲山岛出发，一路摇橹摆桨，早已困饥渴疲。看到日本战船排成整齐的方阵步步逼近，都想逃命，朝鲜水师阵脚大乱，战船横七竖八，乱成一团。

但是日本人并不急于进攻，故意把船只开到朝鲜人面前，耀武扬威，徘徊不进。朝鲜人疲惫不堪，进退不得，被日军牵着鼻子在海上到处游行。

过了几个时辰，朝鲜人终于累垮了。半夜二更，藤堂高虎、胁坂安治、岛津忠恒等发出袭击命令。突然三声炮响，进攻开始了。日本五六艘快船，点燃火把，如利箭般直飞向朝鲜水师，有四艘战船躲避不及，很快烧毁。

朝鲜水师全乱套了，日本人见状，黄蜂般冲杀过来。浦忠光跑在最前，一路狂奔，缴获了几只朝鲜船。

负责陆路的岛津义弘及其部属三千人驻扎在巨济岛，看到闲山岛海面火光冲天，遂呐喊发炮以助声威。日本人水陆并进。岛津忠恒如亡命之徒，跳上一艘朝鲜船，一阵砍杀，朝鲜人纷纷落水。

这时，大风越刮越紧，吹得朝鲜船只零落散开。元均口干舌燥，退到加德岛，叫人下船去取水。不料，高桥直次、筑紫广城率军突然杀出，朝鲜人措手不及，被杀四百余人。

日本战船围着元均，不停地痛打。天灰亮之后，闲山、荆岛等海域，到处都是日本的战船。元均熬过了惨痛的一夜，只得率几百艘战船退往固城地秋原浦。都元帅权慄在固城坐镇，见元均惨败，不由大怒，召来杖打一顿，勒令进战。

元均羞愤万分，回到军中，一阵狂饮，烂醉如泥，诸将想议事都不成。

日本人却不放过元均，把对李舜臣的恨，化成一团团怒火，烧在元均身上。

元均醉倒之时，日军仍在激战。藤堂高虎的外甥高刑冲杀在前，颇有斩获。加藤嘉明跟随其后，看见一艘巨船拦住去路，上面是一排排的戈矛和大炮。加藤嘉明跳跃而上，手斩数人。朝鲜人拥上来，加藤嘉明的外甥权七郎，挥舞着大刀，朝鲜人血肉飞溅，遂夺得巨船。

加藤嘉明杀得眼红，要跳到其他的朝鲜船只上去，可是用力过猛，掉到水里。但很快就抱住漂浮的船木，像袋鼠一样在海上弹跳，又夺取了一艘朝鲜船。

胁坂安治也夺走朝鲜船十六艘，但其部下亦全部被朝鲜人打死。

藤堂高虎的部下也不甘落后。佐伯惟定、杉谷惟之、长田惟氏乘船如飞梭，抛出铁钩钩住一艘朝鲜巨船。佐伯惟定等纵跳过去，朝鲜人躲避不及，全部丧命。

日本人又发火焚烧，火焰涨天，海面一片赤红，朝鲜船只几乎全被烧毁，烧死、溺亡不计其数。侥幸存活的逃到巨济岛，撞见岛津义弘的伏兵，一个个成了刀下鬼。

锅岛胜茂在竹岛听到战报，也赶来凑热闹，夺取了不少朝鲜船只。锅岛胜茂分出成富茂安一支，前去支援藤堂高虎，杀死朝鲜人七百多。

统制使元均在宣传官金轼、顺天府使禹致绩等人的死命护卫下，脱身逃往陆上。

但是元均平日贪吃，一顿饭要吃一斗米、五条大鱼，还有三四只鸡鸭。大腹便便，骄奢成性，又年老体衰，走不了几步就喘不上气来。后来，元均干脆坐在一棵松树下，脱去上衣，使劲喘气。左右随从早已逃光，金轼边跑边回头看，有六七名日本人，向元均包抄过去。金轼吓得转过头去，紧闭双眼，没命地跑，估计元均已被剁成肉酱。

但朝鲜人对元均一点也不可怜，反而作诗嘲讽。谷城一位叫吴天赉的书生，写了一首诗骂他：

闲山一岛国南门，底事朝廷易将频。
不是元均初负国，元均之腹负元均。

闲山岛之战[①]，朝鲜水师尽毁。藤堂高虎获船六十余艘，斩获数千。岛津义弘父子也夺得艄船一百六十余艘。朝鲜将领几乎全部丧亡，除元均外，全罗右水使李亿祺投水死，郡守安弘国中弹死。只有庆尚右水使裴楔捡回一命，逃到闲山岛，焚毁庐舍、粮谷、军器，让岛上残留的朝鲜人，迁到别处去避难。

闲山岛在朝鲜的西海面，为南原城的右障、全罗道的外屏。日军占领闲山岛后，乘胜而下，攻陷南海、顺天等城，兵锋直指斗耻津，下陆长驱，两湖[②]岌岌可危。中国的港口天津、登莱也受到日军的威胁。

而这时，明朝三千水师才到旅顺。闻此巨变，麻贵急令联军在汉江、大同江组织防御，保护明军后勤通道，扼住日本人西进的要路。

① 闲山岛之战：这是中国古代史籍的称呼。由于发生在巨济岛和漆川之间的海域，又称“漆川梁海战”。

② 两湖：湖南、湖西。湖南，全罗道的别称；湖西，忠清道的别称。

第十章　柳暗花明

1. 傲慢的上将

日军偷袭闲山岛一个月后，又以绝对优势兵力攻取了全罗要塞南原城。南原失陷，杨元的三千辽东兵被歼。这是继闲山岛之后，联军的第二次大惨败。

杨元，号菊厓，辽宁辽阳人。第一次东征时随李如松出战，曾任中路军统将，在收复平壤中，立了大功。杨元高傲自负，根本不把日本人当做对手。

三月刚入朝时，杨元就主张防守全罗道要地。有一天，杨元突然问朝鲜人："如今应当驻守哪儿？"朝鲜备边司的官员回答："南原。"杨元并未仔细察看南原的地理位置，当即决意驻守南原。并声称，我如虎，倭贼如羊，他们怎么抵挡得了我？

五月二十日，进发南原的前一天，李昖在王京为杨元饯行。

杨元傲气十足，视杀倭如碗里挟豆。明朝军法规定，战功有一个量化标准，那就是在战场上砍下敌人头颅的数字。杨元觉得此次南下简直就是去搜集日本人的脑袋，所以他向国王提了一个不大不小的请求：让国王帮他看管斩获倭贼的头颅，以后邀功请赏时好有依据。

李昖很惶恐，天兵斩取的首级，怎么敢看审？

杨元说："如果是仓促之间拿的小倭，就扔在路边算了。只是收获多多时，怕没有事先通知，送到这里，一时间都腐烂了，那就麻烦了。"

李昖好像难为情，问兵曹判书李恒福，要不要替杨元保管日本人的脑袋瓜？

李恒福回答，如果真的斩杀了倭贼，上报兵部又有何难？只怕是真假难辨。

酒宴开始不久，杨元直勾勾盯着身旁一位太监腰间的弓箭。李昖以为杨元想要，就叫那个太监取下献给杨元。

但李昖的一番好意并未派上用场，杨元取下自己腰间的弓箭，拿出四把利剑。杨元向李昖炫耀一番，介绍说平壤之战，多亏了这四把利剑，才使得功劳簿上有自己的名字。

李昖接过来仔细瞧瞧，果然是四把好剑，明晃晃的，刺人眼，好像每一把都带有血腥味。

李昖说："前日的平壤倭贼，全赖大人剿杀。今天见到这些兵器，又要杀敌立功，实在感激不尽。"

杨元说："如果这次南下不能剿灭倭贼，我还有什么面目回来与国王相见？"

杨元又叫唤一个壮汉，全身被甲戴胄而来。甲胄的臂膀处用银片修饰，闪闪发亮。其他的都是暗甲片，十分耀眼炫目，真是一件难得的宝贝。

李昖又细细看了一遍，有幸览阅贵甲，多谢多谢。

杨元说着起兴，酒喝多了，就飘飘然吹起牛来："我穿上此甲，骑着与女真人厮杀的战马，行军之时威风凛凛。如果国王那时看见我，才知道什么叫大丈夫？"

不过李昖一点儿也不觉得过分，杨元也算朝鲜的一个恩人。于是李昖给杨元戴了高帽子，把他捧高到救世主的地位："东方苍生，再生之道，全都系在大人身上。"

这令杨元更加忘乎所以，最后喷出一句："国王如果看到我临阵杀敌，一剑杀一倭，一箭射一倭，那才是我心里畅快的样子。"

吹牛吹进了笆篱子，三个月后杨元见到李昖时，再也不是雄赳赳气昂昂的英雄气概了。

六月十四日，杨元率三千人进驻南原。

南原，朝鲜的爱情之城。

高丽恭愍王（1351—1374 在位）时代的一个端午节，前院副使李翰林的公子李梦龙在南原广寒楼遇到了游春的成春香，一个母亲曾是妓女的妙龄少女。美丽娇俏的成春香对李梦龙一见钟情，留给他几句诗："大雁随鱼飞，蝴蝶随花舞，小蟹随贝居。"李梦龙苦思良久，方悟出成春香对己有意，遂于夜间私会春香，两情欢洽，如鱼得水。尽管地位悬殊，两人还是私订了终身。

后来，李翰林调任京师，命李梦龙先行，春香、梦龙不得不分离。李梦龙许诺等他中了科举，必将迎娶春香过门。不久，新任的南原使道卞学道贪恋春香的美貌，强逼她做守厅（非正式的妾）。春香虽经严刑拷打，但坚守着与李梦龙的爱情信念，誓死不从，遂被卞学道以"一入娼门则永世为妓"的诬陷打入牢狱。

就像许多美好的爱情故事一样，正当成春香命在旦夕时，李梦龙应试中举，任全罗御使，暗察南原。他救出春香，并将卞学道革职惩处。从此，李梦龙与成春香这两只分飞的爱情鸟再也形影不离，共度美好和谐的一生。

这个温柔浪漫的故事流传了几百年，成春香与李梦龙碰撞爱情火花的广寒楼一直是有情人的向往之地，但现在却被日本人焚荡一空。这里，到处杀气腾腾，已经成为抵御日本人的最前线。

明军将领骆尚志驻守南原时，曾将城墙缺坏的部分补上。杨元进驻之后，又把城墙筑高一丈。城外有一条壕沟环绕，沟内筑有一圈羊马墙。杨元下令在城墙上凿了多个炮孔，在城门上安放大炮数座。明军将士与朝鲜人一齐昼夜劳作，忙碌了一个月，总算把它筑得固若金汤。

七月，明将陈愚衷率延绥兵两千人进驻南原西北百余里的全州，与杨元形成掎角之势。陈愚衷刚进城时，州官报告说城内连一颗米也没有。陈愚衷犯愁了，那两千人马吃什么？

陈愚衷出城勘察地行险要时，竟然发现十里外山寨里贮藏着米、豆、盔、炮、铅、弹、弓、矢、枪、刀、筅、牌等物各千万计。这一切都是朝鲜人准备城陷之后，逃匿出来备用的。陈愚衷大怒，不分青红皂白，不顾州官哭号哀求，统统下令将这些物资连夜搬运入城。

在杨元加固南原城墙的同时，日本人正屯集光阳斗耻津一带，四处寻找下一个猎物。这时，牢狱中的沈惟敬向日本人提供了情报。杨元抓捕之仇，让沈惟敬一度疯狂。于是沈惟敬派亲信娄国安向小西行长泄密：南原的明军仅三千人，另有陈愚衷两千人驻守全州。

沈惟敬的一句话很快就招来了五万六千八百人。八月初一，日本人兵分三路，直取南原。一路由宇喜多秀家率领，小西行长为先锋，下有岛津义弘、蜂须贺家政、长曾我部元亲、加藤嘉明、生驹一政等，从庆尚道略云峰向南原；一路毛利秀元率领，下有加藤清正为先锋。黑田长政、浅野幸长、锅岛直茂、锅岛胜茂等，从庆州出发，过密阳大丘，向南原；第三路是釜山的丰臣秀秋，派遣山口正弘等自密阳玄风，向忠清道。

日本人声势浩大，卷起漫天尘土，朝鲜人望风而逃。名将权慄也吓破了胆，勇气尽失，跟在李元翼屁股后面没命地跑。只有义兵将郭再祐凭险坚守昌宁火王山城。日本人来到城下往上看，山势异常陡峭，一时难下，便绕道过去。

安阴监郭[illegible]、金海府使白士霖守黄石山城。蜂须贺家政未到，白士霖率先逃跑。守军士气崩溃，黄石山城很快被攻破。郭趪跟两个儿子履祥、厚祥与城同亡。

扫荡南原外围之后，宇喜多秀家又派岛津义弘、加藤清正插到全州与南原中间，切断了陈愚衷与杨元的联系。

两天之后，晋州也陷落了，南原沦为汪洋大海中的一座孤岛。这时，杨元仍然很自负："倭贼怎么敢来？我坚守在此，稳如泰山，绝无忧虑。"

过度的自负终究要付出高昂的代价。到了初十，杨元有点后悔了，让家丁把两大箱值钱的东西搬回平壤。这一天，朝鲜光阳县监李春元也加入守城。

过了两天，日本人来了，开始四面围城，昼夜攻打。明军奋力抵抗，把箭都射光了。

再打一天，南原城中的老百姓也逃得差不多了，只有杨元率领三千明军坚守。这时杨元开始慌张了，急忙檄召全罗兵使李福男前来增援。李福男率一千人，穿过敌围之后，进城的仅七百人。朝鲜助防将金敬老在全州，听到南原危急，倍道兼程，也随后进入南原城。各地的朝鲜人纷纷行动起来，不断地为杨元输送粮草。

刑曹佐郎臣姜沆，是一个学问博深的朱子大学者。他在全罗道督运粮草时，路遇日本人。姜沆只好带着家人沿着西海岸，逃向王京。祸不单行，途中又遇到日本人，姜沆及家人慌忙跳入水中，不料搁浅在岸边，于是全家被俘。日本人万万想不到，这次抓捕行动催生了一件文化大事。这位朱子大学者，被辗转押送到日本，也将朱子儒学送到日本去，让一位叫藤原惺窝的和尚受益匪浅，最终开创日本独立的儒家学派。当然，这是侵略战争中偶然的、无意间的文化产物，在这里就不详提了。

2. 喋血南原

八月十三日，杀向南原的日本人铺天盖地而来。前锋小西行长、宗义智等，在访岩峰扎下大营，竖起大旗，放炮吹号角。

后续日军到蓼川边后，兵分三路，围抱南原城。一路由防川，经禅院，过长城桥，在西门外扎营结阵。一路由漆场，经德岀下旧纸所，过大母泉，到西门外，相续结阵。

南面是宇喜多秀家、藤堂高虎、太田一吉；西面是小西行长、宗义智、胁坂安治、竹中重利；北面是加藤嘉明、岛津义弘；东面是蜂须贺家政、毛利吉成、生驹一正。一座南原城被围得铁桶一般，密不透风。

南原守军，只有明军三千，朝鲜军一千。尽管少得可怜，杨元仍作好防御准备，令李福男、金敬老率朝鲜军守北门，明军千总毛承先守西门，明军千总蒋表守南门，自己与李新芳守东门。

面对城外的围城日军，杨元紧绷神经，下令吹螺放炮，传命城内，禁止乱用军器。

战斗始于中午。五个不怕死的日本人，冲到东门外撒野，终于惹恼了杨元。杨元暗令朝鲜铳手金翼龙、兼司仆梁得、别牌阵郑金发铳，随着铳声三响，日本人倒下三个。剩下两个拖着同伴的尸体，没命地跑走。

日本人很快派出一百余人，逼近城下，乱发一阵鸟铳，随即散开，隐埋在城外的稻田间，时隐时现。日本人的散兵游勇三三两两，在城外来回挑战。

但是明军并不理睬，只是在城头上大发胜字炮。胜字炮是短程火炮，射程不过两三百米。日军阵脚疏远宽阔，胜字炮屡发不中。日本人用火绳铳还击，手法精准，不时有明军从城头上摔下。

第一天的战斗索然无味，杨元恨不得冲出去，轰轰烈烈大干一场。突然有一个日本人走到城下，向守军招手，说是要跟杨元谈话。杨元令家丁一人跟随翻译，到了倭营。结果带回一封战书，杨元读后大怒，当场撕个稀巴烂。

夜幕降临了，杨元料想敌人必来偷袭，就在东门外的桥头壕沟栽埋菱铁，又铺上铁钉板。入夜后，杨元亲自卧伏在东门内。二更时分，听到窸窣声响，抬头看去，果然有三个日本人鬼鬼祟祟往铁板处，想要过桥。城中立即冲出几名明军，手持长枪，一下子将他们刺死。

日本人偷鸡不着蚀把米，于是点燃火把，照亮夜空，又呐喊放炮，彻夜不绝，力图在心理上压倒明军。

十四日，日本人从宿星原川如潮水般漫山遍野涌下，逼近南原，在城外三面安营扎寨。开始了攻城准备。

先是大造飞云长梯，又运输草、谷、土、石，填进城外的壕沟，在沟上横放长木，离城墙只有几百步。日本人躲在锸桥隅的高屋里，不断地发铳发炮，交替朝城中射击。

南门外本来民屋稠密，杨元怕被日本人利用，在初十放火焚烧，但是石墙土壁并没有推倒。日本人就躲在残垣断壁的夹缝中，朝城中发铳，守军多有中丸。

到了中午，漆田中的日本人突然一阵高声喊叫，齐放一阵炮。铁丸如轰天飞雹，震耳欲聋。

西门外二里处有一座万福寺，日本人拆掉寺中的五百罗汉、四大天王，运到城外，绕城游行一圈。信佛的日本人竟然把崇拜的偶像抬出来，明军个个看得心惊肉跳。

日本人连日挑战，杨元气得嗷嗷大叫，格老子，我杨元岂不成了一介懦夫？于是派千余人出战。日本人佯装不敌败去，城头上的杨元下令擂鼓，追！追！明军追到石桥外，突然从城门外蹦出一大队日本人，像乌龟一样，膝行爬动，准备围抱厮杀。杨元惊叫不好，赶紧打锣收兵，追兵快速入城，但还是有几个脚步慢的中丸死去。从那以后，杨元再也不敢出战了。

于是，日本人在城外放心地割刈杂草和田中稻禾，捆成一大束一大束地堆放在民屋墙壁中。到了夜间，敌阵中一片喧哗，仔细听去，有军官的督斥吆喝声，又有士卒的应答声，好像在运送什么物体。守军纷纷探出头来看个究竟，忽然一阵炮声，弹丸雨下。守军都吓得缩进城内。如此一两天之后，日本人竟然用草束把城外的壕沟填平，又不断将束草堆积在沟中的羊马墙内外。

十五日，眼看真的麻烦大了，杨元心里嘀咕着打退堂鼓了。先让人在东门城上敲锣几声，城中顿时寂静下来，之后又派管家在城上向日本人叽里咕噜地喊话。立即有五名日本人走到东门外的石桥，杨元让翻译传话，准备与日本人商谈。

傍晚，五个日本人骑马到东门之外，在翻译带领下从南门入城。杨元早在龙城馆等候。日本人的条件是明军速速出城，交出南原。

杨元说："我从十五岁起就率军征战，横行天下，战无不胜。今天亲率十万精锐来守南原,断无退城之理。"但是杨元的大话唬不住日本人:"千余残卒，怎么能够抵挡得了百万之众？天将会有何恩于朝鲜？徒留后悔而已。"

夜幕降临，圆月中天，亮如白昼。但杨元毫无赏月雅兴，此刻他脑子里只有"逃命"二字。

日本人更不是来赏月的。藤堂高虎与胁坂安治商议："到了明天早晨，明军必然坚守城池。不如今晚趁着月色一举攻下。"

一阵铳箭齐射，又是一阵呐喊，总攻开始，成千上万日本人像蚂蚁般爬满了各处城墙。喧哗声、杀喊声、炮铳声，沸成一片。守军搬起石头，狠狠往日本人头上砸去，城下很快堆尸如山。但是砸倒一大片，又爬上一大堆，明军杀得手软。

主攻方向是南门。日本人从南门外的断墙里搬出草束，扔到壕沟里，堆在羊马墙上，一下子就和城墙一般高了。于是人群爬上了草垛，紧贴着城墙，没头没脑地攻打。一更，藤堂高虎架起云梯，率先攻上去，撕裂了杨元的防线，于是日军像决堤的河水般冲上来。明军被杀二百六十九人，几近崩溃。

太田一吉和家兵大井何右卫门，摧毁南门，杀死明军百余人。杨元赶紧派出一队明军，冲出南门，推倒草堆，但等他们回来时，城里已经没有一个自己人了。

二更，南门失守。日本人塞满城内大街小巷，挥舞着利剑到处追杀疯狂逃命的守军。火光冲天，浓烟弥漫，哭喊声、惨叫声响成一片。

传报官宁国胤急急忙忙跑来报信："倭子入城了！"杨元在帐中惊起，慌乱之中，来不及穿上那副银光灿灿的甲胄，赤着双脚跑出大厅，脱下宁国胤的衣服靴帽穿上，带着家丁十八人、士卒三百人逃向西门。

但是潮水般的日本人很快就堵住了杨元的去路，又是发铳，又是砍杀。有十多人不得冲出，折回城内。杨元中了二铳，身受重伤。日本人给明朝的皇帝留了面子，于是让出一条生路。杨元在部下的夹拥下，乘着快马，从大路西逃到益风山。朝鲜接伴使郑期远就没有那么好运了，他紧贴着杨元，骑马出逃，可是惊吓的战马一次又一次地把他甩下来，最后被日本人剁成肉酱。

当然最惨的是城内的明军和朝鲜人，他们乘着高大的战马，一齐拥向北门。但是北门紧锁一时难开，整个街道填满了簇拥的马蹄，相互交错。

随着一声巨响，北门终于打开，明军一窝蜂拥出，可是一把把高举的长刀早已在门口等待着他们。明军低头冲出，明晃晃的长刀同时落下，一颗颗头颅伴随着凄厉的惨叫声落地，鲜血四溅，北门成了一个血腥之门。

滚动的头颅、惊嘶的战马、碰撞的刀剑，这场屠杀让明月失色！

逃出的寥寥无几，即使能侥幸逃脱，最后仍然是死亡。

在北山头担负阻击陈愚衷的岛津义弘，看到了逃出北门的明军，没等他们逃过山，岛津义弘就突然冲出，一阵掩袭，明军遗尸四百二十多具。残存的明军四处躲匿，也成了日本人的猎物。一个明军爬上树去躲起来，岛津义弘亲自发铳将他打死。

就这样，惨烈的战斗持续到十六日拂晓，直到守城将士全部阵亡，南原城才沉寂下来。

此役，明军阵亡中军李新芳、千总蒋表、毛承先以下两千七百人。杨元的辽东骑兵原有三千一百十七人，逃到恩肆馆之后，杨元查点一下，只剩下区区一百十七人。

朝鲜兵马使李福男、防御使吴应井、助防将金敬老、光阳县监李春元、别将申浩、求礼县监李原春、接伴使郑期远、南原府使任铉、判官李德恢、通官李春兰以及朝鲜官兵七百余人，尽被杀死，无一逃出。

战后，日军共聚得守军首级三千二十六具，日本人割下鼻子后送到日本，向丰臣秀吉邀功。

温馨柔美的爱情之城，被屠之后，尸体盈城，一片荒芜，成了令人战栗的人间鬼域。

捡回活命的杨元在二十四日回到王京时，浑身是血、气喘吁吁地躺在担架上。李昖站在南大门的路旁，手扶着担架，泪流满面："大人为了小邦的缘故，才到这个地步，真是惨痛至极！"杨元脸色青白，全然不见大丈夫的模样，垂泪答谢说："多谢厚眷！"再也没有多说一句话，就悄然而过。万历二十六年（1598）七月十七日，杨元在辽阳被斩首。

3. 扭转乾坤

南原失陷之后，日军乘胜北上，扩大战果。

八月十七日，小西行长先锋一部侵入任宝。二十日，全州的老百姓望风奔窜，陈愚衷下令明军阻止，但是朝鲜人反而毁坏城墙，烧焚粮草积聚，撞开城门逃出。一切都完了，陈愚衷见城不可守，弃城而逃。至此，全罗道全部沦陷。

二十一日，加藤清正及锅岛直茂父子攻下伽耶山城。兵锋直指忠清道，朝鲜王京岌岌可危。

五天后，藤堂高虎挟闲山、南原大胜的余威，进攻稷山水寨，斩杀朝鲜三百八十余人，朝鲜战船乘着黑夜遁去。

明军提督麻贵见事态危急，派游击牛伯英南下赴援，与北撤的陈愚衷合兵，集结公州，阻击日本人北犯忠清道。

但是公州的明军仅一万多，绝对挡不住十余万日军的进攻。麻贵只好下令牛伯英退缩王京，依附汉江天险。日本人旋即占领公州，打开进犯王京的大门。

麻贵慌了神，赶紧向经略邢玠请求退兵，准备撤出王京，退守鸭绿江。请求书送到平壤的明朝海防使萧应宫手里，萧应宫马不停蹄地跑到王京，总算打消了麻贵逃跑的念头。

于是，麻贵派遣副将解生，在公州以北的稷山扎营，扼守北进王京的咽喉。国王李昖也派都体察使李元翼，驰出鸟岭，南下忠清道，协助解生挡住日本人。

朝鲜吏曹判书李德馨对经理杨镐说："如今倭贼逼近京城，一旦渡江而去，那么汉江以西就危险了。现在应当赶快去王京，还来得及。"部属劝杨镐不要轻率南下，杨镐不听，一口气跑了几天，在九月初一抵达王京。一进王京，杨镐立即追究南原、全州败逃罪责，以正军法，又认为朝鲜金应瑞泄露南原机密，让李昖处以国法。

翌日，日本人自全罗道与忠清道交界之处的锦山城出发，进犯忠清道，侵掠怀德、林川、韩山等地。先头八十多人到公州，探试锦江深浅，准备渡江北攻王京。

消息传来，王京城内人心惶惶，逃的逃，疯的疯，散去一空。朝中文武百官，纷纷把家里值钱的东西放进箩筐里，荷担而立，准备随时逃跑。妃嫔、宫女早已在初九出走避乱。

王京四面楚歌，悲观的大臣们，争先恐后向李昖献上退避良策。一时间，天又塌了。

李昖惶恐不安地看着杨镐的脸色，而杨镐却紧锁眉头地盯着手中明军的花名册。

拯救朝鲜，保卫王京，就靠杨镐一人了。杨镐苦不堪言，明军全都集合起来，就把烧火的、养马的全算上，也不到两万啊。王京危若累卵，朝鲜命悬一线。

死地则战，哀兵必胜。这句话，杨镐还是懂的。

杨镐把麻贵以及各个将领唤到帐下，痛骂一顿之后，带领他们登上王京的南山，察看地形，商讨对策。杨镐立即制订了一个扭转战局的计划，绝地大反攻！

麻贵连夜从各军营挑选了精壮士卒两千人，骁将十五人，由副总兵解生、参将杨登山、游击牛伯英、游击颇贵率领，奔赴稷山以南不远处的天安城，阻击日军北上，当然这一切均属秘密行动。

不久，经略邢玠到达辽东，军心才逐渐安定下来。

邢玠招来参军李应试，询问对策。

李应试，字省勿，以世荫为锦衣卫官员。后来成为一位天主教徒，取了一个教名葆禄（外文名字 Paolo Li)，跟耶稣会传教士利玛窦（Matteo Ricci）交好，较早地接触到西方文化。五六年之后，他根据利玛窦的世界地图《坤舆万国全图》，刻印了《两仪玄览图》。而五年之前，他也随着李如松入朝，并建议李如松利用沈惟敬来麻痹小西行长，取得了平壤大捷。可见他足智多谋，故而邢玠对他很是倚重。

李应试反问："朝廷之上作了什么应对之策？"

邢玠说："政府秘密筹划了八个字，'阳战阴和，阳剿阴抚'，万万不可泄露出去。"

李应试答："如此就容易了。倭子再次发兵，就因为在两国议和方面，朝廷处理得过于绝望。南原之战，倭子故意放杨元一条生路，就是希望朝廷能够重新处置。不如让人去倭营，宣称沈惟敬还没有被处死，让他们尚存一丝议和希望，他们就会撤退的。”

那时，沈惟敬被杨元擒拿之后，仍然拘押在朝鲜王京，李昖还跟他会过面。

于是，邢玠派李大谏去小西行长军营，冯仲缨去加藤清正军营，暗地里自与日本人沟通。

但很快就从南方传来令人振奋的好消息，解生等人在稷山、天安之间大败日本人，遏止了敌人北上的迅猛势头。

4. 稷山大捷

对杨镐来说，解生南下作战纯属最高机密，朝鲜君臣甚至其他的明军友部都被蒙在鼓里。眼看着日本人日益逼近，李昖整天忧心忡忡，寝食不安。可是，杨镐还是若无其事，李昖实在忍不住了。

九月初五，国王愁眉苦脸地出现在杨镐面前：“倭贼先锋已经到了恩津、连山境内，离王京仅有一步之遥，人心几乎要崩溃了。天兵快快出手啊！”

杨镐安慰说：“知道了，应当大发兵马，剿捕倭贼。”

李昖生怕杨镐只是磨磨嘴皮而已，又说：“天兵大部队还没有到来，倭贼的声势却如此之嚣张。现在已经到了公州，很快就会冲过来。不知道前头的防御，大人作了哪些布置？”

天机不可泄露，杨镐仍然守口如瓶：“倭贼突来侵犯，应当先观察观察，看看敌人多寡。可战则战，能守则守。”说这话时，杨镐也为解生的两千人马捏了一把汗。

初六，解生、杨登山、牛伯英、颇贵四将到达稷山以北十余里的弘庆院。该处地形复杂，多峡谷丘陵，于是解生就在此地埋下伏兵，还在草丛中暗藏了许多火药。

这时，日军已深入忠清道腹地，攻下清州，毛利秀元幻想着只要攻拔全义馆，那么他的三万大军就会一窝蜂拥入王京。于是，黑田长政率领五千余人作为开路先锋，直抵天安。

翌日清晨，黑田长政派遣先锋黑田图书助[1]、栗山四郎右卫门和毛屋主水武久，率数百人，前去探路。想要从天安向王京进军，愁站（又称愁歇院）是必经之地。从愁站折向东北的弘庆院，是王京的门户。

黑田军的先锋队小心翼翼地搜索前进，到了稷山城以南十余里的素沙坪，望见前方的开阔原野密密麻麻布满了明军，数量是自己的好几倍。黑田图书助有些胆怯，打起退堂鼓。

毛屋主水说："我曾经多次见过大军，没有一次像长菽之役那样的。现在的明军兵力，是长菽兵的好几倍。一旦退去，他们必然追击，把我军消灭。不如奋起一击，或许可以全军而退。"黑田图书助、栗山四郎右卫门听到此话，决定一战。

毛屋主水很快就发现明军的优势所在，个个手里拿着厚厚的铁盾，足以抵挡日本人的刀铳齐攻。毛屋主水建议，在发铳的掩护下出击，冲入明军阵中，排开铁盾，然后大肆砍杀，必能取胜。于是，数百日军抖擞精神，准备冲锋。

令人纳闷的是，明军看到日本人漫山遍野冲上，竟然无动于衷，都像木头一样，站在那儿动也不动，甚至还向日本人热乎乎地招手、喊叫。原来日本人穿着白衣服，明军还以为是朝鲜人。

趁着明军迷迷糊糊之际，日本人乱发铳，烟雾腾空而起。数百人随之嗷嗷大叫，冲了上来。解生等人这才如梦初醒，于是跨上战马，身先士卒，飞驰而下，身后的明军挥舞着刀剑，以排山倒海之势猛压下来，又是操棍，又是射箭，一待接战，如捣药切菜，冲得日军七零八落，很快败阵下来。

明军兵分两路，左路从柳浦、右路向灵通，走平坦大道，包抄过去。一连追赶了十多里，从清晨一直鏖战到中午，日本人遗尸累累。由于战斗激烈，顾不上割取首级邀功，只阵斩日军三十一人，解生、杨登山各手斩二人，颇贵手斩三级。清理战场时，发现遗尸中有几个穿戴金盔金甲的，降倭叶春指认，其中一人是加藤清正的部将叶一枝。

黑田长政率领三千人在后，隐约听到前方有铁炮声，心里一阵隐忧，急忙派时枝次右卫门前去询问："到底是遇到敌人，还是射击鸟鹤？"

---

① 黑田图书助及下文的栗山四郎右卫门、后藤又兵卫、黑田三左卫门为"黑田八虎"中的"四虎"。毛屋主水武久，"黑田二十四骑"之一。野村市右兵卫，"黑田二十四骑"之一野村太郎兵卫的儿子。

黑田长政十分担心，不等枝次右卫门回报，又派家臣后藤又兵卫、黑田三左卫门、野村市右兵卫等人赶赴前阵。

后藤又兵卫先行抵达素沙坪，吓了一跳，数不清的明军正在没命地追赶黑田图书助等人。后藤又兵卫急忙纵马跳上左侧山冈，招呼黑田三左卫门。黑田三左卫门叫道："我们兵少，如果去攻击明军，必会全军覆没。但任凭明军前进，又会威胁到主人的本阵队伍。此刻纵然是九死一生，也要阻挡明军渡桥。"

黑田三左卫门不愧为"黑田八虎"之一，一马当先，跃过桥去，杀死过桥的几个明军。同时指挥部下，死拼一番，总算挡住了明军过桥。根据日本人的记载，足智多谋的后藤又兵卫还施展诡计，走马灯似的不停在左侧山冈上来回奔跑，扬起尘土，让明军误以为大部队在调动，明军这才停止追击。战后，后藤又兵卫对黑田三左门卫说："以区区寡兵阻敌大军，实在凶险，幸亏有你们才存活下来，实乃不幸中之大幸。"

不久，黑田长政也率大军赶上来。解生见敌众我寡，加上日已黄昏，遂下令收兵。黑田长政将黑田图书助等人解救之后，也向南撤退。

夜里，解生料想明天又将有一场恶斗，对诸将说："今天倭贼斗志正盛，明天当决一死战。大家努力向前，不要坐待军法处置。"又连夜向水原的麻贵求援，麻贵得报后，即刻下令各营，让他们尽数出阵，并发令旗，命游击摆赛率领精兵两千五百人增援。

仓促遭遇，谁也摸不清对方的底细，黑田长政也向天安的毛利秀元求援。

度过紧张的一夜，又是拂晓。黑田军率先向素沙坪的明军发起急攻。齐放炮铳之后，日军一字阵形散开，摆出一个鹤翼阵，母里太兵卫为右翼第一阵，井上九郎右卫门为右翼第二阵，后藤又兵卫为左翼第一阵，黑田图书助为左翼第二阵，两翼共三千人。黑田长政亲率二千人居中，对明军来了个先发制人。

随着战斗号角的吹响，黑田军的长刀长矛交织着黑白相间的两色军旗，在空中狂乱飞舞，喊杀声震山谷。

解生下令发炮沉着应战，旷野之中的黑田军冒着轰鸣齐飞的炮丸奔跑而来，很快黑田长政两边的翅膀被打得七零八落。

解生见状，战旗一挥，明军骑士奔袭过去，在平坦宽阔的原野上施展他们最拿手的好戏。

黑田长政登上东山，以观明军阵势，说："敌人众多，不可不死战。"帐下的母里太兵卫，与后藤又兵卫合称“黑田家双璧”，跑在前头，勇猛冲进明军。很快，刀剑碰撞声、叫喊声、铳炮声，交织成一片，响彻在素沙坪上空。黑田长政与解生棋逢对手，短兵相接，陷入苦战。

黑田军兵力占据优势，明军渐渐不敌，眼看就要败下阵来。正在这千钧一发之际，明军千总李益乔、把总刘遇节及时杀到。解生等如虎添翼，士气复振，僵局很快被打破，明军又重新占据了上风。

黑田长政骑着战马，头上盔帽像鼓了风的帆，奔跑在两军之间，不断地叫喊打气。很可惜史书上没有黑田长政与解生直接交锋的记载，无法让人看到许褚斗马超的好戏。

黑田军不是对手，久战体力不支，士气衰竭。这时，竹森新右卫门献上计策说：“敌人兵多，我军寡不敌众。可以分出一小队，出敌之右，引诱敌军。总军暗下左转，袭其不意，敌人必败。”

明军果然中计，一阵骚乱。黑田长政趁机摆脱明军的纠缠，往木川、清州方向遁去。

激战两天，明军疲惫不堪，而往南地形偏僻，山路崎岖，又加上毛利秀元率三万大军赶到，于是麻贵下令休战。解生只得率部撤出战场，离开稷山，途经振威，黄昏时凯旋到水原，在此做饭饱餐一顿后，众人起身，已是深夜二更。

等毛利秀元主力到达，黑田长政便鼓起勇气，杀回稷山。可是早已人去城空，黑田长政率部入城，拿下了稷山，在此驻扎了十多天，移向牛峰。

稷山之战，日军死亡士卒五百余人，队长以上军官被杀二十多人。是战，明军阵亡两百多人。

另一路明军参将彭友德等追击日本人到青山，也在荆江凯歌高奏，斩获首级一百六十二。接连大败的日本人无处泄恨，沿途所经，那些无辜的朝鲜人惨遭荼毒。

稷山大捷是第二次东征的转折点。捷报传到王京，人们为之一振，民心安定，军心振奋，再也听不到“撤”“跑”的字眼了。

在明军取得稷山大捷的同时，朝鲜水师统帅李舜臣也在鸣梁击败日本水师。至此，联军相继取得海、陆交战的胜利，日本人士气大挫，只得转攻为守。

5. 鸣梁的月夜

闲山岛水师覆亡的败讯传到王京，朝廷震惊。国王李昖急召大臣，检讨教训。

庆林君金命元、兵曹判书李恒福从容回答："这些都是元均之罪。唯今之计，只有重新起用李舜臣了！"

李昖虽然糊涂，但一生中作了两个英明的决定：一个是壬辰倭乱发生后，马上向父母之邦明朝乞求援兵；另一个就是罢免李舜臣之后，又重新起用他。

七月二十二日，李舜臣重新成为全罗左道水军节度使兼庆尚、全罗、忠清三道统制使。同时，权俊被任命为忠清道水军节度使。

李舜臣这才从牙山军营中，回到属于自己的一片天地——珍岛，去重振早已凋零的朝鲜水师。

李舜臣带着一名军官，昼伏夜行，从日本人的眼皮下溜过庆尚道，横穿全罗道，来到了全罗最西南端的珍岛。这时，日本人的五万大军已经出发去攻打南原城。

登上珍岛，李舜臣看到的是一片狼藉，舟船器械，荡然无存。他感到无比悲愤，现在他必须重新开始，发挥自己超群的军事才能，重新组建一支令日军闻风丧胆的水师。

庆尚右水使裴楔带来八艘战船，另外还有鹿岛的一艘战船。可惜，裴楔早已心灰意冷，把船只丢给李舜臣，自己弃船登岸而去了。让李舜臣去跟日本人决斗吧。

有了战船，就有了希望，哪怕只是一艘。

李舜臣召来全罗水使金亿秋，命他的五个部将，把战船简单装饰一番，就算是新水师的成立庆典了。李舜臣与众人誓约："吾等共受王命，义当与同死生，国事至此，何惜一死，惟死于忠义，殁亦有荣。"

大家都激动得泪流满面。

很快，李舜臣的新水师就有了战船十三艘、哨探船三十二只。尽管战船只有十三艘，可是它们足以顶得上日本人的三十艘，甚至一百艘。现在，新水师渴望一战，以试锋芒。

日军攻下南原之后，气焰嚣张，陆军继续扫荡全罗道。日军水师在藤堂高虎、加藤嘉明、胁坂安治、来岛通总的率领下，沿着全罗道南海岸，向西搜寻朝鲜的残余船只。

这一战终于来临。

九月初六，日本水师的先头一部从兰浦出行，抵达珍岛东北端的碧波津，与李舜臣不期而遇。日军见势不如人，就停下来，等候水师主力的到来。

先发制人，后发制于人。李舜臣抢先一步，日本人很快就败下阵来，退向鸣梁渡。

鸣梁和珍岛碧波津之间，有一个水流湍急的海道，李舜臣在这里埋下了铁索与木桩。涨潮的时候，这个水道就成了看不见的一堵墙。

十四日，侦探的渔船向李舜臣报告，藤堂高虎就在附近。李舜臣意识到这是他大显身手的时候了。翌日，李舜臣的十三艘战船在碧波津海面上巡游。战船在辽阔的海面上格外孤零散落，如同浩瀚蓝天上飞翔的十三只小鸟。

对手也在兰浦集结，藤堂高虎的二千八百人、加藤嘉明的二千四百人、胁坂安治的一千二百人、来岛通总的二百人、菅平右卫门达长的二百人，共七千二百多人，战船四十艘。总兵力在李舜臣的三倍以上。

夜幕降临，明月银盘高挂，鸣梁海面亮如白昼。

李舜臣坚信，圆月是属于朝鲜的。于是他甲胄不脱身，枕着一个战鼓，静静卧待。抬眼望见高悬夜空的皎洁明月，突然间起了赏月的雅兴。

李舜臣忽地坐起，叫人拿来烧酒，饮了一杯。随后唤来各将，告诫他们："今夜月色甚明，倭贼诡计多端，没有月色时他们会来偷袭，有月色的时候他们更会来偷袭，不可不防。"于是号角四起，朝鲜战船拉起碇石，准备随时战斗。

果然不出李舜臣所料，一只哨探船飞来急报，日本人来了。李舜臣喝令不要大惊小怪。这时月亮移至西山，山影倒映在海面上，半边微微阴暗，无法看清。

从山的阴暗一面，鬼鬼祟祟钻出了四十多艘敌军战船，如同幽灵一般，悄悄靠近朝鲜船队。李舜臣早在等待这一刻，只听得一声大喊，朝鲜人铳炮齐发，战斗打响了。

藤堂高虎见偷袭不成，索性下令大发鸟铳。顷刻之间，响声撕碎了宁静的月夜，海水为之沸腾。但是朝鲜人严阵以待，藤堂高虎不知对方底细，只得下令后撤。李舜臣也没有追击，退回右水营鸣梁海中。

清晨，月影淡薄，远远望见日本战船布满整个海面，声势浩大。李舜臣亲自驾着战船勇往直前，十几艘战船紧跟其后，向日本人冲去。

看到朝鲜战船如此之少，藤堂高虎有些轻视。如果以前的李舜臣算得上海上蛟龙，那么现在的李舜臣甚至还不如一条泥鳅。于是日本人鸣鼓击锣，齐声发喊，无数战船包抄过去。洋面上尽是日本的旌旗楼橹，让朝鲜人望而生畏。

眼看就要陷入重围，李舜臣再次向世人展示了神奇的一面，海水退潮了。鸣梁海峡水道内水流马上变急，上百只朝鲜战船忽然杀出。跑在最前面的是巨济县令安卫的船只，顺着潮流东下，箭一般冲到日本人面前。

藤堂高虎这才意识到中了李舜臣的圈套，于是慌慌张张下令掉头顺流东撤。但是太迟了，潮退之后，一排排木桩和一条条铁索露出水面，像一道难以逾越的高墙，拦住了去路，日本人成了瓮中之鳖。死地则战，日本人凶狠地转过头，要与李舜臣拼个你死我活。

交战一开始，巨济县令安卫就被日本人四面围抱，左突右冲，无法杀出重围。李舜臣见机下令各船冒死前进，于是箭如雨射，石头乱飞，枪槊齐戳，打得日本人落荒而逃。

日本水师统将来岛通总乘坐一艘大船，建羽葆红旗，围青罗帐，挥舞着战旗，将李舜臣团团围住。突然一支流矢飞来，来岛通总应声倒毙。这是两次侵朝战争中唯一死在朝鲜的日本大名，其年三十七岁。

李舜臣下令把来岛通总的头颅悬挂在樯桅上。朝鲜人看到波涛风浪之中，来岛通总的脑袋摆荡飘摇，不但没有惊惧，反而奋不顾身，勇往直前。

另一日本将领菅平右卫门达长的儿子菅野又四郎正阴也在交战中死去。两个统将的死亡，让日本人士气大泄。这时，鹿岛万户宋汝宗、永登万户丁应斗率战船来援，胜利的天平进一步向朝鲜人倾斜。李舜臣如虎添翼，很快就把日本人打得落花流水。惊恐万分的日本人无心恋战，苦斗一番，才把李舜臣甩开了。但有几只船被击沉，死伤数百人。

李舜臣并没有死缠烂打，毕竟自己的船只也损失了十几艘，看到日本人撤退，也退往北方的宝花岛。

至此，鸣梁之战结束。虽然歼敌不多，但意义极大，新水师首战大捷，特别是击毙来岛通总，更让朝鲜人欢呼雀跃。

闲山岛惨败之后，朝鲜水师残余人员纷纷逃散西南海域各个岛屿。于是，李舜臣派遣部下，到各个岛上招集失散的水师将士，人们又纷纷聚集在李舜臣的旗帜之下。从此，一支强大的朝鲜水师又活跃在朝鲜西南海面上，不断地袭击着日本人的运输船队……

6. 九月狱案潮

得到南原败讯，丰臣秀吉背弃和议，再次悍然入侵朝鲜，残杀官兵，荼毒朝鲜，如同洪水猛兽，明神宗赫然震怒，下旨避正殿、减膳、撤乐，自我贬责，以期消灾弥难。

至此，明神宗一改第一次东征时期游移和战、摇摆不定的态度，抗战立场更加坚定，不惜倾全国之力，务必要剿灭倭患。

明神宗首先赋予前线将帅专断的权力。

万历二十五年（1597）五月，经略邢玠上奏朝鲜军情。明神宗敕谕回复：

> 朕以东事专付于卿，决不中制，亦不为语言所惑。中外各衙门都要协心共济以图成功，探报但求的确，不必拘定日期，一应兵粮事宜，上紧题复，无得轻听谗言，致令掣肘误事。

然后就是大发援兵。

九月初九，明神宗命陈璘为副总兵，统领广东营兵五千赴朝。次日，又命浙江道御史陈效为朝鲜监军，取代萧应宫，记录明军征伐功次。

最后，对主和派进行彻底的大清洗，惩治出兵不积极或推诿不力的大臣。万历二十五年九月，成为东征以来热闹非凡的一个月。

明朝因朝鲜之事，先后处罚了几位重臣。朝中大臣如多米诺骨牌似的，一个接一个倒下，九月狱案潮拉开帷幕。

九月狱案潮是从萧应宫、沈惟敬案开始的。

七月初七，杨元亲自押送沈惟敬到朝鲜王京，并准备把他送回明朝。沈惟敬是投机无赖之徒，料想回到明朝，必受重责。

一个将要淹死的人，连一棵水草也不会放过！

于是，他四处活动，百般腾挪，以求脱身。可是，沈惟敬通敌卖国，明军将士以及朝鲜君臣对他恨之入骨，都想把他烹熟了吃，有谁愿意替他求情？

正当沈惟敬为脱身之计急得团团转时，山东按察使萧应宫来到王京。沈惟敬眼睛一亮，救星来了。

萧应宫，号观复，江苏常熟人，与沈惟敬的老家嘉兴甚近。第二次东征时，明神宗任命萧应宫为征倭大军的监军[①]。沈惟敬自以为找对了人，就向萧应宫行贿，求他上奏折一封，为自己脱罪。

眼睁睁看着老乡去死，不管怎么样说，总不好过。拿人钱财，替人消灾。于是，萧应宫以监军之名，给仍在辽东的经略邢玠写了一封信，信中说："经理杨镐认为，他可以担保沈惟敬无过错，即将上奏朝廷。"

邢玠觉得很惊讶，沈惟敬之恶，世人皆知，萧应宫竟然为沈惟敬辩白脱罪。那就叫萧应宫把奏疏写出来吧。萧应宫却阴得很，自己不写，而是叫同党、邢玠帐下的两个参谋人员——赞画杨位、丁应泰极力为沈惟敬救解。

杨位、丁应泰二位给邢玠写了封文书："萧应宫说，沈惟敬的事，他已经查出，倭将加藤清正与朝鲜僧将松云惟政曾于书信往来中提到，朝鲜旧时常常向日本关白进献方物。所以，议和之时，关白责怪朝鲜，并且索要王子与陪臣。朝鲜的每一个人，没有一个可以担当重任，但是朝鲜王子、陪臣又不肯去日本。朝鲜使臣就愚弄中国去跟倭奴拼命。朝鲜人甚至储存粮饷，却故意隐藏起来；有货物，却故意捐弃掉。使得明军深入朝鲜国千余里，而三军缺乏粮饷，束手无策。我仔细审查朝鲜的情状，不能不可怜沈惟敬，也不能不对朝鲜动怒。之前屡次批说邢总督杜绝部下进言，就是想让邢总督好自为之，不要到了朝议时众口责斥的地步。果然，最近屡屡有上疏言事的。现在事态急迫，我敢担保沈惟敬，已经把担保状书给邢总督和杨经理了。假如肯定无法挽救沈惟敬，我当自己去救他。"

最后一句："倭子并没有其他意图，沈惟敬也没有其他的隐情。其他人都是无端揣测的。"

萧应宫简直中了沈惟敬的魔道，不顾一切，疯狂地为他辩诬。

沈惟敬还与萧应宫昼夜相会密谈，威胁朝鲜大臣李德馨，要朝鲜同日本人讲和。萧应宫给李德馨一张字条，上写："贵国不审时度势，只想让天兵出战。战而获胜，三年之内，朝鲜必亡国。战不胜，那么祸害就在眼前。"并急催李德馨回话。

李德馨不耐烦地回说一句："小邦已到危亡关头，能不思虑自保之策吗？现在到了王京，讲和的事要跟国王商议一下。"

萧应宫见威胁不成，恼羞成怒，大骂："狗奴才，不作决定，还如此推托。

---

① 监军：代表皇帝协理军务、督察将帅、稽核功罪赏罚的职务。

我将不再为朝鲜做事了。”

凶狠狡诈如此，萧应宫一点儿也不输给沈惟敬。

九月，日军深入忠清道，兵临汉江。杨镐派遣张贞明拿着沈惟敬的书信，去倭营责备日本人轻举妄动。小西行长和丰臣正成比较赞成和议，大骂加藤清正发兵，随即率部退屯离王京六百里的井邑。其后，解生等取得稷山大捷，加藤清正也退往离王京四百里的庆尚道。可惜，张贞明在回来途中，遭人暗算刺死。

麻贵上报稷山、青山大捷，不料萧应宫从中作梗，奏称，日本人是见了沈惟敬的亲笔信之后才退走的，明军在稷山、青山并未与倭子交战，哪来的大捷？

萧应宫如此不顾事实，漠视明军的英勇作战，明军上下无不义愤填膺。邢玠和杨镐对萧应宫的倒行逆施，甚是愤慨，于是上书弹劾萧应宫懦弱胆怯，畏倭如虎。不但沈惟敬没给放出来，萧应宫也一并给关押起来。

墙倒众人推，鼓破万人捶。辽东巡按御史听到此事，趁机参萧应宫一本。

明神宗对萧应宫这样吃里爬外、违反抗倭政策的人深恶痛绝，让他削职回籍。

紧接着，就是对主和派石星、投机分子沈惟敬的秋后大算账。

九月初四，明神宗下旨：

> 倭奴狂逞，掠占属国，窥犯内地，皆前兵部尚书石星论贼酿患，欺君误国，以致今日，残我将士，扰我武臣，好生可恶，不忠，着锦衣卫，拿去法司，从重拟罪。（《万历邸钞》）

石星马上就被拉进刑部监狱。

初七，命经略邢玠对南原败将杨元议罪。

十三日，又旨令刑部、大理寺、都察院三法司，会审石星。

三法司秉公断案，不带任何私人恩怨。最后判审决定，将石星永远流放至辽远的边疆。那时的流边，大都流放到云南、青海等尚未开化之地，根本不是人住的地方。

不料，明神宗对石星的憎恨已经到了无以复加的地步。在他心里，倭贼简直就是石星招来的，对石星千刀万剐，也不能解心头之恨。所以，明神宗得知三法司判石星一个永流极边之后，雷霆大怒，说是刑部、大理寺、都察院三法司朋比为奸，徇私枉法，石星要重新拟罪。

明神宗很生气，后果很严重。

明神宗的责骂，让主持审讯石星的刑部尚书萧大亨惊恐万分。石星倒台之后，萧大亨一度成为替代石星的头号种子。九月初一，内阁首辅赵志皋还力荐萧大亨任职兵部尚书。

萧大亨主动引罪自责。但是，明神宗却毫不留情，下旨革除萧大亨世袭恩荫的特权（但并未革去萧大亨的刑部尚书职务），然后重罚参与此次审讯的相关大臣。

处分最严重的是大理少卿（最高法庭审判长）白栋，削籍为民。

其余的夺减岁俸。夺山西巡抚魏允贞、御史袁九皋的半年俸禄；夺布政司（民政部）万象春、参政马溶的一年俸禄。

潞安知府刘复初降一级调用。

这其中，魏允贞是一个忠诚清直的好官。万历二十年（1592），明神宗考核官员，朝中大臣只有魏允贞和孟秋二人没有受贿。著名的清官海瑞曾经称颂魏允贞“天下直言第一”。

众所周知，明代官员俸禄很低。像魏允贞这样清廉的巡抚，家人的一切生活就靠月俸六十一石米（大约合今天人民币 1.5 万元）。让他奉献一半给政府，那么家中有些人就只得喝西北风了。

明神宗下旨二审石星。这回，会审官员摸清了明神宗的脾气，小心翼翼地宣判：石星隐匿军情失误，律论死，父母子孙各流两千里。

沈惟敬这个无赖也终于得到了应有的惩罚。早在八月十四日，杨元和日本人在南原殊死搏斗的同一天，明朝御史况上进奉旨抄了沈惟敬的家。从他的妻子陈淡如那里搜出倭旗一面、长短倭刀倭剑共三百三十六把。倭衣、倭器、由绢、犀带、日本图等项共三百六十三件。沈惟敬通敌卖国证据确凿，打入死牢。妻、子、女、妾给功臣为奴，财产变卖入官。

但是，九月狱案潮并未就此终结，最后还有天津兵备许守恩。

许守恩，字诚斋，陕西泾阳人。他身材魁梧，无所畏惧，敢于直冒权贵重臣。明神宗很看重他，不直呼其名而呼“许大汉”。经略邢玠调发大军援朝，他却推奸避事，被邢玠参劾，明神宗下旨处以廷杖之刑。

明神宗是在用铁腕手段向明朝上下昭示抗倭援朝的决心，更是向日本人示威和宣战。

7. 杨镐的决心

稷山大捷之后，杨镐利用日军左右两路主将小西行长与加藤清正之间的矛盾，派遣张贞明前去游说小西行长。

麻贵又遣李如梅袭星州。日本将领筑紫广门、久留米秀包等在星州，兵寡难保。山口正弘等自谷城往星州，接应久留米秀包等回还。

丰臣秀吉不知从哪儿获知明军将有几十万人入朝，加上九月之后，西伯利亚寒潮南侵，朝鲜半岛剧冷，日军苦不堪言。于是，丰臣秀吉下令日军南撤釜山。毛利秀元便放弃稷山等地，让太田一吉殿后，自己与小西行长撤到釜山。加藤清正所部也于九月十四日开始逐步撤退。

这时，侵朝日军总数超过十二万，而明军不过两万。双方力量悬殊，但在世界战争史上却出现一个奇观。拥有七倍于明军兵力的日军节节退却，而人数少得可怜的明军却步步进逼，直把日军逼到朝鲜东南沿海一隅。

明军将士见日本人盛气凌人，以兵力孤弱为由，强烈要求撤还，一时军心浮动，明军统帅杨镐大伤脑筋，而朝鲜人看到敌众我寡，也是忧心忡忡。稳定军心，让朝鲜人振作，一时最为迫切。

九月十二日，杨镐骑着一匹快马，疾驰南下水原。提督麻贵追到王京的南大门，强拉住杨镐的马绳，劝说："贼兵迫近，而老爷决意前进。如果倭贼从其他小路绕到老爷身后，那么老爷进无所归，退不可得，徒损声威，实在有害无益。如果老爷一意孤行，留下老麻一人，怎么可以安心在此闲坐呢？孤军前进，变不可测。请老爷保重啊！"

杨镐说："我自有道理。"甩开麻贵，直向铜雀江。麻贵不得已，跟随其后。

朝鲜国王李昖听说杨镐孤身南下，也追到铜雀江，与杨镐、麻贵骑马并行。临海君李珒同行。

到了铜雀江口，江上有一座浮桥，明军忙碌过桥，一时拥塞难以过去。杨镐等人过江之后，爬上那边的山脊。杨镐只觉得一阵兴奋，遂下令，命明军一千骑兵，分做两队，在两边的山峰上，来回盘旋奔跑，假装耀武扬威。

潇洒了一回，杨镐便下山回来，到了铜雀江这一边，与李昖、麻贵下马，坐在地上。

杨镐今天好像特别高兴，招出朝鲜检阅郑弘翼，问："会射箭吗？"李昖替他回答："只是个书生，从来没有学过骑射。"杨镐觉得奇怪："既然不会骑射，那么佩戴弓箭岂不是浪费？"李昖只好解释说："只是威仪而已。"

杨镐又指着一个太监："这个能射箭吗？"

李昖答："马马虎虎可以。"

杨镐一时心血来潮，下令竖起箭靶，让明朝人与朝鲜人比赛射箭。朝鲜人射劲强力，箭无虚发。杨镐叫好的同时又感到疑问："天兵矢力不紧，朝鲜人发箭刚猛有力。有如此箭术，为何害怕倭子？"李昖既高兴又难堪："素不习战，所以有些胆怯。"

杨镐开了一个药方，叫他们补些胆气。

杨镐余兴未了，又令明军在江边大放虎蹲炮。轰轰几声，惊天动地，震耳欲聋。虎蹲炮的威力让李昖大开眼界，竖起大拇指，到了今天，才看到天兵雄壮不可战胜。倭贼必然荡平，庆幸庆幸！

杨镐很自豪，如果在江边多多摆设这样的大炮，倭贼怎么敢来？

看来，杨镐今天的溜达决不是简单地看看风景，放松心情而已，而是向明军将士展示必胜的决心，唤起朝鲜人委靡不振的斗志。

李昖受此激励，就在九月二十日视察汉江防线，犒赏三军将士。

当然，像这样跑马瞎逛毕竟过于张扬。前方平静，杨镐又觉得无聊，憋得慌，就拿日本战俘来泄愤。

这些恶魔平日杀人如麻，双手沾满鲜血。可到了杨镐手里，甚至连猪狗也不如。对待日本人，杨镐自创一套手法，令明军和朝鲜人大快。

九月二十四日，明朝宁国胤在清州抓到一些掉队的日本人，送到王京。

那天，杨镐正在校场观看茅国器所部的一场演习。

杨镐忽然想起一件事，请来游击以上将领说是要射箭，射中靶心的就赏给吃喝。大家听到有酒有肉，屁颠屁颠地都来了。

于是，杨镐下令宁国胤推出日本俘虏，结结实实绑在柱子上。

杨镐换上一身铠甲，拉开弓。发箭前，杨镐走上去问："你怕不？"日本战俘回答："不怕。"

杨镐就先射战俘的脖子，再射战俘肚脐下身。各位将官一心只想喝酒，也跟着胡乱射了六七箭，俘虏脑袋一歪，没气了。杨镐这才走下庭去，亲手拔出箭头，还用鼻子嗅了嗅，说："没有一点腥味。"

杨镐等明军将领亲手用箭将日军战俘一一送回老家，直射到日落时分。

杨镐召来朝鲜宋业男说："这些倭贼残害许多朝鲜人，所以我心里十分恼怒，就这样射杀。你可把我的意思转告给国王。"

又问另外一个朝鲜侍从朴仁祥说："你看，我射倭射得如何？"

朴仁祥答："真是感激不尽，谢谢老爷的恩典。"

杨镐手一摆，可以了，又亲手砍下一个战俘的头颅，其他人知道马上有酒肉了，也都兴起，乱斫一阵。

又一次，朝鲜忠清兵使李时言抓到一个叫福田勘介的日本人，他怕死，甘愿招引其他日本人来降，以将功赎罪。那时，丰臣秀吉强征国民入伍到朝鲜去，有大量的日本人不想死，就投奔明军或者朝鲜人，有的人还穿上朝鲜军装，与日本人交战，出生入死，如山禄古、沙古所等。所以，日本人也并非个个都是宁可自刎也不愿投降的主。

但是杨镐说："留着何用？"朝鲜人不敢违令，就于十月初六将福田勘介送上断头台。

杨镐还吩咐朝鲜人，以后活捉到倭子，就砍掉他的右手指，再放他回去。这样日本人就会吓破胆的。

当然，像这样惬意的日子并不长。做人总不能老是玩玩乐乐，毕竟杨镐不是来朝鲜度长假的，随着增援的明军不断进入朝鲜境内，这个任总指挥的也要进入角色，准备与日本人在沙场作生死斗。

其后，明军进行了两次南征，为日后展开大规模战役扫清障碍。

十月初七，杨镐派遣副总兵李如梅、游击颇贵、游击摆赛、参将杨登山、游击牛伯英五人率兵五千南攻任宝、南原二城。

又传言日本人在南原西边五十里处的獒树驿筑城据守。初九，提督麻贵亲提六千人再次南征。两次南征，明军如入真空，几乎没遇到日军抵抗。

麻贵沿着全州、任宝一线进军，在距离南原十五里处，遇到李如梅、解生等人，说是已经断粮三天。李如梅等人北返后，麻贵继续孤军深入，进至求礼，由于地形狭窄，不利骑兵运动，只得撤回獒树驿，但并未见到一个日本人。

二十二日，明军哨探一队，前出到求礼南三十里处，这才碰到几十个日本人，竖起白旗，督令朝鲜男女二百多人在铺布幕，收割棉花、稻谷，已经堆积了二百余间。

明军的突然降临让日本人大吃一惊，于是丢下稻谷、鸟铳逃散一空。明军还缴获了小西行长颁发给朝鲜人的免死帖，上面写着："用心战斗，招谕人民，收获田禾，坚守牛马，择地下营，勿为散走被擒。"（《朝鲜宣祖实录》）

五天后，麻贵回到朝鲜王京。

麻贵此次南征，历时半个月，行程一千余里，最远到达求礼，逼近顺天倭营，因后援不继，只好北撤。但是沿途所见，饱受日本人蹂躏之后的全州、南原一带，积尸遍野，官民房屋，无一遗存，其惨状不堪入目。田野稻谷盈满，却无人收割。朝鲜监司黄慎，准备叫人收割，充为军粮，无奈找不到一个人。

如果说杨镐一手策划的稷山之战扭转了朝鲜的战局，而麻贵的千里远征则让杨镐清醒地认识到，战场的主动权已经完全掌控在自己手里。现在，杨镐需要一次伟大的胜利来回报皇帝的夺情之遇。正在这时，经略邢玠从北京来到朝鲜了。

邢玠十一月二十九日抵临王京。他不但带来了明神宗赐予的尚方宝剑，也带来了皇帝对朝鲜君臣的殷切希望："尔君臣，宜举国努力，以翼王师，无得自绝于天，致贻后悔。"

邢玠的到来，让杨镐看到了皇帝的决心，一个庞大的作战计划在脑中浮现出来了。为了使这个计划能够顺利实施，杨镐首先需要重组手中的力量。

于是他跟邢玠一道，把入朝的宣、大、延、绥、浙、福等部队，分为三路，左路李芳春率领，右路彭友德率领，中路高策率领，全军南下，剿灭日本人。

朝鲜军也分为三营，协同明军：

一营共四千人，忠清道兵马节度使李时言率二千人，附属有以平安道兵二千人。

二营共五千二百人，庆尚左道兵马节度使成允文率二千人，附属有防御使权应铢并二百人、庆州府尹朴毅兵一千人、咸镜、江原等道兵二千人。

三营共三千三百人，庆尚右道兵马节度使郑起龙率一千人，附属有黄海道兵二千人，庆尚道防御使高彦伯兵三百人。

秋天消逝，严酷的寒冬即将到来。根据日本人无法忍耐酷寒的弱点，杨镐意识到，他的庞大作战计划到实施的时候了。

第十一章 直捣蔚山

1．决战的前夜

日军自万历二十五年十月之后，按丰臣秀吉的部署，全面收缩，屯集于朝鲜东南沿海一带。其主要分布情况如下：

岛津义弘父子守泗川岛。

立花宗茂、有马晴信、大村嘉前、松浦镇信守南海。

锅岛直茂据竹岛。

黑田长政守梁山。

宇喜多秀家、毛利秀元分守釜山浦二城。

小西行长守顺天。

加藤清正守蔚山。

其总数仍有十三万之众，猬集釜山一带，与明军相持，等待气候转暖、补给充足，或者形势有利于日军时，就大举北击反攻。为此，日本人大规模地修筑蔚山城池，保护海上通道，以图长期固守。

面对占据优势兵力的敌人，明军无力全线发动攻势。于是一个大的战略计划在杨镐脑中形成，那就是集中优势兵力，逐个击破，最后达到全部清除日本人的目的。而加藤清正为侵朝日军中最为可恶的将领，其据守的蔚山城向北突出，所以明军把首战目标定在蔚山。

投入蔚山战役的明军共四万四千八百余人，分为左、中、右以及预备队，其中：

左路军一万二千六百人，统帅李如梅，下有卢得功、董正谊、茅国器、陈寅、陈大纲等营，另配李时言率朝鲜第一营四千人，合计一万六千六百人。

中路军一万一千六百九十人，统帅高策，下有祖承训、颇贵、李宁、李化龙、柴登科、苑进忠、吴惟忠等营，另配成允文率朝鲜第二营五千二百人，合计一万六千九百人。

右路军一万一千六百三十人，统帅李芳春和解生，下有牛伯英、方时新、郑印、王戡、卢继忠、杨万金、陈愚闻等营，另配郑起龙率朝鲜第三营三千三百人，合计一万四千九百人。

预备队九千五百人，有傅友德、杨登山、摆赛、张维城等营。

联军总共五万七千九百人，在兵力对比上，有着三倍的优势。

万历二十五年（1597）十二月初四，明军在朝鲜王京举行誓师大会。

经略邢玠登坛，祭拜天地，誓戒将士，之后，摆下酒席，犒赏三军。祭旗时，明军万炮齐发，声响地动山摇。慕名而来的朝鲜人大多从娘胎出来就没有见过这么雄浑的大军，无不激动地抬起头，双手紧拍前额，能亲眼目睹如此威风凛凛的王师，都觉得这辈子不白活了。

祭旗之后，杨镐、麻贵率三路大军，浩浩荡荡南下。经略邢玠似乎对杨镐的大战略有所保留，所以宁愿待在王京，运筹帷幄。

国王李昖亲自到汉江，为明军饯行。李昖感慨万千："今天大人南下，乃小邦再造之秋，皇恩罔极。如此天寒地冻，大人远征劳苦，不胜感激。"

麻贵的回话很是得体："天寒地冻，正是用兵的好时机。倭贼行将剿灭。这是皇上洪恩，国王造化。"

对此战，麻贵抱着必胜之心：都说"东李西麻"，李如松能做到的，我老麻照样行。

李昖早已听说过麻贵的大名，联军总指挥非他莫属："小邦将领以下，一律听从大人调遣，这已经吩咐权慄了。”

麻贵最后说道：“朝鲜，乃礼仪之邦。朝鲜人民好读书，勤耕种。但是可恶的倭奴掳走贵国子女，滥杀贵国人民，必为上天所弃！今当尽数歼灭。”说完，跨上战马，毅然前行。

十二月初八，明军到达闻庆。麻贵在此召开有各路将领和朝鲜元帅权慄参加的秘密军事会议。麻贵对权慄发布了第一道命令：“天兵一到蔚山，元帅也应该命令水军，整备战船，多载炮手，耀兵于前洋，以助声势。”权慄一一依从。

十天后，经理杨镐到尚州。杨镐略通兵法，认识到知己知彼的重要性，准备派哨探宋好汉、田仓，先行去岛山搞一次侦探行动，但苦于人生地不熟，所以向朝鲜李德馨求助。

李德馨献出一个神秘人物，投降的倭子吕文余，此人聪明伶俐，颇有心计。杨镐重重赏了吕文余银子，并让带上明军的侦探宋好汉到庆州，剃发穿上倭衣，混入贼营。

联军士气大振，行动迅速，如疾风迅雷而下。二十日，杨镐与麻贵在庆州会合。杨镐聚集各营大将，召开军事会议，商议进攻之策。

杨镐决定利用小西行长与加藤清正之间的矛盾，先派遣李大谏去顺天小西行长军营，相约不要出援加藤清正。令左路军董正谊所部一千五百骑兵，及朝鲜兵一部，由天安、全州、南原而下，大张旗帜，佯攻顺天，以牵制小西行长，配合李大谏的游说。令中路军高策、吴惟忠扼彦阳、梁山，切断釜山日军东援蔚山。又令右路军卢继忠率兵两千，屯西江口防日军从水路来援。

同时，麻贵也派遣黄应旸，到蔚山重贿加藤清正，使他麻痹。

吕文余果然了得，第二天就从蔚山带出岛山太和窟日军的详尽布防图，兵卒数量及分布情况，以及加藤清正、副将喜八的藏身之处，清晰了然。杨镐大喜，便用红笔在地图上画出三路大军的进攻箭头。

活捉加藤清正，作为新年厚礼献给皇帝。

二十二日，前哨战打响。日军浅野幸长、太田一吉、宍户元继在彦阳，看到明军来势凶猛，除了留下斥候五百人于河水外，准备退缩到蔚山城内。明军高策、吴惟忠率部突然杀到，一阵掩袭，日军阵脚顿时大乱。

浅野幸长是浅野长政之子，时才二十一岁。初生牛犊不怕虎。太田一吉、宍户元继见寡不敌众，极力劝阻。但浅野幸长年少轻狂，竟然说："各位要怎样就请便吧，我是见不到敌人就不回去。"说完，单枪匹马朝明军冲去，太田一吉、宍户元继生怕他遭遇不测，只得跟随其后。

高策、吴惟忠见日军并不多，挥师冲杀过去，将浅野幸长等人重重围住。浅野幸长像一头蛮横的野牛横冲直撞，很快就吃到苦头，陷入了明军的刀山剑林。身边部下一个个倒地，自己也身负重伤，不得已溃围而出，且战且走。明军紧紧咬住不放，快到蔚山城下时，浅野幸长已是奄奄一息。所幸部将龟田大隅杀掉明军一名军官，明军阵中现出乱象。这时，蔚山城内的加藤安政开城门相迎，浅野幸长、太田一吉、宍户元继等这才得以趁乱逃脱入城。

蔚山城内，日军有一万六千五百人。见到明军大举来攻，赶紧作好守城部署：

浅野幸长三千人守蔚山城外郭东面。

宍户元继、加藤与左卫门（又名加藤重次）率一万人守蔚山城外郭背面。

太田一吉所部五百人守蔚山城外郭西面。

加藤安政率三千人守蔚山牙城。

就在此时，随着经理杨镐一声令下，三路明军像三支离弦之箭，于丑初（次日凌晨1时）自庆州直飞向蔚山城。李如梅的左军最为迅速，直抵蔚山城下。令人惊心动魄的蔚山攻坚战就此拉开序幕。

2. 加藤清正从天而降

十二月二十三日，凌晨，麻贵先到蔚山，距离日军营垒六十余里。招来杨登山、摆赛、颇贵，问："你们谁愿当先锋？"三将你争我抢，都想搏个首功。

摆赛，号西河，与颇贵、解生、杨登山号称明军"四大金刚"。而摆赛最为勇猛，堪称四大金刚之首，山西大同右卫人，与麻贵是同乡。麻贵就令摆赛为先锋，杨登山继后。

杨登山，号恺明，河北张家口人，每次临战必是先锋。这一次被摆赛抢夺走了先锋，杨登山气得目瞪口呆。而摆赛满脸喜色，哈哈大笑。杨登山憋不住，挥拳想去殴他。

摆赛不屑与他计较，率一千亲兵精骑，飞也似的奔向蔚山倭营。杨登山只得率部跟随其后继发。

天空刚刚薄亮，摆赛抵达倭营。日军一万多人，各自披带鲜明盔甲，铳炮齐发，大声呐喊，手中长刀随空挥舞，一片杀气腾腾。可是摆赛并未马上接近蔚山城，而是在不远处发放火箭，气得日本人哇哇大叫。看到摆赛的进攻部队仅千余人，日本人就倾巢而出冲杀过去。一场混战，摆赛乱砍几下，四个日本人立即丧命。可是没几下明军就稀稀拉拉地败下阵来，边打边退。军中战旗也是东倒西歪，一片混乱。日本人见抓住了战机，马上有一大队人马杀奔过去。号称“四大金刚”之首的摆赛竟然如此不堪一击，于是日本人如急风骤雨般追赶过来。

直追出二十余里，已经是上午巳时。明军也是气喘吁吁，眼看日本人就要胜利，突然杨登山伏兵四起，以一字形杀出。原来战前早已算计好了，让摆赛把日本人诱出城，李如梅和杨登山早已挑选轻骑，在近处埋伏下来。

日本人中了明军埋伏，人仰马翻，一片混乱。摆赛趁机回马掩杀，杨登山也把得不到先锋位置的怨恨，全都往日本人身上泼泄。筋疲力尽的日本人毫无还手之力，任摆、杨二人肆意砍杀，最终大败而归。

是战，明军斩首四百六十余级，生擒小队长一人。麻贵盘问俘虏，得知加藤清正还在西生浦。

明军乘胜追击，把蔚山城外的日军营帐烧成灰烬。日本人躲入城内土窟。

晡时，后续的明军尚未到齐。麻贵只得下令摆赛等收兵，准备明早再战。

不久，杨镐到达蔚山城下。明军遂扎下大营，与日本人遥遥相对。杨镐与麻贵并立在蔚山城外的一个日军养马场外面，验看今日战斗的缴获，马匹、日军首级、器械等。

蔚山守敌损伤惨重，全都撤往岛山，把蔚山城扔给了杨镐。

岛山，又名甑城、新城、新鹤城、鹤城，位于蔚山城东面四里许，太和江边，是一个五十米高的小山。内城高十五米，石头垒成，附以本丸及二之丸三之丸。外城为在本城外所垒起的土丘，其上立以松树，三重木栅。各丸守将如下：

本丸东侧：太田一吉。

本丸南侧：浅野幸长。

本丸西侧：加藤安政。

二之丸：宍户元继、桂孙六。

三之丸：加藤与左卫门、近藤四郎右卫门、毛利军一部。

二之丸与三之丸之间结合部由美浓部金太夫、九鬼广隆把守。

右路明军统将李芳春、解生驾船驶入蔚山、岛山之间的河水，放火烧焚民屋，准备乘着浓烟攻下城去。岛山的日本守军赶紧发炮，击沉几艘明军船只，挫败了李芳春、解生的计划。

但是，主将加藤清正这时却跑到机张去督工筑城，岛山城内群龙无首，加藤安政很是担忧。浅野幸长的部下木村赖母自告奋勇，冒死潜逃到机张营，把岛山军情告知加藤清正。

加藤清正说："我自日本起程时，曾经答应浅野幸长的父亲长政好好照顾幸长。如果浅野幸长战死，我有何面目去见长政？"急令部下备好船只，驰赴岛山。

部将有人劝说："部众留在蔚山处有三分之二，现在又要留下一半，带去的寥寥无几。以寡敌众，只是白白牺牲。倒不如纠合诸将，大家戮力赴援，以图万全。"

加藤清正说："你说得或许有些道理，但只知其一不知其二。蔚山本来在我手中。如果各将未能及时赶到，蔚山很快就会沦陷。那时人人都会说清正胆小，害怕强敌，见死不救，让部属丧生。果真如此，那简直比死还要耻辱。况且其他各部离蔚山甚远，我们较近，不可以自己不去救援，让其他各将去。再从兵家利害来看，敌人远道千里而来，尚未站稳脚跟，且仗着兵多将广，必然轻敌。我兵虽少，却可出其不意，一举击破明军。"

是夜，加藤清正率领五十余人，乘着几艘轻舸，星夜兼程。加藤清正头上戴着银色帽子，右手拿着一把眉尖刀，站在船头，飞驰抵达岛山城。统帅的来临，令城内守军欢呼雀跃，士气大振。加藤清正一入城，就加强构筑防御工事，下令在蔚山、岛山之间筑造新垒。时天气严寒，土块一沾上水，立即冻得如石头一般坚硬。

翌日天未亮，杨镐就开始下令攻打岛山城：左路李如梅围攻伴鸥亭，中路高策自兵营直向岛山城外敌军营帐，右路李芳春攻打太和江倭营。

卯时，三路明军进逼岛山城下。杨镐身穿甲胄，亲自督战。先把延迟不前的两人拿下斩首，又将一个落伍的士兵割下左耳。于是，明军将士争先恐后，直冲向岛山东城。

明军摆上各种大炮，顷刻之间，数百支火箭急风骤雨般落在岛山城头上。炮声轰天震地，硝烟弥漫。

城内无数房屋着火，这时一阵北风又来助阵。劲风刮得火势更加炽烈，眨眼间日军营帐全都烧毁，黑雾腾空，天空顿时昏暗下来。江边也有两艘船着火，没几下就沉入水底。

一场大火烧得日本人哭爹叫娘，焦味熏天，只得纷纷躲入土窟。明军趁着火势猛攻，左路茅国器的浙江兵率先登上，连连攻击。日本人抵挡不住，溃向岛山堡垒三之丸。

毛利辉元的家臣武将冷泉元满挥舞着手中的薙刀砍杀，旋即丧命于浙江兵的刀剑之下。城中日本人见此情景都按兵不动，只有吉见广行例外。此人年仅十八，却深谙弓箭之道。他指挥军队排成圆圈，命令弓手诱敌接近，在有效距离内放箭，射进数以千计的明军中央。浙江兵视死如归，踏着同伴的尸首，前赴后继，昂首挺进三之丸。吉见广行命人将手中的长刀列成一排排，城中的日军也不断发炮轰击，终于守住了三之丸。

茅国器的浙江兵虽然没有攻下三之丸，但也斩获日军首级六百六十一，烧死敌人无数，此外还断绝了日本人的水路。

岛山城用巨石建筑而成，石筑如削，穴如蜂巢，崛曲难攀缘。尽管明军抬出各种大口径的火炮，猛烈射击，但山坂峻高，挡住了弹丸，火炮的威力无法发挥出来。明军不得已只得架起云梯仰攻，日军占据制高点，从高处发铳，乱投巨木石，明军伤亡惨重。

朝鲜将官尹洞、李时言等爬到距岛山五里之外的牛岩山上观望，只见岛山外城已被明军攻破，而山上的小城，犹如悬在半空的坚固石城，明军蚁附城壁，屡攻不下。最后有十多人攻上城头，但是后续跟不上，这十余人冲进去，再也不见出来。

这时，小西行长率军来援，但又怕明军攻打釜山，只好选出三千日军，分乘四十余艘战船，在太和江下游蓝江，停泊下来。杨镐派遣浙江骑兵二千、步兵一千，分截江边。一待援军战船靠近，就发炮轰击。

杨镐与麻贵登上岛山北边高峰督战。朝鲜大臣李德馨看到明军攻势凌厉，一阵欢喜，连连称谢。杨镐自豪地说："这些只是小胜，看我如何歼灭釜山、西生浦的倭贼。"

但是，杨镐高兴得太早了。左路李如梅的攻势陷入胶着，明军寸步难进。杨镐被迫在午后把高策的中路军全部投入攻城，仍然毫无进展。

左路军游击陈寅率领步兵，攻破岛山城内的三重木栅栏，逼到石窟下边。明军屡次冲锋，均无战果。陈寅下令敢死队每人手持火把、积草，准备烧城。可是，明军将士一爬上云梯，上头的日本人就铳丸如雨。敢死队冲上一个，倒下一个。陈寅又准备巨石，想用它撞破岛山，但城池高悬在头上，巨石所撞，根本就是蚍蜉撼大树。

眼看着手下的兄弟一个个离去。陈寅对杨镐不求战法，一味蛮干，驱士卒如蝼蚁的做法很是不满。于是跑到杨镐面前口出怨言，看今天的战况，似乎无法轻易攻破城池。等大军到齐，一鼓作气，便可攻下。

杨镐下了死命令，攻外城时，是你捷足先登，你部骁勇善战，冠绝三军，此时更应再接再厉，不可失去战机。

陈寅恨恨地往手掌上啐唾沫，干脆豁出命来，身先士卒，登上云梯。俯瞰明军这么玩命，加藤清正也不敢怠慢，身穿绿衣，手操白旗，来回走动，号令守军抵御明军的突击。

日本人从上面发铳，一颗铁丸正打中陈寅的门牙，满口鲜血喷出。陈寅不顾疼痛，招手激励部下猛冲。不料又一颗铳丸击中陈寅大腿，顿时血流如注，身子一栽，坠落下来，遂被抬下送往庆州疗治。战到黄昏，担任主攻的李如梅左路军取得进展，日本人一片混乱。如果再一鼓作气，岛山城还是有拿下的可能。偏偏在这节骨眼上，杨镐鸣金收兵。

对这一次停顿的缘由，众说纷纭。清朝人把它归咎于杨镐偏袒李如梅，不愿把战功留给南方将领茅国器，这与史实大相抵牾。战后李如梅曾经愤愤地对国王李昖倾诉："二十四日再攻之际，为在上之人所制而退军。"这位"在上之人"绝非杨镐，而是与李如梅结下梁子的麻贵。麻贵曾经抢夺李如梅私藏的娼妓。所以实情应是这样：麻贵嫉恨李如梅专得其功，以久战多疲为由，撤出战斗，让明军失去了攻克岛山城的最佳时机。

但是撤兵令是杨镐发布的，所以大家对他恨之入骨，特别是左路军将领陈寅。

日落后，五六个日本人从岛山城溜出太和江，人们传言是加藤清正逃遁。如果让他跑了，献给皇帝的大礼也就泡汤了，于是杨镐和麻贵亲自前去追赶。

到了太和江边，才知道只是几个胆小如鼠的小鬼子。杨镐、麻贵察看江上敌船形势，突然想起用火烧城的主意，吩咐李德馨及诸将，多多准备木柴，以为明天攻城之用。

第一天攻城，明军毙敌九百余人，拔除了伴鸥亭太和江两窟。明军也损失七百人，朝鲜死亡两百多人。

夜幕降临，杨镐下令全军休整，并重新调整攻城部署。高策屯于城东，吴惟忠屯于城南，李芳春屯于城西，三人负责攻城。李如梅、摆赛在太和江堵截西生浦来援之敌。祖承训、颇贵拦阻釜山援敌。在明军重重围困之下，加藤清正成了瓮中之鳖，插翅难飞。

此时的形势类似于李如松的平壤之战，明军四面围攻，对加藤清正已成关门打狗之势。可惜杨镐的对手是一个远比小西行长狡猾、凶狠的加藤清正，而岛山城居高临下，多以巨大石块垒成，固若金汤。明军火炮的优势力量基本派不上用场。在缺乏火力的有效配合下，明军只能以血肉之躯去铺开一条攻城之路。

3．风雨寒天战岛山

进入冬天后，来自西伯利亚的寒潮在朝鲜半岛不断肆虐，气温也随之降到零下三四十摄氏度。从昨天下午三时起，岛山连吹东风。天公又不作美，下起大雨来。这无疑令露宿原野的明军战士雪上加霜。呼啸而来的寒风夹杂着雨雪，刮过去如同刀割。

西生浦的日军不断地从水路来援，高策、祖承训竭力阻截，来而复去，一天两到三次。

十二月二十五日，明军架起云梯攻城，但除了留下一堆堆的尸体外，一无所获。而加藤清正的一万六千人在头两天战死不下两千人。万把人蜷缩在方圆二三里的岛山土窟内，滋味也不好受。

更要日本人命的是，城内的水源已经被明军切断。杨镐下令在水道上列围分屯，周匝围绕。日本人渴得忍不住，就在半夜偷偷溜出来，汲取壕沟里的水解渴。沟内尸体扎堆，死人的血混合着雨水，腥臊秽臭。别说喝上一口，就是鼻子一嗅，也会恶心呕吐。但是饥渴难耐的日本人哪里顾得上恶味，双手捧起臭水，大口大口地咽下。

粮食一粒也不剩了，牛马早宰光了，有的人甚至嚼烂纸张，或者煮烤壁土来充饥。不怕死的就跑出城外，偷窃尸体腰间的口粮回去。将官每吃一顿饭，都要准备好几双筷子，与士卒们同甘共苦。到了岛山战事结束的时候，守军口里吐出来的已不再是清晰的音符，而是浑浊模糊的喉音。日本人忍受极度饥渴的坚强毅力，实在令人叹服。

杨镐也试图招降加藤清正。他派人拿着令旗及赏功旗、免死帖，进入岛山城。告诉加藤清正，投降就免其一死。加藤清正耍了杨镐一回，我本来就想投降，但不知道朝鲜人肯不肯答应？如果能跟朝鲜人商量下，我就投降。

简直是开国际玩笑，杨镐断然拒绝。

一晃又是一天。无休止的滂沱大雨，疯狂地从天而降，黑沉沉的天就像要崩塌下来。整个岛山地区积满雨水，人的膝盖以下部位都深陷泥泞沼泽之中。联军人马冻绥饥饿，叫苦不绝。

一大早，杨镐又开始四面攻城，日本人依然是从上往下发铳。明军缺乏攻城器具，只得休兵。

有四名被掳的朝鲜儿童和两名妇女，逃出岛山城。杨镐问其城中情况，回答说：“加藤清正等五位倭将都被困在城中。城内既没有米，也没有井水。倭贼都是捡拾地上的一粒粒米拿去烧煮。夜里溜出偷取城下的井水、泉水。下大雨的时候，倭贼都用单衣、纸帐沾湿雨水，然后在嘴边拧干吸吃。加藤清正等人都非常后悔放弃西生浦来到蔚山。”杨镐由是愈加坚定围困的决心。

明军进攻了三四天，伤亡颇大。于是，杨镐决定让明军休息一天，调上朝鲜兵攻城。

杨镐对李德馨说："昨天，贵国将士进战，呐喊助威，虽然无法攻城，但是勇气可嘉。"又招来朝鲜兵统帅权慄，说："投降的倭子准备出一些点子来毁坏岛山城，就让他们试一试。但岛山城极其高险，朝鲜兵又有些伤亡，很令人担忧。今天，天兵就四面包围，按兵不动，让他们去割草打粮，休整一天。贵国的兵和降倭一道抱着干柴、挨牌[1]，用上火攻计，并填上城下的水井、泉眼，让倭贼不得取用，渴死他们。"

李德馨、权慄颇有难色，但又推辞不得，只好下令朝鲜兵全都进入土墙之中，一步一步挨近岛山城底下。朝鲜人手里拿着木柴和盾牌，冲上去即中丸，倒下一大片，纷纷胆怯退回。权慄亲自督战，见状大怒，斩杀灵山县监全悌、一名秀才、一名士兵，逼着朝鲜人回头冲战，怎料日本人的铳丸比天上的雨点还要多，而且又格外精准。朝鲜兵除了遗尸累累、丢盔弃甲之外，什么也没得到。权慄迫不得已，下令退阵。

这时水路形势骤然紧张。由于连日大雨，太和江下游蓝江水势暴涨。辰时，有三十多艘日军战船，不断进逼江岸，眼看就要驶入上游。杨镐与麻贵赶紧下令明军阻截，并急命朝鲜兵摆出围城的阵势。

李如梅的左路军放炮鼓噪，火箭直飞向日军战船。浙江兵冒死泅渡过去，与船上的日本人大战一番。岸边两侧的明军大炮也一起发放，屡屡击中日本战船，有一艘船被打中之后，立即粉碎，沉没水下。

杨镐与麻贵率领标下亲兵，退到高处扎营，以备不测。

到了午后，日本战船见进不得，都退到太和江外浦的洋面上，总算解除了海上的危险。岛山的守军开始慌张了。

不久，一个日本人跑出城向明军投降。杨镐当即赏他银两和一件红色马褂，让他骑着骏马在岛山城外绕走一圈，于是城内日军军心动摇，不断有人逃出投奔明军。加藤清正见局面混乱，就下令严守城门，不许任何人出入。

但是，城中的日本人饥寒交迫，又滴水不沾，个个如同坟墓里挖出的枯尸，干瘪得像木柴一般。加藤清正心急如焚，又要弄诈降计，以作缓兵之策。就派遣几个日本人，在竹竿上捆系书信，摇着小旗，从岛山城头下来。杨镐让翻译

① 挨牌：步兵装备的盾牌。长五尺，宽一尺五寸，多用白杨、轻松、桐等轻而坚硬的木料制成。

通事，过去取下书信，展开一看，原来是加藤清正的副将所写：“致明军统帅：加藤清正在西生浦，小将等在此守城。请差遣一个朝鲜将官，同我到西生浦讲和。这样两国士兵，不至于多死。”

杨镐再笨，也不会相信“此地无银三百两”的谎言，申时，派朝鲜金应瑞带着通事朴大根和降倭冈本越后守、田原七左卫门，在岛山城下招降，大喊说：“如果加藤清正出城投降，那不单单饶了城中的每一个人，而且也会奏报皇上，授封高官厚爵。天朝绝不会背弃信义。”并发放令箭入城，作为日本人投降的通行证。

日本人回话，加藤清正在西生浦，请少开南面一路，让人速到西生浦与清正说谈。要战就战，要和就派一名将官，前来议和。

杨镐懒得理会了，召集诸将商议战和之策，招来李德馨，天兵三路人马都困苦不堪，朝鲜兵无用的，都给我出去割草给各营喂马。

朝鲜兵虽号称四五万，但参与蔚山之役的只有一万多，而且柔弱不堪，除了摇旗呐喊，充当拉拉队，为明军助威之外，大都派不上用场。

听说城中日军大造高梯，准备乘夜遁走，蓝江上的日本战船蠢蠢欲动，进退无常。杨镐当即吩咐下来，今夜倭贼必会有异动，我军各营严阵以待；又传令朝鲜将领金应瑞，带着降倭，终夜巡逻，以防日本人逃跑。

杨镐不知“围师必遗阙，穷寇勿急迫”的用兵之道，只知一味包围，堵截得密不透风。结果加藤清正见突围无望，抱定了固守待援的决心。

二十七日，昼夜大雨仍然不止，铺天盖地倾泻而下。明军日复一日，枯燥地重复着冒雨进袭、遗尸累累的悲剧。

朝鲜金应瑞标下的降倭和朝鲜兵，夜里埋伏在城下的水井旁，日本人一出城汲水，就扑上去拿下，倒是收获颇丰，抓了五个，打死五个。杨镐赏他红缎一匹、白金五两。审问降倭，答说：“城中无粮无水，清正等六将都在城内。守军万余人，饥渴不堪，连尿水也挤不出一滴。”

杨镐听了此话，越发坚信必能全歼加藤清正，所以下令缩紧包围圈，不让一个日本人跑出。随着战局的变幻，这一愚蠢的决策终于酿成灾难性后果。

无休止的大雨，机械重复进攻，遗尸累累已是家常便饭，明军终于被击垮了。饥饿、寒冻、死亡，即便是精钢铸造的铁人也忍受不了，何况是血肉之躯？

从夜里开始，气温骤然降到零下三四十摄氏度。西风像雄狮一样凶猛地吼着，无情地扫荡着在原野上露宿的明军将士。可怜的将士无处藏躲，任凭寒风暴雨肆虐。而最苦的是那些守候在太和江边的浙江兵，他们连一片遮挡的破布也没有。整夜站立在江岸上，从日本海刮来的凛冽寒风，刺骨透肤，残忍地侵袭着一个个生命。

二十九日，西风仍然无情肆虐着岛山城四周之地。

但是，杨镐却不顾士兵死活，老是忘不了火烧岛山城，活捉加藤清正。一大清早就召来朝鲜大臣李德馨等，今天风势对我非常有利，要多多准备柴木，乘风势纵火，焚烧倭贼营帐。

一声令下，明军三路人马以及朝鲜兵纷纷四处寻找柴草。

联军齐出动，数万将士一手拿着柴草，一手拿着盾牌，紧紧簇拥着，一步步逼到岛山城三之丸下，无数人马黑压压不断向岛山城靠拢。

一等联军逼近，瞬间就有数不清的铳丸落到联军头上。联军一排排倒下，才到木栅外，便止步难行了。

太和江洋面的敌人也试图冲破明军的封锁。午后，蓝江上的二十六艘战船，顺流而上，与岛山倭窟相呼应。加藤清正立即派出一名将官率领五六个日本人，到城外向船上的日军呼喊。日军战船每天都有二三十艘到江面上发炮袭击明军，太阳一落下就退去，准备随时接应加藤清正突围。但是，杨镐下令严阵以待，岛山守军与海上援兵无法会合。

黄昏后，联军又去烧城，但是仍被日军一阵阵铳丸抵挡住。

这时，明神宗派出御史陈效担任监军来朝鲜督师，陈效听到杨镐正在围攻岛山，就派遣欧阳绍、李鸾等前来督战。

与欧阳绍等人商讨之后，杨镐定下长期围困之策。首先下令明军搭建草房，团团扎营，又命朝鲜人催运粮饷，作好打持久战的准备。

麻贵一直被杨镐压着，甚至连配角也不是，他不主张拖延战事。见战局胶着，就苦劝杨镐放开一面，让城内的日本人逃出，然后设置伏兵于要道邀击。这恐怕是目前唯一的破敌之策。

如果杨镐能听从麻贵的话，或许会有意想不到的战果。因为这时日军唯一的奢望就是能活着出去。夜里，有一只小船载着三十余名日本人，准备出城逃走。守候在岸上的右路明军和吴惟忠部奔过去，一番厮杀，右路军杀一个，俘虏一个。吴惟忠部打死六名日军。剩下的带伤遁回城去。

人间最可恨的事，莫过于愚顽固执。

杨镐的脑袋听不进任何人的建议，刚愎自用，妄想生擒加藤清正邀赏，又怕功劳被麻贵夺取，哪里肯听得下他的只言片语？

二更时分，杨镐故技重演，又准备烧城，加藤清正早就料到，最终明军无功而返。

就这样，杨镐的死围进行了九天。

十二月三十日，万历二十五年的最后一天，岛山仍是屹然不动，但是明军却陷入了前所未有的困境。粮草不继，伤病大量减员，战马九天吃不上草，相继倒毙达一千余匹。

日本人更是濒临绝境，加藤清正也是绞尽脑汁苟延残喘，屡次投书给杨镐想要讲和，但是城中没有通晓汉语的人。江面船上有一个和尚可以担当此事，如果能让人送出，就修和书，并说："双方交战十天，士卒多死。我再也不忍心多杀人，想与你相会，告知我的意思，一起休兵止战，如何？"

杨镐回话，只要加藤清正出城，当面求和，便讲和。

加藤清正见杨镐上钩，又忽悠了几句，传话说："麻老爷以战为主，必不肯见我。杨老爷如果认为可以在中路会面，那我当出城拜会，商议和事。"

杨镐自以为加藤清正必出城，一待出城就将其活捉。杨镐还满怀信心地向明神宗上奏："倭将清正势逼乞降。臣不许之，必当生擒以献阙下。"

老将吴惟忠不知内情，建议："兵书上说，围师必遗阙。今山城未破，应当网开一面，等倭贼逃出，埋下伏兵擒斩。"杨镐一心要生擒加藤清正，便说："老将军只要还我一个活清正。"吴惟忠猜想杨镐胸中自有韬略，就不敢再说些什么了。

加藤清正准备出城会见杨镐，浅野幸长说："杨镐之意不可测。进入敌营之后，你的英勇就无法施展。要是你一定去的话，那我代你去吧。"于是加藤清正不出城，杨镐的生擒计划破产了。

4. 大撤退

抗倭战争进入第七年，也是最后一年。岛山前线不断传来佳讯，朝鲜国王李昖看到了胜利的曙光。

进入新年，朝鲜王京一派喜庆的景象。

万历二十六年（1598）正月初一，李昖前去拜会经略邢玠。

邢玠浓墨大书，写了两副对联：

帝德玄通，国运与阳春并转，九天雨露旁敷；

海氛清谧，物华共岁月同新，八道河山生色。

另一副：

剑横晴雪平倭日，鼓震春雷奏凯时。

末署：益都邢昆田。

此时的岛山，明军将士却是风餐露宿，饥寒交迫。零下三四十摄氏度的低温，小河里的冰冻得一尺多厚。粮食早已断绝，许多人冻得手指头都掉下来。杨镐整天板着脸，面对岛山坚固的城墙，唉声叹气。加藤清正明明近在咫尺，杨镐偏偏拿他一点儿法子没有，整天开会讨论要不要发动攻势。但是在会议上，他又唠唠叨叨说个没完，旁人基本插不上嘴。

杨镐是个急性子，恨不得一口气把岛山吞下，且又唯我独尊，天大地大我最大，所以杨镐不但跟麻贵、刘綎等高级军官不和，跟陈寅、周升等低一级军官也合不拢。

要命的是，明军将领之间也尿不到一个壶里，像麻贵与李如梅曾经交恶，如同仇人。在岛山攻坚过程中，明军将领互抛白眼，扯后腿。

由于杨镐的独断专行，麻贵基本上靠边站。在军事会议上，麻贵就像个木头人，呆坐一边，遇到需要决策的事，麻贵总是知趣地谦让，对杨镐说："自有主断者。"

这样一来，明军一天天烂下去，但日本人却一天天好起来。

日本的援军船只不断纠集在太和江面。黑田长政从梁山跑到西生浦，决定驰援岛山。于是，日军各部磨刀霍霍，全力以赴，挽救奄奄一息的岛山守军。

到了最后关头，各地的援军就要到来。加藤清正连哄带骗，杨镐晕头转向，战和不得，骑虎难下。看到江面上的船只渐渐增多，加藤清正明白了，于是决定最后糊弄一下杨镐，再找机会给予致命一击。加藤清正派出副将喜八传话，明日晌午，贵官与我会于南山，相议和事。

第二天清晨，加藤清正派人告诉杨镐，将要出城和他会面。杨镐高兴得手舞足蹈，哪知翘首企盼了大半天，盼花了双眼，就是不见一个日本人出城。

正当杨镐恨恨咒骂加藤清正出尔反尔时，太和江洋面出现了开战以来最让杨镐恐惧的一幕：从西生浦、釜山来的数百艘战船停泊在坍浦，黑压压遮洋蔽海。日本援军都站在船头，挥舞着旗帜。

岛山城头一片欢腾，加藤清正下令到处张扬战旗，与江面的日本人遥相呼应。城中原有一万六千人，到现在只剩下几千，而能够投入战斗的只有三千人了，其中铳手二百人。如果再拖延几天，恐怕岛山城内只剩下一堆白骨了。

但是，杨镐却慌了手脚。不派人打探清楚，更不作好迎战部署，只是下令摆赛、颇贵领兵驰往箭滩、般丹，吴惟忠、茅国器领兵把截江岸，堵住援军上岸。

慌慌张张过了一天，日军增援部队源源不断而来，黑田长政和蜂须贺家政最先到达蔚山地区。黑田长政很快击溃岛山城东山的明军，占领这一高地，并派人潜入岛山城内，与加藤清正取得联系。

小西行长率部二千人和四国兵二万余人，也陆续从顺天出发，奔向岛山。宇喜多秀家、毛利秀元率釜山守军二万人，进到离岛山大约一里的地区，在山头上安营扎寨。

毛利秀元说："敌军众多，我军当分路进击。黑田长政、加藤嘉明进攻山下的敌人，蜂须贺家政和我直冲敌军帅营，丰臣正成和松浦镇信为游军，趁敌人惊扰时自东方袭击他们。"

黑田长政、小早川秀秋、立花宗茂却不同意毛利秀元分兵合击的计划，主张趁明军不备，半夜派人袭击，天亮后全军发动攻击，必能大破明军。

午夜时分，立花宗茂到达般丹，将所部八百人分为三队，自率三百人袭击明军，明军稍退。

日本人好像泉水般从地下冒出，顷刻之间布满了整个蔚山地区。有的突破明军的包围圈，进到岛山堡垒之下；有的出现在箭滩的南山上，杀声四起，另有五六十人摸下山。明军见敌人势众，不敢紧逼。

李如梅、解生率左路军向箭滩的日本人猛攻一阵，杀死日军六百九十余人。尽管颇有斩获，但是未能打退敌援。

真是危急存亡，日军内外夹击，如果攻不下岛山城，明军很快就会成为三明治夹心。杨镐决定做最后一搏，在敌援合围之前拿下岛山。

杨镐和麻贵亲自督战，拿出浑身解数，又是斩杀退却的士卒，又是把胆怯的游击李化龙五花大绑，在阵前巡回。明军上下勉强抖擞精神，挺起手中的武器，在几个巨大火把的光亮之下，开始四面攻城。

但明军已成强弩之末。恶劣的天气、亟待恢复的虚弱体力、一落千丈的士气，让杨镐的最后努力化为泡影。

加藤清正把能用的都用上，泥块、石头、木头，甚至尸体，犹如阵阵狂风骤雨，压得明军喘不过气来。天亮之后，城中的炮火更加炽烈，明军死伤累累，留下五百具尸体，匆匆撤退。

杨镐脸上露出苦涩的惨容，大势已去矣！

正月初四，这一天对杨镐，甚至所有参与岛山战役的明军来说，都是一个耻辱与惨痛的日子。因为这一天，他们制造了一场惊心动魄的大撤退。

黎明时分，蓝江的黑田长政派出毛屋主水迎击明军。毛屋主水却跑回来说："我望见敌人营房上空的炊烟渐渐稀薄，好像敌军已经断粮。敌军阵中一片混乱，队伍无序，士卒纷扰不已。他们不是来接战的，而是准备逃跑。"黑田长政走出看了一下，果然如此。

黑田长政对部将说："敌人准备撤退。等他们撤退之后再去追击，这不是英雄所为。我们应当趁敌人尚未撤退即发动攻击。"

天气酷寒，河水成冰。但黑田长政脚下的河水不断被海水冲刷，没有结冰。黑田长政率先骑马跳进冰冷的河水，部属于严寒乱流中竞渡，与明军接战。小早川秀秋、毛利秀元又紧随其后，藤堂高吉将明军阵势打乱，后续的日本人叫喊着冲杀过去。

辰时，杨镐和麻贵下令停止攻城，商议撤军，退到庆州。

这时，右路明军缴获了援军写给加藤清正的一封信，上面说加德、安骨、竹岛、釜山、梁山等地的十一位日军将领率六万大军杀到，让岛山守军再顶一阵子。

蓝江的援军船只九十多艘拥入太和江上流，陆路的日本援军也试图从明军背后绕出。明军即将腹背受敌，四面被围。

杨镐彻底慌了手脚，先问李德馨："岛山城险要难破，倭贼援兵又声势浩大，可怎么办？"

李德馨答："捉魔不可松手，一次逃了，二次难碰头！加藤清正被围在岛山孤城，这是天意，如果轻易放弃，恐怕今后再无这样的灭敌良机。大人可分兵一万，专防箭滩、彦阳之路，作好迎击准备。这两处地形甚好，可以一战。"

杨镐说："累日攻城，我军损伤颇多。今日不得不暂时解围而去，以图后举。"

李德馨内心不服，高声抗议，言辞激烈。

战场上的较量是意志的较量。那些所谓的英雄并非比对手更勇敢，而是比对手更能坚持。谁笑到最后，谁就是胜利者。

杨镐决定撤退。打了这么久，倒下这么多士兵之后，杨镐在精神上先崩溃了。

孙子说："其用战也胜，久则钝兵挫锐，攻城则力屈。"杨镐违背兵法，步步被动，山穷水尽。

在《明史纪事本末·援朝鲜》中，杨镐被写成一个带头开溜的"杨跑跑[①]"。事实上，在明军撤退过程中，杨镐的表现还是颇有绅士风度的。

据载，撤军令在巳时初发布，杨镐传令步兵，以及军中病伤士卒，先行流出。

午后，箭滩吴惟忠、茅国器的浙江骑兵、步兵还来不及接到杨镐的撤退命令，就开始仓促逃走了。山顶上的日本人见机鱼贯下山，一阵截杀。浙江步兵抵挡不住敌人猛烈的攻击，无数人成了日军的刀下冤魂，生还的没几个，骑兵也损失极多。游击卢得功的两千兵马在西江口，几乎全军覆没。明军或丢盔弃甲，或裸身而退，哭爹叫娘，狼狈而逃。朝鲜兵死伤也很惨重。

未时末，杨镐见大军撤退大半，下令撤去统帅营帐。

撤离之时，杨镐令摆赛、杨登山殿后，次第卷退。摆赛请单独同日本人决一死战，杨镐不许。摆赛胸中郁闷，横卧战马跟前，吟诗唱歌讽刺杨镐。三个月后，摆赛病死军中。东征军四大虎将之首摆赛，看到无数将士身亡，战争败局凄惨，

---

① 原文：镐不及下令，策马西奔，诸军无统御，皆溃。

恨恨而终。

这时，蓝江岸边的几十艘日本战船仍然不敢轻举妄动，虽有敌人下船登陆，但也没有追击后撤的明军。直到侦探报告说，明军阵地到处起火，弥漫着煮药的味道，疲困病军留在营内哀号不已，日军这才知道明军已经全部撤退，于是，争先恐后跳下船，追上去。不料，杨镐令精骑杀了个回马枪，斩杀九个日本人，其余日军慌忙退去。

由此可见，日本人的追击并不积极，使得杨镐有足够的时间下令烧毁来不及运走的军粮、器械，从容地向庆州方向撤退。

离开大营之前，杨镐到处巡查储存军粮之处。确认军粮均已化为灰烬，杨镐下令门下官人，收拾缺乏马匹的士卒，丢弃盔甲，焚烧军资积聚。所有有用物资都毁坏之后，已经耽搁了大半天，杨镐这才跟着断后队伍最后离开岛山城。

杨镐走了十二里，尾随的一队日军从白奄寺后山叫喊杀出，杨镐下令骑兵应战。日军很快就无影无踪。但骑兵一走，日军又像幽魂一般跟踪上来，直走了七八里，才完全消失。可以断定，有组织的撤退，使明军基本上没有受到损伤。

当天明军撤退之时，岛山的吉川广家也从城内杀出，同援军从水陆两路追击，杀出三十里之外。由于是临时决定撤军，明军仓促败走，弓箭、铠甲满地遗弃。只有祖承训在半夜率敢死士二十人，潜入西生浦倭营，拔除吊桥上的木牌标识；而李芳春邀截紧随的日本人，掩护主力撤退，斩获百余级。明军损失的主要是那些来不及撤退或者行动缓慢的部队。

初五，黑田长政又渡河追袭明军。岛山城内的日本人也大开城门，与黑田长政两面夹击残存的明军。吉川广家杀入明军阵中，明军大败，僵尸遍布四五里，委弃器械不可胜数。黑田长政又急赶一阵，见吴惟忠、茅国器断后，不敢再追，引兵退还。

至此，持续十多天的蔚山—岛山大战落下帷幕。杨镐以三倍于敌的兵力（明军四万四千人，朝鲜兵一万三千人），将加藤清正紧紧包围在岛山孤城之内。虽将士勇猛，但由于主帅杨镐违背兵法，不善于捕捉战机，以致最后日本援军赶到，杨镐仓皇撤去。加藤清正乘机出城邀击，明军伤亡惨重，大败而回。

关于明军在此战中的损失，有多种说法：杨镐自己上报仅阵亡一千八百人。《朝鲜李朝宣祖实录》中云："明军死者无数，或云三千，或云四千。"《明史·朝鲜传》说："士卒物故者二万。"丁应泰参劾杨镐的奏本中称："死者四千八百，又死伤六千。”

这年十一月，朝鲜为了替杨镐申冤，特意委派亲历岛山之战的李德馨，对明军的具体伤亡情况作了非常仔细的查访。查访结果出乎意外，明军损失人数相当少。

朝鲜还写了份详细的调查报告，上呈给明朝兵部，以辩杨镐之诬：

上年十二月二十二日，有经理（杨镐）与提督（邢玠），领大协兵，自庆州前进……分兵突击，斩级四百余颗，官兵无一人死伤。

二十四日，大兵攻破城隍堂及太和江左右贼垒，焚烧栅房，斩级六百余颗……是日游击茅国器、卢继忠等步兵俱在前行，多有被伤，或有致死者。

二十五日，大兵进攻本城……是日官兵死者，约有二百余员名，伤者约有一千余员名。

本年正月初三日丑时，各营官兵进攻本城，至黎明始止，死伤多少，……似不及二十五日之多。

初四日……经理令步兵先退……李如梅、杨登山、摆赛等马兵，自领为殿，贼不敢追蹑。路遇伤兵，令给标马载来，各营官兵别无损伤。

但据本国别将韩明琏说称：箭滩堵截，官兵与贼交锋，杀伤相当，该被杀伤之数，亦不得的知。

臣（李德馨）回到安康，访问得先后阵亡官兵，共该八百余员名，被伤官兵，共该三千余员名。其后到安东路上，多见被伤官兵，因伤物故，该数想过一千余员名。官兵死伤之数，大约如此……（《朝鲜李朝宣祖实录》）

综合各种相关史料，整个战役明军阵亡约五千人，朝鲜军阵亡一千余人。

明军殁于此役的将官极多，游击杨万金中丸身亡。游击陈寅、陈愚闻身受重伤。千总麻来、李洞宾、郭安民、周道继、王子和、钱应太，以及哨总汤文瓒、真定营中张应元、陈观策等十多位军官阵亡。

至于日本人的损失，绝对超过明军。加藤清正所部一万六七千余人，战到最后，只剩下六千余人。其中战死、病死、饿死高达一万人。加藤清正虽然保住了岛山城，但所部伤亡殆尽，几乎失去战斗力。

所以，蔚山之役并非大败，只是加藤清正趁雨天反攻，令明军进攻失利。朝鲜对此虽有惋惜，但也没有归罪于杨镐。

5. 拯救大兵杨镐

杨镐兵败之后，退到庆州，每日精神恍惚，悔恨、苦涩、羞耻，尝尽了败军之将所有的滋味。

更令杨镐发疯的事还在后头。

正月二十三日，岛山战后半个月，吴惟忠抓到一个日军细作。杨镐拿来仔细审问，细作说："前日倭贼援救岛山之兵并非真正的倭子，只是数千朝鲜人，协同数百倭子，多树旗帜，虚张声势。而船上的倭子，大船所载只有五六个，其余的都是高丽人。"

杨镐简直不敢相信自己的耳朵，又反复审讯了好几回，最后骂道："高丽可恶。"杨镐心有不甘，对宁国胤说："我准备今天催促各营，再攻岛山。"

宁国胤和所有人一样，清醒得很，如今人困马乏，怎么可以再战呢？

杨镐失去理智，吼叫道："将官没有一个人了，连你也这么说？"

麻贵毕竟久经沙场，目前最急迫的是赶紧分派兵马驻防各个要地，以遏止日军乘胜袭击。于是，他于二月初三下令：副总兵李芳春、游击牛伯英、卢得功，各率原部兵马，驻屯安东；游击叶邦荣驻守龙宫；总兵吴惟忠驻守忠州；游击陈愚闻驻屯水原；游击蓝芳威分住稷山；参将李宁守公州；游击董正谊、柴登科、秦得贵驻防全州；游击摆赛驻守安城。游击季金率原部兵马回营，另听调遣，等蓝芳威、李宁、摆赛兵到，才能归营。

二月初八，麻贵回到王京。八天后，杨镐也回到王京。

朝鲜国王李昖亲自到铜雀江头慰劳，世子光海君李珲也派遣李尚信问安。傍晚，杨镐行经铜雀江。此时的杨镐万分羞愧，无脸去见李昖。他对随从说："我穿着素服而去，不适宜相见。"李昖再派人去请杨镐，杨镐还是拒绝会面，李昖只得回宫。

杨镐回到王京之后，怕朝廷问罪，与经略邢玠上疏明神宗，隐去岛山溃败，谎报取得蔚山大捷，不料很快东窗事发。

岛山之战时，游击陈寅、周升得罪了杨镐，被杨镐重责，于是陈、周二人怀恨在心，便向军门主事丁应泰汇报："岛山之战，遗弃军资、粮草、器械不可胜数，士卒死者甚众。杨镐把军中杂役、买卖的人拿来充数，以补缺失亡人员。又私吞粮草、军饷，不分给各营，导致军马断粮一个月。"

丁应泰眼睛一亮，原来杨镐还有这些龌龊事。之前沈惟敬在平壤被捕时，丁应泰同萧应宫相互勾结，一起写信要求杨镐袒护沈惟敬；朝中赵志皋和石星也亲笔书信，要杨镐救沈惟敬一命，但都被杨镐严词拒绝。丁应泰怀恨在心，一心要致杨镐于死地，决定参他一本。

于是，丁应泰假装不知情，跑去问杨镐："岛山惨败，应如何善后？"

杨镐一言不发，从袖中抖出内阁两大辅臣张位、沈一贯的亲笔信，还有张位票拟[①]未下的圣旨，若无其事地展现在丁应泰面前。票签上写着：

> 岛山之战，盛推经理功多，阁老欲为奥援，俾得褒宠。

朝中有如此强硬的台柱，杨镐可谓安如泰山了。

丁应泰既忌且恨，本来只想钓一条小鱼，没想到竟拖出两条大鱼。既然都上钩了，那就一锅儿煮吧。

丁应泰一回去，就马上拟定参劾杨镐等人的奏章，大意写道：

> 杨镐、麻贵、李如梅等禽滑、丧师、酿乱、权奸结党欺君。……杨镐、李如梅种种奸罪。麻贵碌碌无状，大都贼至则蓄缩不前。兵败则匿实不报，外坠贼计，内丧士心。

丁应泰参劾杨镐一事，闹得王京城内沸沸扬扬。

杨镐本就为岛山失策悔恨、羞愧不已，懒于见人。又听说被丁应泰参劾，

---

① 票拟：内阁辅臣代皇帝批答臣僚章奏，先将拟定之辞句写于票签之上，附本进呈皇帝裁决，称为"票拟"。明神宗怠于朝政，奏章的批复大都由内阁大臣拟写。

内心郁结万分，整日饮酒，度日如年。

三月二十日，杨镐又在军帐中饮酒到了深夜五鼓。快要撤席时，杨镐拉着御史陈效，坐在廊下席上。二人牵手而坐，畅怀大谈。

杨镐趁着酒醉："年兄我为什么被远弃到异国来？"

陈效回答："就因为你一片忠心，没有你，谁来担此重任？"

杨镐又问旗鼓手李逢阳："我们如何？"

仓促之间，李逢阳不知怎么回答，就跪下来："两位老爷都好。"

杨镐的脸上露出异常凄苦的笑容。李逢阳慌忙又补上一句："老爷是忠心报国，贵名在后。"

兵马倥偬如此，家中丁忧了，连守孝也顾不上，还谈什么忠心，什么贵名？

杨镐此时无比心酸、心痛、孤寂、愁苦，对陈效说："倭贼平，我死在朝鲜。倭贼不平，我也死在朝鲜。"

又对李逢阳说："为我买七尺之柩，葬我于朝鲜之土。"语毕，泪流不止。

陈效也异常同情杨镐的境遇，只顾喝酒，说这么多干吗，说着说着，竟也愀然抽泣。

时来天地皆同力，运去英雄不自由。

杨镐的英雄泪惹得李逢阳和左右侍从纷纷抽噎起来。于是，一帮人簇拥举杯，喝个酩酊大醉，直到第二天清晨。

许国威听说杨镐被参，率领明军将官联名递上奏本，声援杨镐。杨镐也追究被参之责，把周升囚禁起来，差点儿闹出兵祸。

邢玠标下将官周冕与周升是结拜兄弟，听到周升被囚，竟然啸聚麾下三千浙江兵，前去围攻杨镐。杨镐敞开大门相待，副总兵彭友德、游击许国威等擐甲执兵，护佑杨镐。局势一触即发。幸亏游击陈寅及时赶到，竭力隔阻，最后杨镐放出周升，才化解了这场兵祸。杨镐，堂堂正正的东征军统帅，已穷途末路。

六月初四，丁应泰弹劾的奏章呈给明神宗。

当蔚山捷报传来，明神宗是何等兴奋，一下子就拨下十五万两白银：以银五万两，赏二十三日之功，又以五万两，赏二十四日之功。刘綎赴朝时，又出五万两银子。倾注了无数心血，换来的却是满纸的谎言与败讯。

明神宗雷霆震怒，咆哮着要把杨镐处斩。首辅赵志皋豁出老命，冒死营救，明神宗才下旨，令刑部审讯。竭力推荐杨镐的内阁大臣张位也受到牵连，削籍为民。

依律审讯之后，刑部尚书兼理兵部事萧大亨作出惩处：

杨镐革任回籍。

邢玠速赴王京，暂经理军务。

麻贵、李如梅策励供职，俱候勘明。

没有砍掉杨镐的脑袋，算是他的通天造化了。

杨镐虽然被参倒，但他在朝鲜人心中却是无比崇高。因为“丁酉再乱”时，南原失守，陈愚衷主动抛弃全州，日本人攻势凌厉，京畿危在旦夕。在这存亡关头，杨镐取得稷山大捷，遏住日军北犯势头，扭转了战局。

所以，朝鲜人对参劾杨镐的军门主事丁应泰恨之入骨。

七月，丁应泰上疏参劾杨镐在朝鲜筑城，难保异日朝鲜图谋造事。这样凭空捏造的莫须有罪名令朝鲜君臣愤慨至极。

国王李昖派遣左议政李元翼、参判许筬，前往北京，向明神宗面奏辩诬，并伸救经理杨镐。李元翼、许筬昼夜星驰，在辽宁凤城遇到正欲回王京的邢玠。邢玠向朝鲜使臣透露了朝中形势，说：“杨镐竭力担当东征大事，反而遭到非情诽谤。朝鲜陪臣去的正是时候，要尽快向朝廷奏明真相！”

朝鲜举国上下一致声讨丁应泰，挽留杨镐的呼声不断高涨。

七月初五，傍晚，朝鲜重量级的人物柳成龙率领百官，王京士民也自发同去，向杨镐的经理衙门，呈上文书，恳求杨镐念及朝鲜当前危局，留在朝鲜。文书中，柳成龙等人视杨镐简直如同朝鲜的救世主，用那时最漂亮的词汇来赞美他：

> 大人以万邦为宪之才，任万里长城之寄，当丑虏逼近之时，自西驰到，折其方张之势；当隆冬极寒之日，亲冒矢石，收其连捷之效。
>
> 虽天时不顺，扫荡未毕，犹望数月之间，有清海波歼丑贼之伟绩，而如诸将进退，功罪之分等，皆小邦陪臣、南中士女，所亲目睹闻，不容有一毫差误。
>
> 大人以此受诬，而不能白，使垂成之功，败于一朝。骄贼益无忌惮，列营无所系心，而我小邦君臣，靡所归依，百万赤子，举将骇叹而思溃。机事易失而难再，民情易动而难安。（《朝鲜李朝宣祖实录》）

杨镐令旗鼓手李逢阳接待，转述他的话："我心领了朝鲜陪臣和人民的心意，但皇命已下，不可更留。陪臣不必如此。"

朝鲜百官及士民再三恳告："小邦已经向朝廷启奏了。小邦日夜期盼能够上达天听，为老爷申冤。如果无法这样，那就等待邢军门到达王京后，请老爷再从容登途起程，如此人心才不至如今日惊惑。但愿老爷深察此情此意，少停行李。"

听到这些话，杨镐不由得热泪盈眶。过了许久，才叫李逢阳出告："我知道了陪臣等的眷眷之意，但是圣旨已经下来，不可停行。"朝鲜官民这才依依不舍，离开了杨镐的衙门。

在指挥作战方面，杨镐只能算上一个庸将。但是在公关方面，杨镐是绝对的能人。这样的败军之将，在朝中有人袒护着他，在朝鲜深得民心，在东征军中居然也深得军心。

初十，东征将领吴惟忠、茅国器、许国威等二十三人，联名上奏，请求朝廷撤回成命。

武将们的奏疏读起来感心动耳，回肠荡气，绝对是一篇优美的散文。许国威还独自附上了一封请愿书。

可是，再动听的文句也遮掩不了岛山失利的结局，再崇高的赞美也粉饰不了杨镐拙劣的指挥。

初六，杨镐终生难忘的日子，朝鲜举国如丧考妣。国王亲自率领百官，在弘济院哭泣送别。王京男女老少，都垂髫戴白，送出祖房之外。

杨镐来朝鲜时，威风凛凛，不可一世。现在离开的时候，披麻戴孝，浑身上下布衣布巾，形容毁瘁（还在丁忧守孝期间）。

李昖仍是一如既往地恭谨，就像刚刚迎接那样彬彬有礼，说道："小邦唯大人是仰，大人不意旋归，此后小邦无所依赖。今天无言以对，不知所语。"话毕，李昖呜咽哽塞，泪涕横飞。左右随从，莫不掩面而泣。

杨镐的部属，也都是两眼泛出泪花。杨镐满怀愁绪，惨然动容，不无愧疚地说："来朝鲜两年，一事无成。只是惊扰了贵国，惭恨不已。新经理万老爷，谙习兵事。后头的水师，也会不断到来。粮饷一事，最为紧要。望多多整备船只，速速运输军粮。"

李昖答："临行吩咐，小邦敢不尽心？"

问候世子之后，杨镐就要离开。

李昖说："想更进一杯，但惶恐不敢。"

杨镐告辞："国王的好意，我心领了。"

杨镐一走，朝鲜就失去了擎天柱。李昖魂不守舍："小邦仰赖大人而得再生。大人今日回去了，又有谁靠得住？"

杨镐最后说了一句："另自勉力，自可兴复。贵国复兴的那一天，我虽在九泉之下，深埋于幽林之间，也足以自慰了。"

王京的坊市父老，遮道号哭。杨镐在轿上竭力劝慰，落泪而去。

杨镐回国，所经之处，无不受到朝鲜士民的夹道欢送与慰留。当他行经开城时，城内男女竟拦住轿子，乞求留下。杨镐见此情景，滚烫的泪珠不断涌出，内心不忍："无奈圣旨严切，只得安抚，代我来者胜于我，必能杀贼，你等放心吧。"

如此走了丧魂失魄的半个月，杨镐于二十五日到达义州，与明朝郎中董汉儒相会于鸭绿江上。二人在船中，彻夜把酒细谈。

杨镐对陪送的朝鲜沈喜寿说："贤王洪福，理当平复。新经理当于今日出来，无须忧虑。你回去告诉国王，望更加勤勉、努力。"说完，渡鸭绿江而去。

杨镐深得朝鲜民心如此，这在中朝友好交往史上很是少见。

参劾杨镐的丁应泰则受到朝鲜人无穷无尽的诅咒，又担心受到杨镐党羽的报复，竟然在辽阳城称病不起，即使军中有事也懒得理了。

自参倒杨镐之后，丁应泰心虚胆怯，夜不安枕。每夜竟要七八个壮士手持兵器，围着床榻通宵守护；食物要亲信去购买，而且都要标明卖主的姓名，以防有人下药毒害。

杨镐革职之后，闲待了十二年。万历三十八年（1610）复起。万历四十六年（1618）为兵部右侍郎经略辽东，次年败于萨尔浒之战。崇祯二年（1629）九月二十六日，杨镐被杀。明亡，杨镐也负有一定的责任。

第十二章　兵溃三路

1. 明神宗调兵遣将

岛山大战失利之后，明军进入了一个多事之秋，坏消息接连不断。其中最令人痛心的是李如松殒身沙场。

第一次东征之后，李如松被明神宗冷落五六年之久。万历二十五年（1597）冬，辽东御倭总兵官董一元赴朝作战，朝中大臣推荐了好几位接任者，但明神宗念念不忘李如松，特旨起用。尽管大臣屡屡反对，但明神宗主意已定。次年正月初九，明神宗任命李如松为辽东总兵兼备倭总兵官。

辽东，九边之首，北京肩背，对防御蒙古、女真和拱卫北京具有重要的战略意义。辽东总兵兼备倭总兵官无疑是征倭的后备统帅。明神宗再次起复李如松，令其萌誓死以报之志。

四月，鞑靼进犯辽东，李如松率精骑五六千，轻敌冒进，被鞑靼数万兵诱至抚顺浑河太清堡，初六中伏身亡，副将以下参将、游击共五人，及千总、把总二十四人，士卒三千余人阵亡。

噩耗传来，明神宗如断一臂，不胜哀痛，加祭茔葬、谥忠烈，祭十九坛。

朝鲜人民缅怀李如松的光辉战绩，五月二十四日，国王李昖下令在平壤设下祭堂，挂上李如松的遗像，让朝鲜人前去吊唁。明朝人见了遗像，遥想将军当年雄姿，无不咨嗟叹息。

十八世纪的朝鲜哲学家李德懋写下《碧蹄店》一诗，凭吊这位抗日名将：

天兵癸巳齿倭锋，铁马啼劳腻土浓。
未抵轻儇蝴蝶阵，临风痛哭李如松。

李如松的悲痛还没过，明神宗又听到心烦的消息：初八，水师统将陈璘的广东兵在山海关哗变。

但最让皇帝忧心的还是辽东，蒙古人和女真人正虎视眈眈。十三日，明神宗让尚在朝鲜征战的李如梅回到辽东，以代其兄。二十日，明神宗任命李如梅为辽东总兵兼备倭总兵官，董一元为御倭总兵官，兼任征倭中路军统帅。

当明神宗正为辽东、朝鲜忙得焦头烂额的时候，邢玠的奏报又使他沉浸于极度的悲痛之中。就在董一元被任命为中路军统帅的同一天，副总兵李宁遇袭阵亡①。这是两次东征期间明军阵亡的最高级别将领。

当时日本人疯狂侵掠居昌等地，李宁率骑兵两千，自安东城向居昌进军，遏制日军北上。这时李宁也犯了李如松式的错误，听到日本人从山阴来犯，只率领一百三十余人，长驱直入，在咸阳沙斤驿洞口与日本人遭遇。日本人在山丘背后埋下伏兵，将李宁诱至埋伏圈。结果李宁轻敌中伏，遂遭不测。亲兵把总李栾率家丁六百，前去援救，也仅以身免。消息传来，朝鲜上下震惊。

一个多月之间，两位总兵犯下同样的失误，这让明神宗意识到将帅的重要性。再加上杨镐革职而去，朝鲜将帅紧缺。明神宗不得不把精力集中在东征一事上。

六月初九，明神宗特令给事中徐观澜查勘东征军务，监督明军，紧接着旨令朝臣推选杨镐的继任者。在十三日的九卿科道会议上，产生了一份候选人名单。吏部两位：万世德与梅国桢；兵部三位：汪应蛟、李植、王见宾；风力科臣一位：侯庆远。最后由皇帝圣裁圈定了汪应蛟一人。四天后，汪应蛟升任经理朝鲜军务。

---

① 此次东征将领中有两个李宁，一个是副总兵李宁，一个是参将李宁。

汪应蛟，字潜夫，江西婺源人，擅长水利治理。

二十三日，正当这个农田水利学家整装待发时，一道圣旨又下来，改天津巡抚万世德接替杨镐，让汪应蛟去当天津巡抚。明神宗的反反复复，表明了他的极度焦虑。

万世德，号震泽，山西太原偏头关人。史称他在青海湟中治兵，多建功绩。万历二十五年（1597）九月十日，万世德担任抗倭的后方基地、兵工厂——天津的巡抚。治津期间，万世德开垦农田，增收赋税，巩固海防，有力地支援了朝鲜前线的抗日斗争。由于他在陆地防御、海上作战、后勤供给方面经验丰富，所以被明神宗重用。

经略邢玠也从岛山战役中吸取教训，认为明军此役战败，缺乏水师支持，李舜臣也没有应约赴战，让日本人横行大海，随意增援。而朝鲜水师虽然英勇善战，但仅两千余人，只能进行一些骚扰。要想彻底消灭日本水师，还需从明朝调去大量的战船和兵力。邢玠上了一道奏折，让明神宗作出了一个扭转第二次东征战局的英明决策——派遣水师入朝作战。

国内的增援部队源源不断赶往朝鲜，都督陈璘的广兵，邓子龙的浙、直兵，刘綎的川兵。据杨镐开出的增援部队名单，连原先驻朝明军，一共八万七千四百八十人。其中水师部队六千一百八十人：福建游击许国威，领兵一千一百八十，总兵陈璘本营，领广东兵五千。

陈璘，字朝爵，号龙崖，广东翁源县龙田铺人。璘少怀大志，身材魁梧，膂力过人。《明史·陈璘传》称："陈璘有谋略，善用兵。"陈璘二十一岁即奉命平乱，三十年间身经数百战，大战大胜，小战小捷，鲜有败绩。万历二十一年（1593），明神宗命他统蓟、辽、保定、山东军，御倭海防。后封贡议起，改调协宗漳、潮，实任南澳岛副总兵。后被奏劾，复罢官归。陈璘是东征明军中作战经验最为丰富的将领之一，堪称明朝水师第一悍将。

许国威，号元真，福建晋江县人。能诗文，讲义气，与杨镐交情颇深。

邓子龙，字武桥，号大千，别号虎冠道人，江西丰城人，时年六十八岁。早年与刘綎组成刘邓大军，在云南跟苗民、缅甸人交过手。据说邓公还是努尔哈赤的救命恩人。《啸亭杂录·卷八》中说："东南建上神殿，南向，相传为祀明将邓子龙位。盖子龙与太祖有旧谊，故附祀之。"

水师部队的到达，使东征军的总数达到东征期间的最高峰。

但是，新科经理万世德却赖在国内，迟迟不肯去朝鲜赴任。杨镐又罢职回去，东征军群龙无首。经略邢玠不得不在七月下旬飞渡鸭绿江，八月初三赶回王京。从此之后，邢玠独自承担起抗倭大业的重任。

邢玠一到王京，马上进行兵力部署。岛山之战，杨镐并敌一向，结果顿兵挫锐于坚城之下，反为日本人所趁。于是，有人劝邢玠改变战法，朝鲜地理山水险阻，兵聚一处，难以成功，不如因地划分战区，任命统将，各自战守，必能全胜。

邢玠马上接受这一建议，对已经入朝的六万多明军重新整编，划为三路。又吸取岛山失利的教训，令陈璘的水师为独立一路，配合三路明军的陆路攻势：

东路军共二万四千人，由提督麻贵统辖。下有：
参将杨登山，骑兵一千。
指挥同知薛虎臣，步兵三千。
副总兵吴惟忠，步兵四千。
参将王国栋，骑兵二千。
游击陈蚕，步兵三千。
游击叶思忠，步兵二千。
游击陈寅，步兵三千。
游击颇贵，骑兵三千。
副总兵解生，骑兵二千。
游击彭信古，步兵一千。
中路军共一万三千五百人，由提督董一元统帅。下有：
游击途宽，步兵五百。
游击郝三聘，骑兵一千。
游击叶邦荣，浙江兵一千五百。
游击卢得功，骑兵三千。
游击茅国器，骑兵三千。
副总兵张榜，步兵四千五百。
西路军共一万三千六百人，由提督刘綎统领。下有：
副总兵李芳春，骑兵二千。

游击牛伯英，骑兵六百。

游击蓝芳威，南兵三千。

参将李宁，骑兵二千五百。

副总兵吴广，狼土兵[①]五千五百。

水路共一万三千二百人，由提督陈璘统辖。下有：

游击许国威，步兵一千。

参将王元周，水兵二千。

把总李天常，水兵二千七百。

游击季金水，兵三千。

游击沈懋，水兵一千。

游击福日昇，水兵一千五百。

游击梁天胤，水兵二千。

明军总数共六万四千三百。

中路军统帅董一元，号小山，河北张家口宣化人，出身将门世家，多次率部与蒙古骑兵作战，屡立战功。

经过邢玠的重整之后，明军士气旺盛，斗志昂扬。于是，邢玠决定发动秋季攻势，把日本人彻底消灭干净。

2. 关白之死

明军将大举南攻，而顺天将首当其冲。消息传来，顺天倭营乱成一团。岛山的惨烈战况历历在目，小西行长不战而栗，竭力主张退保釜山。

加藤嘉明独自奋勇："还没有看见敌军战旗就逃去，不是大丈夫所为。诸位各走各的，我独行我志。"毛利秀元、加藤清正在蔚山商议后，派人告诉小

① 狼土兵：又称俍土兵。主要是湖广、广西两省壮族土司的地方武装，以及湘西土家族的土兵。俍土兵纪律严明，有自己独特的战术。在明朝抗击沿海倭寇的斗争中作出了巨大贡献。

西行长："闻得主将要弃守顺天，我等认为加藤嘉明所说的似乎有理，还是让太阁亲自裁断。"

小西行长派人去名护屋。丰臣秀吉大怒，还没有见到一个明军就浑身发抖，于是严禁弃守顺天。当然，丰臣秀吉也不忘恩威并施，五月初三，嘉赏小西行长夺取釜山的首功，赐给宝剑、宝马，并许诺："日后当加赐封邑。"

同时，丰臣秀吉针对邢玠的部署，吸取岛山的经验教训，确立固守为主的作战方针，着令各个倭营加强构筑阵地防御工事，以应对明军的秋季攻势。紧接着，小早川秀秋、宇喜多秀家、浅野长幸等部的七万四国兵，约七万人，撤回国休整，养精蓄锐，准备在明军攻势衰竭之后，予以猛烈的大反攻。

最后，补充四五千人给遭受灭绝打击的加藤清正，使其总兵力达到一万余人。

整编之后的侵朝日军仍有六万七千四百人，其中：

蔚山城：加藤清正一万人。

西生浦：黑田长政五千人。

竹岛、昌原：锅岛直茂、锅岛胜茂父子一万二千人。

巨济岛见乃梁城：宗义智部将柳川调信一部，数目不详。

固城：立花宗茂、久留米秀包、高桥统增①、筑紫广门等七千人。

泗川城：岛津义弘一万人。

南海城：宗义智一千人。

顺天城：小西行长（七千）、松浦镇信（三千）、有马晴信（二千）、大村喜前（一千）、五岛玄雅（七百）等一万三千七百人。

另外，水师七千九百人，由藤堂高虎指挥。

布置稳妥之后，丰臣秀吉疲惫不堪，这也许是二十年征讨生涯中的最后一次决策了。

自处死杀生关白——秀次那年（1595）十一月二十日起，丰臣秀吉突患重感冒，卧病不起。万历二十六年（1598）之后，死神开始一次又一次地向他招手。

---

① 高桥统增：立花宗茂（高桥统虎）之弟、筑紫广门的女婿。

三月十五日，丰臣秀吉在京都醍醐寺举办了生前最后一场赏花宴会。他的六个妻妾，包括继承人秀赖的生母茶茶（又称西丸夫人、淀姬），各自乘着豪华的轿子来参加宴会。

这次全家合欢之后，丰臣秀吉身体状况每况愈下，四月之后，出现严重腹泻，日益消瘦。他不断感叹道，活在这个繁华世界的日子所剩无多了。

六月十六日，丰臣秀吉带兵会见日本的各路大名。他深情地看着年幼的秀赖，悲痛地对浅野长幸、石田三成说："这孩子才五岁，希望他长大以后能像诸位大名一样。请大家多多关照！"说完，潸然泪下。

两个月后的八月初五，丰臣秀吉病情加剧，眼看快要断气，他赶忙招来五大老、五奉行[①]。大家咬破手指，写了一份效忠宣誓书，由德川家康、前田利家在丰臣秀吉病榻前宣读。奄奄一息的丰臣秀吉感到些许的欣慰，微笑着不住点头。

随后，丰臣秀吉单独把儿子秀赖和德川家康唤到跟前，作了最后的托孤。

丰臣秀吉说道："吾起人奴，至为关白，孰非国恩哉？吾与明构兵，祸结弗解，吾深悔之。彼（明朝）闻吾死，或大举来报。国朝（日本）自古未曾受外辱，及我时受焉，吾深耻之，是吾所以托国于家康。至我家存亡，未暇恤也。虽然家康必不会负我，汝辈谨保护秀赖，莫使生衅隙焉。"（赖山阳《日本外史·卷十六》）

横行东亚几十年，双手沾满血腥，到头却是一切成空，不但称霸亚洲的美梦破灭，而且日本也面临明、朝两国的复仇之危。更令丰臣秀吉心碎的是，身后的五岁孤儿无依无靠，命运也将坎坷不平，不禁于内心深处大声呼喊，小拾丸，快快长大啊！

然而，丰臣秀吉却喊不出口。在朝鲜，还有近十万日本人正陷入深不可测的旋涡，即将万劫不复。十三日，丰臣秀吉紧闭的双眼突然睁开，身边的人听到了太阁最后的遗训："我死后姑秘丧，浅野长政、石田三成速赴筑紫，令朝鲜各位诸将，都撤还本邦。如果班师不易，德川殿及利家深谋远虑，莫使十万兵士为外土枯骨。"

① 五大老：德川家康、前田利家、毛利辉元、宇喜多秀家、上杉景胜。五奉行：浅野长政、石田三成、增田长盛、长束正家、前田玄以。

人之将死，其言也善。丰臣秀吉对自己的侵朝行动懊恨不已，发出了“莫使十万兵士为外土枯骨”的忏悔。

以后几天，丰臣秀吉神志不清，一会儿看到秀赖幼稚纯真的脸庞，一会儿看到数万日军被明军四处追杀，一会儿又看到了北京那座金碧辉煌的皇城。

然而到了万历二十六年八月十八日的清晨，一切都停止了。丰臣秀吉在伏见城垂下了双手。他的死因，有多种说法，胃癌、脑梅毒、结核、痢疾，甚至脚气病等。但是，侵朝日军的不断惨败，无疑给丰臣秀吉虚弱的身躯最沉重的一击，加速了他的死亡。

丰臣秀吉死后两天的五大老会议，作出了从朝鲜撤兵的决定，同时遵照太阁遗言，秘不发丧。

丰臣秀吉的死亡，宣告了一个时代的结束。

岛山之战时，杨镐曾经亲笔书信一封劝诱丰臣秀吉：“汝已六十余岁，生命还有几多？子未满十龄，孤弱而不可恃。据闻各地之酋皆窥汝之隙，将出复仇报怨之举。”这句话道出了太阁心中最大的隐忧。尽管他处心积虑，确保身后丰臣氏不灭，但十七年之后，德川家康还是辜负了太阁的托孤之举，发兵攻下大阪城，年仅二十二岁的秀赖和生母茶茶匿藏在米仓里自杀。德川家康下令将丰臣家的男丁不分老幼，全部斩杀，秀赖之子国松丸也被搜出杀头。

当丰臣秀吉痛苦地试图摆脱与死神的纠缠时，日本人也在朝鲜试图作最后的挣扎。

七月初五，加藤清正给明军和朝鲜人，写了封恐吓书信：

> ……明年动大兵，征伐朝鲜。今年暂休息兵，而明年必欲伐之。然则鲜及辽之人民，悉可杀戮矣……

此时的日本已油尽灯枯，这个“贱岳七本枪”之一还在念念不忘侵入明朝境内，大肆杀戮。

三十日，日本巨船数百艘，在太和江外洋耀武扬威。夜间，从蔚山城隍堂到双鱼岘、西生等地，日本人列立大炬，火光相连，照得天空一片亮红。

但所有的这一切，只能表明日本人的色厉内荏。

就在东征军磨刀霍霍，准备一雪岛山之耻时，不断有人从倭营中逃出来，向明军和朝鲜人透露，关白已经归西。

最早传出关白死讯，是在二月二十三日。朝鲜梁山郡守驰报杨镐，说关白已死，倭贼随时准备打道回国。三月二十九日，梁山郡守再次报称秀吉已死。四月初七，蔚山倭营逃出的李明向明军总兵吴惟忠禀报：“关白三月染病，清正阴谋等关白一死，就撤军回国，自立为王。不期关白病好，叫清正驻守蔚山，不可撤兵。”

不久，朝鲜义兵将林欢驰报全罗兵使李光岳说，有曳桥被掳人郑成斤跟妻子逃出倭营，报称关白已死，国内将乱，小西行长在打退堂鼓。

其后，又有塘报称，西生浦的倭贼移到釜山，军粮、器械杂物，连日用船运载而去。

关白的死讯满天飞，而且越来越离奇。

庆尚观察使郑经世在九月初六上报说丰臣秀吉死于七月初七，死因是因猎中暑，但又说是死于七月十七日。再之后，尽是什么德川家康摄政，岛津义弘篡位等消息。

关白是死是活，扑朔迷离。但是，人们宁信其无，勿信其有，不能把胜利的希望寄托在关白的死讯之上。

3. 邢玠的反击

经略邢玠更是无心理会关白的死活了，他正为秋季攻势的方略而纠结着。在进攻方向上，明军内部出现分歧。

邢玠非常自负，认为刘綎年少（时年三十九岁）不经事。董一元初来乍到，不曾与日本人交手。而自己亲历岛山战事，熟悉敌情。邢玠认为，岛山败在杨镐合兵攻敌一点的策略，“三将分三路进兵，则倭贼力分。各兵皆合于一处，则贼力专。”因而主张兵分三路，让日本人首尾不能相救。

但是明军各路将领强烈反对，一度形成僵局。

邢玠不得不以联军统帅的名义，下达了分路进攻的命令，时间定在九、十月间。

这时，国内援军源源不断地进入朝鲜，大都归入薄弱的董一元旗下。结果，联军总数接近十一万三千，达到了两次东征期间的最高峰。

麻贵东路军二万四千人，配属朝鲜兵五千五百人，合计二万九千五百人，集结于庆州，主攻蔚山加藤清正。

董一元中路军二万六千八百人，配属朝鲜兵二千二百人，合计二万九千人，集结于星州，主攻泗川岛津义弘。

刘綎西路军二万一千九百人，配属朝鲜兵五千九百人，共二万七千八百人，集结于全州，主攻顺天小西行长等。

陈璘水师一万九千四百人，配属李舜臣水师七千三百人，共二万六千七百人，集结于古今岛，协同陆路进攻，策应西路军。

面对着将近两倍于敌的兵力，邢玠踌躇满志，坚信这轮秋季攻势之后，日本人将彻底被驱逐出朝鲜半岛。

八月十五日，为了让上下一心，精诚团结。邢玠与三路统将刘綎、董一元、麻贵，还有两位按察使前往王京关王庙。几个人在武圣关羽塑像前歃血起誓："同心戮力，南北相和，剿灭倭奴。否则同死于此，不得归家。"(《朝鲜李朝宣祖实录》)

三天后，三路大军分头南下。

刘綎西路军在二十七日到达任宝，而先头一部前出南原，四处散开，采集木材，在黑城龙头山营造统帅部。

翌日，刘綎进抵龙头山，也带来一支奇异的亲兵。这当中有类似妖魔的牛之介三名，长阔十倍于常人。海鬼（非洲黑人）四人，体胖肤黑，眼睛赤红，发细如毛。另有四只湖南猿猴，骑在马上，牵引缰绳，像人身，又类似老虎。还有骆驼、生獐等牲畜。

朝鲜统帅权慄跟随刘綎，驻扎白坪村。

同一天，麻贵的东路军自尚州进兵庆州。董一元的中路军自星州进军三嘉。

二十九日，西路军数千人自南原进发谷城。李芳春、牛伯英驻扎黑城眼架山。蓝芳威自云峰挺进三嘉，碰到泗川日军五百余人，正在智异山搜抢头流、金台、安国等寺院。蓝芳威很快将他们赶跑。

朝鲜僧军总摄松云惟政率四百和尚跟随刘綎，也到达南原，阵于周浦。

九月初一，西路军两三千人陆续到达南原，下寨于白坪后山。三天后，西路军全部到达南原。于是，刘綎及部将前往顺天侦探敌情。

初五，刘𬘩到富有阵，跟小西行长相约讲和。小西行长客客气气地回话，天朝大人来临下邦，应当占卜选定一个吉利日子，以结盟好。

小西行长镇守的曳桥，城墙高悬坚固，壕沟深险。这个曳桥并非一座石桥，而是极其险要之地，堪称朝鲜“湖南（全罗道）之第一”。小西行长在这里建筑高台据守，朝鲜语“台”“桥”谐音同义，于是讹传为桥。

由于曳桥易守难攻，刘𬘩就设计诱捕小西行长，宣称定于二十日双方讲和。泗川的岛津义弘、南海的宗义智听到小西行长要议和，都跑到曳桥，跟小西行长商量。

就在这时，西路军来了一位重要人物——明朝参政王士琦，于初六赶到南原龙头山督战，催运粮饷。

王士琦，字圭叔，号丰舆，浙江台州临海人。时以山东布政使司右参政职务（地方主管人员）监督明军诸将，辖制刘𬘩、陈璘，在最后关头对西路军击败日本人发挥了重要作用。

最早作好进攻准备的是麻贵的东路军，他令副总兵解生为先锋，分兵新宁、义兴之间。令薛虎臣率兵七千人，与朝鲜兵千余人留屯左水营，又派遣朝鲜别将金应瑞往庆州，约以九月十九日，攻击温井之敌。

初七，刘𬘩的西路军完成了进攻部署。他把西路军再分为三协：副总兵曹希彬为中协大将，配属朝鲜全罗兵使李光岳；李芳春为左协大将，配属朝鲜忠清兵使李时言；吴广为右协大将，配属朝鲜全罗防御使元慎；游击傅良桥率三千人，配属朝鲜忠清兵五百人，组成留守兵团，屯扎蟾津，防备后路；权慄随同刘𬘩，协调明军、朝鲜人的行动。

九月初十，三路大军分别抵达进攻位置。八万将士摩拳擦掌，枕戈待旦，只待一声令下，就奋不顾身去完成最后的使命。

4. 麻贵再攻岛山

九月十一日，麻贵东路军拉开了大会战的序幕。

二更时分，先锋解生、杨登山一千人直指蔚山；王国栋、颇贵三千兵士埋伏于路傍。子夜，明军勇往直前，奋力搏战，斩首十七。

十八日，几路大军齐头并进，麻贵东路军又从庆州挺进东莱。

董一元中路军自三嘉进到晋州，先锋蓝芳威击溃南江屯聚之敌，斩首五十余。残敌溃往昆阳，与昆阳之敌合势，退守泗川旧馆。

刘綎西路军自龙头山过谷城，傍晚到达富有县。陈璘水师进兵左水营前洋，协同刘綎的攻势。

首先打响战斗的是东路军。

二十一日，东路军颇贵、杨登山、王国栋、解生等部九千余人进抵蔚山城北的古鹤城山。麻贵在富平驿旧址扎营，步兵屯于兵营旧址。麻贵看到一切准备就绪，于是出动一支精骑诱战。

加藤清正派出一小股部队忽出忽入。

一声令下，大队人马从城中拥出，明军千总麻云率领二百骑兵，从箭滩径至岛山，出其不意，从背后发动袭击。

日本人遭此进攻，阵势大乱。明军骑兵趁机横击践踏，杀得日本人四处窜散，溺死水中不计其数，只有一人在陆上被斩首。

日本人逃散一空，遗留的房屋、粮草很快成了灰烬，明军又“据险割其粮稻，焚溺甚多”（茅瑞征《万历三大征考》），夺取了大量的粮草补给。是日，朝鲜金应瑞也攻打东莱、温井之敌，斩获数十级。

初战告捷，麻贵下令造草房，驻守下来，四面包围蔚山城，并不断派出游骑，往来挑战。加藤清正并不急于跟麻贵一争长短，而是主动放弃蔚山，集中兵力固守岛山。加藤清正坚信，只要凭险据守，岛山坚不可摧。麻贵将成为第二个杨镐。任凭明军叫骂，就是躲在城内不出。可是只要明军一靠近，马上铳炮大发。

二十三日，麻贵率颇贵、牛伯英进驻温井与蔚山，对岛山发起猛烈进攻。加藤清正据险顽抗，明军伤亡累累。

岛山惨败，麻贵记忆犹新，心有余悸，于是深沟高垒，坚壁不战。同时派人议和，以为缓兵之计。

如此对峙了三天，基本上没有大战。麻贵心生一计，下令队伍改变阵形，佯装撤退，引诱日本人出城。但是被狡猾的加藤清正一眼识破，下令禁止士卒踏出城门半步。麻贵面对坚固的岛山束手无策，于是在二十七日退还。

二十九日，管拨军杨汝德报称，釜山敌人来援。麻贵见战机已失，只好下令大炮、粮草先撤三十余里，骑兵在西谷埋伏掩护，东路军撤退。

不久，进攻泗川前期获胜的中路军败讯传来。麻贵意识到再打下去已经没有意义了，十月初四，下令将全部辎重器械撤回，只在庆州留下一小队骑兵。于是，第二次进攻岛山结束。

此战，麻贵故地重游，加藤清正以逸待劳，坚壁不出。双方消极交战，互有攻守，各有胜负，战局沉闷。但是，进攻泗川的中路军却上演了一幕幕惊心动魄的大戏。

5．泗川故馆大捷

泗川，北靠晋江，南临大海，四周山势险峻，杂草丛生，地形狭窄，异常复杂。

日本守将岛津义弘，令联军大为头痛的一个悍将，人们称他为“石曼子”或“鬼石曼”。

岛津义弘自去年冬天退守泗川之后，就着力于加强构筑防御工事。

日本人在泗川西南的船津半岛上掘堑沟，引海水以为壕沟，沟内用一丈以上的巨石建筑外郭，顶端开穿箭铳窗口。外郭石墙环绕之内，有一高地。岛津义弘就在那里建了泗川新寨，里外四重。外重为石城，内三重为木城，真正做到固若金汤，易守难攻。并修建房舍数千间，屯储军粮弹药，可供数万人长期坚守。

九月中旬，当董一元的中路军集结在星州时，岛津义弘也对泗川外围各个据点，重新作了部署。他从一万三千人中分出三千把守外围各个据点，而将近万主力防守新寨。

外围据点兵力分布如下：

故馆：川上忠实二千人。

永春寨：川上久智二百人。

望津寨：寺山久兼四百五十人。

晋州善山寨：三原重种二百人。

昆阳城：二百人，守将不明。

各个据点中以望津寨最为险要，与东面的永春、西边的昆阳，三寨鼎立，互为犄角。

茅国器遥望泗川寨营，自望津至新寨，其势如长蛇，而望津就是蛇头。如能击碎蛇头，其余各寨轻易可下。

这时，一个妇女从泗川倭营中逃出，被茅国器哨兵截住。那妇女手里拿着一张纸条，上写："知吾姓者，令公之后，埋儿之父；问吾名者，有或之口，无才之按。理心书。"此为一则谜语，谜底猜一人名。

茅国器标下的赞画诸葛锈立即猜出"郭国安"这三个字。这使得参谋史世用回想起七年前的那封署名为"陈情人许仪后、郭国安、报国人朱均旺"的《仪后陈机密事情》。原来郭国安是华人，明朝曾经派遣史世用潜入日本找到他，二人立誓同心同德，报效祖国。

没有想到时隔七年之后，郭国安跟随岛津义弘来到朝鲜，并成了望津寨日军的一个头目，而且身在曹营心在汉，时刻惦记着报效祖国。

这真是机缘巧合，天佑大明！于是，茅国器暗自派人约他火烧望津寨。

九月二十日，茅国器准备渡过晋江直取望津寨。前来增援的岛津忠丰（岛津义弘之子）在对岸的渡口摆上盾牌阵，凶悍的萨摩武士就躲在盾牌阵后，编织出一张张密集的弹网，打得明军抬不起头来。

突然，背后的望津寨内火光冲天，黑烟滚滚。原来是军粮库起火了。于是望津寨的日本人立即陷入大混乱之中，刺耳的尖叫声伴随着火烧木裂的嘈杂声响彻夜空。岛津忠丰慌了手脚，顾不上对岸的明军，赶紧下令救火。

好一个赤胆忠心的郭国安！茅国器大喜，一声令下，明军潮水般涌过晋江，一举攻进望津寨。尽管岛津忠丰下令反击，与明军展开了激烈的来回拉锯战，但是日本人很快就被明军的进攻冲垮了。是战，明军摧坏日军大寨两座，烧毁营房两百余间。熊熊烈火烧得日本人闻风丧胆，仓皇逃回泗川新寨。

望津寨一下，明军势如破竹，当日申时又攻下永春寨。

在明军摧枯拉朽般的攻势之下，泗川外围据点相继沦陷。董一元更是意气风发，亲自从晋州赶到泗川督战，纵兵追击，进围船津半岛。但是日本人丢下成千上百的牛马，以及数不清的军火器械之后，早就躲入了泗川新寨。所以，除了斩获七个掉队的日本人，解救四百被掳的朝鲜人外，明军几无收获。

二十一日五更，一弯明月尚挂天边。李宁、卢得功的骑兵部队突破萨摩军弓箭和铁炮封锁，昆阳城又被攻破。至此，中路军连续袭破望津、永春、昆阳三寨，将岛津义弘的长蛇阵一举击破。

日本人看到三寨很快易手，屡屡请战。岛津义弘说：“敌人众多，不易击破。等他们来攻城，一举定胜负。”

董一元见胜利来得这么容易，迫不及待地准备进攻泗川新寨。攻城之前，他派遣茅国科到新寨，诱说岛津义弘和亲，岛津义弘对此付诸一笑。

和亲不成，那就给点颜色瞧瞧。

二十七日，董一元精神抖擞，首先挑选朝鲜步兵二千，骑兵一千，令郑起龙率领，作为先锋。又从明军各营抽调四千精锐，兵锋直指泗川故馆。守军是岛津义弘的部将川上忠实、相良赖丰，有二千余人。

翌日，岛津义弘见明军势众，传令川上忠实、相良赖丰退入新寨。川上忠实、相良赖丰正准备撤出，明军将士高举大刀、长矛，呼啸着冲杀过来，眨眼间就有八十余颗日本人的头颅落地。参将李宁的一千大同兵最为骁勇，像一把尖刀，直插入故馆城内。不料城中巷路狭窄，道路迷失，无法冲杀。日本人却越战越多，李宁身先士卒，孤身一人，与日本人展开残酷的白刃战，终于惨死乱刀之下，以身殉职。至此，东征军两个李宁都阵亡沙场。

但是，城外的联军已经对故馆形成包围。联军火铳火炮喷出一团团愤怒的烈焰，声震于天，随之神机箭雨点般落在城内。战况异常惨烈，日本人渐渐不支，扔下成堆成堆的尸体。

董一元料准时机，将洙扎洞的预备队投入战斗。他们沿着大道衔枚而进，偷袭泗川故馆西南城隅。死伤累累的日本人腹背受敌，只得与联军将士短兵相接，展开猛烈的肉搏战。

守军副将相良赖丰身穿锦袍金铠，骑在马上，没命地扑向明军。游击方时新抽出箭矢，狠狠地射去。相良赖丰来不及躲闪，被射中侧脸。方时新骑马飞了过去，只听见咔嚓一声，相良赖丰人头落地。但是明军游击卢得功冲杀过猛，也被一颗铁丸击中，坠马身亡。

联军将士越战越勇，日本人很快尸首盈城。鏖战到日落时分，董一元见占了便宜，下令鸣金收兵。

沉寂了一夜，天又渐渐蒙亮，川上忠实率残部三四百人弃城向东北方向逃窜。明军紧紧尾追，重重包围。

故馆酣战之时，新寨内有人建议岛津义弘派兵营救。岛津义弘说："弃泗州兵，我也于心不忍，但是敌人大军尾追败兵之后，新寨也将不保。还是各守其营，不要轻易出战。"于是，新寨的日本人眼睁睁看着自己的同胞一个个丧生于明军刀枪之下。

岛津义弘的家臣伊势贞昌实在不忍心目睹城外的惨状，带上一小队人马冲出城去。正遇上身中刀箭伤三十六处、奄奄一息的川上忠实，还有一百五十多个浑身是血、疲惫不堪的溃兵，于是一同退入新寨城中，历时三天的泗川故馆之战至此宣告结束。

是役，明军阵斩首级一百三十，实则毙敌一千八百余人。其战果之丰，过程之惨，为第二次东征所少见，也是邢玠秋季大反攻最成功的一次歼灭战。战后的泗川故馆，日本人尸首堆积如山，枪械遗弃遍地。其中有一具身穿锦衣的，投降的日本人告诉明军："这人就是泗川副将相良赖丰！"

对于这次惨败，日本人却讳莫如深。川口长孺的《征韩伟略》和日本参谋本部编纂的《日本战史·朝鲜役》中片面引用了《朝鲜李朝实录》的零星数字，说成故馆守军四百人，损失二百五十人，妄图把明军的辉煌战绩一笔勾销。

历史真相难以遮掩，如果守军真的只有四百多人，杀鸡焉用牛刀，明军就没有必要投入六千之多参战。诸葛元声在《两朝平攘录》如此记载："城内尚有数千倭仓皇出战，我兵冲击斩级几百。"明军一般是集中三倍于敌的兵力投入攻坚战，再对比参照《日本战史·朝鲜役》的记载，泗川旧馆的日本守军不会少于两千人。

当然明军也付出重大牺牲，并有两员大将阵亡：参将李宁和游击卢得功。

是日，有一队日本人出外割刈禾苗，明军突然杀到，放火焚烧东阳仓的日军粮仓，两天两夜焰火不息。但是故馆之战让日本人心惊胆战，再也没有人敢出救。

6. 崩溃，又见崩溃

故馆大捷之后，泗川新寨成了一座孤城。九月三十日，明军将领共议攻取新寨。

茅国器说："我军虽然连破数寨，但是擒斩并不多。敌人都撤回大营，必然竭力把守，我军攻打，未必能下。而且各寨救援即至，非万全之策。不如先攻固城，新寨之敌锐气方挫，定然不敢来救。而且固城城小，敌人兵少，固城一下，新寨援绝，然后相机而进，似为全策。"

董一元前有望津寨之捷，后有故馆大捷，轻敌的老毛病复发："本镇看新寨倭贼也不会很多，取固城易如反掌。今天先攻新寨。此寨一破，固城之倭不战自溃。"

游击彭信古煽风助兴："彭某曾亲自去新寨探视过，城中烟火不多，可取。"

彭信古，字叔籛，号龙阳，湖北麻县人，明朝万历时期麻县著名的"三彭"之一。彭信古勇猛多力，帐下又有一支非洲黑人部队，瞳孔蜡黄，面孔漆黑，四肢手足，通身漆黑。能长时间潜伏于海底，生吃鱼蟹，凿穿敌船，可谓神通广大。第二次东征时，彭信古随其父副总兵彭友德入朝征战，由于先前从未跟日本人交过手，所以也很轻敌。

董一元拒绝了茅国器的建议。

当然，董一元的做法是岛津义弘最希望看到的。

岛津义弘对部下说："敌人火烧望津，似乎是得手了。但他们渡河之后，破袭永春、昆阳大营，轻兵屡屡前来新寨挑战，以察看我军虚实，然后决战。敌人能做的，只有那么一点了。焚烧永春、昆阳，失其所据，反而让敌人行宿不便，暴师野外，敌人实在无谋。如果他们一定来战，那就是白白送死。"

岛津义弘无愧于"鬼岛津"的称号，既知彼又知己，董一元未战先败。

岛津义弘很快就收到董一元的挑战书："明日初一，董、茅二将率十万骑兵，将攻新寨，以使告知。"面对着这么一个有勇无谋的对手，岛津义弘反而若有所失。明天的战斗，结果早已没有悬念。

董一元很守信，十月初一天一亮，就下令发起总攻。

明军攻城部署是这样的：

茅国器三千、彭信古三千、叶邦荣一千五百，三支步兵攻新寨正门。

马呈文一千骑兵、蓝方威三千步兵攻新寨东北水门。

郝三聘一千骑兵、师道立三千步兵攻新寨南水门。

步兵一支守老营。

茅国器、叶邦荣自卯时一直苦战到巳时，明军冒着日本人的箭石丸雨，发起了一次又一次的进攻。岛津义弘、岛津忠恒父子登上木楼督战，由于明军攻势凌厉，战况紧急，岛津义弘不得不亲自发铳射击冲上城墙的明军。

随后，马呈文、蓝方威也展开了对东北水门的攻击，双方互射箭铳。新寨城外，明军勇猛前冲，战马四处奔窜，炮矢空中乱舞。酣战几个时辰，敌我双方陷入混战，杀喊声此起彼伏。

彭信古在茅国器、叶邦荣的掩护下，下令部下用火横狠狠撞击寨门。自辰至未，经过四个时辰地没命撞击，终于打碎城垛数处，步兵竞先上前拔除木栅。而这时，茅国器、叶邦荣也用大将军木棋打破城门一扇。

于是新寨城下，一片欢呼雀跃，明军争先恐后，夺门而入。

董一元在远处观战，眼看就要攻进城去，不禁大喜。

城内的日本人立即紧张起来，形势危若累卵。岛津义弘得出了一个教训："寡兵永远难保孤城。"围地则谋，死地则战。岛津义弘狠下心来，决定来个绝地反击，下令："杀出城去，与明军一决胜负。"

日本人准备大开城门，冲杀出去。忽然间有红、白两只狐狸，从城头窜入战场，岛津义弘在木楼橹上看见，一阵兴奋："这是战胜之祥兆！"再看那两只狐狸，一只被打死，另一只不知去向。

眼见新寨危在旦夕，意外突然出现。明军彭信古阵中爆发几声巨响，震耳欲聋。

原来彭信古所部三千人除了一小队黑人外，全部是强拉的北京城内的无赖、游民入伍。不但纪律松弛，训练无方，更要命的是不会使用火器。在这节骨眼上，他们手忙脚乱，操作失误，木炮起火爆炸，引爆阵中的弹药，火光冲起，烟焰腾空，熏黑了半边天。

攻城的明军惊愕相顾，人马自相蹂躏，阵脚马上大乱。岛津义弘犹如丰臣秀吉的魂灵附体，竟然得以惊天大逆转，反败为胜，神奇地逃过一劫。

岛津义弘见机不可失，急忙率部兵分三路，冲杀出去。岛津忠恒及部将伊势贞昌、平田宗位床并佐助（名字好长）等从右路出击；岛津义弘及部将新纳忠增、川上忠兄等从中路追击；种子岛久时、伊集院忠真、北乡三久等从右路追杀。彭信古的无赖队伍在京城动动手脚打群架，很是亡命，但真正上了战场，见到日本人挥着大刀，又乱发铳，恶狠狠地杀来，无不哭爹叫娘，四处逃散，几乎被日军全歼。

郝三聘的骑兵正跟日本人对射，见彭信古败走，也作鸟兽散，逃得无影无踪。马呈文的骑兵更是望风而溃。那些跑得慢的步兵很快死于马下，新寨城下乱成一团。

岛津忠恒发疯似的直冲向前，董一元见势不妙，慌忙组织士卒反击。明军从高地上驰骋而下，有三名骑兵直冲岛津忠恒而来。岛津忠恒斩落其中一个骑兵，另外两个还是死命前冲，岛津忠恒的部下平田宗位床并佐助迎上去，把他们赶走。

茅国器、叶邦荣见日本人倾巢而出追击明军，城内空虚，准备偷袭。留守的岛津忠长手下兵不多，岛津忠长说："我兵逐北，无法相援，而此地滨临大海，以寡敌众，是我死所也。"于是下令跳下战马，与明军短兵相接，展开激烈的肉搏战。

寺山久兼说："敌人阵后肯定有挑担、运输的士卒，可以试攻。"就分出一小队，向明军阵后的勤杂人员射击。寺山久兼的计谋很快收到奇效，明军呼天抢地，乱成一锅粥。岛津忠长乘机奋战，茅国器、叶邦荣见战机已失，只好撤还。

蓝方威驻兵于十里之外断后，见敌众我寡，也只得退走。董一元成了孤家寡人，兵败如山倒，溃散的明军如脱缰的野马，拦也拦不住。这时，所有的明军将士都在做一件相同的事：逃命。慌不择路，自相践踏，堕崖落阱，不可胜数。

据史书记载，董一元中路军的大溃败真是惨不忍睹：

此时忍馁扶伤，天寒日暮，昼伏夜行，盘桓万山中，奔走一二百里。哭声震野，接殒道路者，又数百人。（诸葛元声《两朝平攘录》）

（天兵）苍黄奔救，倭贼望见开门，突出放炮，天兵退遁，致死者，几

七千余人，军粮二千余石，亦不为冲火而退。伏尸盈野，兵粮、器械狼藉于百三十里地。（《朝鲜李朝宣祖实录》）

明军溃到望津，茅国器认为望津寨一旦再次落在日军手中，那就前功尽弃，于是准备收聚散兵，固守望津。一向轻敌的董一元这时却成了惊弓之鸟，光杆司令彭信古早已魂飞魄散，斗志丧失，就撒谎："朝鲜郑起龙也没有了。"

董一元彻底垮了："望津孤立，倭子来攻，怎么守得住？不如退还星州，以图再举。"于是退回星州，并让茅国器的参谋史世用去见岛津义弘，准备讲和。

狂胜之后的岛津义弘气焰极为嚣张，他告诉史世用："老天助我大捷，星州就是下一个目标。然后再取王京，你可以在辽东等我，那时再讲和吧。"

邢玠听说要讲和，暴跳如雷，破口大骂史世用："要是再听到'讲和'二字，我先砍下你的脑袋。"

日本人的追击战一直持续到午后四时，因军中粮饷被烧，也不敢远追。

次日，十月初二，岛津义弘下令凿挖泗川城空地二十穴，埋葬所斩首级，筑冢为景观。并把明、朝联军遗尸的耳朵割下盐腌，装进十几只大木桶内，用船运回日本名护屋。[①]

泗川之战，刷新了两次东征大溃败的损失纪录。彭信古的三千京城无赖，只剩下五六十人，覆巢之下无完卵，那一小队非洲黑人部队恐怕也不复存在了。茅国器部也阵亡六七百人，中军徐世卿被捉去，不屈而死，为国捐躯。

战后，日本人吹嘘说共杀了三万八千七百十七人，更有甚者说斩首八万人，也就是说，参加泗川之战的中路军每人平均死去三次。

十月初七，从倭营逃回的明军俘虏，给我们提供了一个明军损失的大概数据：

生擒天兵三四百，以茅游击（茅国器）军，则不为削发，其余尽削，欲送日本。天兵统筒、弓子、筒介、马、骡、驴、衣服等物，相为买卖。

① 现在日本京都东山区丰国神社门前的耳冢（或称鼻冢），埋葬的就是战死联军的耳朵和鼻子。耳冢中埋有两万多人的鼻子或耳朵。

明环刀、枪，打破铸丸。接战时，斩获天兵，削取鼻子头颗，积置东门外，数不下四五千云云。(《朝鲜李朝宣祖实录》)

综合各种史料，泗川之战，明军死亡、失踪七千人，其中被俘四百人。朝鲜也死亡一千人。中路军两成以上成了鬼岛津的刀下鬼。

损失如此惨重，董一元身为统帅，按律当斩。明朝有一条军规，如果败军之中，有一个将领血战沙场，那么至少可以说明主帅御军有方，就可以免去主帅一死。但是败军上下统将，无一人死战，那么大家都得处刑。

董一元秘密唤来心腹方时新，一位忠厚勇猛的将领。这次进攻泗川，中路军唯一的亮点就是故馆大捷。那位不可一世的日军副将相良赖丰，就是被方时新击毙的。

董一元哭丧着脸，说道："大军败了，我们二人都得死啊。两个人一起死，不如留下一人。"方时新抬头望着苍天，思索良久，滚下泪水。董一元见势，也唉声叹气，落泪不已。

两人喝了一杯酒之后，方时新默默回到帐中，支开所有侍从，只吩咐亲信家丁一人，令他取酒。方时新紧紧握住家丁的手，由于用力过猛，指甲几乎深陷下去。仰天长叹了几声，从袖口中掏出一包红药，倒在酒中，用手指搅拌。方时新犹豫再三，最后豁出去了，一饮而下。毒酒下肚之后，只觉得两眼直竖，很快站立不稳，倒身卧伏被中。不一会儿，体中毒性发作，胃内翻滚，汩汩如雷作响。方时新痛苦地抽搐着，眨眼间腹部胀裂，蹬腿而去了。

董一元逼迫方时新服毒自尽，中路军上下略有耳闻，无不痛恨这个窝囊的主帅。但是既然大家都在同一条船上，再说人死也不能回生，干脆就让方时新死得更有价值。于是，董一元匿藏逼死方时新的隐情，奏报称他死战沙场，因伤病亡。

结果在十七日，监察御史陈效对泗川败责进行处分，除了罪魁祸首马呈文、郝三聘以畏敌先奔的罪名，明正军法之外，其他的统帅董一元，部将师道立、柴登科、茅国器、叶邦荣、蓝芳威、彭信古、祖承训等人，只判个"姑令戴罪杀贼"。这次败得最惨的中路军，总算劫后逃生。

泗川溃败的同时，西路军围攻顺天也是一波三折，先胜后败，宣告了邢玠分路进攻计划的破产。

7. “猛张飞”陈璘

顺天城东南北三面濒临光阳湾，西面靠山，是全罗南道的交通枢纽，战略位置十分重要。守将小西行长，一万三千七百余人。

由于刘綎约以二十日议和，小西行长老早就在绵细薮（大概是桑蚕养殖基地）下设立了议和厅。

九月二十日，刘綎率部自九木亭进至顺天佛隅。很快，日本人献上一把宝剑，邀请前去议和。刘綎爽快地接受了邀约，带领数百名士兵去了。

貌似双方都很有诚意，刘綎的士兵手无寸铁，而小西行长也只是在曳桥五里之外驻扎着三千人。宗义智特意从流山来到曳桥，在议和厅摆设桌椅，还备了许多水果点心。

但是狡黠的刘綎还是要了诡计。他叫旗牌官王文宪伪装成自己，朝鲜军官卞弘达假扮权慄，大摇大摆地从明军营中走了出来。

这一边小西行长和宗义智也是不紧不慢地走向议和厅，忽然半路中“扑哧扑哧”，二十多只鸽子振翅直冲九霄。

刘綎一声令下：“打！”西路军的三支队伍同时发起进攻。吴广的右协在西边，首先发射火箭，叫喊声、欢呼声四起。小西行长立刻意识到发生了什么，马上转身开溜。宗义智眼见小命难保，赶紧扔下手中的果品、面、肉，跟在老丈人屁股后面，没命地跑。

刘綎见状，大喊：“活捉小西行长。”大放火炮，号令明军追赶。李芳春的左协一队骑兵，跑到前头，抄了小西行长的后路。

顺天城内的宇都宫国网、大村喜前看到主将落难，赶紧冲出来救援。清右卫门带头陷入明军阵中，眼看就要丧命乱刀之下，小田平左卫门单枪匹马，杀入重围，把清右卫门营救出来。日本人一齐行动，很快就把左协的小队骑兵冲得七零八落，小西行长、宗义智这才狼狈逃还顺天。来不及走的被明军赶上，胡乱砍杀，阵斩首级九十八颗。

明军趁热打铁，追到顺天城下，砍伐木柴，打造云梯等器械，准备攻城。

申时，刘綎下令总攻。明军在铁楯、木楯的掩护下一步步逼近顺天城。松浦镇信的三千人，铳矢齐射，鏖战到夜幕降临，明军伤亡不少，渐渐退去。

这时，常胜将军——水师提督陈璘率领两万联军水师赶到光阳湾了，从海路围攻顺天倭营。

陈璘水师战将如云，统辖邓子龙、季金、梁天胤、福日昇、王元、周沈懋、李天常，以及朝鲜统制使李舜臣等。参政王士琦以监军身份随军作战。

陈璘在国内是以蛮横、暴躁、贪婪闻名的。初来王京，朝鲜人无不畏之如虎。李昖在青坡野为他饯行时，有一位叫李尚规的朝鲜人冒犯了陈璘。陈璘竟然下令用绳子紧勒住李尚规的脖子，在地上拽拉，把一个脑袋弄得血肉模糊，分不清鼻子和嘴巴。吓得朝鲜人六神无主，谁也不敢上前相劝。

柳成龙直摇头："可惜了李舜臣的水师，又要吃败仗了。与陈璘共事，他必然一手遮天，霸占兵权，凌暴军士。违逆的，只会令他火上浇油；顺从的，又会让他得寸进尺。李舜臣怎么能不败？"大家听了相互叹气，无不为李舜臣捏了一把汗。

但是，李舜臣很快就让柳成龙刮目相看。

李舜臣不但足智多谋，纵横海上，所向披靡，而且八面玲珑，精于人事。他深刻认识到，只有和陈璘精诚合作，才能把祖国从日本人的铁蹄下解救出来。

于是，李舜臣对这位霸道的顶头上司，煞费心机，委曲求全，讨好他，笼络他。

陈璘未到古今岛，李舜臣就叫人四处狩猎、打渔，向他供奉了世界上最鲜美的山珍海味，备了最上等的醇酒佳肴。之后，又大老远跑到海边去恭迎陈璘的驾临。欢迎仪式搞得异常隆重，让陈璘备感尊崇。陈璘一到古今岛，李舜臣就摆下酒宴，大犒陈璘等明军将领，个个喝得心服口服。这一招果然奏效，陈璘心花怒放，眉开眼笑。

李舜臣深知陈璘好大喜功，又投其所好。几天后，日本人侵犯古今岛。李舜臣出海迎击，斩获首级四十余。李舜臣顺水推舟，把功劳推让给陈璘。陈璘大喜过望，知我者，李舜臣也。自然而然，对李舜臣另眼相看，待他情同手足。碰到事，就招呼李舜臣一起商议。出则与李舜臣并轿，不敢先行。两人遂结成牢不可破的战斗情谊，极大凝聚了联军的战斗力，为日后战胜日本人，奠定了坚实的基础。

李舜臣又竭力调和联军之间的矛盾，使得联军浑然一体，上下同心。让陈璘对李舜臣倍加推崇，在给李昖的书信中大赞他有"经天纬地之才，补天浴日之功"，甚至还动起了歪主意，想把李舜臣挖到明朝去当官。

第二次东征，陈璘的水师有一万三千余人，战舰四五百艘，白天在朝鲜忠清、全罗道各海口巡逻；夜里在海上巡警，灯火相望。

陈璘原带的陆兵五千，水兵三千，专管海上防倭。麾下又有一大批海上蛟龙，如副总兵陈蚕、邓子龙，游击马文焕、李全、张良相等。自陈璘入朝之后，明军战船神出鬼没，在海上往来不绝。吓得日本人老老实实待在港湾内，气也不敢喘，海面上的日本战船也日渐稀少。日本战船在海上横冲直撞的日子一去不复返了。

为此，陈璘感到很失意："我本来是专管水路的，但是倭子躲匿在山城里缩头不出，让我等英雄无用武之地。我等要养精蓄锐，时机一到，立刻出战。"于是下令水师在海上展开大练兵运动，全罗道加德岛、巨济岛、古今诸岛，忠清道九龙岛，甚至朝鲜半岛南部海面，全成了明朝水师的天下。

一接到战斗的命令，陈璘兴致高涨，令李舜臣为先锋，由瓦头猫岛，扬帆击鼓而来，停泊在曳桥前洋。朝鲜战船以黑色三生绳做帆篷，挂满了形形色色的旗帜，在蔚蓝色的天空中迎风飘扬，异常壮观。日本人见了为之泄气，不敢出战。

九月二十一日，水陆协同作战打响。陈璘率领大批战船，浩浩荡荡开近顺天外港。一声令下，船上火炮轰轰乱鸣，让日本人心惊肉跳。刘綎则趁机让朝鲜兵运输木石，在顺天城外安营扎寨，准备长久围困。

看到联军来攻，小西行长下令城头大张旗帜，炮楼林立，女墙上又置有短寨，里边摆放草人，以躲挡明军箭、铳。傍晚时，小西行长派了一小队人马冲出西门。一个明军骑兵在大炮的掩护下，单枪匹马，直冲过去，变戏法般地从日本人手中夺过战旗。日本人惊愕不已，慌忙逃避入城。

夜幕降临，明军每人手持三把五叉大火炬，夜空通亮，锣鼓大敲，炮火齐发，又摇旗呐喊，摆出攻城阵势。小西行长也不甘示弱，下令发炮。

双方大闹了一夜。翌日，陈璘水师逼近顺天北船沧。陈璘派游击季金出入挑战，不料战船搁浅，岸上的日本人乱发铳炮。小西行长见机让二十余艘船直扑过去，日本人纷纷跳水，围抱季金战船。季金鸣鼓，发力应战，没多久，水面上就浮上来十余具日军尸体。

陈璘水师的参战，让日本人紧绷神经，夜不敢眠。人人抱着柴薪，在海边栅栏之外点起大火。

有了陈璘的配合，刘綎底气十足，大造防车、防牌、长梯，准备攻城。又令木匠在东海边打造小船，宣称要在海上收集日本人的头颅。不久，傅良桥自蟾津来援，城下鼓乐大奏。日本人探头相望，备感惊惧。

小西行长一心求和，却中了刘綎的诡计，几乎丧命曳桥，投书一封大骂刘綎："自古两军交战，哪有相互欺罔的道理？"

刘綎却无心解释，继续他的"兵不厌诈"，让李芳春的骑兵穿上金灿灿、银闪闪的甲胄，夜间躲在五里之外，明早又跑回来，制造增援不断的假象；又在全军明码标价，斩获一颗头颅，赏赐白银六十两（万历时期一两银子的购买力约为人民币 200 元）。

8. 刘綎爽约

顺天腹背受敌，小西行长坚守不战。

如何把小西行长诱出城成了明军的一道难题。

九月三十日，刘綎将粮饷、大炮运往三十里之外，又让明军全部撤出，并在军营西谷埋下骑兵。之后一千骑兵，在白莲岩下来回驰骋，诱敌出战。但是谨慎的小西行长就是不出城，刘綎束手无策，只好令朝鲜总兵金晬直取东坪，解救被掳的朝鲜人。

杀敌心切的陈璘失去耐心，于是在十月初一，跑到陆上去跟刘綎面议。刘綎以攻城长梯还没有造好、邢玠援兵和邓子龙水兵未到为由，拒绝立即攻城。

陈璘大发雷霆，我军暴露已久，倭贼必会窥探我军虚实。不如速战！

刘綎迫不得已，只好准备攻城。

黄昏时刻，刘綎重赏凶悍的狼土兵，让他们乘坐轮车，搬运竹子，编制高梯，在顺天城外埋伏下来。

天亮之后，刘綎登上高处，竖起巨大的帅旗，一阵紧促响亮的锣声之后，明军如虎狼下山，直扑顺天城。

很快，身穿厚甲的一万骑兵在城下驰骋奔跑，杀声四起，惊天动地。日本人居高临下，一待明军逼近城墙六十步时，炮铳齐发，弹丸如雨雹，又投下巨木、巨石，让明军每前进一步都要付出惨重代价。

明军将士殊死搏斗，却不见有任何进展。游击王之翰、司懋官情急之下，身先士卒登上顺天木栅外十余步，身后明军冒死而进。慌乱的日本人不断从城墙穴孔刺出刀剑，很快就有四十多个明军遗尸城下。

明军见状，纷纷后退。日本人正准备停下来喘息一下，只听见王之翰、司懋官高声呐喊，明军将士受此激励，又舍命向前，终于一鼓作气，攻陷顺天外围木栅，烧毁敌军营房六十余间，杀死、烧死一千多名日本人，取得了泗川故馆大捷之后的第二次辉煌胜利。

激烈的战斗从早晨一直打到中午，顺天城内堆尸如山。小西行长受到刘大刀的重创，蜷缩顺天城内，惶惶不知计出。

可惜到了午后，形势逆转。明军筋疲力尽，进攻势头渐渐减弱，战斗队形也开始混乱。

西北城下，吴广的狼土兵躲在轮车里，里边狭窄，谁也没有合过眼，折磨了一整夜，大家都筋疲力尽，困顿不堪。又苦等不到刘綎的命令，有的竟然昏沉入睡。

小西行长看机会来了，下令反击。有的缒城而下，有的从地穴里冒出，百余日军冲向吴广的伏兵，一口气杀死轮车内的二十多名明军。

日本人又从城头上抛出燃烧的薪草，掉到飞轮炮车上。日头正旺，火势顿起，轮车上的竹编器具一触即燃。可怜那些曾经为抗倭立下汗马功劳的狼土兵，一个个成了焦炭，死尸成烬，臭味熏空。

吴广狼土兵的惨败很快影响到其他明军部队，王之翰率先逃走，日本人乘机出城反攻。眼看明军就要崩溃，李芳春、牛伯英勇猛顶上，总算把日本人打退了。

惨烈的战斗持续到日暮时分，刘綎看情况不妙，赶紧鸣金收兵。日本人又出城追杀一阵，明军大败而回。

这一天的攻城，刘綎重蹈董一元泗川新寨覆辙，又是先胜后败，战死于顺天城下的明军有二百余人。

陈璘水师配合刘綎攻城，见陆上攻城不利，于是专打日本战船。血战半天，海岸之下狼藉枕积着数不清的敌军尸首，再次延续了陈璘无往不胜的神话。不过，陈璘水师损失轻微，阵亡明军五人、朝鲜兵二十九人。

白天的攻城，刘綎稀里糊涂地败阵下来，于是在夜里派人潜出海外，跟陈璘约定，水师趁着夜间涨潮进袭，协同进攻。

陈璘二话没说，唤来李舜臣，准备行动。

李舜臣很熟悉这片海域的潮水涨落规律，劝告陈璘：“海水很快将退去，不利水战。”

陈璘恨不得马上杀进顺天，把李舜臣的话当做耳边风。初三二更，明军战船乘着海水一时高涨，直逼顺天城下。

但是刘綎对白天的败战耿耿于怀，归咎于陈璘没有配合。于是违背了与陈璘的约定，竟然不发一兵一卒去攻城。只是叫人模拟鹅的叫声，在岸上黑暗处“轧轧”发响。

陈璘误以为刘綎已经发动进攻，率部登岸。明军一上陆地，勇猛无比，在战船炮火的掩护下，直陷顺天城内，一场混战，日本人措手不及，死伤惨重。

随着轰隆一声巨响，小西行长的指挥部被陈璘水师的大炮击中，瓦砾四飞，火光冲天。猛烈的火势不断蔓延开来。城内的日本人惊慌不已，纷纷往东城逃避，西城一片空虚。

如果城外的明军能乘虚而入，顺天一战可下。

这时，刘綎竟然坐视战机流逝，按兵不动。朝鲜金晬闯门而入，极力请战。刘綎不但不发兵，反而满脸怒色。

一位被掳的朝鲜妇女在顺天城头上大喊：“这个地方空虚，天兵快快从这儿进攻。”如果此时下令攻城，还来得及。朝鲜李德馨、权慄、金晬等，几乎是哀求着请战。可是，刘綎依然无动于衷，错过了一次绝佳的攻城机会。

失去陆上配合的陈璘水师，尽管奋力搏战，但是寡不敌众。日本人组织反击，陈璘只得退出城外，准备撤到船上去。

一到海边，明军将士叫苦连天。海水真的如李舜臣所说，退去大半。沙船、号船二十三只，都搁浅在海滩上。

日本人很快围攻过来，踏入海边的沼泽泥淖，像螃蟹一样，往明军战船上不停地爬行。船上的明军，只得狠狠地乱砍乱斫。

紧接着，明军恐惧的一幕来临了，无数支火把从岸上飞来。海滩成了明军战船的火葬场，十九艘被烧毁，四艘被抢走。明军死亡八九百人。躲在暗处的朝鲜人乱发片箭，陷入浦口泥中的一百四十余明军这才侥幸逃生。

不甘心的陈璘欲报昨晚之仇，调派所有兵力，顺天湾上顿时战船云集，炮声震天。惊恐万分的日本人疯狂地乱发铳炮，一旦明军战船靠近，就成了移动的靶子。陈璘只好恨恨离去。

于是爽约失信的刘綎成了陈璘的泄恨目标。怒不可遏的陈璘像一头咆哮的公狮，一登岸就径直走向刘綎帅营。营前镶边的“帅”字大旗，很快成了一堆碎布。

夹杂着浓重广东口音的一句“心肝不好”像一块大石头猛地砸在刘綎脸上。

陈璘更当着刘綎的面，向经略邢玠写下告状书。

刘綎吓得面如土色，自知理亏，又一时结巴，说不出话来。只是一味地用手猛拍自己的胸膛，长呼短痛，责怪军中无人：“将帅无人，独我一人支撑，又能怎么样？”

这时传来中路董一元、东路麻贵败走的消息，刘綎更加孤掌难鸣，决意撤军。

初六，刘綎先行撤走老弱病残的朝鲜人。

翌日夜半，刘綎率领全军，尽弃营帐、甲胄，朝富有方向退去。余粮七千九百余石，朝鲜诸将私粮千余石，全部烧焚。牛、马牲畜等大量遗弃。

参政王士琦在南原，听到刘綎撤军的消息，急忙派人阻止。又派遣旗牌官，拿下王之翰、司懋官准备军法处置。

退路被王士琦挡住了，再北撤恐怕项上头颅也将不保。于是刘綎撤到顺天旧城后，亲自去南原见王士琦。

王士琦对刘綎一味避战深感不满，准备让陈璘直捣南海，切断小西行长的后路，再让刘綎进攻顺天。

但是刘綎的厌战情绪达到了高峰。留下王之翰、司懋官、曹希彬、吴广四将一万人，留守顺天旧城外，自己引军北还。刘綎退兵后的第二天，小西行长派人出城侦探，才发现明军大营空空如也，又怕刘綎埋下伏兵，也不敢追击。

当陈璘再次进攻顺天时，才知道刘綎撤走了。陈璘愤怒地说：“我宁为顺天鬼，不做怕死鬼不攻城。如果每一战都杀倭数百，倭贼也快干净了。”三天后陈璘也退到螺驴岛，整顿休息，以待后变。

自此，两次东征中规模最大的会战落下帷幕。此战中，蔚山、泗川、顺天，明军三战皆墨。除了白白扔下近九千具尸体之外，什么也没有得到。

这时，明、朝联军十多万，超过了日本人。军资、粮饷、器械比比皆是，抗战形势一片大好。但是由于各路大将各自为战，甚至互相倾轧，反为敌人所乘，三路大军一败涂地。朝鲜举国上下，人心惶惶。人们再次陷入一片茫然，荡平倭贼、光复朝鲜，不知要等到哪一天？

持续了七年之久的抗倭战争，进入了黎明之前最黑暗的时刻。

第十三章　万世大功

1. 一本书引发的官司

正当前方将士与东南海滨的日本人殊死搏斗时，朝鲜王京后院起火了。

参倒经理杨镐，又劾内阁大臣张位，丁应泰乐此不疲，着了魔似的，一发而不可收拾，又接二连三弹劾了麻贵、李如梅、高策等人。

对一个好话说尽、坏事做绝的人来说，只要杨镐不死，丁应泰就不罢休。

万历二十六年（1598）九月初四，丁应泰随同徐观澜、陈效再次来到朝鲜王京。每一次从朝鲜回来之后，丁应泰都收获颇多，因为又有一批人即将倒下。

这次回朝鲜的最大收获是一本书：申叔舟的《海东诸国纪》。

申叔舟是十五世纪朝鲜李朝世宗朝的重臣，与成三问、朴彭年一同被称为“集贤殿三杰”。明英宗正统八年（1443），申叔舟以朝鲜对日使臣书信官的身份访问日本。回国后，将他在日本所见所闻写成一本书，即《海东诸国纪》。该书专门记述日本的历史地理，所以出现了一些日本国王的年号，并涉及朝日两国交往情况。这本来是最正常不过的，不料，丁应泰鸡蛋里挑骨头，竟然利用该书，捏造出朝鲜通倭的罪证，上奏明神宗，以此报复朝鲜伸救杨镐之恨。

具体说来，丁应泰拟出的朝鲜罪状有四条：

一、朝鲜与日本献纳互市。每年都与日本商船贸易往来，两国互通有无。

二、朝鲜招倭复地。企图引来日本人，帮助朝鲜夺取辽河以东，恢复高丽旧土。

三、朝鲜尊奉日本正朔。丁应泰指出，朝鲜既然是大明的属国，又是礼仪忠义之邦，理当尊奉天朝正朔。但是《海东诸国纪》一书却用大字写出日本康正、宽正、文明等年号，而小字分书永乐、宣德、景泰、成化纪年于日本纪年之下。分明是尊日本远甚于大明。

四、《海东诸国纪》又僭称太祖、世祖庙号，与明朝称祖尊上等。朝鲜既然为大明属国，国君只能称王。又怎敢仿效宗主国，称呼列代统治者什么太祖（李成桂）、世祖（李瑈）？

罪状四条，条条都是强词夺理、莫须有。但是明神宗阅览丁应泰的奏章之后，竟然对他大加赞赏，在卧室屏风上写下“丁应泰”三字，还说：“我即位二十六年以来，从未见过这么忠直的人。”遂将丁应泰的弹劾奏疏下廷臣议论。

奏疏一下，立即在朝中掀起波澜，猜忌、怀疑，甚至痛斥朝鲜国的大有人在。于是，明神宗令徐观澜查明白之后再奏报。

被丁应泰参劾的消息传到朝鲜，举国震惊。

李昖受此闷痛冤枉，不得伸白，就从九月二十二日起闭合不视朝，席藁待罪。

朝鲜大臣屡屡力请李昖坐朝视事，李昖答说：“予罪固大。愿蒙天朝之谴罚，早退一日，得死于沟壑，无任祈祝之至。此予平生之志，一举足而不敢忘者。”（《李朝宣祖实录》）

莫须有的罪名强加头上，李昖只有痛苦地沉默。

而这时，经略邢玠正忙于部署三路大军南下攻敌。王京城内，里外上下一片劳碌。朝中不可一日无主，于是邢玠派遣差官，送书帖一封给李昖，请他速速坐殿视事。

李昖这才于二十九日，上朝打理政务。上朝的头一件事，就是任命兵曹判书李恒福为上使、兵曹参议李廷龟为副使、司宪府掌令黄汝一为书状官，前往北京呈递奏疏，辩白冤情。

奏疏是李廷龟所写，极力辩解，感人肺腑：

夫天高地卑，君臣位矣。子孝臣忠，人道立矣。自有生民以来，便有此道理。一日而无此道理，则人之类灭矣。……臣之当忠，子之当孝，人之所以为人，禽兽之所以为禽兽，其于君臣父子之道，讲之素矣。……天地鬼神，临之在上，质之在傍，其可诬乎？

李昖对苍天、神鬼发下毒誓，如果自己有不忠不孝的行为，那简直连禽兽也不如，为天地所不容。

但是因奏疏触及朝鲜国王庙号等事，领议政柳成龙认为："这是一件大事，如果凭实陈奏，恐有不测之祸，不如缺而不举。"

要不要把这样的奏疏送到北京去，朝鲜大臣商议许久，仍无定议。

最后还是由李昖作决定。应该说，尽管李昖有这样那样的缺点，什么腐败无能，任用小人，沉迷酒色等，甚至可以说他是一个昏君。但无可置疑，李昖是李朝历代国王中对明朝最为忠诚的一个，可以说对明神宗达到无限忠诚的地步。

李昖教导柳成龙等人说："君臣如同父子。父子之间怎么可以有隐讳的事？以这个获罪，我也心甘情愿。"

十月二十一日，李恒福、李廷龟、黄汝一等人携带奏疏，不分昼夜，驰赴北京城。经过三个月的长途奔劳，李恒福等人于次年正月二十三日抵达北京。四天后的清晨，李恒福等人跪在五凤门东廊下，向上朝经过的阁臣沈一贯呈上辩诬奏本。李恒福翻开《海东诸国纪》一书，逐条指给沈一贯看，反复辩白。沈一贯连称："晓得！晓得！"时天气寒冷，沈一贯为李恒福的忠肝义胆所感动，不顾年老体衰，久久伫立于风寒之中，热泪盈眶，不断抬手擦拭。

明神宗见了朝鲜的奏疏，也深为释怀，二十九日下旨，令兵部会同府部、九卿、科道召开会议，专议朝鲜辩诬之事。

据李恒福《白沙集》记载，会议时间是二月初五，地点在东阙（今北京东城区东直门外大街）。与会者都是大明帝国最有权势的官员，有礼部尚书李戴、户部尚书杨俊民、刑部尚书萧大亨、工部尚书杨一魁、都察院都御史温纯等二十多人。各个政府部门的正副头儿大都参与讨论，可见当时明朝对朝鲜属邦的重视程度。

李恒福等人绷紧神经，在外苦苦等候消息。随后，暂署兵部的萧大亨出来了，见到李恒福等人，满脸霁颜悦色，不时顾盼左右言笑。李恒福等人不由得宽下心来。不料一连几天，再也没有好消息传出来。李恒福等人又是一阵紧张，四处打听，才得知邢玠和万世德的奏本也来了，丁应泰从朝鲜回来，又是一个弹劾。李恒福等人心又凉了下来，怕是辩诬之事节外生枝了。

事情一直拖到二十四日，貌似不了了之。虽然明神宗并未明确下旨表态，却令兵部移咨慰谕朝鲜使臣。

当李恒福忐忑不安地从北京回国时，沿途不断碰到凯旋的明军将士。李恒福这才欣喜获知，战争结束了，东征取得了辉煌的胜利。

之后，丁应泰的弹劾越发蒙胧，没有人提起申叔舟的那本书。再之后，丁应泰也被邢玠参劾，罪名有主和、诬参朝鲜国王等。明神宗也厌烦这位屡创弹劾纪录的言官，最后把这个跳梁小丑罢职了。

2. 日本人大逃亡

丰臣秀吉死后，尽管五岁的秀赖名义上是他的继承人，实际大权却旁落到德川家康手中。

德川家康以其超常的坚忍博得了丰臣秀吉的信任，死前还被托孤。茶茶和秀赖这对孤儿寡母，早晚要被自己取而代之，但眼前最重要的事是收拾侵略战争的残局，让日本人全身而退。

他首先命令浅野长政、石田三成二人，赶赴九州筑前霸家台督师班归；又派遣德永寿昌、宫木丰盛渡海去朝鲜，密讣诸将，传达丰臣秀吉的遗命，下令班师回国。

这时，侵朝日军仍有六万四千余人，分布情况如下：

蔚山城：第一军，加藤清正一万人。

南海城：第二军一部，宗义智一千人。

顺天城：第二军主力，小西行长等五将一万三千人。

西生浦：第三军一部，黑田长政五千人。

釜山城：第三军一部，毛利吉成等六将五千人。

同丸山：第三军一部，寺泽正成一千人。

竹岛、昌原：第四军，锅岛直茂、胜茂一万二千人。

泗川：第五军，岛津义弘一万人。

固城：守备队，立花宗茂等四将七千人。

德永寿昌、宫木丰盛二人于十月初一抵达釜山浦。初八，又到了泗川，向岛津义弘等人传令，命各将在下月十五日聚集釜山，然后一同撤还。之后，又马不停蹄奔到顺天，将一封五大老的朱印状交到小西行长手里：

急度以早船令申候

一、如果顺天城被大明人攻取，正如各位所知，陆地临河，故来援之后，可从水路行动。

二、泗川、固城两军，退往巨济岛，等候顺天城的援军。

三、昌原城跟竹岛一起后撤。

四、德永、宫木两位已经被告知如何处置与明朝人交涉撤退。诸城应速速撤到釜山浦，班师回朝。

五、西生浦需竭力援助蔚山被围之军。如事态紧急，当尽早撤到釜山浦。

以上所述，俱命安艺宰相、浅野弹正、石田治部少辅至博多，安排撤军事宜。

另命中国大部、并船手、四国众、九鬼大隅守、胁坂中务少辅、堀内安房守、菅平右卫门之下的，以及数百艘大、小安宅船及早渡海。

九月十五日，辉元书判、景胜书判、秀家书判、利家书判、家康书判。

对小西行长来说，战争破坏了他与朝鲜人之间的贸易。要不是丰臣秀吉硬逼着他来朝鲜，恐怕这时他正在肥州忙着数钱。所以他看到文书后，十分高兴，不停地在胸口画着十字："上帝保佑！"但愿能甩开刘綎的纠缠，让自己平平安安地回家。

十月下旬，德永寿昌、宫木丰盛又到蔚山向加藤清正转达了撤军令。

如何能顺利摆脱明军的追击，四大老曾经在九月初五以丰臣秀吉的名义，向侵朝日军发布训令，"争取最体面的议和"，要求小西行长、岛津义弘派遣使者，向明军提出议和。

十月初十，泗川的岛津义弘释放被俘的一名茅国器旗下士卒，率先向茅国器递上求和书。

明军在泗川、顺天战败后仓皇撤离，丢弃了大量的粮饷，朝鲜见明军败退，只开出空头支票，不愿供给运输，使得明军严重缺粮。邢玠责斥朝鲜人："天兵进军，朝鲜就运粮。天兵一退，朝鲜就不运粮，这是什么道理？近日天兵资粮已绝，迫于枵腹，已经到了宰杀骡马的地步。"由于缺粮，刘綎的西路军不得不于十月十一日从南原北还。而董一元的中路军几乎损伤过半，加上后勤补给不济，就接受了岛津义弘的请和。

十四日，董一元派遣参谋史龙涯、通事孟友理、译人张昂、降倭佥知金归顺，还有一位彭信古的士卒，往泗川倭营，同岛津义弘进行媾和谈判。经过双方坦诚、开放的会谈，顺利地达成和平协议。三天后，董一元让茅国器的弟弟茅国科等八人为人质，送于泗川。

小西行长同刘綎的和谈也毫无悬念，双方一拍即合。

十八日，刘綎与吴宗道、降倭等密议，与小西行长约和。作为议和的见面礼，刘綎赠送给小西行长金帛，小西行长则回赠铳、剑。

但是日本人后撤时，董一元又率部跟进，在十九日直向三嘉，一夜驰走一百一十里。翌日黎明渡过南江，扎营望晋峰前野。这时，岛津义弘父子开始从泗川撤退，昆阳、永川、新宁的日本人也焚寨而遁。董一元在泗川被岛津义弘打惨了，不敢追击，岛津义弘也不想看到再留下一具尸体。双方配合默契，并未发生任何冲突。

二十日，刘綎也派遣旗手刘万守、王大功为参将，带上家丁三十人前往顺天城议和。五天后，刘綎又让族人刘天爵等做人质，送往顺天。作为交换条件，小西行长尽早撤出顺天城。他还暗暗告诉刘綎："我在城中留下首级、器械而去。你可入城取之，然后向皇帝请功。"

十月三十日，小西行长、岛津义弘、立花宗茂、宗义智商议，定下了撤军部署：

一、顺天、南海、泗川、固城各部，会师釜山后，定下日期，一同撤回巨济岛。

二、顺天、泗川和成之后，携带明朝人质，依序撤退，同时，泗川、固城的战船前往顺天城海峡，掩护友军撤退。

泗川、固城的战船分别护送友军至南海岛、巨济岛见乃梁海峡。

撤退开始之日定于十一月十日。

但是侵朝日军急于回家，已经捺不住再多等十天了，从十一月的第一天开始，就争先恐后，全线撤往釜山。首先是加藤清正退出蔚山，沿海路南下，在海上并未遇到任何麻烦。加藤安行殿后，焚烧大营以后也平安撤退。

在三路南下进攻失利以后，明军分布态势如下：

麻贵的东路军，集结于庆州城以南区域，先头部队进出于蔚山城下，监视加藤清正的动向。

董一元的中路军，因战损过大，只在星州等地修整，离泗川的岛津义弘所部较远。

刘綎的西路军虽脱离顺天曳桥战场，但在参政王士琦的勒令强压下，并没有跑远。一部仍留在阳光、顺天旧城，与小西行长的第二军咫尺相隔。而刘綎率西路军主力，屯驻于富有县一带，距离曳桥有一日的路程。

探知日本人已卷席而去，刘綎趁机向顺天曳桥挺进。但他认为，“归师勿遏，穷寇勿迫”，并未向城中发一铳。只是对朝鲜人说先把小西行长诱出城外，然后等渡海未备之际，发动袭击。

这时，日本人归心似箭，士气狂泄。三路明军在占据优势兵力的前提下，一味诱和，不敢乘机进剿，失去了大量杀伤敌人有生力量的机会。而狡猾的日本人在议和烟幕弹的掩护下，完成了一次“体面撤退”。

日本人正为陆路上的胜利大逃亡而弹冠相庆时，他们万万没有想到会在露梁洋面受到陈璘的猛烈围歼，葬身鱼腹。

根据十月三十日军事会议上的决定，小西行长所部成为第一批撤离到釜山的部队。所部兴奋异常，欣喜若狂，整夜摆宴庆祝。

十一月十二日，晨，小西行长部署撤军的船只，聚集在松岛，整师待发。他先派遣十余艘船只，出航到光阳湾口的猫岛，探测海路情况，遭到李舜臣水师的截击。小西行长立即组织一支突击船队，猛烈冲击，企图破围，但是屡次冲杀都败阵下来。李舜臣的战船紧扼猫岛要冲，像铁链一样，牢牢地把小西行长锁定在顺天港湾内。小西行长见突围无望，秘密派遣一只小船，向南海的宗义智和泗川的岛津义弘求援。

残忍的小西行长还捆绑了四十名明军战俘，并斩断其中两名的臂膀，送到刘綎军营中，说："刘綎前后屡屡几次欺骗我，我再也不撤走了。"

又派人与刘綎商议："水师不肯和，急需重新订约。"

刘綎直截了当地告诉他："你要和，找陈璘就可以了。"

于是，小西行长派遣翻译，带上一百两白银、五十把宝剑，贿赂陈璘："兵贵不流血，请借道回国。"陈璘当即应允。

小西行长又派出几艘先锋船只，这回仍然遭到李舜臣的痛击。

小西行长大骂陈璘，既然讲和了，为什么还派兵截击？

陈璘漫不经心，这就不关我的事了，是朝鲜统制使李舜臣干的。

小西行长一筹莫展，只得于十四日，再次送出一艘小船，上坐八名日本人，疾驰往泗川、南海催援。

次日天一亮，小西行长及大村嘉前、五岛孙右卫门尉、有马晴信、松浦镇信离开顺天城，撤到海滨，只要援兵一来，即刻走人。松浦镇信一向鄙视小西行长，视他为懦夫，单凭我军一鼓作气，足以击破明兵，何必乞援？小西行长不听。

当然，日本人的密谋无法逃过明朝人郭国安的耳朵。他从倭营中向陈璘密报，关白早已魂归西天，日本人正忙于逃命。

得到赤胆忠心的同胞的情报，陈璘马上意识到这是一个千载难逢、建功扬名的好机会，于是早先和小西行长定下的和约成了一张废纸。陈璘当机立断，下令邓子龙及朝鲜李舜臣率水师千余人，驾着三艘巨舰，作为先锋，待日本战船通过海峡后，迂回到侧后发起攻击，切断其归路。

十六日，陆路的刘綎亲率大军逼近顺天城，但是到曳桥之外兜了一圈又撤走了。陈璘与李舜臣暂退瓦头，不断派出探船，伺机而动。

被困在顺天港湾的小西行长急得像一只乱窜的老鼠，他悬赏千金，募得死士，乘着黑夜涨潮，冒着生命危险，傍沿着海岸，潜逃到泗川、南海告急。又派人到刘綎处，讲约各自退兵。刘綎应允。

小西行长得寸进尺，又宣称："水师苦苦相逼，欲去而不能。必须派出陆兵护送水师。"刘綎竟派遣吴广带着四十人前往顺天曳桥，同小西行长面议和事。

就在刘綎偷偷摸摸和小西行长媾和的同一天，朝鲜王京迎来了明军的一位重量级人物，他就是顶替杨镐的经理万世德。

万世德自六月受命，惧怕战事，不敢前往朝鲜。其间虽经明神宗屡次催促，万世德就是拖延时日，迟迟不肯起程。之后听到丰臣秀吉已死，侵朝日军退去，眼看胜局已定，万世德这才昼夜兼程，匆匆忙忙驰至王京，去冒领捞取最后的胜利果实。

十七日，日本人全部撤出东洋仓之后，茅国器与朝鲜兵使郑起龙入据空城，由于行动缓慢，只斩下两名奄奄一息的日本人，解救了三名被掳的朝鲜妇女。

第二天，加藤清正率部撤出岛山，撤走前把岛山城烧得干干净净、空无一物。麻贵率部赶到岛山城下时，只看到在城外竖立着一根旗杆，上头飘挂着加藤清正致明军将士的一封信：

> 大日本国加藤王计头平清正谕大明诸将之榜：顷闻顺天之倭将行长，与大明诸将，有三国和平之约，尔国欲出质于行长矣。虽然，尔等再信乖约，出兵围行长。尔等如此行伪谋，岂非穿窬（痛骂明军卑鄙，是穿墙贼盗之类）？但此伪谋，在大明诸将乎？在行长乎？我不知之，故今此榜也。
>
> 我在此，虽可对阵守城，顺天已危，我不救拯之，则无勇也。故我先扫空此城，暂往于顺天也。尔等亦来于顺天，我当争雌雄、决胜负也。熟以事势，虽至如此，三国是亲兄弟之国也，不可无和平也。尔若欲和平，纵然我虽还日本，岂妨通信？
>
> 且我太阁殿下，去八月虽微疾薨，有令嗣秀赖殿下，又有股肱大臣家康公，有文有武，恰似太公之于周武，如婴、臼于赵朔也。因兹我日本社稷安宁也。以是再伐朝鲜，如指掌，不如至和平不宣。（《朝鲜李朝宣祖实录》）

3. 露梁奇功

泗川的岛津义弘接到小西行长的求助，决定率部前往顺天救援，与其子岛津忠恒、立花宗茂、寺泽正成、高桥直次商议，先到兴善岛。恰逢岛津忠恒生了一场大病，岛津义弘只得分兵与他，留守下来。自己亲率大军，乘月色向露梁海峡疾驶。中途遇到从南海开来的宗义智，两军会合后，在午夜时分向顺天开进，通过露梁海峡。

岛津义弘船队的行踪，很快就被李舜臣的耳目——庆尚右水使李纯信探知了。

李舜臣告诉陈璘：“顺天派往泗川的求援使已经去了四天，明天之前倭贼援兵必到。我军先发制人，一定能够出奇制胜。”

陈璘有些犹豫，李舜臣急切请战，甚至到了哭泣哀求的地步。陈璘对李舜臣的铁血丹心大为感动，于是发出战斗的号令。

铺开露梁湾的航海图，陈璘立刻制订出一个大胆、果敢的作战计划，决定来一个伏击。具体部署为：自己亲率明朝水师为左军，埋伏在昆阳之竹岛与水门洞港湾内；命李舜臣率朝鲜水师为右军，埋伏在南海之观音浦，配合明军，夹击日本人。

十一月十九日子时，李舜臣强抑住心中无比的激动，跪在战船的甲板上，向上苍祈祝：“今日定当决一死战，愿老天襄助，必灭此贼！”

祷告之后，李舜臣率领七千余人，分乘一百余艘精锐战船，犹如海上蛟龙，很快驶入露梁海峡。陈璘和季金也率领明军一万九千四百人、战舰六百余艘，浩浩荡荡，驶向露梁洋面。

网撒下了，何愁鱼儿不进来。

援朝抗倭战争中最激烈的海战，同时也是十六世纪世界上规模最大的海战——露梁海战爆发了。

丑时，从泗川、南海、固城来的岛津义弘、宗义智、立花宗茂、高桥统增、寺泽正成援兵共一万七千人，战船五百余艘，气势汹汹地驶出海峡，进至露梁以西海面。

联军将士屏住呼吸，瞪圆了期待的双眼，老鼠终于要进笼子了！

岛津义弘的船队缓缓驶入明、朝联军的伏击圈，四周是可怕的寂静。

突然响起一阵急促的锣鼓声，平静的海面上立即沸腾起来，雷鸣般的炮铳声大作，明、朝联军的数百艘战舰像一把巨大的铁钳，从左右两侧猛力地向敌人夹击过去。

朝鲜的领相柳成龙在《惩毖录》中如此描绘当时的战况：

月挂西山，山影倒海，半边微明，我船无数，从阴影中来，将近贼船，

> 前锋放火炮，呐喊直驶向贼，诸船皆应之。贼知我来，一时鸟铳齐发，声震海中，飞丸落于水中者如雨。

陈璘和李舜臣同时发动突然袭击，左右两翼相互交替掩护，海面上矢石齐飞，柴火乱投。战况甚是急迫，联军将士还未来得及发炮、射箭，日本人就窜进来找死了，联军将士只得把手中一团一团的火把扔向日本战船。刹那间，露梁海面火光冲天，映红了天空。夜空光亮逼人，双方战船穿梭飞舞，难辨敌我，陷入混战。

一待接战，日本的萨摩武士就不要命地跳到联军船上，与联军将士展开肉搏。立花宗茂的家臣池边彦左卫门最先跳跃上去，他正要高喊："我是最勇猛的！"明军的一把长矛把他的脑袋戳了一个大窟窿，顿时脑浆迸溅，坠水而亡。随后，无数联军将士如水上猛虎，直扑日本船只。

日军遭此袭击，应战不暇，两百多艘船只瞬间着火，熊熊大火很快吞噬了船上的日本人，烧伤烧死数以千计。

鏖战一夜，天渐渐灰亮，依然大雾迷茫，海面上漂满了日本人的尸体、破败的船板、丢弃的武器以及衣服等，一片狼藉。

岛津义弘无心恋战，下令退往观音浦。陈璘率联军战船狠狠咬住不放，李舜臣也冲入敌军阵形之中，日本战船将他团团围住，形势很危急。

陈璘见李舜臣被围，换乘高大的朝鲜战船，像一把尖刀直插入日本战船的队形中，斫斩数十百人，逼退日本人，把李舜臣营救出来。

煮熟的鸭子飞了，日本人便发狠冲向陈璘。数不清的敌船紧紧缠绕着陈璘的座船，不断地冲撞过去。有两个日本人没等撞到陈璘的座船，就跳跃上去，挥舞着大刀，恶狠狠地朝陈璘砍去。

千总陈九经奋不顾身扑过去，大喊："我的老爸叫陈璘。"用自己的躯体挡住了日本人的大刀，被砍得血肉淋漓，不得动弹。眼看这个勇猛的将二代就要丧命于此，旗牌官文炜操着一把山字形的镗钯，猛地刺向日本人的胸膛，竟然把他挑起来，扔到大海里去喂鱼，陈九经这才躲了一劫。

这时，明军老将邓子龙也赶来作战。邓子龙虽年近七十，却老当益壮，锐不可当。邓子龙想争得头功，豁出一身老骨头，率领二百名江西兵，分乘四艘朝鲜板屋船、两艘明军战船，向岛津义弘的座船——安宅船撞去，船上的日本人一场虚惊。

江西兵直前奋击，用铁钩钩住岛津义弘的座船，往船中抛放火器，座船立即着火，五十四个日本人立即毙命。明军将士一片欢腾，每个人都举起长矛，跃跃欲试。

岛津义弘瞪着血红的双眼，欲作最后的搏斗。不料，邓子龙身后的明军战船抛射火器时，自摆乌龙，失手误中了邓子龙座船。船上火势猛发，蓬樯俱焚。明军四处躲散，一片混乱。日本人乘机发铳，邓子龙壮烈牺牲，身旁的随从全部战死，座船也烧成灰烬。

这位年近古稀的老将就这样为抗倭献出了自己宝贵的生命。二十六岁时，邓子龙曾在诗中写道："磨就霜锋胆气雄，神光长射斗牛中。"如今他实现了自己当年远大的抱负。

邓子龙的死激起了明军将士的极大愤慨。陈璘陷入日本人的重围之中，死命拼搏。日本人见围住了联军主帅，欲来个斩首行动，于是数不清的敌船围拢过来，从四面八方猬集在陈璘座船四周，炮丸像雨点般倾泻而下。

陈璘杀得眼红，脸上毫无惊慌之状。反而狠下心来，命令放下碇石，要与日本人见生死。王元周、福日昇二将也换乘高大的朝鲜战船，左右夹持，紧护着陈璘。狭路相逢勇者胜，与日本人拼命的时刻到了。

陈璘不但武艺高强，而且足智多谋，精通兵家韬略。尽管他也有贪婪、蛮横的阴暗面，但在战场上，他绝对是一个令敌人闻风丧胆的猛人。

关键时刻，陈璘出奇沉着冷静，过人的谋略也随之发挥出来。他下令军中摇旗呐喊，鸣放大炮。日本人瞄准明军，仰发鸟铳。陈璘又令明军举起盾牌，弯腰躲闪，日本人的铳丸呼啸而过，却打不中任何东西。

日本人气得嗷嗷大叫，拔出腰间的刀剑，如同凶神恶煞，朝明军胡乱砍去。陈璘就命令用长枪俯刺，明军一阵捌戳，日本人纷纷坠海，淹死的不计其数。

正当日本人恨恨地准备再次攻击时，陈璘却摇铎收军，明军战船寂然无声。

日本人一阵狐疑，稍稍退却，猜测着陈璘要耍什么计谋。突然天上落下无数颗冰雹大的炮丸，紧接着又是一条条火龙从高处喷射而来。风急火烈，眨眼间，日本战船燃烧成灰烬，海波为之赤红，露梁上空随即回响起日本人一阵阵惨烈的凄叫声。

李舜臣远远望见陈璘被日本人所困，便发力前往救援，勇猛地冲进日本人的包围圈，与陈璘合力血战。朝鲜庆尚水使李纯信的先锋船队，甚是凶悍，连续烧毁敌船十余只。

有一艘日本战船高大无比，船上布满红色帐幕，有三个身披金甲的将领在督战。李舜臣率众合攻，并发箭射中了一个金甲战将。日本人为之泄气，抛下陈璘前来迎战。

在李舜臣的襄助之下，陈璘安然冲出日本人的包围圈，与李舜臣合势。明军大发虎蹲炮，不断击碎敌船。联军迅速掌控了海战的主动权，包围变成了反包围，敌人由猎人变成了猎物。日本人魂飞魄散，死伤累累，大败而走，往观音浦方向逃窜。

白昼又回到了洋面上，海上的浓雾渐渐散去。李舜臣亲自击鼓，号令追击。一艘日本战船悄悄尾追在李舜臣身后，乘朝鲜人不备，向李舜臣发去一串罪恶的弹丸。

李舜臣后背中丸，鲜血喷涌而出，顿时不省人事，左右急忙将他扶入了帐中。片刻，李舜臣苏醒过来，看着周围哭泣不已的将士，强忍着剧痛，叫人用防牌支起身体。

海面上，炮声怒吼，硝烟升腾，战云漠漠，日光失色。敌我战船，往来奔驰，鏖战甚急。李舜臣的双眼充满了胜利的渴望和诀别的无奈，用尽最后一点力气，下了生命中最后一道命令："战事方急，不要告诉将士我死去的消息，让全军惊动。"言尽溘然长逝。

朝鲜水师的灵魂——一代名将李舜臣，尘世间一颗伟大的灵魂离去了。

李文彧扶起痛哭不已的李莞（李舜臣兄子），用衣服盖住了李舜臣的遗体。李莞与军官宋希立等三十多人，掩口吞声不哭，仍旧催吹号角，就像李舜臣仍然活着一样，督令将士奋战。朝鲜水师上下都不知晓主将已死，一齐勇往直前，死力拼杀。第三船把总沈理更是努力前进，火器齐发，阵斩敌人首级一百三十。

这时，明将陈蚕、季金也率后续战船赶到露梁洋面，加入到这场大围歼之中。一场混战，中军陶明宰不幸中铳，以身殉职。明军化悲痛为力量，气势更加炽盛，攻势更加凌厉，无不舍身赴敌，冲锋陷阵，进战不已。

岛津义弘的萨摩武士本来就不善于水战，在联军水师猛击之下，无不抱头鼠窜，鬼哭狼嚎。

临近午时，日本战船基本上被歼灭殆尽，投水死者不可胜数。露梁海上再现一千三百年前赤壁大战孙刘联军击破曹操的蔚然壮观，数百艘日本战船被焚烧，烈焰腾空。敌人走投无路，溺死、烧死不计其数。海面方圆数十里，漂满了残桅断木、沉浮不定的尸体，无数的器械、战具、衣服，一片凌乱不堪。

联军将士手持钉耙、镰枪，不断地投向岛津义弘的座船。种子岛久时、川上四郎兵卫、同九左卫门、新纳忠增、太田忠网、太郎左卫门等人紧紧围拢在主将身旁，组成一圈密实的人肉盾牌，死命保护，个个身上挂彩。岛津义弘这才率着残剩的五十艘船、三千余人，溃围而出，逃向巨济岛。立花宗茂、寺泽正成等人跟随岛津义弘苦战，亲兵家臣死伤过半。有的弃船逃上海边悬崖，又被明军追剿，直逼海口，受到两路夹攻，杀死、溺死不可胜数。

岛津义弘家臣喜入忠政、桦山久高（此人是入侵明朝另一属国琉球的元凶）等率残卒五百人，被明军所遮隔，不得随岛津义弘撤还，只好弃船逃入南海，走保宗义智所居的空城。陈璘下令明军在南海城出口处沉下日本战船，将喜入忠政等人囚困在南海城内。

因得病迟后的岛津忠恒听到露梁战况，急忙率部前去救援。在途中与败逃的岛津义弘相遇。只看见岛津义弘所乘坐的船只几乎毁坏成一块木板，甲板上插满了明军的箭矢。父子二人狼狈相聚，躲进巨济岛。

被围困在南海的喜入忠政偷偷派遣使者求救于岛津义弘，岛津义弘令伊势贞昌、五代友泰等前去接救，迎入兴善岛。寺泽正成又派船将他们送到巨济岛，总算脱离了险境。

陈璘率领联军水师，穷追逃敌，进入南海城后，收得军粮一万余石，牛马牲畜不可数，之后留驻流山，休整队伍。

自此，震惊中外的露梁海战落下帷幕。

此战给日本岛津义弘所部以毁灭性打击，明军取得前所未有的辉煌战绩：俘获日本战船一百艘，烧破二百艘。在海上交战，割取日本人的头颅无疑是一件难度系数极高的事，不亚于奥运会的打飞碟。但是陈璘的水师还是斩获首级五百个，生擒一百八十人。千总陈九经生擒倭将一名，此人伪称自己是石曼子（岛津义弘)，一时引起轰动。结果有降倭指出他就是叫丰臣正成的头面人物，再以后连是不是丰臣正成也成问题了。不过最少也是一个相当于明军总兵、参将之类的头目。

溺水死亡的日本人因尸体没有浮上水面，所以不知其数。事后根据釜山倭营的日军战俘说，葬身露梁海战的日军有一万三千人，岛津义弘的第五军不复存在了。另外还有一千余人成了刘綎的刀下鬼。这是两次侵朝战争中日本人败得最惨的一次战役。当然，日本人讳莫如深，反而把这次败仗说成敦刻尔克式的大撤退。

杀人一千，自损八百。胜利者一方也付出巨大代价，高级指挥官也阵亡很多。朝鲜名将统制使李舜臣、加里浦佥使李英男、乐安郡守方德龙、兴阳县监高得蒋等十人，明军将领邓子龙、陶明宰等数人阵亡。

身为朝鲜水师的统将，李舜臣矢志不渝地为祖国的解放事业奋斗不已，直至献出宝贵的生命。他已将生死置之度外，甚至没有求生的愿望，他只要复仇，像一场大洪水，猛烈地冲毁一切阻挡它奔流的障碍物。

作为联军水师的最高统帅，陈璘一开始设下的伏击奇策，已然注定了日本人的覆灭。在海战过程中，陈璘与李舜臣患难与共，生死相交，如同亲兄弟。李舜臣遇难，陈璘竭力赴救；陈璘遇难，李舜臣冒死相救，并为此付出宝贵的生命。

史书中有一段感人肺腑的描述：

> 都督（陈璘）见统制（李舜臣）船上士卒，争取首级倭货，曰："统制必死矣。"乃使人于舜臣谢救己，还言舜臣果死。陈璘从椅颠倒于地者三，曰："吾意老爷生来救我，何故亡耶？"拊膺大恸，一军皆哭，声震海中。（柳成龙《惩毖录》卷四）

露梁海战是中朝联合抗击外敌侵略的典范。中朝两军紧密配合，英勇作战，涌现出无数可歌可泣的英雄事迹。陈璘与李舜臣高度团结，紧密配合，互视如兄弟，用鲜血凝聚成震撼古今的战斗情谊。两军如同一体，上下一心，将士勇猛，前仆后继，在世界海战史上写下了浓重辉煌的一页。

4. 宜将剩勇追穷寇

水师在露梁海上英勇战斗的同时，陆上明军也展开全线大反攻。

十一月十八日夜半，刘綎得知小西行长即将退去，率军攻夺栗林、曳桥，直抵顺天城下。西路军养精蓄锐憋闷了一个月，现在如同饿虎出笼，无不以一当十，高声呐喊，三面围城攻打。

战至寅时，刘綎见顺天城高不可拔，下令以草包土，填满城外的沟壑。于是明军一登而上，内外夹攻，摧坚陷阵，烟焰蔽天。刘綎从天而下，让日本人大吃一惊。加上士气涣散，日军抵挡不住，纷纷溃往曳桥渡口，一路上遗尸累累，器械散落，狼藉不堪，又被刘綎追斩一百六十级。次日巳时，刘綎攻陷顺天城。但是，小西行长早已人去城空，城内三名被掳的朝鲜人，还有四匹牛马成了刘綎仅有的战利品。

刘綎入城后，首要任务就是搜罗首级，邀功请赏。他在城内搜出小西行长留下的首级。被掳的朝鲜人散逃到山谷里去，刘綎竟也把他们拉出来，一并同小西行长送来的日本人质砍头凑数。如此凑足了人头之后，刘綎用金字大书“西路大捷”四个字，向经略邢玠报喜。当然，刘綎的这一手法很快就被识破，许多人对此很是不屑。

与此同时，董一元的中路军也急忙南下追赶，一口气夺下军粮两千五百石，马三百匹，以及日本器具、刀屏不可胜数，并斩首级三十二颗，又乘势分击金海、固城，算是有点收获了。

董一元入泗川新寨时，发现新寨凡四层，房舍数千间。石城外又为木城三层，十分牢固。寨内器用、床几、屏风一色泥金，非常精巧。又有违制金丝銮驾、金丝掌扇（这两件可能是从朝鲜王京掠夺来的）等，炳耀夺目。董一元将之全部烧焚。望海、固城两寨也被烧成废墟。

二十一日，四更，陈璘挟露梁大胜之余威，不顾连续奋战的疲劳，进逼南海城。海边的船只空无一人，只望见南海城头上有火光闪动。明军登上南海城时，日本人已经从后山逃跑，但马粪还冒着热气，应该刚走不久。

城中遗弃的米、粱、菽、粟，无法装载的，堆积如山，大约万数。大小铳、炮、火药、兵械与日用器具，应有尽有。牛马牲畜也很多。陈璘下令清理完毕之后，又派遣人马入山搜捕，把日本人一网打尽。

残敌躲进南海城外乙山，山崖悬峭，洞穴深不可测。明军将士都不敢进山剿敌。

二十九日夜，陈璘亲自深入岩洞，偃旗息鼓，埋伏下来。天亮时，明军炮铳大发，残敌惊惧万分，纷纷夺路而逃，直奔后山，占据高点继续凭险顽抗。陈璘号令将士殊死进战，斩首十余级，残敌慌不择路，逃匿到峭壁深菁，在山口驻扎下来。

陈璘穷追猛打，分兵扼守要塞，扎紧布袋，然后进袭。残敌走投无路，被打死的，从高处摔死的，无从计数。

陈璘赶尽杀绝，乘胜追击，擒斩九十余人。又督兵爬山进洞，拉网搜剿，彻底将南海乙山的日本余孽清剿干净，作战两天共斩获一千一百余人。

陈璘无疑是第二次东征能够克捷的最大功臣。

十一月二十六日，大获全胜的陈璘从南海凯旋，由陆路抵王京。一进京城，第一件事就是在李舜臣的灵牌前痛哭一场，吊慰李舜臣的妻儿。

用鲜血和生命凝结成的友谊是世界上最可宝贵的东西！

由于在与岛津义弘交战中联军耗尽兵力，所以无力扩大战果，眼睁睁看着小西行长的第二军逃走。

小西行长假装与刘綎讲和，等援兵一到，先合力击破联军水师，再围攻刘綎。远远看到露梁海面上尸体、衣服杂物随水漂来，烟焰涨天，就知道援兵大败。于是小西行长趁着陈璘水师忙于海战、无暇顾及侧后，率第二军潜出猫岛西梁，从弥助项外洋暗自逃走，侥幸全身而退。

小西行长和岛津义弘自露梁脱险之后，押送着明军人质茅国科等八人，还有刘綎的族人刘天爵等，于十二月初十回到日本，抵达九州筑前霸家台。石田三成早已在此等候，宣读了丰臣秀吉的遗言，赠送遗物。侵朝诸将能从战火中侥幸逃生，均感恍如隔世，纷纷泪流满面，连连谢恩。两天后，侵朝诸将抵达伏见城，谒拜后阳成天皇之后，各自返回封地。

至此，长达七年之久的朝鲜抗倭战争落下帷幕。

在此后的三百年内，除桦山久高入侵琉球外，再也没有一个日本将领走出国门，踏上异国领土。

5. 朝鲜善后处理

荡平朝鲜境内的日本人之后，朝鲜又恢复了往日的安宁。明军各部也从东南沿海抗倭战场逐渐北移到王京周遭，听候指令，随时准备打道回府。

万历二十七年（1599）正月初二，刘綎自南原的龙头山、董一元自星州、麻贵自庆州，率兵马向王京而行。

赶走了日本人，明军的撤留成了朝鲜人最为关心的话题。兵祸始解，朝鲜满目疮痍，百废待兴。虽说丰臣秀吉这个大魔头已死去，但日本各路大名仍在，百足之虫，死而不僵，随时都会卷土重来。朝鲜君臣都极盼明军能留下部分兵马，镇守于此，监视日本人的一举一动。

正月初五，李昖请明朝副总兵佟养正，再次转告经略邢玠："天兵收拾回国之时，愿能留下小部分兵马。"

但是这时，西南局势骤然紧张。四川播州土司杨应龙再次起兵，祸乱黔蜀二地，搅得朝廷日夜不安。二月，贵州巡抚江东之派遣三千人马进剿杨应龙，竟然全军覆灭，再次震动明神宗，由是，明神宗急切下旨让东征大军回国。二十七日，经略邢玠率四路明军开始撤出王京，发还国内。大军凯旋的那天晚上，天空中有四道紫气，如箭似枪，自东南方向移向北方，直到亥时才逐渐消逝。

三月十六日，明神宗诏命征倭提督麻贵、陈璘、董一元全部班师回国，讨伐杨应龙。

四月二十五日，深居不出的明神宗在内阁大臣沈一贯的强请下，驾临午门，接受邢玠的献俘，以及文武百官的庆贺。在场的军校能一睹龙颜光彩，均感无比振奋。

邢玠献上的日本战俘共六十一名，其中有自称为丰臣秀政、丰臣正成的高级要员。

自称丰臣正成的是陈璘的儿子陈九经在露梁海战时俘获的，此人当时自称是岛津义弘的部下，但是被俘的日本人对他异常崇敬，所以经过详审之后，才知道他是丰臣秀吉的心腹——丰臣正成，曾经多次代表丰臣秀吉前来朝鲜督战。不过实际上，真正的丰臣正成并未被俘。

丰臣秀政在史书中有记载。他又名窝一、吉漂叶，被俘时二十七岁，是日本萨摩州人，丰臣秀久（应为岛津义久）的儿子，也是岛津义弘的族侄，世传每年食米两千包。万历二十年（1592），丰臣秀政随同岛津义弘之子旧石罗（又一郎，应为岛津忠恒）前往名护屋拜见丰臣秀吉。后被丰臣秀吉收为养子。万历二十三年（1595）春，他领兵五千来朝鲜，同岛津义弘据守泗川城。

传令官一声令下，丰臣秀政等六十一人被推上刑台。刀起头落，围观的人群一片欢呼雀跃。能亲眼目睹如同虎狼恶魔的日本人头颅落地，实为人生一大幸事！

闰四月初八，明神宗将平倭献俘之由，颁布诏书于天下：

朕缵承洪绪，统理兆人，海澨山陬，皆我赤子，苟非元恶，普欲包荒。属者东夷小丑平秀吉，猥以下隶，敢发难端，窃据商封，役属诸岛。遂兴荐食之志，窥我内附之邦，伊歧、对马之间，鲸鲵四起；乐浪、玄菟之境，锋镝交加。君臣逋亡，人民离散，驰章告急，请兵往援。

朕念朝鲜，世称恭顺，适遭困厄，岂宜坐视？若使弱者不扶，谁其怀德？强者逃罚，谁其畏威？况东方为肩臂之藩，则此贼亦门庭之寇，遏沮定乱，在予一人。于是少命偏师，第加薄伐。平壤一战，已褫骄魂，而贼负固，多端阳顺阴逆，求本伺影，故作乞怜。册使未还，凶威复扇。朕洞知狡状，独断于心。乃发郡国羽林之材，无吝金钱勇爵之赏，必尽弁服，用澄海波。

仰赖天地鸿庥，宗社阴骘，神降之罚，贼殒其魁，而王师水陆并驱，正奇互用，爰分四路，并协一心，焚其刍粮，薄其巢穴。外援悉断，内计无之。于是同恶就歼，群酋宵遁，舳舻付于烈火，海水沸腾，戈甲积于高山，氛浸净扫。虽百年侨居之寇，举一旦荡涤靡遗。鸿雁来归，箕子之提封如故；熊罴振旅，汉家之德威播闻，除所获首功，封为京观，仍槛致平正秀等六十一人，弃尸稿街，传首天下，永垂凶逆之鉴戒，大泄神人之愤心。

于戏！我国家仁恩浩荡，恭顺者无困不援；义武奋扬，跳梁者虽强必戮。兹用布告天下，昭示四夷，明予非得已之心，识予不敢赦之意。毋越厥志而干显罚，各守分义以享太平。凡我文武内外大小臣工，尚宜洁自爱民，奉公体国，以消萌衅，以导祯祥。更念彤力殚财，为日已久，嘉与休息，正惟此时，诸因东征加派钱粮，一切尽令所司除豁，务为存抚，勿事烦苛，咨尔多方，宜悉朕意。

又降旨敕谕朝鲜国王李昖：

比者，倭奴平秀吉，肆为不道，怀狡焉启疆之心，以兵蹂躏尔邦，荡无宁宇。朕念王世供职贡，深用门恻，故兹七年之中，日以此贼为事，始行薄伐，继示兼容，终加灵诛。

盖不杀乃天之心，而用兵非予得已。安疆靖乱，宜取荡平，神恶凶盈，阴歼魁首，大师乘之，追奔逐北。鲸鲵尽戮，海隅载清，捷书来闻，忧劳始释。

今王令陪臣，奉表称谢，贡献方物。且悉王怀德之意，特降敕奖励，仍赐彩币、表里，就令陪臣赍去，以答忠诚，只可收领。先曾陈吁所诬，朕以心体亮，本无疑于王。廷臣杂议，又具言王必无他，已有别旨昭雪，想能知悉。

惟王虽还旧物，实同新造，振凋起敝，为力倍艰。倭虽遁归，族类尚在，生心再逞，亦未可知。兹命经略尚书邢玠，振旅旋归，量留经理都御史万世德等，分布编师，为王戍守。

王可咨求军略，共商善后，卧薪尝胆，无忘前耻，荜路蓝缕，大作永图。务材训农，厚树根本，吊死问孤，以振士卒。尚文虽美事，而专务儒缓，亦非救乱之资。忘战必危，古之深戒。吾将士思归，挽输非便，行当尽撤。尔可亟图，务令倭，闻声不敢复来，即来亦无复虑。东海之表，屹如金汤，长垂襟卫之安，永奠藩维之厚。惟忠惟孝，缵绍前休，王其懋之，懋之钦哉！故谕。

五月，邢玠上疏陈奏朝鲜善后十条方针：留戍兵、定月饷、定本色、留中路海防道、裁饷司、重将领、添巡捕、分汛地、议操练、责成本国。

是月，征东军诸将董一元、麻贵、刘綎、陈璘、吴广、曹希彬、陈蚕、司懋官、傅良桥、杨登山、吴惟忠、王之翰、柴登科、许国威、牛伯英、陈寅、季金、梁天胤、王国威、福日昇、薛处臣等，统率本营兵士，全部渡过鸭绿江回国。只留下经理万世德及按察副使杜潜。

明神宗又以明军全部罢归，朝鲜微弱难以自守，急檄提督李承勋率新兵两万五千人，渡江赴朝驻守。

其后不久，经理万世德也向兵部呈上朝鲜善后之策八条：选将、练兵、守冲要、修险阨、建城池、造器械、访异材、修内治。

兵部反复商议之后，以为明军长久留戍外国，粮饷难支。因而，明军应全部撤回，让朝鲜自立图强。

九月，给事中杨应文勘报东征功次，四路擒斩，首推陈璘，次刘綎，又次麻贵。明神宗颁旨，大赏征东的明军将士：

晋邢玠太子太保，荫一子锦衣世袭。

万世德升右副都御史，荫一子入监。

陈璘、刘綎各加都督同知。

麻贵右都督，董一元复职。

赐茅国器、陈寅、彭友德等金。

杨镐以原官叙用。

御史陈效病死，荫一子锦衣。

在东征大军摆宴庆功，一片欢天喜地的同时，九月初五，前兵部尚书石星孤零零地病死牢房。一年前，石星曾经凄凉地对阁臣赵志皋说道："如果皇上能可怜我的妻儿，得以归乡耕田，那就是莫大的幸运了。老身体弱年衰，不久即将入土，哪有什么指望？"

时过境迁，世人对石星的变幻无常感慨万千。朝鲜招讨使李廷馣听到石星之死，颇有感触，写下一首诗，为石星一念之差，遗恨千古而惋惜：

蕞尔东溟一岛夷，天生毒种到今滋。
整居王邑诚非料，惊动天朝本不期。
控御鸭江真得策，驰书日域竟何为？
未成奇计身先死，可惜当初一念差。

二十五日，那位曾经玩弄石星、小西行长，甚至明神宗于股掌之中的奸贼沈惟敬也被斩首，妻子陈淡如被剥夺一切人身自由，入定府为奴。他的罪恶被牢牢地钉在了历史的耻辱柱上！

十月，在国王李昖的强烈要求下，除了留下八千水师，帮助朝鲜戍守沿海之外，其余的明军都撤回，驻扎辽阳备警。

万历二十八年（1600）三月，水兵游击将军白斯清、步兵游击将军张榜归国。一个月后，把总姜良栋也踏上归国之途。

八月初六，明神宗正式下诏，罢朝鲜戍兵。

十月，兵部奉明神宗的旨意，尽撤留守朝鲜的水师。最后一批明军将领，包括经理万世德、提督李承勋、按察杜潜、游击张良相、游击李天常、游击李香、守备李应昌全部回国。至此，明军这才完全卸下了维护东亚和平神圣使命的重任。

沧海桑田，斗转星移，一晃几百年，在战争中牺牲的四万明军的灵魂永远留在了异国他乡。世界上可能有人会忘却他们，但是，历史是不会忘却那些为正义与和平而献身的英雄。

6. 结束语

经过长达七年之久的残酷绞杀，朝鲜半岛上的硝烟渐渐弥散，最后重归安宁。远东的格局也悄然发生了翻天覆地的变化。鹬蚌相争，渔翁得利，建州女真的努尔哈赤与日本国内的德川家康迅速崛起，前者逐渐成为东亚霸主，并在半个世纪后取代大明，成了朝鲜的宗主国。而后者则开创了统治日本长达二百六十多年的封闭性的武家政权——江户幕府。

明神宗拯救朝鲜于危难之际，让朝鲜君臣、士民，无不为之感恩戴德。

恩，莫大于生育、抚养之恩。

朝鲜人认为，明太祖赐国号乃“大造”之恩。明神宗无私援助复国的义举，是“再造”之恩。明军回国后，李昖下令在王京太平馆西，建筑大祠堂，生祀邢玠、杨镐二人。李昖还亲书“再造藩邦”四个大字，令人摹写，以阳字刻板，悬挂在邢玠的生祠堂楣间。

李昖视明神宗，如君如父。在李昖的心目中，明神宗简直就是不可亵渎的神明、圣贤。有一位朝鲜大臣曾经无意中提及明神宗的过失，李昖勃然大怒，斥骂说："皇上我国君父，臣子何敢如此？"（《朝鲜李朝仁祖实录》）

朝鲜举国上下罕见地出现了空前一致的"崇明""拥明"的事大思想。"崇明""拥明"已经成为朝鲜人心中永恒飘扬的一面旗帜，直到三百年后的甲午战争，日本侵略者无情地割裂了中朝两国之间的血海情谊。

朝鲜各地纷纷兴建崇祀明朝的祠庙。即便在明朝灭亡之后，朝鲜也兴建大报坛、万东庙，来追思明神宗的万世大恩。

康熙四十二年（1703），朝鲜大儒家宋时烈的门徒——判中枢府事权尚夏，秉承师训，把宋时烈在清州华阳洞的讲学所修建成万东庙，将李昖的手书"万折必东"，镌刻在岩崖上，以表达对大明的追思向化之意。万东庙，就是纪念万历东征的祀庙，朝鲜的儒林学士以四笾、四豆，来祭祀明神宗、崇祯两位皇帝。

次年，逢值明朝败亡一个甲子，当时的朝鲜肃宗李焞，忆起明神宗的再造大恩，拟于设坛祭拜，就秘密查访了权尚夏，权尚夏极力赞成。于是，李焞在昌德宫禁苑之西的曜金门外建立大报坛，专门用于祭祀明神宗。此后的历代朝鲜国王，都亲自前往祭拜。

后来朝鲜高宗李熙废除了祭祀万东庙的活动，但在1896年（清光绪二十二年），祭祀大报坛仍是朝鲜五大国祭[①]之一。直到日本吞并朝鲜的前夕——1908年（清光绪三十四年）才被废。这已是万历援朝战争胜利之后三百一十年了。从那以后，明神宗才渐渐从朝鲜人的心底抹去。

今天，我们重新审视四百多年前那场伟大的反侵略战争，虽屡经挫折，却最终取得了伟大的胜利。

胜利来之不易。

首先应当归功于明神宗。两次东征，过程是曲折的，但战果却是辉煌的。面对战前咄咄逼人的侵略者，明神宗后发制人，坚定抗战。明军虽挫愈奋，屡

① 其余四处分别是祭祀天地的圜丘、祭祀历代先王的宗庙和永宁殿、祭祀江山的社稷。

败屡战。第一次东征，虽有碧蹄小挫，但随后夜焚龙山仓。第二次东征，南原失陷不到一个月，就有稷山大捷。岛山失利不久，邢玠又大举南攻。南攻受挫，最后又有露梁大捷。

明军能不惧战败，无畏牺牲，前仆后继，直到胜利，明神宗在其中起了最主要的作用。明神宗只许胜，不许败，只许进，不许退。进胜则厚赏、晋爵，退败就撤职、斩首。这一切，促使明军奋不顾身，勇往向前，不到最后的胜利决不罢休。

斗争，失败，再斗争，再失败，再斗争，直至胜利——这就是明神宗的逻辑！

其次，明军将士英勇战斗，担负最主要的作战任务，是影响战争胜负的决定性因素。

祖承训初攻平壤，出兵三千三百一十九人。第一次东征，李如松攻破平壤，用兵四万三千五百人，追到者八千人。第二次东征以后，先后来援者，十四万二千七百余人。

战争结束之后，又从国内调派二万四千余人留驻朝鲜，总共二十二万一千五百余人。而在战争期间，明军共阵亡四万人，约占全部出兵数量的百分之二十，受伤将近十万。而日本人死于朝鲜战场上超过十四万人。

不可否认，明军也存在很大的不足之处。如将帅庸碌无能，指挥拙劣，不求应变。所以战事进行得异常艰苦，屡屡出现惨败，损兵折将，触目惊心。而第二次东征时，兵员招募困难，甚至强拉北京城内的无赖流氓，凑数充军。但是就这样一支战斗力参差不齐的军队，凭着饱满的战斗精神、顽强的战斗作风，让数量上占优势的日本人惮于进攻，一味避守，不断丧失战场主动权。

再者，财政上的支持。万历朝鲜战争实际上是一场白银的战争。明神宗倾全国之物力，无私援助了朝鲜的抗战。其投入战争经费之浩大，史上少见。两次东征，耗费饷银千万两以上。据《两朝平攘录》记载，仅第二次东征所耗饷银，自万历二十五年战争爆发，邢玠率军入朝，到万历二十八年归国，共支出银两八百万两①，而当时明代财政年收入两千万两白银左右，其余如火药、器械、马匹等无法计数。单单从经济上，两次东征军饷给明朝政府带来无比沉重的负担。

但是，仅仅军饷还不够。由于朝鲜饱受日本人的蹂躏，农业遭受毁灭性的摧残。所以，明军的口粮还有相当部分是从国内转运而来，其数量之庞大，有记录可查的就达六十七万五千余石，用于购买军粮的银子支出数量也非常惊人，《再造藩邦志》中有个数据："费粮银约五百八十三万二千余两，交易米豆银又费三百万两，实用本色银米数十万石。"

消耗如此巨大，以致最后将丰臣秀吉拖垮，除了将士勇猛、顽强战斗外，还应感谢张居正。经过张居正的十年改革，为国库增添一千二百五十万两白银。当是时，明朝帑藏充盈，经得住长期的战争消耗。相反，日本国小力弱，打不起持久战。从财力、人力上都无法保证丰臣秀吉去打赢一场以小击大的侵略战争。

最后，朝鲜人民不屈不挠的斗争也是重要因素。如李舜臣的水师极大地配合了明军的进攻，朝鲜义兵运动也起到了一定的牵制作用。

古代圣贤孔子看了流水之后，发出感叹："其万折也必东！"日月有常，天行有道。世间万物莫不遵循常理运行，古今往来，邪不胜正，霸者必败，义者必胜。

尽管万历朝鲜战争已过去四百多年，但是当今的东北亚局势仍存在许多不稳定的因素，危机四伏，战争随时都有爆发的可能。

历史是不会重演的，重演的只会是人的本性。无论敌人的本性如何凶残，最终还是难以逃脱覆灭的命运。

只有以战止战，才能争得和平。

我们应当牢牢记住四百多年前明神宗的那句铿锵有力的誓言："义武奋扬，跳梁者虽强必戮。"

---

① 若以万历年间一两银子的购买力约合今天人民币200元计算，八百万两当为十六亿元，两次东征支出超出二十亿元。

◎后记

2005 年 5 月，韩国政府重修位于泗川市的朝明联军战士军冢，而且，“为缅怀朝明联军抗倭业绩，泗川市政府每年 10 月 1 日，都由市长带队前往军冢举行盛大的祭奠活动。为了不忘日寇侵朝历史和弘扬朝明联军的抗倭业绩，韩国每年都组织学校的学生到此参观，接受爱国主义教育”。

朝明联军战士军冢，埋藏着数千名殁于七年抗倭战争的朝明联军的头颅。

为什么韩国人要如此隆重地祭奠阵亡朝明联军的英魂？

这场逐渐被国人所遗忘的战争，究竟是怎样的一场战争？

公元 1600 年前后，两千多年的封建社会发展到此时，已至巅峰，皇权高度集中，社会经济、文化发展繁荣。

物极必反，满月易亏。从十六世纪末年开始，臃肿庞大的封建躯体已膨胀到了尽头，从脑袋到脚跟，全身各处均弥漫出了腐烂衰朽的气息。此时的大明王朝，只剩了一个庞大的躯壳，而实际上已不堪一击。

所幸，改革家张居正的不懈努力，使得这个病沉沉的躯壳重又焕然一新，发展强壮。

当此关头，日本那个自号为太阁的丰臣秀吉发动侵朝战争，并窥视雄踞亚洲大陆的明帝国。丰臣秀吉，想要成为整个亚洲的主人。

七年的抗倭战争拉开帷幕。

在这场战争中，形形色色的人物登上历史舞台，胜捷与惨败，进攻与溃退，相互交织，共同演绎着十六世纪世界上最为荡气回肠的历史剧。

李如松、宋应星、邢玠、麻贵、李舜臣等，无数英雄豪杰为了东北亚的和平作出了不懈的努力，更有数不清的将帅兵士为此献出了宝贵的生命。

尽管战争进程中，大明的东征军屡遭挫折，但是明神宗坚定抗战的决策，使得战争的天平还是在最后的时刻，向朝、明两国倾倒。

无论明朝人、朝鲜人，还是入侵者日本人；无论将帅高官，还是普通士兵，上至皇帝，下至走卒，每个人都在历史的舞台上充分地扮演了自己的角色。正由于这些人的出色表现，才使得这场战争显得犹为惨烈、悲壮。

战争的胜利者属于明、朝两国，属于殁于战事的四万名明军将士！

正如1962年，毛泽东在对印自卫反击战时所说："这一仗不打则已，打就打出威风，保证和平三十年！"

而明神宗的那一仗，却保证了东亚三百年的和平。

三百年间，无数人的安宁就是建立在这四万人的头颅之上！

然而，曲解与误会，使这场深刻影响了东亚格局的战争，渐渐被人们漠视和淡忘，渐渐地失去其存在的价值！

那些长眠在异国他乡、忍受着千百年寂寞孤独的将士的魂灵，祖国的人民似乎已经慢慢将他们忘却了。

笔者学识浅薄，不敢妄谈对这段历史有什么研究，却愿用自己微弱的声音，去唤起人们对这段历史的重新认识与发掘。

国人对万历朝鲜战争的了解，基本上通过几部史书的记载，如《明史》《明史纪事本末》《明通鉴》《国榷》等。但是这些史料记叙简单，甚至出现了许多明显的讹误。如一部二百八十万字的《明史》对两次东征的记载，只有区区四五千言，提到的侵朝日本人物，也仅有平秀吉、行长、小西飞、石曼子、清正等四五人。清朝张廷玉等更是以"自倭乱朝鲜七载，丧师数十万，糜饷数百万，中朝与属国迄无胜算，至关白死而祸始息"这寥寥几句，对万历朝鲜战争作出了极不负责任的评价，甚至是故意的扭曲、污蔑。

而诸多私家著作，则较为详尽地记载了万历朝鲜战争的全过程，如宋应昌的《经略复国要编》、诸葛元声的《两朝平攘录》、茅瑞征的《万历三大征考》等，但这些著作流传范围普遍不广，《经略复国要编》甚至还被清政府列为禁书。

随着时间的流逝，以及诸多误解的沉淀，使得我们无法正确认识、合理评价这场战争。

史书是后人写的，历史却是客观存在过的。

美国剧作家泡特·爱默生·布朗说："不管你写什么，别讲出来，而要表现出来。"叙述历史时，我们不应当把自己的观点强加给它，而应当秉笔直书，让实际发生的史实在笔下重演。

本书在参考中、日、朝三国大量史料的基础上，用平实的语言去描绘这段颇具争议的历史，力图真实、客观地还原万历朝鲜战争中的每一个细节，公正合理地评价投身于这场战争的每一个人物，无论他是一个英雄，还是一个小丑。对每一句话、每一个动作都力求基于史实，做到有凭有据。而那些争议性的问题，笔者在多年研究的基础上，提出自己的观点。至于正确与否，相信聪明的读者自有公论。

附录一：万历朝鲜战争大事记

万历十年（1582）

六月初二，明智光秀谋反，日本大名织田信长在京都本能寺战死，史称“本能寺之变”。织田信长的家臣羽柴秀吉（丰臣秀吉）伺机崛起。

六月二十，明朝首辅张居正病逝。

万历十一年（1583）

九月初一，羽柴秀吉开始筑大阪城。

万历十三年（1585）

七月十一，羽柴秀吉任关白。

万历十四（1586）

十一月二十五，十六岁的后阳成天皇即位。

十二月十九，羽柴秀吉任太政大臣，天皇赐姓丰臣。

万历十五年（1587）

五月二十九，丰臣秀吉在给茶茶的书信中暴露侵略明朝的野心。

九月，对马岛主宗义智派上官平康胜前往朝鲜。

万历十六年（1588）

春，宗义智派遣柚谷康广往朝鲜。

十二月初八，抗倭名将戚继光逝世。戚家军将领中吴惟忠等多人入朝抗倭。

万历十七年（1589）

五月，宗义智率外交僧景辙玄苏、柳川调信往朝鲜。

万历十八年（1590）

七月，宗义智偕同朝鲜通信使黄允吉、金诚一回日本。

八月初九，丰臣秀吉任命黑川城奥羽仕置，日本实现统一。

十一月初七，丰臣秀吉引见黄允吉、金诚一。

万历十九年（1591）

正月，黄允吉、金诚一回朝鲜。

八月初五，丰臣秀吉之子鹤松死。

八月二十三，丰臣秀吉发布征明号令。

九月，华人许仪后从日本向明朝透露丰臣秀吉的野心。

万历二十年（1592）

正月十八，小西行长、宗义智派遣间谍前往朝鲜探测军情。

三月二十六，丰臣秀吉自日本京都出行。

四月十二，小西行长、宗义智率侵朝日军第一军自对马岛大浦渡海，停泊在朝鲜釜山外海绝影岛。

四月十三，小西行长侵占朝鲜釜山，壬辰战争开始。

四月十四，小西行长攻陷东莱府。

四月十六，小西行长攻陷梁山。

四月十七，加藤清正率第二军在釜山登陆。

四月十八，加藤清正攻陷彦阳城，黑田长政攻陷金海城。

四月十九，小西行长进发密阳。毛利辉元等登陆釜山。朝鲜国王李昖任命申砬为三道巡边使。

四月二十，加藤清正攻陷庆州城。

四月二十一，加藤清正从熊川北犯。申砬自王京南下。

四月二十四，小西行长击溃朝鲜李镒于尚州。

四月二十七，忠州之战，申砬殉职。

四月二十八，小西行长与加藤清正会于忠州。

四月二十九，小西行长与加藤清正分两路进攻王京。国王李昖弃城出逃。

五月初一，李昖抵达开城。

五月初二，王京失陷。宇喜多秀家登陆釜山。

五月初三，李昖逃出开城。

五月初六，龙仁之战，四万朝军败于五六百日军。

五月初七，李昖抵达平壤。李舜臣取得玉浦初捷。

五月十五，柳川调信向临津江的朝鲜军提出议和。

五月十八，朝鲜兵溃临津江。

五月十九，明朝辽东总兵杨绍勋向明神宗奏报王京陷落。

五月二十七，加藤清正、小西行长渡过临津江。朝鲜守将金命元败逃。

五月二十九，李舜臣泗川海战。

六月初二，李舜臣唐浦海战。

六月初五，明使崔世臣、林世禄到平壤。

六月初六，小西行长追击李昖至于中和。李舜臣栗浦海战。

六月初九，小西行长抵达平壤城外。

六月十一，李昖弃守平壤，逃到宁边。

六月十五，小西行长渡过大同江。李昖逃到博川。明将戴朝弁、史儒率进入朝鲜境内。

六月十六，小西行长攻陷平壤。李昖逃到定州。

六月十八，加藤清正进入咸镜道。

六月二十，李昖逃到龙川。

六月二十一，明将祖承训自辽阳出发。史儒等进抵朝鲜义州。

六月二十二，李昖逃到义州。

六月二十四，明朝郭梦征携皇银三万两，到达义州。

七月初七，李舜臣见乃梁海战。

七月初九，李舜臣安骨浦海战。

七月十三，小西行长击溃中和的朝鲜人。

七月十七，祖承训进攻平壤失利。

七月二十二，加藤清正抵达安城。丰臣秀吉之母大政所死。

七月二十三，海汀仓之役。

七月二十四，加藤清正俘获朝鲜两位王子临海君李珒、顺和君李玒。

八月中旬，加藤清正进入明朝女真人兀良哈境内。

八月十四，加藤清正自兀良哈撤军。

八月十七，游击沈惟敬到达义州。

八月十八，明神宗任命宋应昌为朝鲜经略。

八月二十八，朝鲜李廷馣取得延安之捷。

八、九月间，建州女真酋长努尔哈赤第一次请求出兵抗倭。

九月初一，沈惟敬抵达平壤，与小西行长相会。李舜臣釜山浦海战。

九月初六，加藤清正自镜城南撤。

九月初八，加藤清正退到咸兴。

九月十六，朝鲜义兵将郑文孚收复镜城。此后又连续与日军交战，取得北关大捷。

九月十六，李如松平定宁夏叛乱。

九月二十六，宋应昌自北京出行。

九月二十七，日军攻陷昌原城。

十月初四，日军开始进攻晋州城。战至初十，日军不支而退，晋州守将金时敏战死，史称第一次晋州之战。

十月十五，明神宗任命李如松为提督。

十月二十九，小西行长夜袭朔宁。

十一月初六，沈惟敬渡过鸭绿江，第三次前往朝鲜。

十一月十七，沈惟敬到达义州。

十一月二十二，李昖遣韩应寅向宋应昌催兵。

十二月初一，李如松先锋进抵义州。

十二月初八，李如松与宋应昌会于辽阳。

十二月十五，李如松自辽阳出发。

十二月二十三，李如松进抵义州。

十二月二十九，李如松进抵定州。

是月，播州杨应龙自请率部五千入朝征倭。

万历二十一年（1593）

正月初一，李如松进抵安州。

正月初二，李如松进抵肃川。小西行长家臣竹内吉兵卫等人在顺安被明军擒斩。

正月初五，李如松抵达平壤城下。

正月初七，明军开始进攻平壤，小西行长趁夜逃跑，

正月初八，明军收复平壤。小西行长率残部南逃到凤山。

正月初九，小西行长逃到龙泉山城。

正月十二，小西行长逃到白川。加藤清正自吉州收兵南撤。

正月十四，小西行长逃到开城。

正月十六，小西行长退到长坡。

正月十七，小西行长退入王京。

正月二十，李如柏收复开城。

正月二十四，李如松进抵开城，商议攻打王京之策。

正月二十七，碧蹄馆遭遇战。

正月二十八，李如松渡临津江退往东坡。

正月三十，李如松退入开城。

二月初五，宋应昌遣冯仲缨在安边与加藤清正会谈。

二月十二，朝鲜将领权慄取得幸州大捷。

二月十三，王京日军在汉江架起浮桥，准备退逃。

二月十八，李如松退往平壤。

二月二十九，明神宗颁旨慰劳东征明军。加藤清正等部自咸镜北道退入王京。

四月初七，李如松进抵开城。

四月初九，沈惟敬、小西行长会于龙山。

四月十九，侵朝日军退出王京。李如松自开城进至东坡。

四月二十，李如松进入王京。

四月二十九，加藤清正等退到尚州。

五月初二，李如松自王京南下。日军先头退入釜山。

五月初九，小西行长同明使谢用梓、徐一贯到达釜山。

五月十五，明军收复大丘府。

五月十六，李如松进抵闻庆，不久归还王京。小西行长同明使到达名护屋。

五月二十一，丰臣秀吉部署进攻晋州。

五月二十三，丰臣秀吉在名护屋会见明使谢用梓、徐一贯。

六月初二，小西行长在釜山放回被俘的朝鲜两位王子。

六月十四，日军主力自昌原向咸安进犯。

六月十五，日军先头进入咸安。

六月十八，日军攻陷宜宁。

六月二十一，日军开始大举进攻晋州。

六月二十八，谢用梓、徐一贯自日本归。

六月二十九，日军攻陷晋州，随即屠杀六万朝鲜人。史称第二次晋州之战。

七月初八，日本讲和使内藤如安（小西飞）同沈惟敬到达王京。

七月十五，李舜臣水师营移往闲山岛。

七月二十八，丰臣秀吉规定朝鲜沿海筑城及守兵数量。

八月初四，丰臣秀吉次子秀赖出生。

八月初六，丰臣秀吉下令侵朝日军各部蓄积兵器、备品。

八月初八，明军三万余人开始撤出王京。

八月二十六，丰臣秀吉自名护屋返回大阪。

九月初三，东征明军主力渡过鸭绿江回国。

九月二十五，明神宗敕谕朝鲜国王李昖。

十月初三，明军主力退入山海关内。

十月初四，李昖还归王京。

十一月初三，加藤清正与锅岛直茂突犯安康，明军被杀二百二十余人。

十一月初九，明朝都司张三畏抵达王京。

十二月初七，明神宗委任顾养谦为蓟辽总督兼理朝鲜事。

万历二十二年（1594）

三月二十四，内藤如安到达北京城。

七月初四，明神宗任命孙矿为经略。

九月十四，朝鲜国王李昖上疏明神宗，请许封丰臣秀吉。

十月二十三，兵部尚书石星上疏明神宗，请求封贡日本。

十二月十四，明神宗在午门楼召见内藤如安。

十二月二十，石星审问内藤如安。

万历二十三年（1595）

正月十三，石星遣陈云鸿、骆一龙入釜山倭营。

正月二十一，明神宗颁发封倭国书，封丰臣秀吉为日本国王。

正月三十，明神宗下诏，任命李宗城为册封正使，杨方亨为副使。

三月初二，孙矿派遣慎懋龙、章应龙入釜山倭营。

四月初三，封倭正使李宗城、副使杨方亨渡过鸭绿江。

五月十七，小西行长到日本伏见新城，拜见丰臣秀吉。

七月初九，丰臣秀次被解除左大臣、关白职务，流放高野山。

七月十六，丰臣秀次切腹自杀，年二十八。

七月二十六，沈惟敬上报石星，说日本人焚栅烧营，撤军渡海。

十一月二十一，李宗城自密阳前往釜山。

万历二十四年（1596）

四月初三，李宗城自釜山逃出。

四月十五，李宗城从庆州回到王京。

五月初四，明神宗改令杨方亨为册封正使，沈惟敬为副使。

五月初十，加藤清正撤出西生浦。

六月十五，小西行长协同沈惟敬、杨方亨自釜山渡海去日本。

八月初五，朝鲜黄慎自釜山出行渡海。

闰八月十三，日本大地震。

闰八月十八，杨方亨、沈惟敬与朝鲜黄慎在日本和泉界滨会聚。

九月初二，丰臣秀吉在名护屋引见杨方亨、沈惟敬。

九月初三，丰臣秀吉读明朝国书，震怒。

九月初九，杨方亨、沈惟敬被迫离开日本，明、日议和完全破裂。

十二月十七，杨方亨、沈惟敬在釜山登陆。

万历二十五年（1597）

正月十三，加藤清正在西生浦登陆，锅岛胜茂在竹岛登陆。第二次侵朝战争开始。

正月十八，朝鲜使臣郑期远等向明神宗奏报倭情。

正月二十五，朝鲜遣使求援。

二月初四，李舜臣下狱。

二月初五，明朝再议东征事宜。

二月十五，杨方亨回北京复命。

二月二十一，丰臣秀吉对侵朝日军作总部署。

三月十五，明神宗任命杨镐为经理。

三月二十八，明神宗任命邢玠为经略。

五月初四，麻贵率军七千人从广宁出发，发向辽东。

六月十四，明将杨元进入南原。

六月十八，杨元抓捕沈惟敬。

七月十五，漆川梁海战，日军全歼朝鲜水师，统将元均死。

七月二十五，加藤清正从西生浦西犯。

八月初二，岛津义弘进入泗川城。

八月十二，日军围攻南原城。

八月十五，南原陷落，杨元逃走，二千七百余明军惨遭日军杀戮。

八月十六，日军攻陷黄石山城。

八月十七，李舜臣到达会宁浦。

八月十九，陈愚衷弃城不战而逃，全州陷落。

八月二十五，杨镐得知南原失陷，自平壤南下。

八月二十八，李舜臣抵达珍岛。

九月初一，杨镐进入王京。

九月初四，逮兵部尚书石星下狱。

九月初七，明将解生取得稷山大捷，扭转了战局。

九月初八，黑田长政进入稷山空城。朝鲜王妃、世子逃往海州避难。

九月十六，李舜臣取得鸣梁海战大捷。

九月十九，加藤清正自尚州南撤。

十月初四，加藤清正退往庆州。

十月初九，加藤清正退回蔚山。

十月十六，明将彭友德攻克星州。

十一月二十九，经略邢玠抵达王京。

十二月初三，明军大举南下。

十二月初七，杨镐自王京南下。

十二月十七，杨镐抵达义城。

十二月十九，杨镐抵达庆州。

十二月二十一，明军兵分三路向蔚山进发。

十二月二十二日夜，加藤清正进入蔚山。

十二月二十三，明军开始进攻蔚山城。

十二月二十六，朝鲜兵进攻蔚山。

万历二十六年（1598）

正月初二，毛利秀元自西生浦赴援蔚山。

正月初三，日本援军在蔚山南部高地扎营。

正月初四，杨镐自蔚山溃退，逃往庆州。

二月初八，麻贵回到王京。

二月十六，杨镐回到王京。

二月，建州女真酋长努尔哈赤第二次请求出兵抗倭。

三月十五，丰臣秀吉在京都醍醐寺赏花。

四月初六，李如松在太清堡中伏身亡。

四月二十，明神宗调回李如梅镇守辽东，改董一元为征倭中路军统帅。

六月初三，杨镐罢职。

六月初九，明神宗令给事中徐观澜查勘东征军务。

六月二十三，明神宗任命万世德为经理。

六月，明神宗任命田乐为兵部尚书。

七月十一，杨镐自王京回国。

七月十五，陈璘水师抵达古今岛，与李舜臣会合。丰臣秀吉令日本各路大名对其子秀赖誓忠。

八月初五，丰臣秀吉病情加重，召见五大老。

八月十八，丰臣秀吉死于伏见城。明军三大提督麻贵、董一元、刘綎各率所部，陆续南下。

八月二十，日本五大老会议上，作出从朝鲜撤兵的决定。

八月二十八，日本四大老连署撤军令。

九月初四，丁应泰再次来到朝鲜王京。

九月十四，陈璘率水师自古今岛赴顺天城。

九月十八，董一元进入晋州城。

九月十九，董一元攻克望晋。刘綎设计诱出小西行长。

九月二十，董一元攻克昆阳。陈璘向顺天进发、麻贵逼近蔚山。

九月二十二，陈璘进攻顺天失利。朝鲜国王李昖为丁应泰所弹劾，自此日起闭合不视朝七天，席藁待罪。

九月二十八，董一元进攻泗川旧城。

十月初一，董一元自泗川溃退。

十月初六，麻贵闻知中路败讯，退往庆州。

十月初七，刘綎自顺天解围而去。

十一月初七，陈璘听到丰臣秀吉死讯，率水师自古今岛出战。

十一月初十，陈璘水师封锁顺天退路。

十一月十五，东部的侵朝日军开始向釜山撤退。

十一月十七，岛津义弘驰援顺天。

十一月十八，露梁海战，陈璘水师围歼岛津义弘所部，毙敌一万三千余人。

十一月十九，小西行长自顺天突围，退往巨济岛。

十一月二十一，陈璘围剿南海乙山残敌。

十一月二十四，毛利吉成自釜山渡海回国。

十一月二十六，陈璘从南海由陆路抵王京。

十一月二十五，小西行长、岛津义弘自釜山渡海。

十二月初十，小西行长、岛津义弘回到日本，抵达九州筑前霸家台。

十二月十二，侵朝诸将抵伏见城，谒拜后阳成天皇之后，各自返回封地。

万历二十七年（1599）

正月，麻贵、刘綎、董一元、陈璘等自朝鲜撤回明朝。

二月二十七，经略邢玠率四路明军开始撤出王京。

三月二十，明神宗起用孙化龙剿杨应龙。调陈璘、刘綎等南征。

四月，明神宗召邢玠回国，留下万世德及二万五千明军守卫朝鲜。

四月二十五，明神宗驾临午门。将日本战俘斩首示众。

闰四月初八，明神宗颁诏天下。

七月，朝鲜权慄病死。

九月初五，石星病死狱中。

九月二十五，沈惟敬被斩首。

万历二十八年（1600）

八月初六，明神宗下诏罢朝鲜戍兵。

九月，万世德返回辽东。

九月十五，日本关原合战。德川家康取得统治权。

十月初一，小西行长、石田三成、安国寺惠琼在京都六条河原斩首。

万历三十一年（1603）

二月十二，德川家康受封征夷大将军。

万历三十五年（1607）

五月初五，朝鲜柳成龙死，终年六十六岁。陈璘也在五月病死任上，享年六十四。

五月初六，德川家康向朝鲜发出国书。

万历三十六年（1608）

二月初一，朝鲜国王李昖死，世子光海君李珲继位。

万历三十七年（1609）

三月，对马藩宗氏同朝鲜签订《己酉条约》。

万历三十九年（1611）

六月二十四，加藤清正死去，享年五十。

万历四十三年（1615）

五月初八，德川军攻下大阪城，秀赖自杀，丰臣氏灭绝，日本战国结束。

万历四十七年（1619）

四月十六，萨尔浒大战，刘綎战死。

七月二十一，岛津义弘死去。

万历四十八年（1620）

七月二十一，明神宗驾崩，享年五十八岁。

崇祯二年（1629）

九月二十六，杨镐被杀。十六年后，明朝灭亡。

附录二：第一次侵朝战争日军战斗序列（1592）

统帅：宇喜多秀家

第一军，小西行长率领。共一万八千七百人，其中

摄津守小西行长：七千人。

对马守宗义智：五千人。

式部卿法印松浦镇信：三千人。

修理大夫有马晴信：二千人。

大村嘉前：一千人。

大和守五岛纯玄：七百人。

第二军，加藤清正率领。共二万二千八百人，其中

主计头加藤清正：一万人。

加贺守锅岛直茂：一万二千人。

宫内大辅相良长安：八百人。

小西行长的第一军和加藤清正的第二军为侵朝日军的先锋部队。

第三军，黑田长政率领。共一万一千人，其中

甲斐守黑田长政：五千人。

丰后守大友义统：六千人。

第四军，岛津义弘率领。共一万四千人，其中

壹岐守毛利吉成：二千人。

兵库头岛津义弘：一万人。

岛津久保、高桥元种、秋月种长、伊藤佑兵、岛津忠丰共二千人。

第五军，福岛正则率领。共二万五千人，其中

右卫门大夫福岛正则：四千八百人。

民部少辅户田胜繁：三千九百人。

土佐守长曾我部元亲：三千人。

椎乐头生驹亲正：五千五百人。

阿波守蜂须贺加政：七千二百人。

来岛通之、来岛通总兄弟七百人。

第六军，小早川隆景率领。共一万五千七百人，其中

左卫门佐小早川隆景：一万人。

左近卫将监立花宗茂：二千五百人。

侍从久留米秀包：一千五百人。

主膳正高桥直次：八百人。

上野介筑紫广门：九百人。

第七军，毛利辉元率领。共三万人，其中

安艺守毛利辉元：三万人。

第八军，宇喜多秀家率领。共一万人。

备前守宇喜多秀家：一万人。

第九军，羽柴秀秋率领。共一万一千五百人，其中

小早川秀秋：八千人。

越中守细川忠兴：三千五百人。

水军，大隅守九鬼嘉隆、佐渡守藤堂高虎、中务少辅胁坂安治、左马助加藤嘉明、出云守久留岛通泰、菅达长等共九千二百人。

附录三：古代计时名词对照

子夜、子时、三更：23 时至 1 时

丑时、四更：1 时至 3 时

寅时、平旦、五更：3 时至 5 时

卯时：5 时至 7 时

辰时：7 时至 9 时

巳时、隅中：9 时至 11 时

午时、中午：11 时至 13 时

未时、日央：13 时至 15 时

申时、哺时：15 时至 17 时

酉时、日落、傍晚：17 时至 19 时

戌时、黄昏、日暮：19 时至 21 时

亥时、二更：21 时至 23 时